KORNELIUS NOVAK

Prinzipien erhörter GEBETE & ERWECKUNG

GIHON PUBLISHING

PRINZIPIEN ERHÖRTER GEBETE & ERWECKUNG
KORNELIUS NOVAK

2. DEUTSCHE AUSGABE

PRINTED IN GERMANY

ISBN: 978-3-939979-50-0

INHALTSVERZEICHNIS

Religiöse Illusion & echtes Leben in der Nachfolge

VORWORT

Hättest du mir damals, als ich 20 Jahre alt war gesagt, dass ich mal ein Buch über Gebet schreiben würde, dann hätte ich gelacht. Sicher hätte ich dir versichert, wie wichtig Gebet ist, aber das wird jeder „Christ" behaupten, und trotzdem beten die meisten nicht, und jene die beten, erleben oft keine Gebetserhörungen. Auch ich war viele Jahre viel zu sehr mit „meinem Leben" und mit „christlichen Aktivitäten" beschäftigt, als dass ich Zeit zum Beten gehabt hätte, oder auch nur geahnt hätte, was echtes Gebet wirklich ist und bringt. Ich muss ehrlich sagen, dass ich mich an keine Gebetserhörung in dieser Zeit meines Lebens erinnern kann. Ich bin weiter in den Gottesdienst gegangen und habe getan was ich konnte, mehr oder weniger und mir fiel auch nicht ein, dass etwas faul sein könnte, denn die meisten meiner „Geschwister" hatten nicht mehr Gebetserhörungen als ich.

Mittlerweile sind einige Jahre vergangen und ich freue mich über das, was ich in den vergangenen Jahren mit Gott erleben durfte. Zwischen vielen anderen wichtigen Ereignissen, Erkenntnissen und Begegnungen durfte ich einige Gebetserhörungen erleben, die sehr konkret waren. Hier sind einige von ihnen.

▸ Ein Mann sprang mit einem Messer auf mich zu. Es war zu spät um mich zu verteidigen. Ich rief innerlich in Panik: „Herr hilf." Der Angreifer blieb augenblicklich vor mir stehen, steif wie eine Statue, mit dem Messer an meinem Bauch. Ich blieb unverletzt.

▸ Ich habe um einen Computer für mein theologisches Studium gebetet und ein paar Tage später stand ein Bekannter mit Tastatur, Bildschirm, Kabel und Maus vor der Tür und sagte, dass Gott ihm aufs Herz gelegt hat, dass ich das haben soll.

▸ Wir baten um ein Motorrad für unseren Dienst in der Motorradszene und bekamen das Geld dafür.

▸ Mehrere Male gingen Fahrzeuge kaputt und Gott versorgte weiterhin. Das eine war kaputt, wir beteten, und das nächste kam.

▸ Ich betete konkret für eine Missionsreise. Ich brauchte dafür einen Bus, den ich eine Woche später von einem Bruder bekam, dem Gott aufs Herz gelegt hatte, seinen Bus in die Mission zu geben. Gott zeigte mir dann, dass ich einen gewissen Wohnwagen reservieren soll und zeige mir wo und wann ich das Geld dafür bekomme. Genauso kam es dann, ohne dass ich darüber redete.

▶ Bei einer anderen Gelegenheit zeigte Gott mir, dass ich eine gewisse Missionsreise mit einem Wohnmobil angehen soll. Ich betete dafür, sagte aber keinem ein Wort, und ein Mann meldete sich einige Zeit später mit den Worten: „Ich habe auf dem Herzen, dass du mein Wohnmobil brauchst."

▶ Für die Straßenevangelisationen in Osteuropa hatte Gott eine mobile Bühne vorgesehen. Einen Evangelisationsanhänger. Im Gebet zeigte Gott mir, dass ich einen Missionstag in Deutschland abhalten soll, und dort Gott eine Türe öffnen werde. Ich sagte dies keinem, berichtete aber auf dem Missionstag, dass ich so einen Anhänger gut gebrauchen könnte. An dieser Veranstaltung kam ein Bruder auf mich zu und sagte: „Wenn ein anderer einen Teil des Anhängers zahlt, dann übernehme ich den anderen Teil." Fünf Minuten später kam ein anderer und sagte in etwa das Gleiche. Die Bühne war da.

▶ Für das zugehörige Zugfahrzeug hatte Gott auch gesorgt. Als wir dafür beteten, kam ein Bruder auf mich zu, dem Gott aufs Herz gelegt hatte, mir einen größeren Betrag für unsere Dienste zu übergeben. Das Zugfahrzeug war da.

▶ Ich hatte auf dem Herzen das Verteilbuch „Kreuz & Quer" in der Szene zu produzieren, aber wir hatten kein Geld. Als wir fast fertig damit waren, zeigte Gott einem Bruder, genau die Summe zu überweisen, die wir für die ersten 20.000 Exemplare brauchten, ohne dass dieser Bruder etwas von diesem konkreten Projekt wusste. Er hatte nur auf dem Herzen, mir das Geld für „Schriften" zu geben.

▶ Ich betete um eine offene Türe in einer weltlichen Motorradzeitschrift. Die Türe ging auf und seit Jahren druckt eine Motorradzeitschrift in jeder Ausgabe einen evangelistischen Artikel von mir.

▶ Ich betete um eine Gelegenheit vor einem kriminellen Motorradclub Deutschlands zu predigen. Der Tag kam, wo sie aus Deutschland anreisten, und ich ihnen Gottes Wort predigen konnte.

▶ Wir beteten für einen Hof, um Menschen aus der Szene aufzunehmen. Einen Tag später kam ein Landwirt auf uns zu und es stellte sich heraus, dass er genau dafür schon seit Jahren betet. Also ging es auf seinem Hof los.

Und und und ...

Das sind einige Erlebnisse, die einfach und konkret sind. Ich bin mir darüber völlig im Klaren, dass dies für manche Leser nicht zu glauben ist. Aber es ist die Wahrheit. Ich durfte das alles erleben und „mehr" und „Größeres" als das. Später in diesem Buch werde ich an den passenden Stellen über diese Gebetserhörungen genauer berichten und dann wirst du sie mit anderen Augen sehen. Dann wirst du auch verstehen, was ich mit „mehr" und „Größer" meine, denn diese Dinge sind nicht das Wichtigste. Es liegt mir fern einfach meine Geschichten und Erlebnisse zu erzählen um mich wichtig zu machen, sondern es ist mir ein Anliegen, dass du die richtigen Prinzipien für ein echtes Gebetsleben erfährst, damit du deine eigenen Gebetserhörungen und Erfahrungen mit Gott machst. Es geht nicht darum, was ich erlebt habe, sondern es geht darum, was Jesus in deinem Leben tun will!

„Wahrlich, wahrlich, ich sage euch: Wer an mich glaubt, der wird die Werke auch tun, die ich tue, und er wird noch größere als diese tun; denn ich gehe zum Vater. Und was ihr bitten werdet in meinem Namen, das will ich tun, damit der Vater verherrlicht werde im Sohn. Was ihr mich bitten werdet in meinem Namen, das will ich tun." Johannes 14,12-14

Wir müssen Gebetserhörungen und „Wunder" einmal aus einer anderen Perspektive sehen. Sollte es für einen allmächtigen Gott Wunder geben? Worüber sollte Gott sich wundern? Für Gott gibt es keine Wunder. Jesus hat sich nie über ein „Wunder" gewundert. Manchmal denke ich, dass sich meine Hunde vielleicht wundern, wenn ich das Licht an und aus knipse, oder andere Dinge, aber ich wundere mich doch nicht darüber. Für Gott sind Wunder völlig normal. Du wirst feststellen, dass es andere Dinge gibt, über die Gott sich wundert. Und du wirst feststellen, dass es aus Gottes Sicht wichtigere und größere Dinge gibt, als „Wunder" zu tun. Diese Dinge, über die Gott sich wundert und jene Dinge, die größer und wertvoller sind als „Wunder", müssen wir erkennen und schätzen lernen. Auch darüber handelt dieses Buch.

Ich habe kein Problem damit, wenn du an der Wahrheit meiner Erlebnisse zweifelst. Ich finde eine vorsichtige „Zurückhaltung" angesichts der vielen verbreiteten Lügen und Manipulationen für sehr gesund. Ich habe selber „Christen" auf der Kanzel erlebt, die übertrieben oder gar gelogen haben um sich wichtig zu machen und um letztlich an Geld oder Ehre zu kommen. Warum solltest du mir glauben? Ich könnte mir das Erzählte einbilden, ich könnte maßlos übertreiben oder sogar lügen. Ich kann nicht erwarten, dass mir ein „Fremder" einfach so glaubt. Immer wieder erlebe ich es bei Seminaren und Vorträgen, dass mir manche Menschen in den Gemeinden diese Erlebnisse nicht abnehmen. Damit hatte ich anfänglich Probleme. Ich wusste nicht, wie ich damit umgehen soll. Als ich darüber ins Gebet ging, gab mir Gott eine brauchbare Antwort, so dass ich damit zufrieden bin:

„Wundere dich nicht, wenn dir manche nicht glauben, du würdest genauso skeptisch sein. Also nimm es den Menschen nicht krumm. Sag ihnen Folgendes: Ihr könnt ruhig an der Echtheit meiner Erlebnisse zweifeln, aber zweifelt nicht an der Wahrheit von Gottes Wort und seinen Verheißungen über Gebet! Zweifle ruhig an meinem Erzähltem, aber nimm Gott und sein Wort ernst und mache deine eigenen Gebetserfahrungen!"

Damit war ich zufrieden, denn ich merkte, dass es kein Schaden sein muss, wenn jemand an meinen Erfahrungen zweifelt, solange er nur Gottes Verheißungen ernst nimmt und Gott und Gebetserhörungen selber sucht und erlebt. Ich habe das Buch nicht geschrieben, um meine Erfahrungen zu berichten, sondern um dir aus der Bibel aufzuzeigen, wie wir so beten können, dass Gott erhört. Darum geht es! Um deine persönliche Gebetsbeziehung mit Gott. Wenn du dann siehst, was die Bibel über Gebet zu sagen hat, wirst du zumindest feststellen, dass meine Erlebnisse nicht nur möglich sind, sondern eigentlich kaum der Rede wert im Vergleich zur Größe und Wichtigkeit von Gottes Verheißungen und den Dingen, die Gott wirklich wichtig sind! Aber lass uns mal klein anfangen.

Der 6. „Sinn"
für die andere Dimension

Als Sohn eines Pastors musste ich meinen Vater oft in die Gebetsstunden begleiten, damit zu Hause wenigstens in der Zeit etwas Ruhe und Frieden war. Zu Hause war immer Aktion, aber in der Gebetsstunde?! Absolute Langeweile! Da kamen ein paar Leute zusammen, falteten die Hände, schlossen die Augen und saßen einfach da. Ab und zu redete dann einer vor sich hin und die meisten hörten zu... Ich konnte es nicht fassen, was daran interessant sein soll!?

Oberflächlich betrachtet ist Beten das „Sinnloseste" was es überhaupt gibt. Denk mal nach. Wir nehmen unsere Umwelt und alle Realitäten mit 5 Sinnesorganen wahr. Mit den Augen das Sichtbare, mit den Ohren die Klangwellen, mit der Nase riechen wir, mit der Zunge schmecken wir, mit der Haut fühlen wir und was geschieht beim Beten? Da „schalten" wir alle Sinnesorgane so gut wie möglich aus! Augen zu, Stille, nichts zu hören, Hände falten, man fühlt nichts, und wehe da kaut einer am Kaugummi (!) ... Die Sinnesorgane werden abgestellt und was fühlt man? Die absolute Sinnlosigkeit! Das hält man nicht aus! Innen kribbelt es, es zerrt uns hin und her, wir halten diese „Sinnlosigkeit" nicht aus! Das merken wir auch beim Arztbesuch. Man setzt sich in das Wartezimmer und sitzt ein paar Sekunden. Dann muss man schon nach den Zeitschriften greifen. Etwas Sehen! Wir können diesem inneren Drang, immer etwas tun zu müssen, nicht widerstehen. Und Beten ist für viele nichts anderes als untätiges Nichtstun und damit sinnlos! Oder?

Beim Beten spüren viele ein nicht auszuhaltendes inneres Drängen mit dem Beten aufzuhören, und endlich etwas „Sinnvolles" zu tun!

So habe ich das auf jeden Fall Jahre lang erlebt. Ich schaffte es Gott meine Wünsche und Nöte aufzulisten und dann hielt ich es schon nicht mehr aus. Deshalb finden sich so viele „Christen" Abend für Abend und Stunde für Stunde vor dem Fernseher wieder. Das meinen sie ist sinnvoll! Da werden alle Sinne geflutet! Man sieht etwas, man hört etwas, man fühlt sich hervorragend in seinem Sessel, man stopft sich was Leckeres in den Mund... Beten dagegen halten nicht viele aus.

Was ist das Geheimnis des Betens? Warum schließen viele echte Beter die Augen dabei? Warum falten manche die Hände? Warum knien manche sogar? Ohne dass du vielleicht darüber nachgedacht hast, geht es tatsächlich darum die „Sinnesorgane" auszuschalten. Das Knien ist für manchen ein Ausdruck seiner inneren Haltung vor Gott (für andere ist es nur eine lästige Pflichterfüllung). Aber mancher kniet auch deshalb in seinem „Kämmerlein", weil man in dieser unbequemen Haltung weniger Richtung Schlaf tendiert, wie in meinem Sessel! Diese kniende Haltung unterstützt die volle Konzentration! Und wozu das alles? Es geht auf der einen Seite darum, die Ablenkung so weit wie möglich auszuschließen, um auf der anderen Seite mit vollem Bewusstsein eine „Wahrnehmung" zu erleben, die nicht jeder hat!

Beten ist die intensivste Wahrnehmung Gottes!

Damit ist Beten eine geistliche Angelegenheit und nicht jedermanns Sache!

„Der natürliche Mensch aber vernimmt nichts vom Geist Gottes; es ist ihm eine Torheit und er kann es nicht erkennen; denn es muss geistlich beurteilt werden." 1 Korinther 2,14

Aber nicht jeder nimmt Gott wahr. Wir haben festgestellt, dass es 5 Sinnesorgane gibt, mit denen wir die Realitäten dieser Welt wahrnehmen können. Es gibt aber ein 6. „Sinnesorgan", mit dem wir geistliche Dinge wahrnehmen sollen! Die Bibel lehrt in diesem Zusammenhang von zwei verschiedenen „Geistern": *„Der Geist selbst gibt Zeugnis unserm Geist, dass wir Gottes Kinder sind."* Römer 8,16

Oft ist die Rede vom Heiligen Geist, oder dem Geist Gottes, aber selten habe ich eine Predigt über den menschlichen Geist gehört. Aber Paulus beschreibt hier eine extrem wichtige Sache! Gott ist Geist und wir haben einen Geist von Gott bekommen um Gottes Geist wahrzunehmen – und zwar überzeugend! Hier schreibt Paulus, dass der menschliche Geist das „Organ" ist, mit dem wir Gott überzeugend wahrnehmen können!

GOTT IST GEIST

Alles was es gibt, kannst du in zwei Kategorien einteilen. Es gibt den Schöpfer und die Schöpfung. Gott ist nicht ein Teil seiner Schöpfung! Gott ist anders! Du kannst den Erbauer eines Motorrades nicht in seinem Werk finden. Suche ihn doch im Rücklicht, oder versuche ihn im Getriebeöl zu analysieren. Du wirst ihn nicht finden! Der Erbauer des Motorrades ist eine andere Kategorie als das Werk, welches er gebaut hat. Zwar hat jeder Erbauer einen anderen Stil und eine andere Art, und das was ein Künstler fertigt, das trägt unweigerlich seine Art und Handschrift. In diesem Sinne können wir Gottes ewige Kraft und Kreativität, seine Liebe zu Harmonie und Ordnung in der Schöpfung erkennen, weil Gott sich als Schöpfer in der Schöpfung verwirklicht hat (Römer 1,20), aber wir können Gott nicht als substantielles Bestandteil in der Schöpfung wahrnehmen. Du kannst ihn nicht sehen, weil er anders ist, als das Sichtbare! Derjenige, der die Farben erschaffen hat kann nicht Teil davon sein! Du kannst ihn auch nicht riechen oder fühlen! Und selten „spricht" Gott so, dass wir ihn mit den Ohren hören, denn Gott ist anderes als alles Erschaffene.

Das „Anderssein" Gottes im Gegensatz zur Schöpfung ist das, was wir „Geist Gottes" nennen. Gott ist Geist! Das ist das Anderssein Gottes im Gegensatz zur Schöpfung! Aber Gott ist wahrnehmbar.

Der menschliche Geist als Sinnesorgan

Gott hat uns einen Geist gegeben, damit wir Gott als Geist wahrnehmen können. (Römer 8,16) Unsere fünf Sinnesorgane funktionieren nicht ohne die Realität, auf die die Sinnesorgane ausgerichtet sind. Gott hat uns diese verschiedenen Sinnesorgane gegeben, um die Welt in ihrer Vielfalt wahrzunehmen und um mit diesen Realitäten in Beziehung zu treten. Augen um zu sehen, Ohren um zu hören, Nase um zu riechen, Zunge um zu schmecken, Haut um zu fühlen. Mit diesen Sinnesorganen können wir aber Gott nicht wahrnehmen, denn Gott ist nicht Teil seiner Schöpfung. Gott ist Geist. Um Gott wahrzunehmen und um mit Gott zu leben brauchen wir einen lebendigen wachen Geist!

Es kann passieren, dass ein Mensch für eine gewisse Realität „tot" ist. Dann ist er blind für Farben, oder taub für Klangwellen. Wenn du einem

Menschen dauerhaft die Augen verschließt, dann wird er erblinden. Dann lebt er zwar, aber er ist tot für eine Realität. Die Augen brauchen das Licht und das Sichtbare, um zu sehen und sehend zu bleiben! So ist es auch mit dem menschlichen Geist. Er braucht Gott und Gottes Geist, um zu leben! Er braucht Gottes Wahrheit um wahrzunehmen! Ohne dies verkümmert und stirbt der menschliche Geist und ist dann blind und taub für Gott. Wie oft hat Jesus gesagt: *„Ihr seht, aber ihr seht nicht, ihr hört, aber ihr hört nicht."* Mt. 13,13; Mk. 4,12; 8,18; Lk. 8,10; Joh. 9,39; 12,40

In diesem Fall ist ein Mensch tot für Gott. Er nimmt Gott nicht wahr. Er mag religiös sein und oberflächliche Rituale und Traditionen pflegen, er mag Meinungen über Gott haben, aber er redet wie ein Blinder von der Farbe. Der weltliche Mensch nimmt Gott nicht wahr. Was ist faul?! Der Mensch ohne Gott ist tot! Er ist geistlich tot! Er ist tot für Gott. Er lebt auf der einen Seite, aber er ist tot auf der anderen Seite. In der Bibel steht immer wieder, dass wir *„tot sind in Sünde"*. Der Begriff „Sünde" bezeichnet nicht nur schlechte Taten, sondern viel mehr! Ein Sünder hat keine lebendige Beziehung zu Gott. Er nimmt Gott nicht wahr! Jesus sagte: *„Lasst die Toten ihre Toten begraben, du aber folge mir nach."* Matth. 8,22

Damit spricht Jesus genau diesen Punkt an. Viele Menschen sind tot für Gott. Sie leben in dieser Welt, aber sie nehmen Gott nicht wahr. Damit sind sie völlig auf das Diesseits reduziert und folglich suchen sie die Erfüllung ihres Lebens in dieser Welt, aber sie suchen vergebens. Leben im wahrsten Sinne des Wortes tut erst derjenige, der unter dem bewussten Einfluss Gottes steht, der Leben in Person ist (Johannes 14,6). Geistesfülle bedeutet nicht, dass wir wie Flaschen sind, Deckel auf, Flasche vollmachen und Deckel zu, sondern in der Geistesfülle können wir nur leben, wenn wir unter dem direkten und bewussten Einfluss Gottes sind und bleiben. Das heißt: In Harmonie mit Gott leben.

Wenn Gott uns nicht erfüllt, dann sind wir ein Fass ohne Boden mit einer unstillbaren Gier nach mehr! Mehr sehen! Mehr hören! Mehr fühlen! Mehr schmecken! Besser riechen! Wir leben im Prinzip nur um unsere innere Gier nach mehr durch „Erlebnisse" zu stillen und jede Form der Industrie und Wirtschaft baut darauf auf. Durch die fünf Sinnesorgane saugen wir so viel wie möglich in uns hinein und werden doch nicht erfüllt. Wir brauchen mehr Farben! Im Fernseher, auf den Fingernägeln, in den Haaren, im Gesicht... Bessere und lautere Musik... Bequemere, schönere Kleider, Möbel... Mehr Informationen „Neugier", egal was wir tun, es geht nur darum die Gier nach mehr durch unsere Sinnesorgane zu stillen. Aber wir finden auf diesem Weg keine Erfüllung oder echte Befriedigung und Frieden.

Das Buch „Prediger" in der Bibel hat irgendwie einen unpassenden Namen, finde ich. Wenige schlagen es auf, denn wer will sich schon vollpredigen lassen? Dabei ist es eines der interessantesten Bücher der Bibel, weil es genau die Erfahrungen beschreibt, die jeder Mensch zu allen Zeiten gemacht hat. Besonders bemerkenswert ist doch die Tatsache, dass der Autor alles hatte, was man in dieser Welt erstreben kann. Er hatte Macht, Einfluss, Intelligenz und Weisheit, er hatte Reichtümer ohne Ende, Frauen ohne Ende... aber immer wieder musste er feststellen: Es ist... *„Haschen nach Wind."* Prediger 2,11

Es ist „sinnlos" nach dem Wind zu greifen. Das meint er mit „Haschen nach Wind". Er berichtet, was er alles unternommen hat, was er erforscht hat, was er aufgebaut hat, womit er sich vergnügt hat, und immer wieder muss er feststellen, dass es „Haschen nach Wind" war – absolut sinnlos. Auch er machte die Erfahrung, die ich vorher beschrieben habe: *__Das Auge sieht sich niemals satt und das Ohr hört sich niemals satt.__* Prediger 1,8

Mir wurde das in einer bestimmten Lebensphase bewusst. Ich hatte alles dran gesetzt um deutscher Meister in Bodybuilding zu werden. Dieses Ziel erschien mir erstrebenswert und irgendwie versprach ich mir davon Erfüllung. Ich werde dir sagen, was mir durch den Kopf ging, als man mir den Pokal überreichte. Ich stand auf der Bühne und fühlte mich völlig leer, direkt während der Siegerehrung! Ich dachte darüber nach, was mich erfüllen könnte und kam auf die Idee. Ein Motorrad! Also sparte ich von nun an für das Objekt der Begierde. Als ich dann das Motorrad hatte, und meine erste Fahrt bei wunderschönem Wetter machte dachte ich: „Nicht schlecht, aber ich brauche vorverlegte Fußrasten, dann ist es perfekt." Als die Fußrasten dran waren, wollte ich einen anderen Tank, Auspuffanlage, Blinker, Lackierung... Als dann das Motorrad endlich so war, wie ich es wollte, dachte ich: „Eigentlich sollte ich mir eine Harley kaufen." An diesem Punkt angekommen wurde mir mein Dilemma bewusst. Genau da erkannte ich, dass ich nie zufrieden bin und auf diesem Weg auch nie Erfüllung finden werde. Da war mir die Bedeutung der Worte klar: Ich bin ein Fass ohne Boden. Aber damit bin ich nicht alleine.

Eine deutsche Rockgruppe „brüllt" in einem Lied die frustrierte gleiche Frage an ihre Fans: „Warum werden wir nicht satt?!" Sie besingen was sie alles haben und immer wieder der Refrain „Warum werden wir nicht satt?" Die Antwort ist ganz einfach. Was nutzen dir 20 Pizzas wenn du Durst hast? Durst ist eine andere Kategorie! Du kannst Wasser nicht mit 20 Pizzas ersetzen. Und genauso ist es mit unserem Durst und Hunger nach „MEHR"! Es ist ein geistlicher Hunger und Durst, der durch nichts in der Welt gestillt werden kann. Gott hat uns auf sich hin angelegt. Er will uns erfüllen und Gott ist eine andere Kategorie. Paulus schreibt, dass wir mit der ganzen Fülle Gottes erfüllt sein sollen! *„So könnt ihr mit allen Heiligen begreifen, welches die Breite und die Länge und die Höhe und die Tiefe ist, auch die Liebe Christi erkennen, die alle Erkenntnis übertrifft, damit ihr erfüllt werdet mit der ganzen Gottesfülle."* Epheser 3,18-19 Womit willst du Gott ersetzen? Diese Erfüllung des ganzen Lebens findest du nur in einer harmonischen Beziehung mit Gott. Nur der Einfluss des Heiligen Geistes kann dich erfüllen.

An folgender Aussage ist was dran, oder? Lies dir den Satz ruhig ein paar Mal durch, denn wir lesen oft so schnell, dass wir nicht recht erfassen, um was es da geht.

> „DIE GESCHWINDIGKEIT IN DER WIR LEBEN OFFENBART
> NUR DIE INNERE LEERE, DIE UNS ZUR EILE TREIBT."

Ist da was dran? Lies ruhig noch mal.

Wir hecheln über diesen Erdkreis, weiter, höher, tiefer. Schneller, schöner, lauter, krasser … MEEEEHHHRRR! Und mancher hat sich auf das Niveau eines Staubsaugers reduziert und saugt jeden Dreck in sich hinein, auf der Suche nach „mehr Erfüllung"! Drogen, Perversionen… In einem Film sagte ein Darsteller: „Die Welt ist nicht kleiner geworden, sie hat nur weniger zu bieten." Das erlebt jeder, der vergebens in dieser Welt nach Erfüllung sucht und eins ums andere erfährt, dass es wieder einmal nicht geklappt hat. Dabei ist es so einfach. Nur Gott kann dich erfüllen und zu einem Frieden führen, der höher ist als alle Vernunft. Jesus sagte: *„Ich bin gekommen, damit sie das Leben und volle Genüge haben sollen."* Joh. 10,10 *„Den Frieden lasse ich euch, meinen Frieden gebe ich euch. Nicht gebe ich euch, wie die Welt gibt. Euer Herz erschrecke nicht und fürchte sich nicht."* Joh. 14,27 Du kannst die ganze Welt bereisen und alles ausprobieren und wirst dabei immer leerer werden. Du kannst es bei einem Selbstfindungskurs versuchen und wirst dich doch dabei mehr und mehr verlieren. Du wirst dich selber und echten Frieden erst finden, wenn du Gott findest und von Gottes Geist erfüllt bist. Dieser Frieden, den Gott gibt, der stellt deshalb alles in den Schatten, weil er vom Licht der Welt kommt! Jesus sagte: *„Ich bin das Licht der Welt, ich bin das Brot des Lebens, ich bin das Wasser des Lebens…"* Das sind alles lebensnotwendige Dinge!

Wer wirklich in Harmonie mit Gott lebt, der lebt in dieser Fülle des Geistes. Der kennt diesen Frieden der höher ist als alle Vernunft. Der ist innerlich zur Ruhe gekommen. Der wird nicht mehr von der Gier getrieben. Der hat auch kein Problem damit stundenlang die Augen geschlossen und die Hände gefaltet zu haben und dennoch hellwach zu sein! Wacher als je zuvor! Lebendiger als je zuvor! Sinnvoller als je zuvor! Denn er nimmt Gott wahr! Intensiver als es im Alltag möglich ist. Er kennt den Frieden, der höher ist als alle Vernunft.

Sicher! Wir können und sollen immer und überall in Harmonie mit Gott leben. Wir können immer und überall mit wachem Geist auf Gott achten und ihn wahrnehmen, denn Jesus will immer und überall bei uns sein. Wer im Beten geübt ist, dessen geistliche Wahrnehmung wird stärker sein als die Eindrücke der Umwelt. Egal wie viele Leuchtreklamen flimmern und egal wie viel Watt aus einer Anlage dröhnt. Die Wahrnehmung des Geistes kann und muss stärker und die alles bestimmende Wahrnehmung sein, wenn du ein kraftvolles Leben im Geist leben willst. Wer nicht in dieser Realität lebt, der erlebt eine andere Realität, nämlich dass man von jedem Einfluss der Welt hin und her gezerrt wird. Von Meinungen und Angeboten der Medien, von Gruppendynamik der Menschen, von Versuchungen die auf uns einprasseln und inneren Neigungen und Begierden, die unstillbar in uns herrschen... Das muss ich haben, dass muss ich tun und das werde ich erstreben, dort muss ich auch hin und da muss ich auf jeden Fall dabei sein...

Wiederholung: **Die Geschwindigkeit, in der wir leben offenbart die innere Leere, die uns zur Eile treibt.** Merk dir den Satz und beachte einmal in Zukunft, wie sich diese Tatsache in deinem Leben äußert. Wer so lebt, der ist sämtlichen Verführungen ausgeliefert und da ist das Erschöpfungssyndrom vorprogrammiert. Ohne Schöpfer bist du Geschöpf bald erschöpft. Du kannst Gott nicht ersetzen. Wer hat den stärkeren Einfluss auf dich? Das was aus der Welt durch deine fünf Sinnesorgane in dich hineinfließt, oder der Einfluss des Heiligen Geistes? Hier entscheidet sich, ob du weltlich und fleischlich gesinnt bist, oder ob du geistlich gesinnt bist.

Ist Gottes Einfluss in deinem Leben stärker als der weltliche Einfluss? Wenn ja, dann weißt du, wie es dazu kam. Durch Wachen und Beten bist du unter diesen Einfluss des Geistes gekommen und nur durch Wachen und Beten bist du unter dem Einfluss des Heiligen Geistes geblieben.

Nur wachend und betend bleiben wir unter Gottes Einfluss. Wer betet muss wach sein und wer wach ist muss beten. Und wenn du nicht in der Fülle des Geistes und damit unter Gottes Einfluss lebst, dann kann ich dir auch sagen warum. Weil du entweder noch geistlich tot bist, du nimmst Gott nicht wahr, oder weil du dein geistliches „Organ" und damit dein geistliches Leben verkümmern lässt. Da hilft nur eines: Gott suchen! *„Wer mich sucht von ganzem Herzen, von dem will ich mich finden lassen."* Jer. 29,13-14

Was Beten nicht ist

Meine Mutter hat mir gesagt, ich soll immer ehrlich sein und die Wahrheit sagen. Einmal habe ich als Kind einer grau gekleideten Frau im Gottesdienst die Hand geschüttelt und gesagt: „Gib die Hand du bist ein dicker Elefant." Ich habe mich wirklich lange danach gefragt, womit ich die darauffolgende Strafe verdient hatte? Ich war schon immer aufmerksam und habe wissbegierig beobachtet und war ehrlich und hatte die Wahrheit gesagt! Kinder haben eine ehrliche Art der Auffassung. Auch in den Gebetsstunden wollte ich oft ehrlich wissen, was die da machen. Ich beobachtete die Betenden, denn es war mir beim besten Willen nicht möglich, die Augen geschlossen zu halten. Das war nicht auszuhalten, aber irgendeinen Sinn musste das ja machen, wenn Erwachsene extra dafür zusammenkommen. Aber scheinbar nicht für jeden. Dort schlief einer, dort konnte sich einer nicht entscheiden, ob er die Augen auf oder zu lassen will, hin und her, auf und zu, der schien irgendwie nicht ganz bei der Sache zu sein. Wieder einer eingeschlafen, manche fielen mir auf, die jedes Mal das gleiche beteten, die gleichen Worte, sogar die gleiche Reihenfolge der Gebete. Es tat mir Leid, dass sie scheinbar nicht bekamen, um was sie baten, sonst würden sie ja nicht immer das Gleiche beten... Und wenn ich die „Amens" belauschte, dann klang das von vielen sehr nach gähnender Gleichgültigkeit. Also aus den meisten wurde ich nicht schlau. Ich werde mich aber sicher in vielem getäuscht haben. Ich erinnere mich klar und deutlich an einige, die schienen in einer anderen Realität zu sein. Wenn die beteten, dann war das klar, bestimmt, deutlich, mit Willen dahinter, mit Überzeugung, die Augen waren bei manchen von ihnen zu, bei anderen offen, aber sie schienen in einer anderen Realität zu sein, in einer anderen Wahrnehmung! Heute weiß ich es. Nicht jeder, der die Augen schließt betet. Nicht jeder, der die Hände faltet betet. Nicht jeder, der Worte an den Himmel formuliert, betet. Nicht jeder, der Amen sagt, steht auch wirklich hinter dem Gebet. Die Frage ist: Wird Gott „wahrgenommen"? Ist der Glaube aktiv? Ist der Geist lebendig?

In fast allen Kirchen werden Psalmen gesungen und das Vaterunser gebetet. Das ist an sich nicht verkehrt, wenn wir tun, was wir singen und wirklich meinen, was wir sagen und beten. Von klein auf kenne ich das Lied: „Gott mein Herr, es ist mir ernst, dieses Lied ist dir geweiht. Die Harfe und der Psalter klingt, bevor der Morgen graut... Ich will dir danken! Unter den Völkern! Ich will dich loben! Vor allen Menschen! ... Ich muss ehrlich sagen, dass mir dieses Lied schon als Teen mehr und mehr auf die Nerven gegangen ist, weil ich nicht einen kenne, der das tut, was er da singt! David, der diesen Psalm geschrieben hat, der hat mit seiner Harfe vor Tagesanbruch Gott von Herzen gelobt! Aber wer von uns steht auf, bevor der Morgen graut? Wo sind die Leute, die Gott vor allen Völkern danken und preisen?! Da singen wir alle: „Gott mein Herr, es ist mir ernst! Jetzt höre mir zu! Ich habe dir was zu sagen!" Und dann? Was kommt? „Die Harfe und der Psalter klingt, bevor der Morgen graut..." Ich glaube davor graut es Gott! Ehrlich! Das hat mich als Jugendlicher furchtbar genervt! Wir singen so viel und tun es nicht. Wir beten das Vaterunser und meinen es nicht. Gott hat dazu eine Meinung.

„Und der Herr sprach: Weil dies Volk mir naht mit seinem Munde und mit seinen Lippen mich ehrt, aber ihr Herz fern von mir ist und sie mich fürchten nur nach Menschengeboten, die man sie lehrt, darum will ich auch hinfort mit diesem Volk wunderlich umgehen, aufs Wunderlichste und Seltsamste, dass die Weisheit seiner Weisen vergehe und der Verstand seiner Klugen sich verbergen müsse." Jesaja 29,13-14

Das war auch zur Zeit Jesu nicht anders, deshalb musste Jesus die Menschen immer wieder an diese Aussage Gottes erinnern. (Matth. 15,8; Markus 7,6)

Gebet ist kein Aufsagen oder Runterleiern von „richtigen Worten", sondern wenn unsere Haltung den Worten nicht angemessen ist, dann beweisen wir damit nur, dass wir „falsch" sind, während die Worte richtig sind. Nun meinen das nicht alle böse. Viele aufrichtige Christen singen dieses Lied und sind sich dessen nicht bewusst. Aber diese „Bewusstlosigkeit" ist genau das, was ich anspreche. Ich will jetzt nicht auf dem Lied herumreiten, sondern mir geht es um das Verhältnis zwischen der aufrichtigen Herzenshaltung und dem was wir singen oder beten. Ich war mittlerweile in hunderten Kirchen verschiedener Denominationen Europas und habe das Beten des „Vaterunsers" erlebt. Daran kann man vielleicht besser verstehen, wovon ich rede. Wie viele leiern es einfach nur runter, ohne sich der Bedeutung der Worte bewusst zu sein? Den Eindruck hattest du doch vermutlich auch schon, oder? Eine echte Erweckung führt uns dahin, aus der Bewusstlosigkeit herauszukommen um bewusst zu leben! Während des Tischgebetes können wir das auch oft erleben. Zuvor vielleicht Streit, dann falten alle fromm die Hände: „Vater segne diese Speise uns zur Kraft und dir zum Preise, AMEN!" Und noch bevor das Amen gesagt ist, hat der erste seine Gabel schon in das dickste Schnitzel reingehauen, damit ihm ja keiner zuvor kommt. Ich weiß, wovon ich rede (smile). Ich habe schön gebetet, aber hatte ich wirklich ein Bewusstsein von Gottes Gegenwart? Nein! Ich habe die Worte runtergeleiert und hatte nur das Schnitzel im Kopf. Und war es erst im Kopf, dann musste es in den Magen! Sofort! Genauso beten viele das Vaterunser und singen die Lieder. Sie haben etwas anderes im Kopf und sind nicht bei der Sache.

Es geht Gott um unser Herz. Gebet ist eine Sache des Herzens! Gebet kann unter Umständen ganz ohne Worte auskommen, wie zwei Verliebte zuweilen auch ohne viel Gerede sehr glücklich nebeneinander auf einer Bank sitzen können. Wenn diese Liebe nicht da ist, dann können alle schönen Worte der Welt die Liebe nicht ersetzen. Dann sind alle Blumen und Gedichte vergebens.

Deshalb hat Gott auch in der Geschichte immer wieder drastische Worte gefunden, wenn die Leute zu Gottesdiensten zusammengekommen sind und dort bloße Lippenbekenntnisse runtergeleiert haben. Wie würde es dir gehen, wenn dein Partner seine Liebesbekenntnisse jeden Tag auswendig herunterleiern würde? Durch seine Propheten hat Gott es allen ausrichten lassen, dass er sich vor herzlosen Lippenbekenntnissen die Ohren zuhält! Er will das nicht mehr hören!

„Bringt nicht mehr dar so vergebliche Speisopfer! Das Räucherwerk ist mir ein Gräuel! Neumonde und Sabbate, wenn ihr zusammenkommt, Frevel und Festversammlung mag ich nicht! Meine Seele ist feind euren Neumonden und Jahresfesten; sie sind mir eine Last, ich bin's müde, sie zu tragen. Und wenn ihr auch eure Hände ausbreitet, verberge ich doch meine Augen vor euch; und wenn ihr auch viel betet, höre ich euch doch nicht; denn eure Hände sind voll Blut." Jesaja 1,13-15

Deshalb: Beten ist eine Herzenssache, weil das echte Leben mit Gott eine Herzenssache ist. Wer Gott nicht von Herzen liebt, der kennt die Fülle des Geistes nicht. Wer Gott nicht von Herzen liebt, der kennt die ungestillte Gier, die ihn hier und dorthin zerrt und der sollte sich nicht einbilden, dass er das Zentrum des Gebetslebens erreicht hätte. Und wer nicht von Herzen betet, der sollte sich nicht einbilden, dass er Gott wirklich liebt! Wer keine Freude am Beten hat, der sollte sich nicht einreden lassen, dass er Freude an Gott hat! Er hat vielleicht Freude daran gewisse Menschen im Gottesdienst zu treffen, er hat vielleicht Freude daran sich in schönen Kleidern zu zeigen, weil er begehrt und geehrt werden will, der sucht vielleicht für seinen Dienst Anerkennung zu bekommen, aber wer keine Freude am Beten hat, der hat keine Freude an Gott. Es ist so.

Stell dich mal diesen Provokationen. Wie sieht es mir dir aus?

UNERHÖRTE GEBETE

Wenn wir in der Bibel die Aussagen und Verheißungen für Gebet sehen, dann stellen wir unweigerlich fest, dass zwischen den Zusagen der Bibel und unserem Erleben ein krasser Unterschied ist. Jesus sagte ganz einfach: *„Bittet, so wird euch gegeben... denn wer da bittet, der empfängt."* Matth. 7,7

„Wahrlich, wahrlich, ich sage euch: Wer an mich glaubt, der wird die Werke auch tun, die ich tue, und er wird noch größere als diese tun; denn ich gehe zum Vater. Und was ihr bitten werdet in meinem Namen, das will ich tun, damit der Vater verherrlicht werde im Sohn. Was ihr mich bitten werdet in meinem Namen, das will ich tun." Johannes 14,12-14 Hier stehen viele vor einem gewaltigen Problem. Sie wollen Gott und seinem Wort gegenüber nicht respektlos sein, aber sie müssen sich eingestehen, dass sie das nicht erleben. Aber um sich nicht an Gott zu versündigen, wollen sie die Richtigkeit dieser Aussagen nicht in Zweifel ziehen. Auf der anderen Seite sehen sie aber nicht, wo das Problem ist. Weil wir uns auch gerne mit anderen vergleichen, halten wir unseren Zustand für normal. Die „Geschwister" erleben auch keine Gebetserhörungen, nicht mal der Pastor, also wird das schon irgendwie zu erklären sein. Also lassen sie es und machen weiter wie vorher.

Ich habe diese Diskrepanz irgendwann nicht mehr ausgehalten. Solche Aussagen Jesu in der Bibel haben mich herausgefordert. Sie haben an mir genagt. Ich konnte die Bibel nicht mehr lesen, ohne innerlich zu brodeln, weil Gottes Ankündigungen nicht mit meiner Realität zusammenzubringen waren. Ich habe mir irgendwann gesagt: „Entweder das ist wahr, dann will ich das erleben, oder es ist nicht wahr, dann ist gar nichts wahr in der Bibel und dann werde ich sie in die Tonne kloppen." Es lag mir fern Gott gegenüber respektlos sein zu wollen, aber ich wollte es wissen! Ich wollte das Echte, weil ich den Eindruck nicht loswurde, dass ich irgendwo falsch liege! Also fing ich an, mich mit diesem Thema zu beschäftigen. Ich wollte hinter das Geheimnis kommen, wie es sein kann, dass Elia das Feuer vom Himmel lässt! Würde in der Bibel stehen, dass diese Zeiten der Zeichen und Wunder vorbei sind, dann würde ich das akzeptieren. Aber ich las deutlich, dass Jesus „Größeres" verheißen hat! Ich wollte wissen, was das soll. Es war mir wichtig, in der Bibel herauszufinden, was die Geheimnisse und Prinzipien des Gebets sind, aber dabei stieß ich auf Punkte, warum Gott Gebete nicht erhört. Das ist wohl eher die erste Erfahrung der meisten. Manche formulieren ihre Wünsche an den Himmel und wenn sie nicht bekommen, um was sie gebeten haben, zweifeln sie am Nutzen des Gebets. Nach solchen unerhörten „Gebeten" tauchen folgende Gedanken auf: „Gott gibt es nicht, denn er hat mich nicht erhört." Oder: „Gott gibt es schon und er erhört sicher, aber er will mich nicht erhören." Oder: „Gott gibt es, aber zu beten ist sinnlos, er wird eh souverän tun, was er will." Wenn wir so oder ähnlich denken, dann hat Satan genau das erreicht, was er wollte.

Achtung! Es gehört mit zu Satans Strategie, dass er versucht uns zu täuschen, indem er in uns Wünsche weckt, die Gott sicher nicht erhören wird, damit wir von Gott enttäuscht sind. Gott lässt ausrichten: *„... ihr bittet und empfanget nichts, weil ihr übel bittet, auf dass ihr es in euren Lüsten vergeudet. Ihr Ehebrecher, wisset ihr nicht, dass die Freundschaft der Welt Feindschaft wider Gott ist? Wer nun irgend ein Freund der Welt sein will, stellt sich als Feind Gottes dar."* Jakobus 4,3

Hier wird genau der Punkt angesprochen, den ich vorhin erwähnt habe. Der „weltliche" Mensch lebt um seine Gier noch mehr zu stillen. Und manche hoffen dabei auf himmlischen Beistand! Ist das nicht bedenklich? Manche verhärten sogar betend ihre selbstsüchtige Feindschaft gegen Gott. Und wir meinen, wenn einer nur betet, dann ist er schon ein Christ! Dem ist aber nicht so! Das müssen wir uns mal bewusst machen, denn viele tun das sicher unbewusst, was die Sache aber nicht besser macht. Hier steht klipp und klar: Wer aus seiner Gier und Lust heraus betet, der bittet übel und empfängt nichts, weil er sich durch seine Gier als Feind Gottes offenbart. Und wer steckt hinter den Kulissen und will die menschliche Feindschaft gegen Gott schüren? Wer verführt uns? Wer ist der „Fürst" dieser gottlosen und materialistischen Welt? Hinter vielen unserer Wünsche steckt in Wirklichkeit Satan, der Zeit unseres Lebens versuchen wird, unser Denken, und so unsere Begierde zu beeinflussen – und damit sogar unsere Gebete! *„Auch ihr wart tot durch eure Übertretungen und Sünden, in denen ihr früher gelebt habt nach der Art dieser Welt, unter dem Mächtigen, der in der Luft herrscht, nämlich dem Geist, der zu dieser Zeit am Werk ist in den Kindern des Ungehorsams. Unter ihnen haben auch wir alle einst unser Leben geführt in den Begierden unsres Fleisches und taten den Willen des Fleisches und der Sinne und waren Kinder des Zorns von Natur wie auch die andern."* Eph. 2,1-3

Auch in diesen Versen steht, dass wir „tot in Sünden" waren. Dann leben wir in dieser Welt nur um unsere Begierde zu stillen. Wer hinter dieser Art zu leben steckt, lesen wir hier auch deutlich. Als Satan mit Jesus in der Wüste diskutierte, da sagte er unter anderem, dass ihm die Welt übergeben worden ist. Die Frage ist doch: Wer hat Satan die Welt übergeben? Etwa Gott? Das steht in der Bibel nicht. Wer dann? Gott hatte die Welt dem Menschen übergeben, damit er sie in Übereinstimmung mit Gott sich untertan macht und beherrscht. Aber durch den Gehorsam des Menschen Satan gegenüber wurde Satan indirekt zum Weltherrscher. Es ist doch logisch.

Demjenigen, dem du gehorchst, der ist dein Herr

Wir Menschen haben Satan zum Herrn dieser Welt gemacht, indem wir Gott ungehorsam wurden und lieber auf Satans Ratschläge und Vorschläge hörten. Ohne Gott lebt der Mensch reduziert auf das Diesseits. Er sucht die Erfüllung in der Welt in der er sich verwirklichen will. Satan beeinflusst das selbstsüchtige Denken und die Gier treibt manchen mit „üblen" selbstsüchtigen Gebeten zu Gott, die Gott nicht erhören kann. Satan hat mit diesen Aktionen ein konkretes Ziel. Da wir von Satan und unserer Begierde getäuscht worden sind, können wir nur enttäuscht werden. Wir sind dann aber leider von Gott enttäuscht, weil wir von ihm nicht bekommen haben, was wir wollten. Wir beginnen dann an der Existenz Gottes und seinem Wohlwollen zu zweifeln oder wir meinen zumindest, dass Beten nichts nützt und das ist genau das, was Satan will. So viele haben das Beten eingestellt, weil sie die Erfahrung gemacht haben, dass sie nicht erhört worden sind, obwohl in der Bibel steht, dass Gott erhört! Deshalb erkläre ich diesen Punkt gleich zu Anfang. Wenn wir so beten wollen, dass Gott uns erhört, müssen wir uns dieser Zusammenhänge bewusst sein und beim Beten wachen, damit wir nicht in Versuchung fallen und um Dinge beten, die aus unserer fleischlichen Gier kommen. Vielleicht denkst du: „Halt mal! Du hast doch vorher aufgelistet, dass du um PC, Motorrad, Wohnwagen, Wohnmobil, … gebetet und all das bekommen hast!" Richtig! Aber du wirst nachher feststellen, dass ich um diese Dinge nicht gebetet habe, weil ich sie „begehrt" habe. Einige dieser Dinge habe ich sogar verschmäht und wollte sie nicht haben! Aber Gott wollte, dass ich sie habe, um die Dinge und Dienste zu tun, die er vorbereitet hatte. Aber dazu kommen wir noch. Wenn wir von Gott nicht bekommen haben, was wir wollten, dann ist das kein Beweis dafür, dass es Gott nicht gibt oder dass Gebet zwecklos wäre, sondern:

- dass wir eventuell aus einer Haltung heraus beten, die es Gott unmöglich macht, uns zu erhören,
- oder dass das Anliegen an sich nicht mit Gottes Segen vereinbar ist,
- oder dass wir noch nicht reif für die Erhörung sind,
- oder dass die Erhörung aus anderen Gründen noch andauert,
- oder dass Gott etwas Besseres für uns vorhat.

Ich möchte das anhand einiger Beispiele zeigen. Ich bat als Kind meine Eltern immer wieder um ein Gewehr. Ich konnte es nicht verstehen, dass ich es nicht bekommen habe. Aber sie wussten es besser. Was hätte ich damit angerichtet? Ich erinnere mich noch, wie der Pfeil, den ich mit meinem Bogen abgeschossen hatte, im Arm meiner Schwester stecken geblieben ist... Meine Eltern wussten, warum sie meiner Bitte nicht nachgegeben haben. Mir war das schleierhaft. Aber wir merken: Würde Gott alle unsere Wünsche erfüllen, dann wäre es schon längst aus mit uns. Johannes bat Jesus Feuer vom Himmel auf den Ort zu schicken, der ihnen die Durchreise verwehrte. Die Welt würde nicht mehr stehen, wenn Gott alle unsere „Wünsche" erfüllen würde.

Manche Dinge sind überhaupt nicht mit Gottes Willen vereinbar, auf andere Dinge muss Gott uns vielleicht noch vorbereiten. Immer wieder rede ich mit Menschen, die um einen Partner beten und ihn nicht bekommen, und deshalb zweifeln sie an Gott. Da gibt es verschiedene Fälle und Möglichkeiten, aber bei manchen Kandidaten habe ich mich sehr gewundert. Manche von ihnen führen ein derart erbärmliches Leben, wen soll Gott denn derart bestrafen und an deren Seite stellen? Entschuldige, wenn ich es so derb ausdrücke, aber es ist doch so! Wenn du willst, dass Gott dir einen Partner gibt, dann bringe dein Leben in Ordnung! Soll Gott einem Internetsexsüchtigen einen Partner geben, damit er dauernd betrogen wird? Soll Gott einem unordentlichen Menschen einen Partner geben, damit der ständig aufräumen muss? Was für ein Gott sollte andere so bestrafen? Aber die Mühe machen sich nicht alle um herauszufinden, was Gott über Ehe sagt, was Gottes Wille und Werte sind, um sich so auf einen Partner vorzubereiten, um ihm die Liebe zukommen zu lassen, die der Partner zum Leben braucht. Da können sie lange beten. So läuft das nicht.

Denk mal über Dinge nach, für die du schon gebetet hast, und keine Gebetserhörung erhalten hast. Versuche einmal gute Gründe dafür zu finden, warum die Gebetserhörung bisher ausgeblieben ist. Bei manchen wirst du vielleicht erkennen, dass Gott wirklich ein Dank gebührt, dass er dich nicht erhört hat, oder? Dann danke Gott doch jetzt einmal dafür. Ich setze mich immer wieder mal hin und denke über Gebetsanliegen nach, die bisher nicht erhört worden sind. Dann trenne ich Dinge, für die ich weiter beten werde von denen, für die ich nicht mehr beten werde. Bei letzteren muss ich manchmal schon durchatmen und Gott wirklich dafür danken, dass er mich nicht erhört hat.

Wir wollen uns nun im Folgenden einzelne Prinzipien ansehen, wie wir so beten können, dass Gott uns erhört.

1. Prinzip

Erhörtes Beten sucht den „Geber" vor den Gaben

Dies ist unter allen Prinzipien ein extrem wichtiger Punkt. Deswegen kommt der gleich zu Anfang. Frag dich mal ehrlich: Betest du, weil du zuerst Gott „suchst" oder irgendwelche Gaben? Ist dir die Beziehung zu Gott am wichtigsten oder irgendwelche Wünsche? Wie verstehst du folgenden Vers in der Bibel?

„Aber ohne Glauben ist's unmöglich, Gott zu gefallen; denn wer zu Gott kommen will, der muss glauben, dass er ist und denen, die ihn suchen, ein Belohner sein wird." Hebräer 11,6

Wenn man diesen Vers oberflächlich liest, dann könnte man meinen, dass Gott dazu da ist, um uns für unsere Gebete zu belohnen. Und natürlich mit dem was wir uns wünschen, weil uns zugesagt wird, dass Gott ja unser „Belohner" sein will. Wer die materialistische Brille auf hat, der sieht hier die Garantie, dass Gott uns unsere Wünsche erfüllt. Doch dieser Vers geht in eine ganz andere Richtung. Hier geht es darum „Gott zu gefallen" „… denn wer zu Gott kommen will, … denen die ihn suchen… " Prüfe dich mal, welches Ziel dein Beten zuerst hat? Suchst du im Gebet den „Geber" oder die Gabe? Treibt dich die Sehnsucht nach Gott ins Gebet oder die Selbstsucht? Willst du zu Gott kommen oder nur zu der Erfüllung deiner selbstsüchtigen Wünsche?

> Wahre Liebe sucht den Geliebten und freut sich an ihm und seinen Gaben.
> Wahre Selbstsucht sucht nur die Gaben – und geht leer aus.

Gott sagte zu unserem Glaubensvater Abraham etwas Grundsätzliches für jeden, der zum Glauben kommen will und das Beten lernen möchte:

„Ich bin dein sehr großer Lohn." 1 Mose 15,1

Dieser Satz war ein Augenöffner für mich. Diese Aussage ist mir ins Gehirn gesprungen wie schon lange zuvor keine andere. Mir ging ein Licht auf und ich verstand, was mein Hauptproblem beim Beten war! Da war mir aber schon klar, dass hier nicht nur ein Problem beim Beten war, sondern in meinem ganzen Leben! Uns sind sooo... viele Dinge wichtig, für die wir beten, aber wir erkennen nicht, wie wichtig Gott ist, und wie wertvoll unsere persönliche Beziehung zu ihm ist!

Abraham hatte alles verlassen was er hatte und was man sich in seiner Zeit wünschen konnte. Aber dafür hatte er das Beste und Wertvollste bekommen was es gibt: Befreiung von einem religiösen Leben und stattdessen eine persönliche Beziehung zu Gott. Die Belohnung für den Gläubigen ist Gott selber in seinem Leben und damit wird alles andere zweitrangig. Nichts in dieser Welt könnte Gott ersetzen! Ist diese Zusage nicht die größte aller Zusagen, dass Gott dein sehr großer Lohn sein will? Gott will dein Lohn sein! Lebendiger Glaube erfreut sich an dem lebendigen Gott. Das Ziel des Glaubenden ist näher und tiefer zu Gott! Gott bietet sich als sehr großer Lohn an und unzählige Menschen kamen bei Gott schon ganz natürlich zur seligen Erfüllung all ihrer Wünsche!

Viele Ungläubige haben mir schon versichert: „Also, wenn es Gott wirklich geben würde, dann leuchtet es mir schon ein, dass dann nichts wichtiger wäre als Gott." Das sagt einem schon die Logik. Aber so verblendet sind wir. Wir falten die Hände und wollen etwas relativ Unwichtiges erbeten und es kommt uns nicht in den Sinn, dass wir uns gerade dem heiligen Gott, dem Herrn aller himmlischen Heerscharen zuwenden! Was an all dem Materiellen könnte den Schöpfer des Universums in deinem Leben ersetzen? Was in der ganzen Welt kann dir das ewige Leben bei Gott ersetzen? Was anderes als Gott könnte dich erfüllen, da du doch durch Gott zu ihm hin geschaffen und auf ihn angelegt worden bist? (Kolosser 1,16)

Jesus muss uns erfüllen, sonst werden wir vergeblich nach Erfüllung suchen. Viele Gebete aus unerfüllten Menschen steigen zu Gott auf, aber Gott weiß, dass die Erhörung nicht zur erstrebten Erfüllung führt, sondern eventuell zu weiteren Problemen. So viele beten um dies und das und begreifen nicht, dass sie auf dem falschen breiten Weg der weltlichen und fleischlichen Lust leben, der in die Verdammnis führt. So viele „Christen" beten um Dinge, um die sie nie bitten würden, wenn sie geisterfüllt wären. Auf so vielen Konferenzen wurde Menschen z.B. materieller Reichtum versprochen, obwohl Gott uns deutlich ausrichten lässt, dass wir davor fliehen sollen!

„Denn Geldgier ist eine Wurzel alles Übels; danach hat einige gelüstet und sie sind vom Glauben abgeirrt und machen sich selbst viel Schmerzen. Aber du, Gottesmensch, fliehe das! Jage aber nach der Gerechtigkeit, der Frömmigkeit, dem Glauben, der Liebe, der Geduld, der Sanftmut!" 1 Timotheus 6,10-11

Wie viele Ehen und Familien und Firmen und Leben sind zerbrochen, weil man nicht genug bekam.

> REICH IST NICHT DERJENIGE, DER VIEL HAT,
> SONDERN DERJENIGE, DER VIEL GEBEN KANN.
> UND DAS FÄNGT NICHT MIT GELD AN.

Wir können anderen Mut machen, Hoffnung wecken, Trost spenden, Hilfe bieten... Aber wieso gibt es so wenige, die das können? Ganz einfach! Weil wir in Wahrheit arm sind! Wir sind mutlos, hoffnungslos, trostlos und hilflos. Manche haben den Kühlschrank und das Konto voll, aber in Wahrheit sind sie bettelarm. Jesus war wahrlich reich. Er war die reichste Persönlichkeit, die jemals gelebt hat, obwohl er manche Nacht nichts hatte, wo er seinen Kopf zum Schlafen hinlegen sollte. Aber Jesus konnte geben! Jesus gab aus der Fülle und aus dem Reichtum Gottes, weil er in der Fülle und dem Reichtum Gottes lebte! Jesus hatte wertvolle Botschaften Gottes! Er vergab Sünden, er konnte Mut machen, Hoffnung wecken, Hilfe geben, Trost spenden und die Kräfte Gottes in Form von Heilungen und Wundern offenbaren.

Jesus muss uns von der Blindheit heilen, die „Materialismus" und „Egoismus" heißt. Wer an dieser Blindheit erkrankt ist, der ist blind für den Wert und die Wichtigkeit dessen, was Gott für wertvoll und wichtig hält und uns anbietet. In diesem Sinne will Jesus uns reich machen! Prüfe dich einmal, wie du Dinge beurteilst und bewertest. Ist dir das wichtig und wertvoll, was Gott als wichtig und wertvoll ansieht? Oder sind es die Dinge der Welt? Willst du reich im geistlichen Sinne sein, oder doch heimlich im weltlichen Sinne? Stell dir vor, Gott würde dir die Wahl geben und du dürftest zwischen 1 Millionen Euro oder geistlichem Reichtum wählen. Wofür würdest du dich entscheiden? Erkennst du den Wert, andere trösten zu können? Anderen helfen zu können? ... Wenn nicht, dann beweist du vor Gott, der in dein Herz sehen kann, dass du das Geld falsch einsetzen würdest. Du würdest es in deiner Lust und Gier vergeuden, dir und anderen zum Schaden. Das ist der Punkt. Gott hat kein Problem damit, dass wir eventuell Geld haben, sondern unser Problem ist unsere egoistische Einstellung. Wenn wir in Harmonie mit Gott leben würden, dann könnte uns Gott jeden Wunsch erfüllen, weil wir so beten würden, wie Gott es will und weil wir die Gebetserhörungen zum Segen aller einsetzen würden. So einfach ist das. Jesus hat es selber vorgelebt. Jesus war weder reich noch „schön" im weltlichen Sinne, aber er war moralisch und geistlich gesehen der Reichste und Schönste und Beste, der je auf dieser Welt war – und er will auch dich reich machen!

„Denn ihr kennt die Gnade unseres Herrn Jesus Christus: obwohl er reich ist, wurde er doch arm um euretwillen, damit ihr durch seine Armut reich würdet." 2 Korinther 8,9

Gott persönlich will dein Leben mit den Dingen reich machen, die wirklich wertvoll und erstrebenswert sind, damit du im wahren Reichtum der Fülle Gottes lebst und für andere ein Segen bist.

Glaubst du, dass Gott dich zur völligen Zufriedenheit erfüllen will?

Glaubst du, dass Gott dich zum Segen für andere Menschen setzen will?

Schau mal in dich hinein. Weißt du es genau, dass die lebendige Beziehung zu Gott das Wertvollste ist, was du hast und pflegst?

Was meinst du, wird dein Leben reich machen? Dinge, die dir die Welt bietet, oder das, was dir Jesus anbietet?

Und womit meinst du, kannst du ein Segen sein für andere? Mit weltlichen Möglichkeiten und Fähigkeiten, oder mit dem, was Gott wirken will?

Die Gabe im Verhältnis zum Geber

Ich möchte betonen, dass Gott unsere natürlichen Bedürfnisse kennt und wir sicher darum bitten dürfen. Jesus lehrte seine Jünger für das tägliche Brot zu beten. Ein Geber heißt ja deshalb Geber, weil er Gaben geben will. Was viele aber in diesem Zusammenhang nicht wahrhaben wollen, ist die Tatsache, dass wir nichts auf dieser Welt von Gott und seiner Gebrauchsanweisung trennen dürfen, sondern dass alles nur im richtigen Verhältnis zu Gott seinen richtigen Gebrauch und Segen erfährt. Bleiben wir bei dem Beispiel mit dem Gebet um einen Ehepartner. Wenn Gott unser Gebet für einen Partner erfüllen soll, dann sollten wir unsere Einstellung dem anderen Geschlecht gegenüber vielleicht heiligen und uns Gottes Maßstäbe für das Leben in einer Beziehung vergegenwärtigen. Wenn ich meine Beziehung nicht zur Ehre Gottes leben will, dann brauche ich Gott nicht um einen Partner bitten. Was willst du Mann? Eine Frau, welche die äußerlichen Kriterien eines Models erfüllt, oder eine Frau, wie Petrus sie lobt? (1 Petrus 3,3) Oder du Frau, willst du einen Mann, der einen dicken Wagen fährt und einen dicken Geldbeutel hat, oder einen, der zuerst das Reich Gottes und seine Gerechtigkeit sucht? Willst du lieber eine Frau, die fünf Oscars hat und von aller Welt begehrt wird, oder eine, die ihre freie Zeit lieber betend verbringt und sich um hilflose und trostlose Menschen kümmert? Willst du einen Mann, der erfolgreich ist, weil er stark, attraktiv, gebildet, reich und einflussreich ist, wie der „reiche Jüngling" oder lieber einen, der alles was er hat den Armen gibt und Jesus nachfolgt. Genau hier ist der Punkt! Wir beten, aber um was? Ich betete um ein Gewehr, aber wozu? Mancher betet für ein neues Auto, aber warum? Weil der Nachbar oder Freund ein dickeres Auto hat? Ein anderer betet um einen gewissen Arbeitsplatz, aber warum? Es gibt Dinge, die an sich nicht schlecht sind, aber mit einer egoistischen Motivation können Dinge, die an sich gut sind zum Verhängnis werden.

> ▶ **Prinzip:** *Wenn Gott etwas gibt, dann soll die Gabe für uns und andere ein Segen sein. Doch keine Beziehung und Gabe kann gesegnet sein, wenn sie sich nicht an Gott und seinem Wort orientiert und so „gelebt" wird, wie Gott es vorgesehen hat. Gott muss das Zentrum unseres Lebens mit allen Lebensbereichen sein, wenn unser Leben ein Segen sein soll.*

Gott möchte unser sehr großer Lohn sein. Gott sagt: *„**Wer mich von ganzem Herzen sucht, von dem will ich mich finden lassen.**"* Jeremia 29,13

Glaubst du das? Willst du das? Hast du Gott gesucht und gefunden? Wenn nicht, dann betest du nicht aufrichtig und brauchst dich nicht wundern, wenn du nicht erhört wirst. Menschen, die nur zu dir kommen, wenn sie was wollen, sind egoistische Schmarotzer und nutzen dich aus, oder? Früher habe ich mal eine Geburtstagsfeier mit einem Freund zusammen veranstaltet. Es kamen sehr viele Leute, die ich nicht kannte, und ich meinte zuerst, dass dies Bekannte meines Freundes sind. Da kam eine Gruppe Kerle auf mich zu und einer fragte mit vollem Mund, was das eigentlich für eine Feier sei. Sie hatten von weitem die Musik gehört, hofften etwas abstauben zu können und meinten, dass ich auch aus dem Grund hier sei. Ich bin richtig sauer geworden und habe dem Kerl die Flasche aus der Hand gerissen und habe sie alle fortgejagt. Nicht zu fassen! Aber eines Tages erinnerte mich Gottes Geist an diese Geburtstagsfeier und ich merkte, dass ich im Prinzip das gleiche mache! Wir wollen doch keine egoistischen Schmarotzer sein, wenn wir zu Gott kommen, oder? Viele kommen nur zu den Gottesdiensten, wenn es „gute Musik" gibt, oder was „gutes zu essen" oder sonst eine „Attraktion" … Aber zu Gott sind sie nie gekommen. Weil sie ihn nicht wirklich kennen, wollen sie ihn nicht anerkennen. Und von Liebe müssen wir da gar nicht reden. Es geht Gott aber um die vertraute Beziehung. Sucht ein Mensch Gott von ganzem Herzen, dann lässt sich Gott von ihm finden, um unser Leben zu segnen. Nur durch Gottes Wort und Weisheit werden wir unser Leben und unseren Besitz segensreich einsetzen. Doch ohne Gott werden alle „guten" Gaben zum Fluch. Das sieht man in der ganzen Welt! Leute haben Dinge, die an sich nicht schlecht sind, aber weil sie diese Dinge nicht in Harmonie mit Gott gebrauchen, trägt alles zu ihrem Untergang bei. Mein Kumpel sparte lange auf seinen Traumwagen, mit 180 km/h starb er dann am Baum... Der Baum war nicht schuld, das Auto auch nicht. Es ist unsere Schuld, dass wir die Dinge, die an sich nicht schlecht sind, in unserer Gier falsch behandeln, so dass sie uns ein Fluch werden. Dieses innere Vakuum war auch in ihm aktiv. Er musste unbedingt das dicke Auto haben! Und als er es hatte, musste er unbedingt schneller fahren, und noch schneller, MEHR KICK! Tot. Und dann fragten mich alle, wie Gott das zulassen konnte.

2. Prinzip

Nur durch das Blut Jesu können wir zu Gott kommen

Gott hat den Geist der Gnade und des Gebets „verheißen", das heißt so viel wie: Vorhergesagt, angekündigt und versprochen. Dieser Gebetsgeist ist aber nicht von Jesus Christus am Kreuz zu trennen. Eine zentrale Vorhersage Gottes durch seine Propheten bringt Jesus am Kreuz deutlich mit dem Thema Gebet zusammen.

„Aber über das Haus David und über die Bürger zu Jerusalem will ich ausgießen den Geist der Gnade und des Gebets; denn sie werden mich ansehen, welchen jene durchbohrt haben..." Sacharia 12,10

▶ **Prinzip:** *Das Thema „Gnade, Gebet und Jesus" hängen untrennbar zusammen.*

Das Blut Jesu ist die Voraussetzung dafür, dass wir uns Gott nahen können. Paulus schreibt dazu: *„Jetzt aber, in Christus Jesus, seid ihr, die ihr einst fern wart, durch das Blut des Christus nahe geworden."* Epheser 2,13

Es gibt nur einen Weg zu Gott und einem Gebetsleben mit Erhörungen, und der heißt Jesus Christus: *„Ich bin der Weg und die Wahrheit und das Leben, niemand kommt zum Vater als durch mich."* Johannes 14,6

Nur durch den stellvertretenden Tod Jesu am Kreuz haben wir die Vergebung der Sünden und damit den freien Zugang zu Gott, der uns gnädig sein will. Nur weil Jesus für uns gelitten hat, bekommen wir, wenn wir zu Gott kommen, nicht das, was wir verdienen, nämlich Strafe. Sondern weil Jesus für uns mit seinem Blut bezahlt hat, dürfen wir zu Gott kommen und werden mit Gnade und Barmherzigkeit behandelt.

▶ **Prinzip:** *Die Vergebung der Sünden und der Friede mit Gott ist die allerwichtigste Gebetserhörung, die ein Mensch je bekommen kann!*

Viele verstehen Gebet als eine Möglichkeit um an die Erfüllung ihrer Wünsche zu kommen. Was Jakobus zu dem Thema „Gebet aus unserer weltlichen Begierde" sagt, das habe ich bereits erwähnt. Aber es ist klar. In einer materialistischen Welt beten weltliche und fleischliche Menschen zuerst um materielle Dinge. In Norwegen kommen weltliche Menschen fast nur zu „christlichen Veranstaltungen", wenn es „Heilungsveranstaltungen" sind. Wenn sie krank sind, dann kommen sie! Dann soll Gott sie heilen! Klar! Der Gesunde hat viele Wünsche, der Kranke nur einen. Deshalb sagen viele: „Hauptsache gesund!" Aber Gesundheit ist nicht die Hauptsache! Man muss schon zu einigen Erkenntnissen kommen, bevor man begreift, dass es wichtigere Dinge gibt. Es geht um nicht weniger als das ewige Leben in Gottes Herrlichkeit!

Wenn man in die Geschichte der Welt und der Völker blickt, dann stellt man fest, dass fast immer und überall eine konkrete Frage im Zentrum der Gesellschaft und Religion stand: „Wie können wir wieder mit Gott ins Reine kommen? Wie kann unsere Schuld vergeben werden, damit wir wieder gut sind mit Gott?" Hättest du zur Zeit Jesu Interviews auf der Straße durchgeführt und die Leute befragt, dann hätte dir einer nach dem anderen gesagt, was ihn wirklich beschäftigt und was er sucht: Vergebung der Sünden! In den fehlgeleiteten Religionen sehen wir dieses Bedürfnis nach Vergebung in die verschiedenen Abartigkeiten pervertieren. Menschen waren sogar bereit ihre Kinder zu opfern um Gott zu beweisen, wie ernst sie es meinen! Bis heute sprengen sich Menschen mit ihren „Feinden" in die Luft, weil sie keinen Frieden finden und meinen, dass dies der einzig sichere Weg ins Paradies ist! Zu allen Zeiten war dies die entscheidende Frage: Wie kann mir vergeben werden? Wie kann ich ewiges Leben bekommen? Die Vergebung der Sünden ist deshalb die wertvollste Gabe, die ein Mensch je erhalten kann! Aber bis ein materialistischer Mensch in diese Dimension vordringt, können zuweilen Jahre als offizielles Gemeindeglied vergehen. Man hört es hundertmal, dass Gott uns vergeben will, aber man geht nicht selten damit leichtsinnig und oberflächlich um. Doch eines sollte klar sein: Wem die Vergebung der Sünden nicht die wertvollste Gebetserhörung ist, der hat noch nicht den Durchblick, andere Gebetsanliegen richtig einzuordnen und in ihrem Wert oder in ihrer Wichtigkeit richtig zu behandeln. Der hat auch noch nicht die Schwelle überschritten um mit anderen Gebetserhörungen geistlich umzugehen. Deshalb beten auch so wenige, die sich Christen nennen! Mancher betet um materiellen Wohlstand, aber wenn ihm nicht die Zusammenhänge der Verlorenheit bewusst sind, dann könnte der Wohlstand ihn noch weiter von Gott entfernen, oder er würde den Wohlstand für alles nutzen, nur nicht für die Rettung anderer Menschen. Wer an diesem Punkt nicht klar ist, der ist es in keinem anderen. Die Vergebung der Sünde ist die wichtigste Gebetserhörung, die es gibt. Und erst wenn wir Gott als wertvollstes „Gut" und Zentrum unserer Gebete erkennen, haben wir darin die Voraussetzung um andere Gebete zu formulieren und mit den Erhörungen geistlich umzugehen.

Es mag hart klingen, aber wir müssen uns bewusst machen, dass Gott uns nicht zuerst erhört, weil vielleicht unsere Not so groß ist, sondern zuerst deshalb, weil Gott das Blut Jesu sieht. Unsere Not mag zum Himmel schreien, aber unsere Schuld schreit noch lauter! Das Blut Abels schrie auch zu Gott. Hier ist das Problem, für das die meisten Menschen blind sind. Sie haben sehr wohl Augen für ihre „leibliche Not". Krankheit, Unfall, Katastrophe, Tragödie, und dann können sie in ihrer Not zu Gott flehen, aber sie haben noch nie die Not erkannt, in der sie geistlich sind! Sie haben nie begriffen, wie abscheulich eine Sünde ist und wie gefährlich! Sie haben nie begriffen, wie real die ewige Verdammnis ist, der sie aufgrund ihrer Sünde entgegeneilen! Ansonsten würden sie intensiver um Gnade flehen, als sie je in einer anderen Not Gott um Hilfe angefleht haben! Unsere Not schreit zu Gott, aber unsere Schuld schreit noch lauter!

„Und wenn ihr auch eure Hände ausbreitet, verberge ich doch meine Augen vor euch; und wenn ihr auch viel betet, höre ich euch doch nicht; denn eure Hände sind voll Blut. Wascht euch, reinigt euch, tut eure bösen Taten aus meinen Augen, lasst ab vom Bösen! Lernt Gutes tun, trachtet nach Recht, helft den Unterdrückten, schafft den Waisen Recht, führt der Witwen Sache!" Jesaja 1,15-17

Unsere Sünde und die ewigen Konsequenzen in der Verdammnis ist die größte Not vor allen anderen Nöten, in denen die Menschheit steckt. Was würdest du von einem Mann denken, der auf der sinkenden Titanic Gott um einen neuen Rennwagen anfleht? Und für den Sieg seiner Fußballmannschaft? Genau das ist die Situation! Diese Welt geht ihrem Ende entgegen und wir haben eine falsche Realitätswahrnehmung und brauchen eine Erweckung. Da kommt ein Mann zum Arzt mit einer kleinen Wunde und bittet um ein Pflaster, doch der Arzt erkennt darunter schwere Knochenbrüche und will schnellstens operieren. Was soll er aber machen, wenn der oberflächliche Patient nur die Oberfläche der Wunde behandelt haben möchte und sich weigert, den wirklichen Eingriff zuzulassen? So ist es oft bei uns Menschen mit Gott. Alles, was uns bewegt und worunter wir leiden, ist nichts im Vergleich zu der Sünde und den ewigen Konsequenzen, von denen uns Gott als Heiland heilen will. Wenn wir das doch unserem Arzt und Heiland glauben würden. Jesus hat diese Priorität sehr deutlich gemacht, indem er Schwerkranken die Sünden vergab (Matthäus 9,1 ff). Dieses Problem war im Bewusstsein der damaligen Menschen. Dass Jesus Sünde vergibt, das beeindruckt heute nicht viele. Aber als Jesus das damals sagte, da war das eine unfassbare Gotteslästerung! Nur Gott konnte Sünde vergeben! „Was maßt du dir an?! Was meinst du, wer du bist?!" Ja, genau! Jesus ist der wahre Gott! Das hat auch bei den Jüngern Jesu gedauert, bis sie das verstanden hatten und der letzte Zweifler bekennen konnte: Mein Herr und mein Gott! (Johannes 20,28)

Bis dahin hatten sie eine völlig falsche Auffassung und baten immer wieder um Dinge, die Gott nicht erhören konnte. Jeder wollte der Beste sein, jeder wollte der Erste sein, jeder wollte den besten Platz, und wenn Jesus von seinen Leiden und Sterben sprach, da verstanden sie das nicht.

Für die religiös Fehlgeleiteten waren Jesu Worte, dass er Sünde vergibt, unerhört! Da opfern andere Massen an Tieren! Da bestrafen sich andere selber! Da rollen Religiöse tausende km über den Asphalt um sich vor Gott zu demütigen! Da sprengen sich andere in die Luft! Und er sagt da einfach: *„Deine Sünden sind dir vergeben?!"* Das ging gar nicht! Aber Jesus machte keine leeren Worte, sondern er ließ den Worten Taten folgen. Er ließ sich für dich und mich kreuzigen! Er wurde für dich und für mich gefoltert, damit wir nicht bekommen was wir verdienen! Jesus ist das Opferlamm für die Sünde der Welt! (Johannes 1,29) Unser Stellvertreter!

Jesus hat dem Kranken die Sünde vergeben. Und damit die Menschen sehen, dass Jesus die Vollmacht dazu hat, heilte er ihn auch dazu! (Matthäus 9,1 ff) Heute wird an vielen Orten diese Priorität verändert. Es ist seit Jahren modern, Heilung und materiellen Reichtum für alle zu verkündigen, anstatt das Evangelium und Umkehr von den Sünden! Wir leben heute in einer veränderten Realitätswahrnehmung als früher. In vielen Gemeinden verdrängen Menschen ihr Gewissen und gehen voll in dieser Welt auf. Satan sucht Prediger, die ein weltliches „Evangelium" verkündigen. Heilung für alle, du musst nur glauben! Reichtum und Heilung für jeden, du musst nur deine Hand heben und an Jesus glauben! Bei jeder Konferenz 400 „Neubekehrte"! ... Wie lange wollen wir uns noch verführen lassen?! Auch damals „glaubten" viele an den „Namen Jesu", als sie die Zeichen und Wunder sahen, die Jesus tat, aber Jesus blieb auf Abstand zu ihnen, weil sie nicht wirklich begreifen wollten, um was es Jesus wirklich ging (Johannes 2,23-26). Diese Menschen glaubten an den Namen Jesu! Aber Jesus blieb auf Abstand!

Wo sind die wahrhaft umgekehrten Menschen, die auch in schweren Zeiten mit Dankbarkeit ans Kreuz blicken und sagen können: „Egal wie das weitergeht, ich weiß, dass ich das Wichtigste habe! Vergebung meiner Sünden und das ewige Leben bei Gott! Ich werde Jesus weiter nachfolgen und mit seiner Kraft in dieser Situation ein Zeuge für Gottes Güte und Liebe sein." Wo sind die Menschen, die wirklich Gott lieben und seine Gebote halten? Wo sind die Menschen, die dem Teufel und der Sünde widerstehen und echte Werkzeuge für den Herrn sind? Nur Jesus und das Kreuz kann solch einen Menschen aus dir machen.

Vertraust du darauf, dass du nur durch das Blut Jesu zu Gott kommen kannst? Hier sollten wir mal in uns gehen und uns prüfen, auf welcher Grundlage wir ins Gebet gehen. Höre ich, wie meine Schuld zu Gott schreit? Höre ich, wie mein Gewissen unter der Sündenlast stöhnt und mich anklagt? Bin ich bereit, sogleich meine Schuld im Angesicht des Heiligen Gottes zu erkennen, zu bekennen, um Vergebung zu bitten und wieder gut zu machen, wenn ich ins Gebet gehe? Anders wird Gott nicht hören wollen.

„Und wenn ihr schon eure Hände ausbreitet, verberge ich doch meine Augen vor euch; und ob ihr schon viel betet, höre ich euch doch nicht; denn eure Hände sind voll Blut. Wascht euch, reinigt euch, tut eure bösen Taten aus meinen Augen, lasst ab vom Bösen." Jesaja 1,15-16

Gott sagt es klipp und klar: Er erhört nicht jeden! Wer nicht aufrichtig vom Bösen umkehrt, der kann beten so lange er will, Gott wird seine Augen vor ihm verbergen und sich die Ohren zuhalten. Viele leben heute in religiösen Illusionen über Gottes Gnade und Liebe. Sie sehen Gott nur „rosa", aber Gott ist manchmal rot vor Zorn! Es ist nicht so, dass Gott immer lächelnd und verzückt dreinschaut. Ich liebe meine Hunde! Aber heißt das, dass ich immer freudestrahlend dreinschaue? Einmal kam ich zum Auto, in welchem ich mein Alphatier gelassen hatte. Mir gefror das Blut in den Adern und dann fing es an zu kochen! Warum? Weil er die ganze Einrichtung meines Autos zerfetzt hatte! Meinst du Gott bleibt gleichgültig, wenn du sündigst?! Ich kann dir eines sagen. Nichts hat mein Leben so revolutioniert, als das Lesen der Bibel. Da habe ich Gott, seine Reaktionen und sein Handeln in ganz verschiedenen Situationen kennenlernen dürfen und nicht „pauschal". Es macht wenig Sinn in Sünde zu leben und an einer biblischen „Wahrheit" festzuhalten, die theoretisch wahr ist, aber in meinem konkreten Fall nicht stimmt! Mancher ist versucht eine gewisse Sünde zu begehen und dann redet ihm Satan ein: „Du kannst diese Sünde ruhig tun, denn Gott ist ja gnädig." Hat Satan nicht sogar vor Jesus Worte der Bibel aus dem Zusammenhang gerissen um Jesus zu versuchen? Genau das macht Satan heute mit sehr viel Erfolg. Wir sollen nicht in theoretischen Modellen leben, sondern in echter Harmonie mit Gott!

Falsche Grundlagen des Gebets

Gefühle: Beten nur, wenn ich mich gut fühle oder nur beten, wenn es mir schlecht geht, hat mein Ego zum Mittelpunkt. Auch wenn es fromm aussehen mag, so ist doch das Gebet nur ein Element in meiner selbstsüchtigen Selbstverwirklichung.

Werke: Manche wollen aufgrund ihrer guten Taten und Leistungen zu Gott kommen und erwarten insgeheim hochmütig, dass sie nun Ehre und Lohn bekommen. Doch es sollte völlig normal sein, dass wir hundertmal mehr Gutes tun, als wir uns vorstellen können, einfach deshalb, weil es richtig ist. Nicht weil wir dadurch irgendetwas verdienen. Wer etwas Gutes tut, um dadurch etwas zu bekommen, der hat schon die falsche Motivation. Wir können nicht mit unseren guten Werken das ausgleichen, was wir Schlechtes getan haben. Es gibt vor keinem Gericht eine „ausgleichende Gerechtigkeit". Du kannst nicht über Rot fahren und dem Polizist sagen, dass du dafür an der nächsten Ampel bei Grün stehen bleiben wirst! Du kannst nicht einen umbringen und dann dem Richter erklären, dass du noch 2 im Plus hast, weil du drei Kinder gezeugt hast! Es gibt keine ausgleichende Gerechtigkeit. Keiner kann vor Gott mit seinen guten Taten irgendeine Schuld ausgleichen. Es ist eine Illusion aufgrund seiner „guten Werke" zu meinen, dass Gott erhören wird.

Maria: Manche meinen, dass Gott sie erhören wird, wenn sie zu sogenannten „Heiligen" beten oder zu Maria, der Mutter Jesu. Eine Irrlehre wird aber nicht richtiger und besser, wenn sie weltweit praktiziert wird, sondern dadurch wird sie nur gefährlicher! Solche Bitten wird Gott nicht erhören. Maria kann uns im Gebet überhaupt nicht helfen. Nicht „Maria bitt` für uns", sondern Maria musste auch von Gott begnadet werden, damit sie etwas mit Gott zu tun haben konnte. Der Engel Gottes sagte Maria in Lukas 1,30: *„Du hast Gnade vor Gott gefunden."* Sie war eine sehr gottesfürchtige Frau, und hat Gott vertraut. Sie war die einzige die Jesus vom ersten bis zum letzten Tag begleitet hat. Sie kann uns ein Vorbild sein. Aber auch sie musste von Gott begnadet werden, weil auch sie eine Sünderin war! Gott hätte in seiner Gnade genauso gut eine andere Frau erwählen können, damit sie Jesus zur Welt bringt. Mit keinem Wort wird in der Bibel erwähnt, dass Maria ohne Sünde war, oder dass wir sie anbeten sollen. Es wird auch nicht erwähnt, dass Maria in den Himmel auffuhr. Auch nicht, dass sie uns im Himmel vertritt. Jesus sagte: *„Ich bin der Weg und die Wahrheit und das Leben, NIEMAND kommt zum Vater als NUR DURCH MICH!"* Paulus schreibt, dass es keinen anderen Mittler gibt zwischen uns Menschen und Gott als JESUS! Marienanbetung ist weltweit populär aber es ist Gott ein Gräuel!

Kein Heiliger kann uns beim Beten was nutzen. Es ist eine Irrlehre, dass es manche gibt, die in ihrem Leben so viel Gutes getan haben, und wir davon für unser Heil profitieren könnten. Gottes Wort sagt das Gegenteil, nämlich, dass keiner gerecht ist, auch nicht einer! (Römer 3,10). Alle brauchen Vergebung durch das Blut Jesu und das gilt auch für jene, die man fälschlicherweise als Heilige verehrt. Wir brauchen auch keine Heiligen! Selbst wenn es Tausende geben sollte, die vollkommen heilig gelebt haben, wozu brauchen wir sie? JESUS will uns vergeben! Jesus hat für uns bezahlt. Was sollen die „Heiligen" bringen, was nicht Jesus schon vollkommen gebracht und vollbracht hat? Wer Jesus etwas hinzufügen will (Maria, Heilige), der nimmt ihm in Wahrheit etwas weg.

Religionen: Heute ist die falsche Ansicht weit verbreitet, dass alle Religionen den gleichen Gott meinen. Doch Jesus sagt deutlich: *„Niemand kommt zum Vater als durch mich."* Johannes 14,6 Alle Religionen haben ihren Ursprung in Menschen, die sich „gottverlassen" darüber Gedanken machten, wie Gott sein könnte und sich dabei auf ihre eigenen Vorstellungen verlassen haben. Daraus haben sich Lehrsätze, Rituale und Traditionen entwickelt, die teilweise ganze Gesellschaften durchdrungen haben. Was manchmal ganz beeindruckend aussieht, hat aber seinen Fehler am Anfang. Da war ein Mensch ohne Gott, also ein Gottloser, und deshalb kann das Ergebnis der eigenen Vorstellungen nur ein gottloser Gott sein. Gott ist absolut antireligiös! Er verabscheut alle Religionen. Wie würde ich das finden, wenn es einen gäbe, der mich nie kennen gelernt hat und in aller Welt herumerzählt, dass ich 150 cm groß bin, grüne Haare habe und Vespa fahre? Stellt euch vor, er stellt überall Statuen auf mit einem grünhaarigen Vespafahrer. Wie finde ich das? Und das wäre nicht so schlimm! Aber wenn Menschen mit falschen Vorstellungen über Gott leben, dann leben sie auch falsch, denn das was einer glaubt hat immer Auswirkungen auf sein Leben! Gott verabscheut Religionen, weil es sich dabei um Gottesvorstellungen von gottlosen Sündern handelt, egal wie groß und bekannt sie sind. Auch viele Kirchen haben sich auf eine Religion reduziert. Vorsicht! Nirgendwo in der Bibel steht, dass wir unkritisch der Kirche nachfolgen sollen, in die wir hineingeboren oder getauft worden sind! Gott hat in der Bibel gewaltige und gefährliche Fehlentwicklungen in den Kirchen vorhergesagt und uns aufgefordert alles anhand des Wortes Gottes zu prüfen! Wir sollten aufhören, uns Vorstellungen über Gott zu machen, weil Gott sich in seinem Wort offenbart und in Christus vorstellt.

Wir müssen uns bewusst machen, dass der stellvertretende Tod Jesu für uns der einzige Weg in eine Beziehung mit Gott ist. Wir brauchen das Blut Jesu nicht nur für das Bekehrungsgebet, sondern jeden Tag aufs Neue, wenn wir unsere Beziehung zu Gott aufrecht erhalten wollen. Auch wenn wir tiefer von Sünde befreit werden wollen oder erneut in Sünde gefallen sind und wieder mit Gott ins Reine kommen wollen, damit unsere Beziehung nicht auf Illusionen aufgebaut sein soll.

3. Prinzip

Wir brauchen zum erhörten Beten den Gebetsgeist

Beten ist eine geistliche Angelegenheit und deshalb brauchen wir zum Beten den Geist des Gebets, welchen Gott verheißen hat. Folgenden Vers haben wir bereits betrachtet: *„Aber über das Haus David und über die Bürger zu Jerusalem will ich ausgießen den Geist der Gnade und des Gebets; denn sie werden mich ansehen, welchen jene durchbohrt haben…“* Sach. 12,10

Wir sehen deutlich, dass dieser Geist des Gebets auch der Geist der Gnade ist. Die wichtigste „Gabe des Geistes" ist Gnade und Vergebung der Sünde. Beim Heiligen Geist, der verheißen ist, und den wir bei der Wiedergeburt empfangen, handelt es sich um den von Gott verheißenen Geist der Gnade und des Gebets! Wer wirklich Gottes Gnade aufgrund seiner Verlorenheit erbittet, weil er umkehrt, der betet recht und er wird durch den Glauben an Jesus die Vergebung der Sünde empfangen – verwirklicht durch den Geist der Gnade und des Gebets. Durch diese Umkehr entsteht eine Beziehung zu Gott! Gebet ist ein Merkmal dieser persönlichen Beziehung zu Gott.

Im Prinzip ist das erste Gebet, welches 100% Erhörung bei Gott findet, das Gebet um Gnade und Vergebung der Sünden. Wer sich seiner verlorenen Situation bewusst wird und glaubend zu Gott umkehrt und Jesus in sein Leben aufnimmt, der betet! Er betet, weil Gottes Geist an ihm arbeitet und er öffnet sein Herz für den anklopfenden Herrn Jesus, der im Geist Wohnung bei ihm nimmt und das vollbrachte Werk vom Kreuz in ihm verwirklichen will! Das Leben eines echten Christen beginnt mit dem Gebet aufgrund des Glaubens und wenn es ein geistliches Leben bleiben soll, dann muss es ein Gebetsleben auf dieser Grundlage bleiben!

Viele falten beim Beten die Hände. Dies ist nicht notwendig, aber es ist ein schönes Beispiel für das, worauf es beim Beten wirklich ankommt.

Schau dir deine rechte Hand an und stelle dir vor, dass dies Gottes Wille ist. Deine Linke Hand ist dein eigener Wille. Gottes Hand ist immer über deinem Leben und in deinem Leben aktiv, die Frage ist nur, ob du darin einwilligst? Falte einmal deine Hände. Das ist ein Beispiel dafür, wie Gott mit dir in Harmonie leben will. Sein Wille und dein Wille in Harmonie! Gott streckt seine Hand immer wieder zu uns aus, aber manche ballen ihren Willen zur Faust und weigern sich in Gottes Willen ein zu willigen. So kann ein Leben nicht gelingen. Mit dieser Einstellung können wir so viele und schöne Gebete an den Himmel formulieren, wie wir wollen, wir werden keine Erhörung finden. Eine Bekehrung ist auch keine Bekehrung, wenn der Mensch nicht freiwillig und aus Überzeugung zu Gott umkehrt um von nun an ein heiliges Leben in Harmonie mit Gottes Willen zu leben. Manche meinen, ein Mensch sei bereits bekehrt und gerettet, wenn er „an Gott glaubt". Aber dem ist nicht so! Adam „glaubte auch an Gott"! Adam wusste alles über Gott! Er kannte ihn persönlich! Aber Adam war Gott gegenüber und seinem Gebot gegenüber unwillig geworden.

Wissen über Gott ohne das Gewissen in Harmonie mit Gott zu haben bringt nichts!

Adam wusste alles über Gott, und er wollte sogar sein wie Gott, aber er wollte sich selber verwirklichen anstelle von Gottes Wesen und Willen. Deshalb war er auf dem Weg raus aus dem Paradies. Es gibt einen Unterschied zwischen Wissen und echtem Glauben. Es gibt einen Unterschied zwischen Bibelwissen und einem Leben in Harmonie mit Gott! Beides zusammen ist natürlich super, aber es gibt leider viele, die einiges wissen, aber verführt und verleitet sind, so dass sie nicht wirklich umkehren, um in Harmonie mit Gott zu leben. Bei der echten Wiedergeburt werden wir lebendig durch Gott und für Gott und betend kommen wir in eine immer tiefer werdende vertraute Beziehung zu Gott, unserem Vater, wo Gebetserhörungen normal sein sollten.

Fast alle Wirkungen des Heiligen Geistes in unserem Leben und Dienst haben etwas mit unserem Gebet zu tun und sind nicht davon zu lösen. Es ist Gottes Wille, dass wir in der Fülle des Geistes leben. Das bedeutet auch, dass Gott will, dass wir ein erfülltes Gebetsleben anstreben sollen. Es ist interessant, was alles über den Heiligen Geist diskutiert wird, statt dass man ihm Raum gibt und ein wunderbares Gebetsleben anstrebt.

> ES IST NICHT DIE FRAGE, OB DU DEN HEILIGEN GEIST HAST, ODER NICHT.
> DIE FRAGE IST, OB DER HEILIGE GEIST DICH HAT!

Denn der Heilige Geist will nicht unserem Willen gehorchen. Sondern er wird denen gegeben, die Gott gehorchen. (Apostelgeschichte 5,32)

Wir können uns einreden lassen, was wir hören wollen, aber wenn wir nicht so beten, dass Gott uns erhört, dann werden wir kaum die Geistesfülle haben, die wir haben sollten, denn der Heilige Geist ist auch der Geist des Gebets.

Und wenn wir nicht in Harmonie mit Gott leben, oder dies erst gar nicht als erstrebenswert ansehen, dann zweifle ich, dass da ein Gramm Heiliger Geist im Leben ist, denn Gott hat klar ausrichten lassen, wozu der Heilige Geist kommen wird! Nein, nicht damit wir von einer Emotionsberauschung zur nächsten Konferenz pilgern, sondern: *„… ich will meinen Geist in euer Inneres legen und werde bewirken, dass ihr in meinen Satzungen wandelt und meine Rechtsbestimmungen befolgt und tut."* Hesekiel 36,27

> ▶ **Prinzip:** *Wer nicht in Harmonie mit Gott und seinem Gesetz leben will, für den ist es ein Gesetz, dass er keine Gebetserhörungen erleben wird und der sollte sich nicht einbilden, dass er den Heiligen Geist hat.*

4. Prinzip:

Gebet ist „Wahrnehmung" Gottes

„Aber ohne Glauben ist's unmöglich, Gott zu gefallen; denn wer zu Gott kommen will, der muss glauben, dass er ist und denen, die ihn suchen, ein Belohner sein wird." Hebräer 11,6

▶ **Prinzip:** *Der wahre Glaube nimmt Gott wahr, so wie Gott sich in seinem Wort offenbart und gibt dem Heiligen Geist die Möglichkeit in uns ein Bewusstsein von Gottes Gegenwart zu erzeugen, so dass wir Gott wahrnehmen.*

Gebet bedeutet, dass der menschliche Geist, also der „sechste Sinn für die andere Dimension" aktiv ist!

Ich werde nie vergessen, wie ich den Tag nach meiner Bekehrung in die Schule ging. Der Gang war jedes Mal ein trostloser Marsch, und ich wusste nicht, was ich nach der Schule beruflich machen sollte. Als ich so nachdachte wurde mir plötzlich das ewige Reich Gottes bewusst. Mir war, als ob ich direkt vor den Pforten des Himmels bin! Mir wurde dadurch schlagartig klar, dass es wichtigere „Berufe" gibt, als jene, die man mir in der Schule mit irgendwelchen Fragebögen ausfindig machen wollte. Ich sah in der Tatsache Licht, dass Gott einen Platz und eine Aufgabe in seinem Reich für mich hat. Es machte mir Freude und Hoffnung, dass ich beim Bau von Gottes Reich dabei sein darf. Was ich damit sagen will: Das war real! Ich hatte eine Wahrnehmung davon. Vor meiner Bekehrung war „Reich Gottes" oder andere Dinge nichts anderes als „Begriffe", aber nun hatte ich ein Bewusstsein darüber und hatte ein Leben in dieser Realität begonnen!

Wer wirklich glaubt, der nimmt Gott wahr und hört auf, an selbst gebastelten religiösen Illusionen über Gott festzuhalten. Niemand wird erhörend beten, es sei denn, er glaubt, dass Gott da ist, und dass Gott so ist, wie er sich in seinem Wort offenbart. Viele glauben an einen Gott, aber sie wollen Gott nicht akzeptieren, wie er ist. Wir werden in unserem Glaubens- und Gebetsleben mehr und mehr über Gott begreifen, wenn wir ihn einfach nehmen, wie er ist!

Für einen Menschen, der nicht an die Gegenwart und Allmacht Gottes glaubt, ist es Unsinn zu beten. Wenn wir beten wollen, dann müssen wir „glauben, dass Gott ist." Wir können den Gedanken an Gott verdrängen, aber wir sind für ein Leben mit Gott geschaffen. Ein ehemaliger Soldat der Fremdenlegion bestätigte es mir. „Im Schützengraben gibt es keine Atheisten," sagte er, „ich habe dort die größten Spötter nach Gott schreien hören." Aber wir wollen es oft nicht wahrhaben, dass wir für ein Leben mit Gott geschaffen sind. Nimmst du Gott wahr?

Gott wahrnehmen heißt erstens: Gott als Wahrheit annehmen, so wie er sich im Wort der Bibel offenbart.

Gott wahrnehmen heißt auch: Ein Bewusstsein von seiner Gegenwart haben.

Hier ist das grundsätzliche Element des Glaubens und Betens. Was würde alleine das für Auswirkungen auf uns, in uns und durch uns haben, wenn wir wirklich glauben würden, dass Gott gegenwärtig ist und jetzt und hier wirksam werden möchte? So viele Menschen behaupten, eine persönliche Beziehung zu Gott zu haben. Sind das nicht nur Floskeln? Bedenke doch einmal, was ein Gottloser darunter versteht, wenn du sagst, dass du eine persönliche Beziehung zu dem lebendigen Gott hast, zum heiligen Herrn der Heerscharen, zum allmächtigen und allwissenden Schöpfer des Universums! Was erwartet er zu recht an Auswirkungen und Konsequenzen in unserem Leben?

Dass die Gottlosen uns Christen beobachten, wurde mir eines Tages deutlich. Ich war auf einer Bikerparty, um zu missionieren, als mir ein krimineller Rocker zuflüsterte: „Wir beobachten euch." Ich fragte: „Was beobachtet ihr denn?" Er sagte: „Wie ihr lebt! Ihr nennt euch „Heilige Reiter". Wenn ihr euch A...löcher nennen würdet, dann könntet ihr euch benehmen wie solche. Aber wenn ihr euch Heilige Reiter nennt, und euch wie A...löcher verhaltet, dann bekommt ihr aufs Maul!" Diese „Ehrlichkeit" hat mir in der Szene immer gefallen. Interessant ist auch: Gottlose rechtfertigen ihr Leben in Sünde. Aber sie wissen instinktiv, wie ein „heiliges Leben" auszusehen hat. Ist das nicht interessant? Sie beobachten uns und wollen das sehen.

Viele nennen sich *„Kind Gottes"* aber Petrus schreibt nicht an *„Kinder Gottes"* sondern an *„gehorsame Kinder Gottes"* (1 Petrus 1,14). **Würdest du an Jesus glauben, wenn er so leben würde wie du? Wenn nicht, warum**

sollen andere dir glauben, wenn du über Gott redest? Wird es nicht Zeit so zu leben und zu beten, wie Jesus lebte und betete?

„Wer in ihm bleibt, der soll auch so leben, wie er gelebt hat." 1 Johannes 2,6

Wir hatten einmal ein evangelistisches Wochenende für Motorradfahrer mit verschiedenen Elementen. Musik, Spiele wie Mofaweitwurf und andere spaßige Sachen, aber auch Predigten,... Am Ende angekommen saß ein muskelbepackter, langhaariger, tätowierter Harleyfahrer alleine am Lagerfeuer und ein Mitarbeiter fragte ihn, wie es ihm gefallen habe. Er sagte nur: „Ich beobachte euch schon das ganze Wochenende. Wie behandelt ihr eure Frauen? Wie geht ihr mit euren Kindern um?" Das war ein Augenöffner für mich. Die Leute sind gar nicht an unserem Musikstandard und Spielen interessiert! Auf jeden Fall nicht diejenigen, die Gott und die Wahrheit suchen! Musik haben die genug in der Welt. Die suchen nach echtem Leben! Nach echter Liebe! Nach dem echten Gott! Gott können wir in unserem Leben und unseren Projekten mit nichts ersetzen. Deshalb sagt Jesus auch, dass wir im Geringen treu sein sollen. Es ist doch leider so, dass so viele Menschen genau diese Auswirkung der Gegenwart Gottes in ihrem Denken, Reden und Handeln vermissen lassen. Ehrlich gesagt habe ich das lange auch nicht kapiert. Gottes Liebe und Moral ist im Leben vieler Menschen, die sich Christen nennen, extrem ausbaufähig. So viele Menschen sprechen davon, dass sie Gemeinschaft mit Gott haben, aber ihr Verhalten in den einzelnen Lebensbereichen lässt die Auswirkungen der heiligen Gegenwart Gottes vermissen. Sie werden in den Augen der Gottlosen zurecht als Scheinheilige und Heuchler abgetan, da können sie aktiv sein, wie sie wollen. Ich habe das mehrere Male schlucken müssen, dass mich Nichtchristen verächtlich auf mein Verhalten angesprochen haben, und ich dumm dastand. Da können doch alle unsere „christlichen Aktionen" nicht drüber hinwegtäuschen.

Zwischen einem Menschen, der ein Bewusstsein von Gottes heiliger Gegenwart hat und allen anderen Menschen besteht ein Unterschied wie zwischen Tag und Nacht. Es gibt einen Unterschied zwischen Wissen und Wahrnehmung. Der Blinde kann wissen, dass es Farben gibt, der Sehende nimmt sie wahr! Mancher hat einen theologischen Doktortitel und redet wie ein Blinder von der Farbe! Es besteht ein himmelhoher Unterschied zwischen Menschen, die nur über „geistliche Dinge" reden können oder denen, die eine persönliche Beziehung zu Gott pflegen und ihn lieben und ihn erleben!

Das echte Christentum besteht nicht zuerst in christlicher Aktivität, sondern in der Wahrnehmung Gottes. Viele sind nur „Thermometerchristen". Sie spiegeln nur die geistliche Temperatur ihrer Umgebung wieder und das kann von Plus 30 bis Minus 30 gehen, und weißt du auch warum? Weil sie kein „Glaubensleben" in der Gegenwart Gottes führen, sondern ein „Gefühlsleben" praktizieren. Wenn sie einen tollen Gottesdienst erlebt haben, dann fühlen sie sich brennend für Gott und ruck-zuck können sie wieder eiskalt sein. Doch wir sollen nicht wie ein Thermometer sein, und die geistliche Temperatur der Welt annehmen und widerspiegeln. Sondern unter Gottes Einfluss können wir seine Temperatur haben und der Welt weitergeben!

Das ist aber kein Zustand, den wir „konservieren" können. Das Leben im Geist ist kein Selbstläufer! Ich sage es wie es ist. Wenn ich nicht auf Gott achte, also „wache und bete", dann kann ich heute genauso schlecht drauf sein, wie vor 20 Jahren! Fragt diejenigen, die mich wirklich gekannt haben! (Lieber nicht). Ich muss mich hier nicht besser machen als ich bin, aber auch nicht schlechter. Es ist so: Wenn wir in Christus bleiben, dann gibt es Veränderung! Aber wenn wir nicht in Christus sind, dann merken wir, dass diese Veränderung nicht automatisch da ist, sondern dass sie deshalb da ist, weil wir bewusst und konkret unter dem Einfluss von Gottes Geist sind. Es ist wie mit der Schwerkraft. Sie ist ein Naturgesetz. Alles wird nach unten gezogen. So ist das mit dem Gesetz der Sünde. Wir werden von Sünde, Welt und Satan ständig zum Sündigen verführt, nonstop! Es ist ein Gesetz, wie die Schwerkraft. Aus uns selbst können wir das Gesetz der Sünde nicht überwinden.Wir können mit aller Kraft in die Luft springen, aber wir landen doch wieder auf der Erde. Wir können uns anstrengen wie wir wollen! Wir können den Hoch- und Weitsprung bei Olympia gewinnen und das Lob anderer, aber wir landen wieder auf dem Boden! Genauso ist es mit dem Gesetz der Sünde. Aber es gibt ein neues Gesetz! Das Gesetz der Aerodynamik. In einem Flugzeug wird das Gesetz der Schwerkraft überwunden! Ganz ohne meine Anstrengung! Und so ist es, wenn wir *„in Christus"* sind. Dann erleben wir das Gesetz des Geistes! In Christus werden wir durch Christus in der Lage sein, der Sünde zu widerstehen, ganz ohne Anstrengung! Aber das ist kein Automatismus, weder im Flugzeug, noch *„in Christus"*. Wenn du im Flugzeug die Türe öffnest, weil du so froh bist, endlich fliegen zu können, und die Arme ausbreitest und raus springst, dann wirst du böse enden! Genauso werden wir in Sünde fallen, wenn wir nicht in Christus bleiben. Mit Jesus können wir alles und ohne ihn gar nichts! Deshalb sage ich ehrlich, dass ich ohne Jesus genauso drauf bin wie vor 20 Jahren! Es ist so und jeder, der etwas anderes behauptet, der täuscht sich, oder er lügt bewusst! In einem chinesischen Krieg war eine Partei hoffnungslos unterlegen. Sie hatten nur schlichte Gewehre, während der Feind mit Panzern anrollte! Aber die Unterlegenen gewannen dennoch! Wie war das möglich? Sie versteckten sich und wandten einen Trick an. Sie warfen kleine Steinchen auf die Panzer. Immer wieder einen, und noch einen... Irgendwann wurden die Soldaten im Panzer neugierig, was das denn ist und sie öffneten die Dachluke um nachzusehen. Peng! Erschossen. Das war der Fehler. Im Panzer waren sie sicher! Aber der Feind brachte sie durch einen einfachen Trick dazu den sicheren Panzer zu öffnen und dann war es aus. So macht Satan es auch. Solange wir in Christus sind kann er uns nichts anhaben, aber er versucht uns aus Christus herauszulocken! Wenn ihm das gelingt, dann fallen wir, was aber nicht sein muss. Deshalb wachen und beten!

Die Juden beteten im Tempel, dem „Gebetshaus", zu Gott. Die Samariter hatten einen Berg, auf dem sie zu Gott beteten. Das religiöse Beten war damit an einen bestimmten Ort begrenzt und es herrschte eine Verunsicherung vor, wo man denn nun beten soll. Aber an den geistlichen Feiertagen kam Stimmung auf! Als eine Frau am Brunnen mit Jesus über die verschiedenen Gebetsorte und die Feiertagsgeistlichkeit spricht, da belehrt sie Jesus eines Besseren.

„Aber es kommt die Zeit und ist schon jetzt, dass die wahren Anbeter den Vater anbeten im Geist und in der Wahrheit; denn der Vater will solche Anbeter haben. Gott ist Geist und die ihn anbeten, die müssen ihn im Geist und in der Wahrheit anbeten." Johannes 4,23-24

Jesus macht der Frau klar, dass Gott nicht auf einen Ort zu begrenzen ist, und dass Gott Anbeter mit einer anderen Qualität sucht. Menschen, die Gott so wie er ist, als Geist wahrnehmen und anbeten, wo auch immer sie sind. Jesus macht uns durch die Wiedergeburt zum Tempel des Heiligen Geistes. Das bedeutet: Ständige Gegenwart Gottes! Paulus sagt deshalb: *„Wisst ihr nicht, dass euer Leib ein Tempel des Heiligen Geistes ist, der in euch ist und den ihr von Gott habt, und dass ihr nicht euch selbst gehört? Denn ihr seid teuer erkauft; darum preist Gott mit eurem Leibe."*
1 Korinther 6,19-20

Hier wird jede Lebenssituation zum Lobpreis Gottes und zum Gebetshaus des gegenwärtigen Gottes. Wir müssen nicht zu Lobpreiskonferenzen gehen um Gott zu preisen! Du sollst Gott mit deinem Leib und Leben preisen! Dein gutes Werk am Nächsten ist ein Lobpreis für Gott! Jesus sagte: *„Mein Haus ist ein Gebetshaus."* Lukas 19,46

Du sollst ein Gebetshaus sein, in dem Gott zuhause ist, bei allem, was du tust. Jesus sagt: *„Der Vater will solche Anbeter haben."* Das ist der

Wille Gottes! Mögest du solch ein Anbeter sein, dass du Gott immer und überall wahrnimmst. Es gibt nichts Schöneres, als Gott wahrzunehmen, ob ich nachts aufs WC gehe, oder ob ich das Evangelium verkündige. Die schönsten Stunden kann man im Frieden mit Gott erleben, und zwar immer und überall! Jesus ist da! Ich kann mit ihm reden, wenn ich mit den Hunden laufe oder Auto fahre, Jesus ist wirklich auferstanden und wohnt in mir! Wozu soll ich dann auf irgendwelche Konferenzen rennen, zu irgendeinem „Starprediger"?! Klar können wir dort (hoffentlich) Gutes und Wichtiges lernen, aber viele rennen von einem Redner zum nächsten und kommen nie bei Gott an. Jesus will in dir wohnen! Er will sich in dir und durch dich verwirklichen! Ich habe nicht grundsätzlich etwas gegen Konferenzen, verstehe mich nicht falsch. Ich habe selber welche organisiert und habe bei vielen mitgemacht. Wir brauchen biblische Lehre und Gott hat Bibellehrer eingesetzt. Ich habe viele gute Konferenzen erlebt. Aber diese sollten uns dahinführen, dass wir in Harmonie mit Gott leben und viele haben leider anderes im Sinn.

Ich möchte noch ergänzen: *„Im Geist beten"* heißt auf keinen Fall, dass wir nicht in unserer Sprache zu Gott sprechen sollten. Ich betone das deshalb, weil Irrlehrer behaupten, dass man nicht in seiner Muttersprache beten soll, sondern nur *„in Zungen"*, weil Dämonen das Gebet in der Muttersprache hören könnten. Ich habe solche Kreise auch erlebt, in denen sogar das Tischgebet *„in Zungen"* gesprochen wurde. Das befremdete mich sehr, denn Jesus betete immer verständlich für alle und kümmerte sich beim Beten nicht um die Dämonen sondern um Gott, der ihn laut, leise und in Gedanken betend verstand. Mach es wie Jesus. Der Platz reicht hier nicht aus, um das Thema „Zungenreden" zu behandeln, aber soviel möchte ich sagen: Es sind viele Gläubige verunsichert worden, weil man ihnen plötzlich sagte, dass sie nicht richtig gläubig seien, weil sie nicht in Zungen beten könnten. Dabei macht Paulus es ganz klar, dass nicht jeder Gläubige die Gabe der Zungenrede hat.

„Sind alle Apostel? Sind alle Propheten? Sind alle Lehrer? Sind alle Wundertäter? Haben alle die Gabe, gesund zu machen? Reden alle in Zungen? Können alle auslegen?" 1 Korinther 12,29-30

Die Antwort ist ganz einfach: Nein. Aber alle können und sollen beten! Schlicht und ergreifend in ihrer Sprache! Lass dich dabei nicht aufhalten!

5. Prinzip

Vertrauen zu Gott ist eine Grundlage erhörter Gebete

„Solch ein Vertrauen aber haben wir durch Christus zu Gott." 2 Korinther 3,4
„Werfet euer Vertrauen nicht weg, welches eine große Belohnung hat." Hebräer 10,35
„Ich will mein Vertrauen auf ihn setzen." Hebräer 2,13

Vertrauen in Gottes Wohlwollen und Handeln ist eine Voraussetzung, um aufrichtig zu beten. Wenn einem ein Licht aufgeht, dass zuerst Gott der sehr große Lohn sein muss, dann erkennt man auch, dass man nicht zuerst verschiedene Anliegen zu Gott bringen soll. Sondern sich selber, denn es geht beim Beten zuerst um einen vertrauten Umgang mit Gott, der zur Grundlage und zum Ziel in unserem Leben werden muss. Das ist die Frage: „Vertraue ich Gott, so dass ich ihm mein Leben mit allen Lebensbereichen anvertraue?" Viele sind schnell dafür zu gewinnen, um für eine Gabe oder einen Segen zu bitten, aber sie misstrauen Gott in so vielen Lebensbereichen und bleiben Gott gegenüber misstrauisch. Dieses Misstrauen hält sie davon ab, echte Christen zu werden und in einer vertrauten Beziehung mit Gott zu leben. Sie beschäftigen sich mit dem Thema Gott, aber wollen nicht zu ihm kommen.

„Ihr forscht in den Schriften, weil ihr meint, darin das Leben zu haben, aber sie ist's, die von mir zeugt, aber zu mir wollt ihr nicht kommen, damit ihr das Leben hättet." Johannes 5,39

Es gab zu allen Zeiten solche, die etwas von Gott haben wollen, aber die wenigsten wollen zu Jesus kommen, ihm gehören, auf ihn hören und horchen und ihm gehorchen. Solche Menschen leben ein Leben in völliger Unlogik. Der Verstand sagt einem doch: „Vertraue doch dem, der dein Leben geschaffen hat, er muss ja sicher wissen, wie es gelingen kann." Die Bibel ist voller Beispiele dieser Logik.

Vertrauen tun wir doch in allen Lebensbereichen. Mein kaputtes Auto vertraue ich der Werkstatt an, bei der Krankheit vertraue ich mich einem Arzt an. Wir trauen einem Menschen nicht alles zu, damit würden wir ihn überfordern und selber enttäuscht werden. Keiner ist Spezialist für alles. Aber es gibt Spezialisten in jedem Lebensbereich und denen vertrauen wir. Doch Gott ist allwissend und hat mein ganzes Leben geschaffen, deshalb kann ich ihm doch mein ganzes Leben anvertrauen.

Die Logik sagt einem auch: „Vertraue doch dem, der für dich stirbt, er kann dich doch nur retten wollen und meint es gut mit dir." Diese logische Überzeugung stimmt mit dem Zeugnis der Schrift überein.

„Solch ein Vertrauen aber haben wir durch Christus zu Gott." 2 Korinther 3,4

Wer im Zentrum der Erkenntnis angekommen ist, der weiß: Ganz gleich, wie Gott mich führt, es ist am besten so. Es ist am besten für sein Reich, für seine Ehre, zur Rettung weiterer Menschen und es ist deshalb auch am besten für mich.

Satan hat Lügen über Gott verbreitet, die dazu führen, dass Menschen Angst vor Gott haben, oder ihn als ungerechten Despot ansehen. Unser Ego und unser Drang zur Selbstverwirklichung sind so tief, dass wir ums Verrecken am letzten Prozent Unabhängigkeit festhalten.

Gott hat seine Liebe und sein Wohlwollen in Jesus Christus am Kreuz bewiesen. Was kann er mehr tun, um die Lügen Satans zu entkräften und um unser Vertrauen zu wecken, als am Kreuz für uns zu sterben? Er kann es doch nur gut mit uns meinen!

Seltsam, wie inkonsequent wir im Denken sind. Wir beten und glauben also, dass da einer ist, der allmächtig durch Zeit und Raum eingreifen kann. Aber im gleichen Moment misstrauen wir ihm und zweifeln, dass so das Leben gelingen könnte, wenn man ihm völlig vertraut und gehorcht. Das ist seltsam und unlogisch. Zweifel oder Unglaube sind auf jeden Fall eine Herzenshaltung, die uns von Gott entfremdet und auf Distanz hält. Solch eine Herzenshaltung empfängt nichts beim Beten.

„Er bitte aber im Glauben und zweifle nicht; denn wer da zweifelt, der ist gleich wie die Meereswoge, die vom Winde getrieben und bewegt wird. Solcher Mensch denke nicht, dass er etwas von dem Herrn empfangen werde..." Jakobus 1,6-7

Als Jugendlicher dachte ich: „Wenn ich Gott wirklich mein ganzes Leben anvertraue und mich von ihm leiten lasse, dann wird mein Leben erbärmlich und langweilig." Warum dachte ich so? Weil mir die meisten Christen den Anschein gaben, als ob sie keine Freude kennen. Ich dachte auch, dass Gott mich dann sicher nach Afrika als Missionar schicken wird, wenn ich ihm mein Leben anvertraue, und da wollte ich nicht hin! Ich bekomme schnell Sonnenbrand und dachte eine Zeit lang wirklich, dass Gott mich in Afrika für alle meine Sünde bestrafen wird, wenn ich ihm mein Leben übergebe! Vielleicht denkst du, dass dies ein wirklich dummer Grund war, Gott mein Leben nicht anzuvertrauen. Aber eines weiß ich genau: Dein Grund ist nicht besser. Alle unsere Gründe sind völlig grundlos, weil Gott gut ist! Weil Gott Liebe ist! Weil er allwissend ist und am besten weiß, wie unser Leben gelingen kann! Gott weiß am besten wie und wo du das sinnvollste Leben erleben kannst! Und ich kann mittlerweile sagen, dass ich mich völlig getäuscht hatte. Von wegen Langeweile! Missioniere mal im harten Kern der Motorradszene Europas! Und von wegen Afrika. Gott schickte mich dann in den Polarkreis! Im Winter war Monate lang kein Sonnenstrahl zu sehen! Wie sehnte ich mich da, dass Gott mich nach Afrika schickt, aber bitte nur kurz. Du kannst mir eines glauben. Manche Einsätze waren teilweise wirklich krass in allen Kategorien. Man hat mich mehrere Male mit dem Tod bedroht, man drohte unser missionarisches „Clubhaus" zu sprengen, Schlägertrupps wurden auf uns angesetzt, ein Kampfhund hat mich angefallen, der Stress der vielen Reisen, viele Entbehrungen, Übernachtungen auf Behindertentoiletten auf der Autobahn oder auf dem Friedhof, und was alles noch mehr dazu. Aber eines weiß ich genau: Es zu erleben, dass Jesus wirklich dabei ist und führt und in seine Werke integriert, das will und kann ich nicht missen. Ich bin Gott so oft dankbar dafür, dass ich nicht in irgendeiner Villa versauern muss! Freilich! Auch in einer Villa kann man Gott dienen, wenn Gott einen so führt. Aber bei allen Schwierigkeiten und Herausforderungen, die hinter mir liegen muss ich ehrlich sagen: Es hat sich gelohnt. Wir haben immer wieder Gottes Herrlichkeit gesehen und Menschen mit dem Evangelium erreicht. Ich will lebenssatt sterben. Egal wann und wie alt, aber nicht lebensmüde. Lieber drei starke Jahre wie Jesus, als 80 vergeudete Jahre, oder? Ich will zurückschauen können und sagen: Es hat sich gelohnt! Und warum? Weil Jesus es verdient! Weil Jesus dabei war! In seinen Worten und in seinen Zeichen und Wundern, die er eingebracht hat, wo es erforderlich war. Für mich gibt es nur einen Grund, weshalb ich missioniere. Jesus hat gesagt: *„Mir ist gegeben alle Gewalt im Himmel und auf Erden, darum gehet... Und siehe, ich bin bei euch alle Tage bis an das Ende der Welt."* Matthäus 28,18-29

Darum gehen wir! Weil Jesus da ist und weil er alle Macht hat, und nicht weil wir ausgebildet sind, weil wir so tolle Strategien und Projekte haben, weil wir jung und dynamisch sind, sondern weil Jesus handelnd gegenwärtig ist! Wenn das nicht klar wäre, dann würde ich nichts tun.

► **Prinzip:** *Echtes Gebet führt uns dahin, ein Bewusstsein von dem gegenwärtigen Jesus durch den Heiligen Geist zu haben und Jesus dann geistesgegenwärtig in den konkreten Situationen zu vertrauen und zu gehorchen.*

Vielleicht hast du jetzt noch mehr Angst Gott dein Leben anzuvertrauen, weil du dich davor fürchtest, dass Gott dich ebenfalls in eine „harte Szene" schickt? Aber Gott weiß genau, wo du hinpasst. Und mal ehrlich. Welche Szene ist nicht hart? Hör dir doch das Leid mancher Lehrer an, oder den Druck und Stress und das Mobbing auf dem Arbeitsplatz... Ich sage dir ehrlich: Ich will mit keinem tauschen! Jeder Mensch ist anders, aber die Welt ist überall hart, Gott wird dich recht führen. Egal wo du bist und wie Gott dich leitet, es wird immer so sein, dass du voll auf Gott angewiesen sein wirst. Denn er will seine Fähigkeiten und Möglichkeiten in dein Leben und in deinen Dienst flechten. Ich habe ein Ehepaar in Tschechien kennengelernt, die ein völlig anderes Leben führen als ich. Sie haben ein großes Haus in einem kleinen Dorf. Wozu das große Haus? Sie haben im Laufe ihres Lebens schon viele Kinder adoptiert und aufgezogen. Sie bekamen das Haus von den Behörden, weil sie so viele Kinder aufgenommen haben! Die Frau wollte zuerst nicht. Sie wollte unbedingt studieren. Aber immer wieder wurden „Türen" geschlossen und andere gingen auf, und zwar in Richtungen, die ihr nicht unbedingt zu Anfang passten. Dann starb auch noch ihre Tochter... Aber in allem lernte sie mehr und mehr auf Gott zu vertrauen. Besonders der Tod der Tochter ließ sie ganz neu auf jene Kinder blicken, die keine Eltern hatten. Lange Geschichte. Sie sagte: „Alles fing mit einem blinden Hundewelpen an, den sie und ihr Mann ausgesetzt fanden und voller Mitleid mitnahmen und aufzogen." Ist das nicht interessant? Wer hatte den Welpen da platziert? War das vielleicht ein Test von Gott? Sie waren im Geringen treu, ohne zu ahnen, wo das hinführt. Und nach und nach wurden sie zum Segen für Massen von Menschen. Nicht nur für die aufgenommenen Kinder! Sie bekamen dadurch Einfluss in einer ganzen Szene von Behörden, Adoptiveltern, Adoptivkindern. Heute hält sie Vorträge in Schulen und erzählt ihr Zeugnis... Sie ist ein Licht in dieser Welt! Mit Tränen in den Augen berichtete sie mir, was für Wunder und Ereignisse sie auf diesem Weg erlebt hat. Sie schloss mit den Worten: „... Und ich war so dumm und wollte studieren..." Jeder wird anders geführt, aber die geistlichen Prinzipien sind für alle gleich.

„Und er sprach zu ihm: Recht so, du tüchtiger Knecht; weil du im Geringsten treu gewesen bist, sollst du Macht haben über zehn Städte." Luk. 19,17

▶ **Prinzip:** *Um Gottes Leitung zu erleben müssen wir im Geringen treu sein.*

Wir müssen im Geringen treu sein, nur so werden wir weiter kommen. Und nur so können wir innerlich wachsen und reifen und nur so kann dann auch unser Dienst „größer" werden. Was mich so faszinierte, als ich dieser Frau zuhörte war die Tatsache, dass sie völlig anders lebt als ich, aber im Prinzip trotzdem völlig gleich! Sie versucht sich einfach von Gott leiten zu lassen und im Geringen treu zu sein. Ich bin gehüpft, als sie sagte: „Alles fing mit dem blinden Welpen an." Ich habe das im Prinzip genauso erlebt! Man kann nicht den blinden verlassenen Welpen liegen-lassen und Gott damit zeigen, dass man die richtige Einstellung hat, um sich um verlassene Kinder kümmern zu können. Ob Gott uns in „große" Werke integrieren kann, zeigt sich an uns in kleinen Dingen.

Das Prinzip gilt in allen Lebensbereichen. Wen Gott wirklich „ganz oben" gebrauchen will, den wird er ganz nach unten führen, wie Josef. Gott hatte einen Plan um das noch kleine Volk Israel vor der kommenden Hungersnot zu bewahren und die ganze Nation Ägypten dazu! Er wollte Josef an der Spitze Ägyptens zum Segen setzen. Aber Josef musste dafür erst vorberei-tet werden. Nach oben kommen ist sehr einfach! Aber oben zu bleiben und dazu ein Segen für alle zu sein, das wirst du in der Geschichte und in der Ge-sellschaft selten finden! Josef musste die Erfahrung machen, ganz unten zu sein, damit er in der Hungersnot wirklich allen hilft, auch und gerade den Leuten ganz „unten"! Wie war der Weg von Josef „nach oben"? Wurde er von einer Nobelkarosse abgeholt und in den Palast geführt? Nein! Er wurde von seinen eigenen Brüdern als Sklave verkauft, er wurde unschuldig des Ehebruchs beschuldigt und ins Gefängnis gesperrt. Und dort von dem ver-gessen, dem er geholfen hatte! Die Erlebnisse Josefs hatten das Potential einen jungen Mann völlig zu ruinieren und aus ihm einen auf Rache sinnen-den Psychopathen zu machen! Aber Josef hielt sich an Gott. Er war immer und immer wieder nur im Geringen treu. Wo er war hat er im Kleinen das Gute und Richtige getan, auch wenn es dafür bergab ging. Aber in Wahr-heit ging es bergauf! Mit jeder bestandenen Prüfung sah Gott, dass er auf dem richtigen Weg ist! Und als Josef am Ende zu sein schien, vergessen im Gefängnis, da war er durch Gottes Fügung ganz oben angekommen und er wurde zum Segen für alle. Ich kann mir vorstellen, dass es ihm mehr Freu-de bereitet hat in der Hungersnot den Vergessenen und Verlassenen und Gefangenen das täglich Brot zu geben, als den „Angesehenen" in der Ge-sellschaft. Und als dann seine Brüder vor ihm standen hatte er allen Grund

und Macht sich an ihnen zu rächen! Aber schaut, wie er seinen Leidensweg beurteilte: *„Und nun bekümmert euch nicht und denkt nicht, dass ich darum zürne, dass ihr mich hierher verkauft habt; denn um eures Lebens willen hat mich Gott vor euch hergesandt."* 1 Mose 45,5

Josef wusste sich von Gott gesandt! Wenn Gott einen Menschen sendet, dann nicht immer durch „offizielle Aussendungsfeiern". Wenn Gott einen Menschen sendet, dann sendet er ihn durch Umstände und Situationen, die ihm oft schwer erscheinen. Schon darin kann er ein Segen sein und wer weiß, was Gott noch „Großes" vorhat?

Gott will dich zum Segen setzen, aber du musst lernen! In den täglichen Situationen müssen wir lernen in Harmonie mit Gott zu bleiben und dann im Geringen treu zu sein! Es ist völlig verkehrt zu denken: „Wenn ich in besseren Verhältnissen wäre, dann könnte ich das Gute und Richtige tun" Mit dieser Einstellung wäre Josef untergegangen und so wirst du nie in bessere Verhältnisse kommen! Einmal kam ein Bruder zu mir und klagte mir sein Leid. Er hatte jedes Jahr Minus mit seiner kleinen Firma. Mein Ratschlag erstaunte ihn. Ich sagte ihm,dass er sich fragen soll, ob die Firma wirklich Gottes Willen ist, und wenn ja, dann sollte er sich fragen, ob er seine Firma in Harmonie mit Gott leitet? Dazu gehört auch den Zehnten zu geben. Schau mal, was Gott verheißt und welche Bedingung er dafür stellt: *„Ist's recht, dass ein Mensch Gott betrügt, wie ihr mich betrügt? Ihr aber sprecht: 'Womit betrügen wir dich?' Mit dem Zehnten und der Opfergabe! Darum seid ihr auch verflucht; denn ihr betrügt mich allesamt. Bringt aber die Zehnten in voller Höhe in mein Vorratshaus, auf dass in meinem Hause Speise sei, und prüft mich hiermit, spricht der HERR Zebaoth, ob ich euch dann nicht des Himmels Fenster auftun werde und Segen herabschütten die Fülle."* Maleachi 3,8-10

Er sagte, dass er gerne den Zehnten geben würde, wenn er Überschuss hätte. Da hatte ein Junge im Urwald die bessere Einstellung. Er kam mit einem Fisch zum Gottesdienst und brachte ihn als Zehnten. Als ihn der Pastor fragte, wo denn die anderen 9 Fische sind, da sagte er: „Im Fluss! Die hole ich noch!" Er brachte den ersten und einzigen Fisch und vertraute darauf, dass Gott ihn nicht im Stich lässt! Monate später traf ich obigen Bruder wieder und er sagte mir mit einem Lächeln: „Ich habe angefangen den Zehnten zu geben und kann es nicht fassen. Es ist das erste Jahr, wo ich im Plus raus gekommen bin." **Im Geringen treu sein.**

Diese Treue im Geringen kann man nicht durch Gebete ersetzen. Alles hat seinen Platz und Stellenwert und seine Zeit. Oft kamen Menschen zu mir, die wollten, dass ich für ihre finanzielle Schieflage bete. Wenn ich sie auf Gottes Verheißung hinwies, Gott den Zehnten zu geben, und so das Vertrauen in Gottes Verheißung zu setzen, habe ich nicht immer freudige Gesichter gesehen. Aber es macht keinen Sinn Gottes Bedingungen für seinen Segen zu ignorieren und anzuzweifeln und stattdessen dafür zu beten.

Wer misstrauisch an Gottes Wohlwollen zweifelt, der wird nicht aufrichtig beten können. Wie soll ein vertrauter Umgang mit Gott entstehen, wenn das Vertrauen in Gottes Person und der Vertrauensvorschuss in einer Situation in ihn nicht da ist? Hier habe ich in meinem Leben und im Leben anderer ein Problem entdeckt. Oft glauben Menschen an Gottes Allmacht. In einer gewissen Situation wenden sie sich an Gott und brauchen ein „Wunder" und sie glauben auch, dass Gott dieses Wunder tun kann. Aber was passiert, wenn dieses Wunder nicht geschieht? Manche fallen vom Glauben ab, andere versuchen das Wunder zu erzwingen und viele verzagen und lassen sich gehen. Wir müssen verstehen: Gott ist nicht nur „allmächtig". Wenn wir nur auf Gottes Allmacht fokussiert sind, dann übersehen wir das Wichtigste in Gott und täuschen uns und werden enttäuscht. Weil Gott nicht so gehandelt hat, wie wir vielleicht erwarteten. Ebenso wichtig wie Gottes Allmacht ist die Tatsache, dass Gott allwissend ist! Er weiß am besten, was in dieser Situation gut ist und: Gott ist auch gut! Er ist Liebe! Und genau hier müssen wir den Anker werfen und nicht alleine in Gottes Allmacht! Wir werden erst in unseren schweren Situationen in Gott ruhen können, wenn wir ihm voll und ganz vertrauen können, dass er das Richtige tut, egal wie es aussieht. Weil Gott gut ist, weil Gott Liebe ist, weil Gott allwissend ist und weiß, was das Beste ist! Gott kann Wunder tun, aber das größte Wunder ist, wenn ein Mensch endlich Gott vertraut und in ihm zur Ruhe kommt. Während wir ein Wunder erstreben, erstrebt Gott etwas weitaus Wichtigeres: Nämlich, dass du in ihm durch Vertrauen zur Ruhe kommst. Wer in Gott ruht, der kann mit Paulus sagen: *„Wir wissen aber, dass denen, die Gott lieben, alle Dinge zum Besten dienen, denen, die nach seinem Ratschluss berufen sind."* Römer 8,28

Wir können aus verschiedenen Gründen in schwere Situationen kommen. Nur wenn wir Gott lieben, können wir uns segensreich darin verhalten und die Erfahrung machen, dass Paulus Recht hat.

Wir müssen in Gott ruhen und nicht nur in Gottes Allmacht

Ein verzweifelter Mann saß vor mir und erklärte mir, dass er krank geworden ist und seinen Job verlieren wird, wenn er nicht gesund wird. Und dass damit seine ganze Existenz gefährdet ist. Ich ermutigte ihn in Gott zur Ruhe zu kommen und sich nicht in die Lösung zu versteigern, die ihm selber vorschwebt. Er wollte schnell geheilt werden, aber er war dann mehrere Jahre krank. Jahre später traf ich ihn wieder und er sagte mir, dass er so dankbar dafür ist, dass Gott ihn durch die Krankheit von dem Job gelöst hatte. Dieser hat ihn krank gemacht und hätte seine Familie und alles ruiniert. Gott weiß, was er tut. Wenn wir in Umstände kommen, die uns überfordern, dann sollten wir uns auf Gott besinnen und zuerst in seinen Frieden kommen. Es gibt Dinge, die wir nicht ändern können und es gibt Dinge, die sollten wir nicht ändern! Und da spreche ich besonders zu mir. Wie oft denke ich, dass ich dies oder jenes tun MUSS! Ein unbändiger Drang dem einen meine Meinung zu sagen und dem anderen zu geben, was er verdient! Der alte Mensch will auferstehen! Aber ist die Situation wirklich so, wie ich sie sehe? Ist es das Beste so zu handeln, wie ich vorhabe? „Menschlich" gesehen vielleicht schon. Aber dabei kam meistens nur mehr Schaden raus. Wir müssen lernen aus dem Frieden Gottes zu handeln.

Ob ich Gott im Großen und Ganzen vertraue, lässt sich daran prüfen, ob ich Gott in den kleinsten Lebensbereichen vertraue und auf ihn harren kann. Hier geht es um unsere grundsätzliche Haltung Gott gegenüber. Ich kann nicht sagen, dass ich Gott in dem einen Lebensbereich vertraue und in dem anderen nicht, oder dass ich Gottes Wort für die eine Lebenssituation angemessen finde und für die andere nicht. Gott erwartet Vertrauen in allen Lebensbereichen. Alles andere ist unvernünftig und sogar gefährlich.

Auf der Bibelschule gab es unter den Studenten EIN Thema. Was ist, wenn Gott will, dass ich ehelos bleibe?! Wir Studenten konnten studieren, wir konnten schöne Ausarbeitungen über biblische Themen halten, aber an diesem Punkt mussten sich einige eingestehen, dass sie Gott misstrauten. Sie waren nicht bereit Gott einfach zu vertrauen, dass er das Beste macht. Die Logik sagt einem doch: „Lieber keine, als die Falsche!" Aber nein. Man fängt an mit Gott einen Deal aushandeln zu wollen. „Gott! Ich werde alles tun, was du von mir verlangst, wenn du mich heiraten lässt!" Aber Gott lässt sich nicht auf solche Deals ein, weil solch ein Denken auf Täuschungen über Gott basiert. Hier vertraut ein Mensch Gott nicht ganz. Er kennt Gott vielleicht nicht wirklich. Wenn Gott in einem Menschen Misstrauen sieht, dann wird Gott immer an diesem Punkt arbeiten. Denn solange ein Mensch Gott nicht umfassend vertraut, kann Gott ihn nicht in seine Werke integrieren. Mach dir das bewusst: Wer mit Gott einen Deal aushandeln will, der beweist damit, dass er sich einbildet, es besser zu wissen als Gott. Er misstraut in Wahrheit Gott.

Vertrauensvorschuss: Ein vertrauter Umgang mit Gott ist das Ziel eines Gebetslebens. Hier sind wir jeden Tag aufs Neue herausgefordert, Gott den nötigen Vertrauensvorschuss zu geben. Denn die Herausforderungen in allen Lebensbereichen bleiben nicht aus. Nur mit der Entscheidung, Gott immer und überall einen Vertrauensvorschuss zu geben, können wir in der Nachfolge bleiben. Viele sind Jesus oberflächlich nachgefolgt und wenn sie mal etwas nicht mehr verstanden haben, sind sie auf und davon (Johannes 6). Frage: Kann ich Jesus und seinem Wort einen Vertrauensvorschuss geben, auch wenn ich ihn nicht gleich verstehe?

Vieles in unserem Leben und Dienst tun wir nicht aus Gottesbewusstsein und Gottvertrauen heraus, sondern aus Selbstbewusstsein und Selbstvertrauen. Deshalb erleben wir auch nicht Gottes Handeln. Wir begrenzen uns auf unsere Möglichkeiten und Fähigkeiten, zum großen Schaden für unser Leben und Dienst.

Wie herrlich sind die Verse: *„Denn wir sind sein Werk, geschaffen in Christus Jesus zu guten Werken, die Gott zuvor bereitet hat, dass wir darin wandeln sollen."* Epheser 2,10

Hier ist die Rede von zwei Werken! Gott will in dir am Werk sein und wenn das der Fall ist, dann kannst du in den Werken wandeln, die Gott zuvor bereitet hat. Gott weiß, wie er dein Leben am besten zu seiner Herrlichkeit gebrauchen kann! Darf er in dir am Werk sein? Darf er dich auf diese Werke vorbereiten? Denk an Joseph. Es lohnt sich!

Das Erlösungswerk ist vollbracht, jetzt soll es in uns gläubigen Betern installiert und verwirklicht werden. Gott hat ein Leben mit uns vor, in dem er sich in uns und durch uns verherrlichen will, wenn wir ihm vertrauen. Es ist für einen Menschen, der seinen wahren Zustand erkennt, nämlich dass er sein Leben orientierungslos vergeudet und verpfuscht hat, kaum etwas tröstlicher, als wenn er erfährt, dass Gott auch für sein Leben einen guten Plan hat. Dass Jesus auch der Ausweg aus dieser Ausweglosigkeit ist. Durch absolutes Vertrauen in Gott kann der aussichtsloseste Tiefpunkt zum Wendepunkt werden um fortan in den Werken zu wandeln, die Gott zuvor bereitet hat. Hierzu ist jeder eingeladen! Jeder Mensch, egal wohin ihn die Sünde und das Leben getrieben haben, kann da wo er ist anfangen ein Werk zu sein, an dem Christus arbeitet, um so in den Werken zu wandeln, die Gott zuvor bereitet hat.

Erhörtes Beten wird nur da möglich, wo ich Gott im Gebet einen Vertrauensvorschuss entgegen bringe. Ich muss auf Gottes Wort und Gottes Absichten einwilligen. Was Gott in mir und durch mich vorhat, wird immer meine Möglichkeiten und Fähigkeiten übersteigen. Es wird mich an verschiedene Grenzen bringen und diese deutlich offenbaren: charakterliche Grenzen, meine begrenzten Möglichkeiten und Fähigkeiten, meine „Sicherheiten", mein begrenztes Vertrauen. Hier kommen wir an, um unser begrenztes Gebet zu vertiefen und wir werden es erleben, wie Gott die Grenzen erweitert. Da fängt Gott im Kleinen an und wir müssen es zulassen, dass wir sein Werk sind, bevor wir in den Werken wandeln können, die er zuvor bereitet hat. Wir wollen schnell hoch hinaus, aber Gott beginnt in der Tiefe. Aber nur wenn wir uns das bewusst machen und einwilligen, wird es fruchten.

> FÜR GROSSE DIENSTE BRAUCHT ES GROSSE CHARAKTERE,
> FÜR KLEINE DIENSTE NOCH GRÖSSERE!

Ist da was dran? So viele sind schnell dabei, wenn es um große Projekte geht. Wenn es Spaß macht, wenn es Anerkennung bringt... Ich muss schmunzeln über den „Glauben", den wir Bibelschüler hatten. Wir sahen uns schon alle vor gefüllten Stadien predigen, mit demütigem Herzen. Aber was ist, wenn Gott uns „kleinere Dienste" aufträgt? Wenn er uns vor 5 Leuten predigen lässt anstatt vor 5000? Wenn wir ohne gesehen zu werden, oder Anerkennung zu bekommen einen unscheinbaren Dienst tun sollen?

Ich erinnere mich, wie ich in der Bibelschule immer beim Geschirrspülen an meine Grenzen kam. Besonders an den Konferenztagen, wenn Tausende Besucher da waren, ging ich innerlich am Stock und drehte am Rad. Wäre ich als Redner eingeteilt worden, dann wäre meine Haltung sicher eine andere gewesen, aber in der Küche?! Beim Spülen?! Schon in der Grundschule habe ich mich geweigert stricken zu lernen. Ich habe meine Arme verschränkt und gesagt: „Das ist Frauensache, das mache ich nicht. Punkt!" Die liberale Hippielehrerin hat die Krise gekriegt was mir völlig egal war. Sie konnte sagen was sie wollte, ich ließ mir nichts ausreden, dass ich ein Mann bin und einreden, dass ich eine Frau bin! So war das in meinem Kopf. Und jetzt? Spülen! Dampfige Luft, Geschirrgeklapper, meine Nerven wurden dünner. Während ich innerlich stärker kochte als das Wasser auf dem Herd und der Druck anstieg, sah ich einen Bruder ebenfalls an der Spüle. Ich konnte es nicht fassen, in welcher Seelenruhe, Hingabe und Freude er diesen Dienst tat. Das war demütigend und beschämend für mich und weckte in mir die Sehnsucht nach einem anderen Leben! Irgendwann fragte ich den Herrn, was dieser Bruder hat und ich nicht. Der Herr sagte mir deutlich, dass es an seiner Haltung lag, ihm im Geringen treu zu dienen, gerade im Geringen und Kleinen. Gottes Geist erinnerte mich an folgende Aussage von Paulus: *„Alles, was ihr tut, das tut von Herzen als dem Herrn und nicht den Menschen."* Kolosser 3,23

Da erkannte ich, dass ich bis dahin falsche Motive für meinen Dienst hatte. Ohne mir wirklich darüber bewusst zu sein, war da viel Stolz, ging es doch mehr um meine Anerkennung, um meine Erfüllung, um meinen Spaß, … ich konnte nicht sagen, dass ich alles was ich tat, von Herzen für Jesus tue. Wenn das der Fall gewesen wäre, dann hätte ich sicher mit einer anderen Einstellung gespült. Ich kapierte auch, dass alles Große aus vielen kleinen Dingen besteht. Ich sah vor meinem inneren Auge eine Uhr und verstand, dass diese nur funktioniert, wenn alle Kleinteile perfekt sind! Wenn ich wollte, dass große Dinge geschehen, dann musste mein Gehorsam und meine Hingabe so werden, dass ich im Geringen mir der Gegenwart Gottes bewusst bin. Um ihm die Ehre zu geben. Ich versprach Gott von nun an im Geringen treu sein zu wollen. Wer das tut, der wird nicht lange warten müssen, bis er die Möglichkeit dazu bekommt. Feierlich gelobte ich Gott im Geringen treu zu sein und dachte heimlich, dass Gott mir jetzt große Aufgaben offenbaren wird. Das tat er dann auch. Der erste Gedanke nach dem Gebet war: „Räum` mal dein Zimmer auf."

Mir wurde schlagartig klar, dass es eine falsche Motivation ist, wenn ich im Geringen treu sein will, weil ich das „Große" erstrebe. Ich verstand, noch bevor ich anfing aufzuräumen, dass das, was wir als gering ansehen, das Große und Wertvolle ist! Das wahrhaft „Große" ist die Einstellung, dass man alles aus Liebe und Dankbarkeit für Jesus tut!

> IM GERINGEN TREU SEIN IST NICHT EINE BEDINGUNG AUF DEM WEG NACH OBEN, SONDERN WER IM GERINGEN TREU IST, DER IST OBEN! ER IST BEI GOTT!

Ein Mensch, der in Harmonie mit Gott lebt, der tut, was er tut für Gott und er erlebt darin Gottes Frieden und Kraft! Hier ist das „Große". Hier will Jesus mit seinen Jüngern hin! Was ist größer? So eine Einstellung oder ein „Wunder"? Jesus hat die Jünger in ein Wunder integriert. Jesus gab ihnen ein Stück Brot und ein Stück Fisch und schickte sie los, diese Brocken an 5000 hungrige Menschen zu verteilen! Alle wurden satt! Sie mussten lernen im Geringen treu zu sein und in dem Geringen das Potential für ein gewaltiges Wunder zu erkennen! Aber die Jünger lernten daraus nichts. Sie freuten sich vermutlich über das Wunder, waren vermutlich stolz darauf, dass sie dabei waren. Und vermutlich machten sie sich wieder einmal wichtig, denn das Urteil über sie fiel nicht gut aus.

„Sie waren nicht verständiger geworden bei den Broten, denn ihr Herz war verhärtet." Markus 6,52

Sie waren verhärtet! War es für Jesus schwer, dieses Wunder zu wirken? Nein! Aber es war eine schwere Arbeit die Herzenshaltung der Jünger zu ändern! Hier ist das Ziel! Nicht das Wunder mit den Broten ist das Ziel, sondern die rechte Herzenshaltung der Jünger! Wenn Jesus uns „Jünger" in seine Wunder integriert, dann auf keinen Fall, weil wir etwas Besonderes sind. Wunder sind kein Pokal für besonders geistliche Menschen, sie sind keine Bestätigung und Auszeichnung für Geistlichkeit! Selbst das Wunder an sich ist nicht das Wichtigste, sondern nur ein Mittel um Gottes Ziel zu erreichen! Und was ist das Ziel? Das große Ziel ist, dass wir Menschen Gott erkennen und lieben lernen. Und alles was wir tun aus Dankbarkeit tun! Wunder sind ein Mittel Gottes unter vielen anderen um uns Menschen zu helfen, in die rechte Beziehung zu Gott zu kommen! Aber die Jünger blieben verhärtet. Sie beurteilten das Wunder falsch. Und sie beurteilten sich selber falsch und lernten nicht dabei, was Jesus ihnen damit beibringen wollte. Also: Was ist das „Große"? Was ist das „Wichtige"? Ist es ein „Wunder"? Nein! Viel wichtiger ist es Gott, dass wir zu der richtigen Einstellung ihm gegenüber kommen und ihm im Geringen treu sind. Erst dann wird unser Leben segensreich, mit oder ohne Wunder.

Das verstanden zu haben, ist mir mehr wert, als alles Gold der Welt. Deshalb habe ich zu Anfang geschrieben, dass ich „Größeres" mit Gott erleben durfte als die Wunder. Wenn wir im Geringen treu sind, dann sind wir „ganz oben" angekommen. Aber das Leben im Geist ist kein Selbstläufer! Jede Kleinigkeit der Welt kann uns wieder „von oben" herunterziehen in falsche Einstellungen und Motive. Es gibt manche, die sind „ganz oben" in der Gesellschaft und innerlich völlig „unten". Es gibt andere, die sind in den Augen der Menschen nicht wert geachtet, aber Gott sieht, dass sie „oben angekommen sind" wie Josef. Mit der richtigen Einstellung kann Gott sie vollmächtig gebrauchen. So ging es doch auch Jesus! Er hatte keine Titel, er hatte keine Position, er hatte keine Ausbildung und viele sahen auf ihn herab. So kann man sich täuschen.

Ein paar Tage nachdem ich begriffen hatte, wie wichtig es ist, im Geringen treu zu sein, sollte ich auf der Bibelschule die Garagen auskehren. Ich ging mit finsterer Miene an die Arbeit. Ich starrte in die erste Garage hinein. Da war ein großer Ölfleck und der war voller Laub. Ich bekam die Krise. Wissen und Begreifen alleine hält nicht lange. Gerade deshalb brauchen wir den Heiligen Geist, der uns solche Dinge lehrt und uns dann in den Situationen auch daran erinnert! *„Aber der Tröster, der Heilige Geist, den mein Vater senden wird in meinem Namen, der wird euch alles lehren und euch an alles erinnern, was ich euch gesagt habe."* Johannes 14,26

Als ich mit finsterer Miene in die Garage stierte, hatte ich plötzlich einen Gedanken: „Würdest du diese Garage mit einer anderen Einstellung putzen, wenn der feurige Wagen des Elia darin parken würde?" Ich war hellwach und schnallte sofort, was los war. Sofort war mir klar, dass ich die Garage für den Feuerwagen mit einer anderen Einstellung putzen würde, aber ich wusste etwas Besseres! Mir wurde bewusst, dass ich diese Garage ja für Jesus putzen darf. Die Finsternis in mir wich einem Freudenstrahlen! Also machte ich mich freudig ans Werk! Jede Drecksarbeit wird so zu einem „Gottesdienst."

„Ich ermahne euch nun, liebe Brüder, durch die Barmherzigkeit Gottes, dass ihr eure Leiber hingebt als ein Opfer, das lebendig, heilig und Gott wohlgefällig ist. Das sei euer vernünftiger Gottesdienst. Und stellt euch nicht dieser Welt gleich, sondern ändert euch durch Erneuerung eures Sinnes, damit ihr prüfen könnt, was Gottes Wille ist, nämlich das Gute und Wohlgefällige und Vollkommene." Römer 12,1-2

Ist das nicht genial?! Es ist wunderbar, dass wir immer und überall im Gebet sein können und diesen Einfluss des Geistes können wir nicht ersetzen. Mach dir das bewusst! Das ist Gottesdienst und nicht mit schönen Kleidern oberflächlich Sachen runter leiern! Hier geschieht Beten! Im Alltag! Nur mit dieser Einstellung im Alltag werden unsere Gottesdienstbesuche segensreich. Und biblische Lehre in den Gottesdiensten sollte uns in diese Richtung helfen.

Es gilt dieses Prinzip: Egal was du tust und egal wie groß es ist und wie viel öffentliches Ansehen es genießt: Wenn du es nicht von Herzen für Jesus tust, dann ist es mangelhaft. Gott geht es nicht zuerst um die Größe des Projektes, sondern um die Größe der Einstellung! Die größte Einstellung, die ein Mensch haben kann ist die, dass er alles von Herzen für Jesus tut und im Geringen treu ist. Wir müssen das endlich begreifen und leben. Ein Test: Stell dir vor, ein Mann predigt vor 10.000 Menschen das Evangelium, aber tief im Herzen sucht er Ehre und Anerkennung. Ein anderer gibt einem anderen ein Glas Wasser, und tut es von Herzen für Jesus. Was meinst du, wer wird im Himmel mehr Lohn bekommen? Gott beurteilt anderes! Gott beurteilt nämlich richtig! Super, oder? Ich finde das absolut genial, dass Gott nicht so oberflächlich urteilt wie wir Menschen. Und hier ist deine Chance! Du musst nicht erst in den Augen der „angesehenen" Menschen aufsteigen, um etwas Sinnvolles zu tun, sondern da wo du bist, kannst du Gott dienen. Er sieht dich! Und wer im Geringen treu ist... Mein Leben ist nicht wie eine gerade Linie verlaufen. Mein verschuldeter Autounfall als ich 17 war mit einem schlimm Verletzten hat mir einen gewaltigen Knick verpasst. Ich fühlte mich verpflichtet die Schulden zu bezahlen und fing deshalb nebenher an, in Diskos als Türhüter zu arbeiten. Ich schämte mich für das, was ich getan hatte und dachte, dass die Gemeinde nichts mehr mit mir zu tun haben will. Ich wusste, dass Gott mir vergeben hatte, aber ich dachte, dass er mich nun nicht mehr gebrauchen kann. Was mich dann erstaunte, war die Tatsache, dass immer mehr Menschen in den Diskos mit mir über Jesus reden wollten. Das ergab sich einfach, weil ich versuchte „im Geringen treu zu sein."

Das gelang mir nicht immer, denn sonst wäre ich vermutlich erst gar nicht in den Diskos gelandet. Aber in dem Chaos dieser Umstände hat Gott mich nicht aus den Augen verloren. Und mein Glaube wuchs wieder und ich wollte im Geringen treu sein, da wo ich war, und das war eben in der Disko. Einige Male wurde ich von Frauen gefragt, ob ich mit ihnen ins Bett will, aber ich habe abgelehnt. Einige von ihnen waren beleidigt, aber ich machte ihnen klar, dass das nichts mit ihnen zu tun hat, sondern damit, dass ich an Gott glaube. Ich erklärte ihnen, dass Gott Liebe ist und dass ich an die wahre Liebe glaube. Dass ich nie und nimmer eine Frau einfach nur für eine Nacht „missbrauchen" würde. Ich sagte ihnen, dass sie mehr wert sind vor Gott. Manche verstanden gar nichts, und dachten, dass ich auf Drogen bin. Aber als auch das geklärt war, fragten sie mich über meinen Glauben. So hatte ich ein gutes Gespräch über Jesus. Es geschahen viele andere Dinge. Ich fand Geld am Boden, nachdem die Kasse abgebaut war und brachte es zum Chef. Das hatte er wohl noch nie erlebt. Ich log nie, sondern war aufrichtig… Und immer wieder ergaben sich daraus Gespräche. Es sprach sich herum, dass ich an Jesus glaube, und immer mehr Menschen sprachen mich daraufhin an. Der Hooliganchef wollte mit mir reden, Drogenabhängige und Dealer, Rocker und Schwule, Prostituierte, DJs und meine Kollegen, oder einfache Gäste … In der Zeit konnte ich mir beim besten Willen nicht vorstellen, dass ich jemals wieder in einer Gemeinde Zuhörer finden würde, oder sonst einen Dienst dort tun könnte. Aber ich wollte dort wo ich war, im Geringen treu sein. Gott hat dann meinen Weg anders geführt, als ich das je hätte träumen können. Auch du kannst da wo du bist im Geringen treu sein! Da wo du bist, kannst du Gott dienen und du wirst es erfahren, dass er dich weiter führt.

Vieles, was uns der Herr auf das Herz legt, wird vielleicht nicht gleich unserem Willen entsprechen. Aber gerade hier ist die Schwelle zu einem Leben, das Gottes Handeln erleben wird! Gott sagt mir, dass ich mich bei einer bestimmten Person für das eine oder andere entschuldigen soll. Wie reagiere ich? Oder Gott legt mir aufs Herz, dass ich eine gewisse Summe weggeben soll. Was mache ich? Joseph wird von einer Katastrophe zur nächsten Tragödie geleitet, wie verhält er sich? Kein Baum wächst gesund nach oben, wenn er nicht gesund in die Tiefe wächst. Ich bin heute durch meinen Wald gegangen, um Bäume auszuwählen, die ich dann fällen werde, um sie zu Brennholz zu hacken. Ich heize den ganzen Winter ausschließlich mit Brennholz und das ist nicht wenig hier im kalten Schweden. Als ich so durch den Wald stiefelte, sah ich mal wieder einige Bäume, die von den Winterstürmen umgeworfen worden waren. Was sie alle gemeinsam hatten war die mangelhafte Wurzel! Da waren einige dicke Stämme dabei, aber die Wurzel war erschreckend mickrig! Kein Wunder, dass es sie umgehauen hat. Genauso wenig ist es verwunderlich, wenn uns die Stürme des Lebens umhauen. Wir müssen in Christus verwurzelt sein!

„Und seid in ihm verwurzelt und gegründet und fest im Glauben, wie ihr gelehrt worden seid, und seid reichlich dankbar." Kol. 2,7

Wie willst du Menschen dahin führen, ihr Leben mit Gott und den Mitmenschen in Ordnung zu bringen, wenn du das selbst nicht tust? Wir sehen, hier ist der springende Punkt. Lerne einfach im Geringen treu zu sein, und alles von Herzen für Jesus zu tun, weil er es einfach verdient, und du bist auf dem richtigen Weg. Einmal betete ich wieder: „Herr! Was ist dein Wille! Soll ich nach Russland, oder doch nach Afrika?" Im Hinterkopf hatte ich einen Gedanken: „Geh zu deiner Mutter und entschuldige dich." Den Gedanken schob ich weg und betete weiter: „Herr! Zeig mir deinen Willen!" „Geh zu deiner Mutter…" Ich hörte auf zu beten und dachte nach: „Vielleicht sollte ich ein Seminar besuchen, wie man Gottes Reden versteht…" Doch irgendwann ging mir ein Licht auf! Ich dachte: „Was willst du denn in Afrika oder Russland, wenn du nicht einmal diese Sache in Ordnung bringen willst? Ich brauchte kein Seminar, sondern Gehorsam! Willst du den Afrikanern predigen, dass sie ihr Leben vor Gott in Ordnung bringen sollen und du schaffst es nicht zu deiner Mutter zu gehen?" Da hatte ich kapiert. Mir wurde klar, dass der Weg nach Russland oder Afrika oder egal wohin nur über meine Mutter ging. Also durchatmen und los. Im Geringen treu sein.

Und jetzt wird's wichtig! Was ist denn wirklich das „Große?" Wenn einer zu seiner Mutter geht und sich entschuldigt, oder dass er nach „Afrika" geht? Gott hat 6 Tage gebraucht, um die Welt zu erschaffen, aber er braucht manchmal Jahre dazu einen Menschen dazu zu bringen, eine gewisse Sache in Ordnung zu bringen! Hier geschieht in Wahrheit ein gewaltiges Wunder! Aber das können leider nicht alle so sehen. Es ist doch im Prinzip das Gleiche, ob Gott dich zu deiner Mutter schickt, oder nach Afrika. Wir müssen lernen Dinge neu zu bewerten und wach werden für Gottes Reden! Das was wir als gering ansehen, könnte in Gottes Augen das „Größte" sein! Denk mal darüber nach. So viele Menschen haben ein verpfuschtes Leben, weil sie sich selber nicht vergeben können oder weil ihnen andere nicht vergeben wollen, oder weil sie anderen nicht vergeben. Hier geschieht Gigantisches, wenn es zu einem geistlichen Durchbruch kommt und Vergebung geschieht! Hier werden Leben gerettet und verändert! Deshalb habe ich am Anfang des Buches geschrieben, dass wir diese Gebetserhörungen erlebt haben und Größeres als das! Was ist denn „Größeres"? Ein größeres Auto? Ein größerer oder neuerer Wohnwagen, oder 10 Wohnwagen? Oder Feuer vom Himmel wie bei Elia? Wer so denkt, der bewertet falsch! Es gibt unscheinbare Dinge, die aber so wichtig sind, dass sie ganze Leben retten und verwandeln können! Es ist doch kein Problem für Gott Feuer vom Himmel zu lassen, oder mir einen Wohnwagen zu organisieren, wenn wir den für Dienste brauchen.

Aber das ist ein Problem für Gott, dass wir uns verhärten und unsere Schuld und Fehler weder eingestehen, noch wieder gut machen wollen! Manchmal muss Gott Jahrzehnte an einem Menschen arbeiten, bis ihm das Wort „Entschuldigung" wirklich aus dem Herzen kommt und über die Lippen geht! Hier geschehen echte gewaltige Wunder! Aber dafür ist der fleischliche Mensch blind. Er will Wunder sehen! Ich muss ehrlich sagen, dass auch ich völlig falsch beurteilte. Wir hörten von klein auf von Jesus, und wie wichtig es ist, das Gute zu tun, zu vergeben usw. Alles schön und gut, aber wir wollten „Wunder" sehen als wir älter wurden. Noch hatte ich keine Ahnung wie die Welt und das Leben sein kann, wie es einem gehen kann, wenn man betrogen, belogen, verleugnet, verletzt und fallengelassen wird. Noch hatte ich keine Ahnung über die Kraft der Wut, Angst, Schmerzen, Enttäuschung und wie zerstörerisch das sein kann. Wunder? Meinst du, dass ich mir irgendetwas auf die „Wunder" einbilde, die ich erlebt habe? Ich werde dir ein Wunder berichten, welches mich in Staunen versetzt hat. Ein Bekannter von mir war 10 Jahre lang drogenabhängig und lebte viele Jahre auf der Straße Er wurde durch Gebet im Namen Jesu frei von Drogen. Das ist ein Wunder, welches nicht zu verachten ist. Aber noch größer ist das Wunder, welches dann geschah. Er wurde zusammengeschlagen, man hat ihm mehrere Brüche am Schädel zugeführt und ihn angezündet! Er überlebte schwer verletzt und als es zu der Gerichtsverhandlung kam, stand er auf und sagte seinem „Mörder": „Ich vergebe dir, auf dass du Jesus Christus kennenlernst". Was meinst du, wie der Angeklagte und Richter und Anwalt drein geschaut haben? Das ist ein Wunder vor dem ich meinen Hut ziehe. Das sind die größten Wunder dieser Welt! Und die geschehen nicht aus heiterem Himmel, sondern diese Wunder muss Jesus Christus in uns verwirklichen! Mein ehemaliger Rausschmeißerkollege kam zum Glauben an Jesus Christus und folgt seitdem Jesus nach. Ich kenne ihn noch von früher. Ihr könnt euch denken, wie er drauf war, als ehemaliger Skinhead und Kampfsportler. Er besucht mich einmal im Jahr in Schweden und dann haben wir immer Zeit zum Reden und Beten. Letztes Jahr berichtete er mir, dass sein bösartiger Hausbesitzer eines Tages mit laufender Motorsäge am Gartenzaun auf ihn wartete und die Säge provokativ aufheulen ließ, als mein Freund seine Kinder ins Haus bringen wollte. Ich dachte sofort, dass dies wohl der größte Fehler war, den dieser Mann hat machen können und nach menschlichem Ermessen hätte sich auch keiner gewundert, wenn er dafür richtige „Notwehr" zu spüren bekommen hätte. Deshalb habe ich meinen Freund gefragt, wie er denn reagiert hat?! Er sagte nur, dass er sich über den Frieden freut, den er durch Jesus hatte. Er brachte seine Kinder einfach ins Haus. Darüber habe ich mich gewundert!

Wenden wir uns wieder dem Thema zu: **Vertrauen in Gott.**

Es gibt nichts Schöneres, als in allen Situationen Gott vertrauen zu können. Als Gott mich auf eine Bibelschule schickte, war das kein einfacher Schritt, meine finanzielle Sicherheit (die ich meinte zu haben) aufzugeben, um darauf zu vertrauen, dass Gott mich versorgen wird. Ich wollte die Bibelschule aufgeben, als der Bescheid kam, dass ich keine staatliche Unterstützung für das Studium bekomme. Wie sollte ich auch weiter machen?! Ich hatte einfach kein Geld! Als mein Studienleiter sagte, dass wir dafür beten sollen, da dachte ich: „Was für ein Quatsch, toll, ja, beten, jawohl, dagegen kann man nichts sagen, also beten wir…" Aber ich hatte keinen Glauben, dass Gott da wirklich was tut! In den kommenden 4 Tagen bekam ich 3 Briefumschläge mit Spenden! Ich war so verblüfft, dass ich zu Gott sagte: „Ab jetzt reden wir nie wieder über Finanzen!" Ich hatte es erlebt, dass auf Gott Verlass ist. Seit dem hat Gott mich finanziell durchgetragen. Kurze Zeit später ging mein Auto auf dem Weg zu einem Dienst kaputt und ich dachte nur: „Wenn Gott will, dass ich diese Dienste weiterhin mache, dann wird er mir ein anderes Auto geben." Ich dankte Gott für das Handy, mit dem ich Hilfe holen konnte und sagte ihm, dass das mit dem Auto in Ordnung, ist und er mir ein anderes besorgen wird. Wenn er will, dass ich ein Auto für die Dienste haben soll. Es verging keine Woche, da bekam ich eines geschenkt. Merkst du aber, dass ich nicht einfach Geld und Auto wollte, um es in meiner Lust zu vergeuden?

Gott will uns dahin bringen, dass unser grundsätzliches Vertrauen in ihn und sein Wort gefestigt wird. Dazu flechtet er Dinge und Situationen in unser Leben ein, die uns zutiefst herausfordern, ihm voll und ganz zu vertrauen. Gott weiß, wer was braucht, und welche Lektionen fruchten. Ich erlebte mehrere solcher Aktionen und Lektionen, die mich echt an meine Grenzen brachten. Um mein Vertrauen in Gott zu stärken. Eines Nachts stand ich vor einem Clubhaus eines Bikerclubs, welches einer Festung glich. Stacheldrahtzaun, Flutlichtanlage und Kameraüberwachung. Doch in dieser Nacht war alles dunkel und die elektronisch gesicherte Türe stand angelehnt. Es schien Stromausfall zu sein. Ich zögerte hineinzugehen, denn das kam mir seltsam vor. Ich machte dann doch ein paar Schritte auf das Gelände, als ich in einiger Entfernung das Röcheln des Rottweilerkampfhundes hörte. Alarmiert realisierte ich, dass der frei herumlief, denn der Zwinger dieser kranken Bestie war eigentlich auf der anderen Seite des Platzes. Ich war sofort wieder auf der anderen Seite der Türe. Der Hund war ein hoch gespritzter Psychopath und nicht einmal mit Vorsicht zu genießen, davon hatte ich mich überzeugt, als ich ihn früher durch seinen Käfig gesehen hatte. Ich wollte schon wieder abmarschieren, da erging Gottes Herausforderung an mich, durch das Gelände zu dem Clubhaus zu gehen. Ich war erstaunt und schockiert zugleich. Was war, wenn ich mir das eingebildet hatte? Gedanken schossen mir durch den Kopf und Bilder von Kinder fressenden Pitbulls, die erst in der Zeitung waren. Ich betete. Im Gebet erinnerte mich Gottes Geist an einige Bibelverse, in denen davon die Rede ist, dass im Namen Jesu Macht ist. Ja, das glaubte ich und viele Wunder sind im Namen Jesu gewirkt worden, aber musste das unbedingt heute und hier der Fall sein? Ich sagte Gott, dass ich daran glaube, dass im Namen Jesu Macht ist. Aber Gott schien damit nicht zufrieden zu sein, er wollte, dass ich ihm wirklich vertraue. Also ging ich hinein. Es war stockdunkel und ich tastete mich nach vorne Richtung Clubhaus. Nach ca. zehn Schritten hörte ich noch kurz ein Rascheln und Schnaufen und da sprang mich der Kampfhund so gewaltig an, dass ich trotz meiner damaligen 120 kg Muskelmasse fast umkippte. Gleichzeitig biss er zu, und ich konnte gerade noch meinen Kopf zur Seite drehen, so dass er in meine Lederweste biss. Das Fantastische war aber, dass mich der Herr darauf vorbereitet hatte. Ich konnte aus einer erklärlichen inneren Ruhe und Stabilität heraus meinen Körper kontrollieren und reagierte deshalb nicht hastig. Ich sagte gleichzeitig, als ich meinen Kopf bei dem Biss einzog bestimmt und ruhig: „Im Namen Jesu runter". Der Biss lockerte sich, der Hund glitt an mir herunter und stand lammfromm da. Ein Gedanke kam: „Renn raus!" Ich denke, das war der Feind, der mich kribbelig und panisch machen wollte, damit der Hund mich packte. Mittlerweile habe ich selber Hunde und weiß, dass Weglaufen das Beste ist was man tun kann, um gefressen zu werden. Ich betete wieder und dankte Gott für die Ruhe und ging langsam auf das Clubhaus zu , die Bestie trottete friedlich neben mir her.

Dort angekommen, saßen die Rocker um einen Tisch und starrten mich an, als ob ich aus dem Totenreich gekommen wäre. Es stellte sich heraus, dass sie sogar vergessen hatten, ihn zu füttern! Die haben mich entsetzt und fassungslos angeschaut, aber auch erleichtert, dass ich unversehrt war. Viele von denen machen einen auf hart, aber auch in dieser Situation merkte ich, dass die sehr „weich" und erleichtert waren. Ich habe bei dieser Situation die Erfahrung gemacht, dass Jesus Macht hat einzugreifen. Hier wurde eine Grundlage gefestigt, ohne die ich im Leben und Dienst nicht weiter gekommen wäre. Ich habe die Erfahrung gemacht, wie wichtig es ist, geistesgegenwärtig auf Gott zu hören und zu gehorchen. Ohne diese Dinge würde überhaupt nichts im Leben laufen. Manche sagen, dass sie da nicht hineingegangen wären. Aber warum nicht? Unser Gehorsam darf nicht eine Frage der Situation und Umstände sein. Die Frage ist doch, ob Gott gesprochen hat oder nicht, alles andere ist egal. Wenn Gott sagt: „Bau eine Arche!" Dann bringt es nichts, darüber zu lamentieren. Wenn Gott sagt: „Zieh siebenmal um Jericho", dann ist das so. Wenn Gott sagt: „Mach das begangene Unrecht wieder gut, oder höre mit dieser Sünde auf", dann ist es das Gleiche. Die Frage ist nicht, was Gott verlangt, sondern die Frage ist, ob ich darin einwillige. Das grundlegende Vertrauen in Gott muss gefestigt werden, und nur so werden wir Gott immer bereitwilliger unseren Vertrauensvorschuss zukommen lassen.

Als ich später das Clubgelände wieder verließ, musste ich nachdenken: Warum sollte es vor dem Tor und außerhalb der Reichweite des Hundes sicherer sein? Vielleicht wäre ich vor dem Tor von einem herabfallenden Ast erschlagen oder von einem kurzsichtigen Jäger erschossen worden. Oder noch schlimmer, ich müsste zuhause fernsehen, während Gott sein Reich an mir vorbei baut! Ist alles schon passiert. Wir gehen total in die Irre, wenn wir meinen, dass wir unsere Sicherheit sichern können, indem wir Gott misstrauen. Aber ich betone es extra: Es ist verkehrt auf den „gefährlichen Hund" alleine zu sehen. Die Angst vor dem Hund ist ja nicht im Hund, sondern in uns. Und mancher hat schon vor einem kleinen Hund Angst, ein anderer hat Angst auf ein Pferd zu steigen, ein anderer freut sich darauf! Ich saß mal auf einem und knallte herunter! Das ging so schnell, dass ich gar nicht merkte, wie mir geschieht! NIE WIEDER! Wir Menschen sind alle unterschiedlich und du hast deine Ängste, Grenzen und Schwächen. Gott ist da sehr einfühlsam und behutsam. Er will dir in deinem Leben helfen und da gibt es genug Herausforderungen, die er vielleicht gar nicht will. Diese geschehen, weil Menschen eigenwillig, egoistisch, ungerecht, gemein und böse sind. Wenn uns etwas widerfährt, dann ist das nicht unbedingt von Gott gewollt, aber zugelassen! Aber Gott will dir die Weisheit geben, dich darin richtig zu verhalten.

Wenn Gott dann zusätzlich „Prüfungen" einfädelt, wie bei mir mit diesem Hund, dann ist diese genau auf dich zugeschnitten. Sie wird dich krass herausfordern, aber Gott ist da! Er wird sich dir in Erinnerung bringen. Er spricht zu dir. Er ermutigt dich. Er bereitet dich darauf vor! Das ist entscheidend! Wehe dem, der sich den nächsten Kampfhund aussucht und sich sagt: „Was der kann, das kann ich auch! Also los geht's!" Ich sage dir, für diesen Schwachsinn wirst du Hundefutter. Und dass ich in dieser Situation mit heiler Haut davongekommen bin, heißt nicht, dass ich einen Passierschein bei allen Hunden habe! Diese Bestie hat mich nicht angekratzt, aber von meinem ersten, eigenen und liebsten Hund habe ich für mein Leben eine Narbe an der Hand. Weil ich einen Fehler gemacht habe. Ich habe ihn deshalb nicht weniger geliebt, aber Vorsicht! Gott braucht keine Übermütigen! Er braucht Demütige. Sei im Geringen treu. Fürchte dich nicht. Gott will dir in deinem Leben beistehen. Prüfungen in der Schule sind doch auch so, dass man darauf vorbereitet wird. Kein Erstklässler bekommt Prüfungen von Zehntklässlern, oder? Sei im Geringen treu, mache deine Hausaufgaben mit Gott, und du wirst auf alle Prüfungen bestens vorbereitet sein und sie mit Bravour bestehen: „Sehr gut, du treuer Knecht, du bist im Geringen treu gewesen."

Das Leben hat immer wieder Prüfungen in denen es darum geht, Gott zu vertrauen. Einmal stand ich vor einer schweren Entscheidung. Gott hatte mir eine gewaltige Türe geöffnet. Das passierte so. In einem Clubhaus hatte ich ein eher frustrierendes Gespräch mit einem verhärteten gottlosen Biker. Aber ich hatte auf dem Herzen für ihn weiterhin zu beten, was ich auch immer wieder tat. Gleichzeitig reifte in mir der Gedanke, dass es nicht verkehrt wäre, in Motorradzeitschriften evangelistische Artikel zu schreiben. Aber wie sollte ich da vorgehen? Ich betete dafür, aber ich wusste nicht recht weiter. Eines Tages bekam ich eine Mail. Darin stand, dass eine neue Motorradzeitschrift auf den Markt kommen wird. Wer Artikel, Einladungen, Reportagen oder Anzeigen hat usw. der soll sich melden. Da war es! Ich schrieb hin und machte mein Angebot. Es kam prompt die Antwort, dass ich einen Probeartikel schicken soll. Daraufhin bekam ich eine Einladung von der Redaktion. Ich fuhr also hin, parkte mein Motorrad und dann erschrak ich. An der Türe stand einer vom härtesten Motorradclub der Welt. Ich kannte ihn und fragte ihn, was er denn da macht? Er lachte und fragte mich, ob ich nicht wüsste, dass sie hinter der Zeitschrift stecken? Ich war baff. Das hatte ich nicht gewusst. Er winkte mich rein und brachte mich zu dem „Hauptredakteur".

Alle Hoffnung schwand, als ich ihn sah. Es war der verhärtete Kerl, für den ich hin und wieder betete. Aber siehe da! Er war von dem Artikel beeindruckt und fragte, ob ich jede Ausgabe so etwas schreiben will. Fantastisch! Ich bekam die Erlaubnis in einem weltlichen Motorradmagazin regelmäßig einen evangelistischen Artikel zu schreiben. Mehrere Tausende Auflage, verkauft in Deutschland, Österreich und der Schweiz! Unzensiert und kostenlos. Damit konnten wir Tausende mit dem Evangelium erreichen! Doch dann kam die Prüfung. Nachdem ein paar Ausgaben draußen waren, fragte mich der Redakteur, ob ich mit meinem Netzwerk christlicher Motorradfahrern mithelfen könnte, dass die Zeitschriften zu den Tankstellen und Geschäften kommen usw. Das „kleine" Problem an der Sache war, dass in der Zeitschrift hauptsächlich Motorräder, aber auch halbnackte Frauen waren (und mein Artikel). Ich war froh, dass der evangelistische Artikel da drin war, um diese Menschen zu erreichen, aber unterstützen konnte ich diese Zeitschrift auf gar keinen Fall. Ich befürchtete aber, dass sie mich eiskalt streichen, wenn ich nicht mithalf. Was also tun? Ich habe mir damals gesagt: „Gott hat diese Türe geöffnet und es ist seine Sache, ob oder wie lange sie offen bleibt. Ich kann nur im Geringen treu sein, egal, was passiert." Ich teilte also dem Chefredakteur mit, dass ich nicht mitmache. Und zwar argumentierte ich so: „Du weißt, dass wir Christen sind; und dass wir von euch allen beobachtet werden. Du weißt auch, dass man uns Schläge angedroht hat, falls wir bei irgendwelchen krummen Sachen beobachtet werden. Wie kann ich hier unterwegs sein und versuchen Menschen zu Treue in der Ehe zu bewegen und dann verteile ich Hefte mit halbnackten Frauen? Ich würde mich bei euch unglaubwürdig machen und dürfte mich nicht beklagen, wenn ich Haue bekomme. Dann habe ich es Gott überlassen. Der Redakteur hat mich mit großen Augen angesehen und hat das akzeptiert. Der Artikel wird nun schon seit Jahren regelmäßig gedruckt, mit viel Erfolg und immer unzensiert. Viele haben schon durch den Artikel das Zeugnisbuch bestellt usw. Der Grafiker der Zeitschrift sagte mir einmal: „Du bist zum Gewissen der Szene geworden, jeder liest den Artikel, aber keiner redet darüber".

Ich weiß auch warum. Wenn jemand darüber schimpfen würde, dann würde er ja beweisen, dass er den Artikel gelesen hat. Das wäre ein Beweis, dass er sich für geistliche Dinge interessiert. Das gilt aber für viele als Schwäche! Deshalb lesen sie heimlich und reden nicht darüber. Aber das war mir eine Lehre. Es liegt nicht an uns ein Projekt zu retten, oder an Land zu ziehen, indem wir unsere Ziele, Werte, Prioritäten usw. verbiegen. Wer hier versagt, der kommt nicht weit. Verbiege nie die Moral und handle nie gegen dein Gewissen um „Erfolg" für Gottes Reich zu suchen. Sondern bete lieber um Weisheit! Manche Türen schließen sich. Das habe ich hundertmal erlebt. Situationen ändern sich, Menschen ändern sich, Menschen können Fehler machen… Es gibt tausende Arten, wie sich Türen schließen können. Wir brauchen immer wieder Weisheit.

„Wenn es aber jemandem unter euch an Weisheit mangelt, so bitte er Gott, der jedermann gern gibt und niemanden schilt; so wird sie ihm gegeben werden." Jakobus 1,5

Und wieder sind wir beim Gebet! Aber auch hier sehen wir, dass es nicht ein pauschales Beten um Weisheit ist, sondern ich habe immer konkrete Situationen! Wie soll ich den behandeln? Was soll ich diesem sagen? Wie weit darf ich im Gespräch mit jenem gehen? …

Vielen Christen mangelt es zum Beispiel an Weisheit, mit wem sie über was reden sollen. Es gibt solche, die eine gewisse biblische „Erkenntnis" für so wichtig halten, dass sie mit jedem darüber reden müssen. Aber vielleicht ist das gar nicht dran? Jesus hatte hier Weisheit, die wir dringend nötig haben! *„Ich habe euch noch viel zu sagen; aber ihr könnt es jetzt nicht ertragen."* Johannes 16,12

Wir brauchen ständig Weisheit, wie wir einzelnen Menschen gegenüber handeln sollen.

- ▶ **Prinzip:** Aufrichtiges Gebet setzt aufrichtiges Vertrauen in Gott voraus.
- ▶ **Prinzip:** Um Gottes Führung kann nur beten, wer Gott auch wirklich vertraut.
- ▶ **Prinzip:** Um Gottes Führung kann nur beten, wer bereit ist im Geringen treu zu sein.
- ▶ **Prinzip:** Gott kann andere Ziele und Absichten in einer Situation haben, als du denkst. Und Wichtigeres und Größeres anstreben, als du vielleicht siehst.
- ▶ **Prinzip:** Es gibt wichtigere und bessere Dinge als „Wunder".
- ▶ **Prinzip:** Wir dürfen um Gottes Weisheit bitten.

6. Prinzip

Erhörliches Beten ist Gebet nach Gottes Willen

Jetzt kommen wir zum Schlüssel für 100% Erhörung für unsere Gebete. Johannes teilt uns mit: *„Wenn wir etwas bitten nach seinem Willen, so hört er uns."* 1Johannes 5,14

Ein Prediger sagte: Wenn du willst, was Gott will, dann lässt Gott dir deinen Willen.

Hier sind wir am „entscheidenden" Punkt, ob Gott unsere Gebete erhören wird oder nicht. Die Verheißungen Jesu, dass Gott unsere Bitten erhört, werden nur von dieser Perspektive richtig verstanden.

Gott ist nie gleichgültig oder uninteressiert, irgendjemandem oder irgendeiner Situation gegenüber. Sondern Gott will für das ganze Universum das Beste, weil er Liebe ist. Er hat zu allem eine Meinung und einen Willen. Nicht wir müssen Gott über unsere Situation unterrichten und ihn von unserer Idee überzeugen. Sondern Gott weiß bereits was Sache ist und er weiß, was das Beste in dieser Situation ist. Gott weiß, was er will, und was er tut! Das muss zu einer grundlegenden Überzeugung werden, mit der wir leben und beten. Selbstverständlich dürfen wir mit unseren Situationen zu Gott kommen und ihm das sagen, aber Gott weiß was los ist, und er weiß auch, was das Beste ist.

„Darum sollt ihr ihnen nicht gleichen. Denn euer Vater weiß, was ihr bedürft, bevor ihr ihn bittet." Matthäus 6,8

▶ **Prinzip:** *Die Grundlage um im Willen Gottes beten zu können, ist die Überzeugung, dass Gott bereits weiß, was das Beste ist.*

Seit dem ich das kapiert habe, ist es mir völlig klar, dass Gott einen Plan mit der Welt hat und damit einen Plan mit jedem einzelnen. Gott erreicht sein Ziel. Wir brauchen uns keine Sorgen zu machen. Sondern können in jeder Situation in der Überzeugung ruhen, dass Gott handelnd aktiv ist und weiß, was er tut (Matthäus 6,25 ff). Je besser wir Gott gehorchen, desto besser kann dieser Plan gelingen. Wir müssen in Gottes Willen einwilligen, nicht er in unseren! Auf dieser Grundlage müssen wir beten.

Vorsicht! Das „Beste" ist aber nicht das Gleiche wie „bessere Verhältnisse"! Es kann gut sein, dass die Umstände, in denen wir sind, eventuell schlimmer werden und sogar zu unserem Tod führen. Da muss man sich nur einmal all die Märtyrer anschauen. Aber in dieser Situation kann unser Zeugnis eventuell gewaltiger sein, als unser ganzes Lebenswerk! So leben und vertrauen kann nur derjenige, der zu dem Entschluss gekommen ist: *„Christus ist mein Leben und Sterben ist mein Gewinn"* Phil. 1,20

Wer immer einen Rückzieher macht, wenn es kritisch wird, der kann nicht in Harmonie mit Gottes Willen leben und beten.

Wir erinnern uns an die beiden Werke, von denen Paulus in Epheser 2, 10 spricht: *„Denn wir sind sein Werk, geschaffen in Christus Jesus zu guten Werken, die Gott zuvor bereitet hat, dass wir darin wandeln sollen"*.

Im Prinzip gilt Folgendes: Das zweite Werk, also die Dienste und konkrete Lebensführung sind bei jedem anderes. Aber das erste Werk ist bei jedem gleich.

„Das ist der Wille Gottes, eure Heiligung." 1 Thessalonicher 4,3

Wenn wir nach dem Willen Gottes für unser Leben fragen, machen wir meistens den gleichen Fehler. Wir schielen auf das zweite Werk und übersehen das erste. Wir wollen eine konkrete Führung haben, aber wir sind oft „unwillig" oder gar blind dem ersten Werk gegenüber. Doch wir müssen verstehen: Nur über das erste Werk geht es zum zweiten. Das ist ein Prinzip. Wenn also ein Mensch nach Gottes Willen fragt, und damit konkrete Führungen meint, dann sollte er sich nicht wundern, wenn Gott ihn auf die Heiligung aufmerksam macht. Und zwar auf konkrete Punkte. Das hat schon manchen verwirrt. Er fragt Gott, ob er studieren, ins Ausland oder in die Mission gehen soll, und plötzlich kommt ihm in den Sinn, eine Sache in Ordnung zu bringen. Oder dies und jenes zu ändern. Hier muss es zur Erkenntnis kommen!

Das „Entscheidende" ist der Wille

Das „Entscheidende", was uns als verantwortliche Persönlichkeiten auszeichnet, ist unser freier Wille. Und damit die Möglichkeit zur freien Entscheidung. Gott hat uns mit einem freien Willen geschaffen, weil er uns liebt. Wahre Liebe lässt dem Gegenüber immer die Entscheidungsfreiheit. Kein Mann kann seine körperliche Überlegenheit dazu missbrauchen, eine Frau zur Hochzeit zu zwingen. Nein, das will kein Liebender! Heiraten soll man aus freiwilliger Überzeugung. Das ist Liebe. So ist das auch mit Gott und seinem Plan. Gott zwingt uns nicht gemeinsam mit ihm zu leben, sondern das ist etwas, was wir wollen müssen!

Gott liebt uns, und er bietet uns alle Motive und Beweise seiner Liebe an. **„Gott aber erweist seine Liebe gegen uns darin, dass Christus für uns gestorben ist, als wir noch Sünder waren."** Römer 5,8

Und weil Gott uns so liebt und will, dass unser Leben an seiner Seite gelingt, deshalb wartet er darauf, dass wir die Verantwortung übernehmen. Und freiwillig auf sein Wort hin mit Überzeugung in seinen Willen einwilligen. Christ wird nur jemand aus freiwilliger Überzeugung. Ein Christ ist überzeugt davon, dass ihm nichts Besseres passieren kann, als dass er Gott gehorsam sein darf. Den Heiligen Geist, also den Gebetsgeist, erhalten nur die, die Gott gehorsam sind (Apostelgeschichte 5,32). Ein wiedergeborener Mensch empfindet Gehorsam nicht als eine drückende und lästige Pflicht, sondern als ein absolutes Vorrecht. Bevor er bekehrt war, zweifelte er an Gottes Wort und Liebe und hat gemacht was er will. Aber genau hier ist der Unterschied! Er hat begriffen, dass es das Beste ist, Gott zu gehorchen. Dies ist eine entscheidende Erkenntnis, um zu Gott umzukehren! Gehorsam für Gott ist ihm jetzt wie die schönste Musik, weil er weiß, dass hier der Segen in Fülle fließt. Diese freiwillige Überzeugung ist es, die wir haben müssen, wenn wir so beten wollen, dass Gott uns erhört. Sonst wird unser Glaubens- und Gebetsleben zum Krampf und zur toten Religiosität.

Warum wir unwillig und böswillig sind

Satan will das Gegenteil von Gott. Gott will, dass wir in Harmonie mit ihm leben. Satan will, dass wir eigenwillig bleiben und Gott gegenüber unwillig.

> GOTT WILL, DASS WIR SEINE LIEBE UND SEIN WESEN VERWIRKLICHEN UND SATAN, DER „ANTICHRIST", WILL DAS GEGENTEIL, NÄMLICH, DASS WIR UNS SELBST VERWIRKLICHEN.

Selbstverwirklichung klingt harmlos und völlig normal. Aber es ist das Gegenteil von dem was Gott will. In Harmonie mit Gott hätten wir Menschen den Himmel auf Erden. Aber weil jeder in der Selbstverwirklichung lebt, ist die Welt so, wie sie ist.

Schau dir einmal die folgende Gegenüberstellung genau an.

Ich will **Gott beim Wort nehmen.**	Mein Selbst neigt zur relativierenden **Selbstinterpretation** von Gottes Wort
Ich will **mein Leben nach Gottes gerechtem Maßstab** und an seinen Geboten ausrichten.	Mein Selbst ist **selbstgerecht** und entscheidet für sich selber was gut und was schlecht ist.
Ich möchte **Schuld** sofort **erkennen,** bekennen und wieder gut machen.	Mein Selbst neigt dagegen zur **Selbstverteidigung** und zur **Selbstrechtfertigung.**
Ich will **Gottes heiligem Anspruch genügen** und **mich** durch und durch **heiligen lassen.**	Mein Selbst ist **selbstgenügsam** und will so bleiben wie es ist.
Ich will Gott und den Menschen **selbstlos** dienen.	Das Selbst macht das durch **Selbstsucht** unmöglich.
Ich will Gott und **meinen Nächsten lieben** wie mich selbst	Das Selbst will nur die **selbstsüchtige** Selbstliebe.
Ich will im **Frieden Gottes** leben, der höher ist als alle Vernunft.	Mein Selbst will die **Selbstbefriedigung** in allen Lebensbereichen.
Ich will **Gott loben und erhöhen.**	Mein Selbst will **Selbstlob** und die **Selbsterhöhung.**
Ich will mit meinem ganzen Leben **Christus darstellen.**	Mein Selbst will die **Selbstdarstellung.**
Ich möchte **meine Identität in Gott und Christus** finden.	Mein Selbst kennt nur die **Selbstfindung.**
Ich will meinen stabilen und realen Wert als teuer erkauftes **Ebenbild Gottes** erkennen.	Mein Selbst zerstört Leben und Dienst mit **Selbstwertproblemen,** die sich in Minderwertigkeitsgefühlen oder Überheblichkeit oder gar Größenwahn zeigen.

Ich will mit einem gesunden **Gottesbewusstsein** leben, um daraus die Heiligkeit zum Leben und die Fähigkeit zum Dienst zu haben.	Mein Selbst kennt nur das **Selbstbewusstsein** und begrenzt mich auf mich selbst.
Ich will mein Leben und **Dienst aus Gottvertrauen** gestalten und so seine Gaben und Fähigkeiten ins Spiel bringen.	Mein Selbst kennt, denkt und handelt nur mit **Selbstvertrauen** und begrenzt mich auf meine Möglichkeiten und Fähigkeiten und Unzulänglichkeiten.
Ich will, wenn es darauf ankommt, **für Gott leiden**.	Mein Selbst macht Leben und Dienst durch **Selbstmitleid** zunichte.
Ich will in allem **dankbar Gottes Gnade erkennen**.	Mein Selbst nimmt alles **undankbar als selbstverständlich** an.
Ich möchte geistesgegenwärtig in der **Selbstverleugnung** leben.	Mein Selbst sieht das Glaubensleben und die Heiligung als **Selbstläufer** an.
Ich will mich **der Herrschaft Gottes freiwillig** und aus Überzeugung **hingeben**.	Mein Selbst will **selbstherrisch** bleiben.
Ich möchte das Heil völlig erfassen und **Heil, Heilung** und **Heiligung erleben**.	Mein Selbst tendiert langsam aber sicher zur **Selbstzerstörung**.
Ich möchte **das neue Leben aus Christus ewig leben**.	Mein Selbst **lehnt sich dagegen auf**.

Erkennst du, wie die Selbstverwirklichung das absolute Gegenteil von dem ist, was Gott will? „Gegen" heißt „anti". Hier ist der Geist des Antichristen in uns Menschen am Werk und er verwirklicht sich durch Menschen, die sich selbst verwirklichen. Der alte biblische Begriff für Selbstverwirklichung ist das Leben im „Fleisch". Damit soll ausgesagt werden, dass es ein unerfülltes Leben ohne den bewussten Einfluss von Gottes Geist ist.

Wusstest du, dass der praktizierende Satanismus nur ein einziges Gebot hat? „Tue was du willst". Viele sind erstaunt, weil sie etwas anderes erwartet hätten, etwas Düsteres, Finsteres, Brutales oder Perverses! Aber denk mal nach. Weil jeder tut was er will, ist die Welt düster, finster, brutal und pervers! Es klingt so harmlos: Tue was du willst, aber Satan weiß genau, wenn alle tun was sie wollen, dann tun sie auf jeden Fall nicht Gottes Willen und es wird mit der Zeit immer heftiger und krasser, ohne dass man es merkt! Wir Menschen gewöhnen uns an alles und an jede Sünde. Wir halten Dinge für normal, die für Gott krank und pervers sind. Aber selbst wenn du zu den „Besseren" gehörst, es ist Satan völlig egal, was du glaubst und was du tust. Hauptsache du lebst nicht in Harmonie mit Gott sondern in der Selbstverwirklichung!

Dieses satanische Gebot wird weltweit gelebt. Bei der Beerdigung eines brutalen Rockers und Zuhälters, der erschossen wurde, spielte man sein Lieblingslied: „It`s my life" von einem bekannten Rockmusiker. Im Refrain heißt es: „I do it my way" „Ich mach`s auf meine Art, oder ich mach was ich will." So etwas hören sie in der Bikerszene gerne. Aber nicht nur die Rocker. An Heiligabend kam eine Volksmusikshow im Fernsehen. Die bekannteste deutsche Schlagersängerin trällerte dort das gleiche Lied, nur musikalisch etwas abgeändert aber mit gleichem Text. Tausende jubelten ihr zu. Millionen schmachteten an den Bildschirmen dahin. Das kommt gut an, egal in welcher Szene, ob Rocker oder „Normalo", egal in welchem Teil der Gesellschaft, egal in welchem Winkel der Erde, das ist das, was jeder will: Ich tue was ich will! Es ist mein Leben! Kaum einer ahnt, dass er mit dieser Einstellung in Wahrheit zu einem „Satanist" geworden ist. Oioioi! Kornelius, was schreibst du hier? Die Leser werden dich für einen Fanatiker halten!

Die Wahrheit ist hart aber wahr. Es gibt nur zwei verschiedene Sorten Menschen. Diejenigen, die bewusst Gottes Willen verwirklichen und jene, die sich bewusst selbst verwirklichen. Die einen wollen was Gott will freiwillig und aus Überzeugung. Sie finden die Erfüllung darin Gottes Wesen und Willen zu verwirklichen. Die andere Sorte Menschen lebt nach dem Gebot Satans, selbst wenn sie davon nichts ahnen. Sie tun was sie wollen und brechen Gottes Gebote. Sie suchen die Erfüllung in der Selbstverwirklichung. Auch sie mögen beten, aber nur um es in ihrer Lust zu vergeuden (Jak 4,3). Die einen leben in Harmonie mit Gottes Gesetz, wie Jesus es vorlebte und die anderen leben in Harmonie mit Satans Gesetz. Zu welcher Sorte gehörst du?

Johannes sagte: *„Wenn wir etwas bitten nach seinem Willen, so hört er uns."* 1 Johannes 5,14

▶ **Prinzip:** Wir müssen in Harmonie mit Gottes Willen leben wollen, um in Harmonie mit seinem Willen beten zu können.

Wir müssen uns unseren inneren Defiziten und Neigungen usw. stellen, wenn wir wirklich ein Leben im Geist leben wollen. Viele Gebete haben ihren Ursprung in der „Selbstverwirklichung" und damit sind sie antichristlich. Klingt krass, oder? Aber „anti" heißt „gegen". Jakobus spricht genau über die Feindschaft gegenüber Gott, die sogar betend praktiziert werden kann (Jakobus 4,3). So viele Gebete zielen darauf ab, die Selbstdarstellung zu fördern, oder die Selbstsucht zu stillen. Oder sie kommen aus einer selbstgerechten Haltung, oder aus Selbstinterpretationen über Gottes Wort usw. Und immer geht es in den Gebeten um mich, mich, mich. Ist da vielleicht die Selbstliebe am Werk? Ich denke, diese Liste kann uns helfen etwas über uns und unsere Persönlichkeit nachzudenken. Auf jeden Fall wird uns eines klar. Es ist völlig richtig, was Jesus sagt: *„Wer mir nachfolgen will, der verleugne sich selbst und nehme sein Kreuz auf sich und folge mir. Denn wer sein Leben retten will, der wird es verlieren, wer aber sein Leben um meinetwillen verliert, der wird es retten."* Lukas 9,23-24

Das sind Verse, bei denen selten Freude aufkommt, wenn sie in Gottesdiensten angesprochen werden und das ist tragisch. Denn hier beschreibt Jesus den Weg, wie du eine freie, gesunde und reife Persönlichkeit werden kannst! Selbstverleugnung hört sich so an, als ob unsere Persönlichkeit eingeengt und reduziert wird. Aber das Gegenteil ist der Fall! Jesus will dich nicht einengen, sondern befreien! Er will dich nicht reduzieren, sondern er will dein Aufblühen, Wachsen, Reifen und Frucht bringen! Das „Selbst" hält dich gefangen und reduziert dich auf ein erbärmliches Leben, aber Jesus will von diesem „Selbst" befreien. Zu einem reichen Leben in der Fülle des Geistes!

Jesus sagt in diesen Versen: Wenn wir an unserem alten Leben in der Selbstverwirklichung festhalten, dann werden wir verloren gehen, denn dieses Leben ist ein Leben in Sünde. „Nachfolge" heißt ja nicht, dass wir Jesus nachwatscheln, wie die Enten hintereinander her watscheln. Sondern bei der Nachfolge geht es darum, so zu werden und zu sein wie Jesus! Du und ich sollen und dürfen ebenfalls in Harmonie mit Gott leben wie Jesus. Wir dürfen in Harmonie mit Gottes Willen sein, wie Jesus (Johannes 6,38). Wir dürfen in der Geistesfülle Jesu leben, wie Jesus, durch Jesus! Wer also so sein will wie Jesus, der nehme sein Kreuz auf sich. Das heißt, dass wir erkennen müssen, dass Gott dieses Leben in der Selbstverwirklichung zum Tode verurteilen musste. Jedes „Selbst" ist wie Sand im Getriebe deiner Persönlichkeit und deines Lebens und in den Werken Gottes. Gottes Werke werden dadurch sabotiert. Jedes Selbst macht uns hässlich, erbärmlich, gemein und sogar gefährlich. Wir sollen uns selbst verleugnen. Das bedeutet, dass wir uns von diesem Leben in der Selbstverwirklichung abwenden sollen. Einer, der sich selbst verleugnet, der will mit diesem Leben in der Selbstverwirklichung nichts mehr zu tun haben, sondern er freut sich daran, dass Jesus sich in uns verwirklichen will.

„Ich lebe, doch nun nicht ich, sondern Christus lebt in mir. Denn was ich jetzt lebe im Fleisch, das lebe ich im Glauben an den Sohn Gottes, der mich geliebt hat und sich selbst für mich dahingegeben." Galater 2,20

„Erforscht euch selbst, ob ihr im Glauben steht; prüft euch selbst! Oder erkennt ihr euch selbst nicht, dass Jesus Christus in euch ist? Wenn nicht, dann wärt ihr ja untüchtig." 2 Korinther 13,5

Jesus Christus will sich in uns verwirklichen! Das ist das Wichtigste für Gott! Nicht „Wunder" erleben! Über was, meinst du, würden sich alle Bewohner des Himmels mehr wundern? Über einen Menschen, der in der Selbstverleugnung Fortschritte macht, oder wenn Feuer vom Himmel fällt? Ein Wunder kostet Gott keine Anstrengung, aber damit sich Christus in dir verwirklichen kann, musste Jesus für dich leiden und sterben. Gott muss Jahre lang an uns arbeiten, bis uns ein Licht aufgeht! Das größte Wunder geschieht dort, wo Jesus Christus sein Wesen in einem Menschen verwirklichen kann. Wenn wir nicht in der Selbstverleugnung leben, dann werden wir uns in jedem Wunder falsch verhalten, wie die ersten 12 Jünger (Markus 6,52). Wie geht Selbstverleugnung aber? Hier sind viele in die Irre gegangen und haben sich verachtet, beschimpft und bestraft, aber das ist „Selbstzerstörung"! Das ist ein tragisches Dilemma! Da will sich einer selbst verleugnen, indem er einem weiteren „Selbst" auf den Leim gegangen ist: Der Selbstzerstörung. Nein, sich selbst verleugnen ist nicht zerstörend, sondern befreiend! Die wahre Selbstverleugnung ergibt sich schon aus der Betrachtung der Liste. Wir müssen die Wahrheit erkennen, und die Wahrheit wird uns frei machen. Das ist Nachfolge! Das ist Jüngerschaft!

„Da sprach nun Jesus zu den Juden, die an ihn glaubten: Wenn ihr bleiben werdet an meinem Wort, so seid ihr wahrhaftig meine Jünger und werdet die Wahrheit erkennen, und die Wahrheit wird euch frei machen."
Johannes 8,31-32

Selbstverleugnung ist eine Sache des Glaubens! Echter Glaube ist immer auch echte Selbstverleugnung. Ich gebe dir ein paar Beispiele:

Wenn ein Mensch der Wahrheit der Bibel glaubt, verleugnet er gleichzeitig die Selbstinterpretationen, die er über Gott hatte.

Oder: Ein Mensch denkt, dass er nichts wert ist. Er leidet an Selbstwertproblemen. Indem er aber glaubt, wie wertvoll er für Gott ist, verleugnet er die Gedanken, die aus dem Selbst kommen und ihm einreden, dass er nichts wert ist. Und wird so frei von Selbstwertproblemen und Taten und Handlungen, die aus diesem „Selbst" entspringen.

Wenn einer getrieben wird mit Selbstwertproblemen und damit verbunden mit Motiven der „Selbstdarstellung", dann kann er dies im Glauben ändern. Viele Leute in den Sportstudios haben diese Probleme. Viele Muskelpakete haben in Wahrheit Selbstwertprobleme und sind getrieben von Motiven der Selbstdarstellung und Selbsterhöhung. Durch Glauben an Gottes Wahrheit könnten sie von dieser knechtenden Form der Selbstverwirklichung befreit werden. Manche Menschen können an fast nichts anderes denken, als daran, wie sie bei anderen ankommen. Wie sehe ich aus? Schminken, parfümieren, … oder doch andere Kleider? Das „Selbst" jagt und hetzt uns von einem „Selbst" zum anderen.

Oder: Da will sich einer durch einen selbst erwählten Dienst verwirklichen, weil er getrieben ist von dem Gedanken der Selbstsucht, Selbstdarstellung, Selbstlob, Selbsterhöhung, Selbstliebe… Wie der reiche Jüngling (Markus 10,17 ff). So einer kann nach außen hin demütig erscheinen und vor Jesus knien und fragen, was er tun soll, um das ewige Leben zu bekommen. Aber in Wahrheit will er nur, dass Jesus vor allen sagt: „Aber du hast doch sicher ewiges Leben! Du bist jung und hast schon so viel für Gott getan! Also wenn du nicht ewiges Leben hast, wer dann?!" Er schielt darauf, dass Jesus ihn an der Hand nimmt und sichtbar und hörbar vor allen Zuschauern „erhöht" und ehrt! Das ist die wahre Absicht hinter seiner falschen Demut! Er will in Wahrheit Lob, Anerkennung, Erhöhung, Macht. So wollte er seine Karriere ausbauen! Das steckt in uns allen. In der Schule hatten wir Kunstunterricht. Manche Mädchen malten schöne Bilder und jammerten immer, wie misslungen die sind. Sie wollten nur, dass man kommt und dann sagt: „Aber das ist doch super! Wenn ich das nur so gut könnte wie du!" Eines Tages ging mir das auf den Nerv und ich schlenderte zu einem der jammernden Mädchen und schaute mir das Bild an und sagte: „Stimmt, das ist echt „hässlich" (ich sagte ein anderes Wort). Ihr hättet ihre Reaktion sehen sollen. Erst bekam sie keine Luft und dann zu viel, denn sie hörte nicht mehr auf, mich zu beschimpfen. Da zeigte sie ihre wahre Herzenshaltung, aber Demut war das nicht. Zurück zu diesem knienden Heuchler. Jesus unterstützt diesen Weg nicht. Jesus zeigte ihm, woran sein Herz wirklich hängt. Am Geld! An seiner Karriere! An seiner Selbstverwirklichung. Doch Jesus forderte ihn auf alles den Armen zu geben, um den wahren Schatz im Himmel zu bekommen. Und ihm nachzufolgen! Jesus gab ihm die Möglichkeit das wirklich Wertvolle und Wichtige zu ergreifen! So zu leben wie er! In der Fülle und dem Reichtum des Himmels! In Harmonie mit Gott! In der Verwirklichung von Gottes Wesen und Liebe! Aber das wollte der reiche junge Mann nicht. Er wollte zwar vielleicht wirklich ewiges Leben, aber seine Selbstverwirklichung wollte er nicht aufgeben. Er ging betrübt und gedemütigt davon. Vielleicht mit Gedanken von Selbstmitleid...

Oder: Einer lebt mit Bibelwissen in einem christlichen Umfeld. Er geht in die Kirche und pflegt die Tradition und hält den „Glauben" in Ehren, aber er meint, dass dies alles ist, worauf es ankommt. Tatsächlich aber lebt er in der Selbstverwirklichung und meint, dass alles O.K. ist. Er hat nie verstanden, was ein Leben im Geist und echte Nachfolge Jesu, geschweige denn, was Gebet ist.

Ohne Selbstverleugnung ist keiner in der Lage richtig zu beten oder im Reich Gottes segensreich wirksam zu sein. Da kann er Titel, Positionen, Geld, Anerkennung und Einfluss haben.

Um seine Ziele zu erreichen sät Satan immer Zweifel in unsere Gedankenwelt, so dass wir Gott freiwillig misstrauen und seinem guten Willen unwillig und sogar böswillig entgegen treten. Das ist unsere Rebellion. Unsere Schuld besteht darin, dass wir uns bereitwillig von Satans Zweifeln und Lügen beeinflussen lassen und seinen Willen tun. Anstatt den Willen Gottes zu tun und in seinem Segen zu leben. Satan kann uns einreden, dass wir ein erbärmliches Leben haben werden, wenn wir uns selbst verleugnen, dass wir völlig die Kontrolle verlieren. Und am Ende Dinge tun müssen, die wir nie wollten u.s.w. So erging es mir auf jeden Fall. Jetzt wird's ernst. Vertraust du Gott? Ich will dir erzählen, wie ich an diese Liste kam. Ich war schon im vollzeitlichen Dienst, als ich eines Tages vor dem Bücherregal stand. Es war eine schwere Zeit, und ich stand vor einigen dienstlichen Herausforderungen und betete um Gottes Hilfe. Als ich so vor dem Regal stand, fiel mein Auge auf ein Buch, welches ich vor Wochen von meinem Vater mitgenommen hatte. Es handelte von Sprachforschungen und Wortgebräuchen in der Bibel. Ich nahm es und schlug wahllos auf und las nur die Worte außerhalb jeglichen Zusammenhangs: „Der Begriff „Fleisch" in der Bibel kann fast überall mit „Selbst" ersetzt werden. Als ich diese Worte las, ratterte plötzlich diese Liste vor meinem inneren Auge herunter. Ein Wort mit „Selbst" nach dem anderen. Ich setzte mich sogleich an den Schreibtisch und schrieb diese Worte auf, bevor ich sie vergesse, aber es wurden immer mehr! Dann saß ich mit dieser Liste da und es ging bei mir ein Gedanke nach dem anderen wie ein Kronleuchter auf. Ich war mit einigen Problemstellungen ins Gebet gegangen. Nun musste ich erkennen, dass ich wirkliche Probleme hatte, von denen ich nichts ahnte! Da erst verstand ich, was hinter der Selbstverwirklichung steht und warum Jesus die Selbstverleugnung so wichtig ist!

Mache dir bitte bewusst, dass Jesus deutlich sagt, dass ohne Selbstverleugnung keiner sein Jünger sein kann! Das heißt, dass ohne Selbstverleugnung niemand gerettet werden kann, dass ohne Selbstverleugnung niemand wirklich geisterfüllt sein kann, dass niemand ohne Selbstverleugnung wirklich Gott gefallen oder dienen kann. Oder so beten kann, dass Gott erhört. Wer nicht freiwillig und aus Überzeugung in der Selbstverleugnung lebt, der beweist damit, dass er Jesus nicht wirklich glaubt!

Wir sündigen freiwillig und müssen uns ändern: So viele sagen: „Ich würde gerne Gottes Willen tun, aber ich kann nicht." In Wahrheit wollen sie damit nur ihre Unwilligkeit oder gar Böswilligkeit verbergen. Und bekommen dafür sogar von manchem Mitleid. Es ist klar. Wer sich nicht selbst verleugnen will, der kann nicht. Es war für den reichen Jüngling unmöglich seinen Reichtum und seine Karriere aufzugeben. Er konnte einfach nicht. Wer sich selbst verwirklichen will, der „kann" nicht, aber in Wahrheit will er nicht.

Hat Gott dich je gezwungen, automatisch das Gute zu tun? Nein, hat er nicht. Also behaupte auch nicht, dass Satan dich automatisch davon abhält, und du nichts dafür kannst. Du tust alles, was du tust freiwillig. Deshalb erwartet Gott, dass wir ihm gegenüber und der Sünde gegenüber unsere Einstellung ändern und Gottes Willen tun.

„Ich ermahne euch nun, liebe Brüder, durch die Barmherzigkeit Gottes, dass ihr eure Leiber hingebt als ein Opfer, das lebendig, heilig und Gott wohlgefällig ist. Das sei euer vernünftiger Gottesdienst. Und stellt euch nicht dieser Welt gleich, sondern ändert euch durch Erneuerung eures Sinnes, damit ihr prüfen könnt, was Gottes Wille ist, nämlich das Gute und Wohlgefällige und Vollkommene" Römer 12,1-2

Gott erwartet, dass wir unsere Vernunft in Gang setzen und unser Denken anhand seines Wortes ändern. Das Gewissen muss wieder aus dem Staub geholt werden. Es ist ein folgenschwerer Fehler, wenn wir in den Gemeinden unwillige und böswillige rebellische Sünder so behandeln, als ob sie sich nicht ändern könnten. Damit werden wir ihre Haltung nur verhärten. Alle unbußfertigen Sünder werden immer um Mitleid und Verständnis für ihre Sünde betteln (Selbstmitleid und Selbstgerechtigkeit). Es sind immer alle anderen oder die Umstände schuld. Sie würden sich gerne ändern, sagen sie, können aber nicht (Selbstmitleid). Das stimmt nicht. Sie wollen selbstgerecht in Sünde verharren. Manchmal ist Mitleid unangebracht. Dem einen oder anderen würde es gut tun, wenn er von seiner Unwilligkeit oder gar Böswilligkeit überführt werden würde. Natürlich mit Sanftmut und Vorsicht. Man kann sich immer täuschen und die Sache ist vielleicht anders gelagert. Oft sind Menschen gar nicht böse oder unwillig, sondern einfach „typisch christlich". Einmal sagte ein Bruder bei einem Gruppentreffen, dass Gott ihm seit einem halben Jahr zeigt, dass er eine gewisse Sache mit einem anderen Bruder in Ordnung bringen soll. Er bat darum, dass wir für ihn beten sollen und meinte damit etwas Nettes beigetragen zu haben. Ich sagte ihm dann, dass ich nicht für ihn beten werde. Der Schrecken war bei allen groß Aber ich sagte ihm freundlich: „Seit einem halben Jahr weißt du, was du zu tun hast und seit einem halben Jahr widerstehst du dem Wirken und Mahnen und Drängen des Geistes. Jetzt sage mir: Wofür soll ich denn beten? Geh endlich und bringe diese Sache in Ordnung." Er schaute mich mit großen Augen an und sagte kein Wort. Bei unserem nächsten Treffen dankte er mir für die klare Ansage und sagte, dass er die Sache in Ordnung gebracht hat. Es gibt Dinge, für die wir beten sollen und es gibt Dinge, da sollten wir einander ermutigen in die Gänge zu kommen! Es ist „typisch christlich", in manchen Kreisen, dass man „für alles betet" aber die konkreten Taten nicht folgen lässt. Einmal hatte das Volk Israel richtig Mist gebaut und böse dafür aufs Auge bekommen. Josua lag betend vor Gott, doch dieser sagte: *__Was liegst du hier auf deinem Gesicht?! Steh auf...__* Josua 7,10

Gott wollte, dass sie das Unrecht in Ordnung bringen! Kein Gebet kann das ersetzen! Ich habe so viele Gemeinden besucht, wo mir das eine und andere Unrecht geklagt worden ist. Aber oft weigerten sich die Geschwister die Probleme anzupacken. Immer kam dann der Satz: „Wir werden dafür beten!" Ich versuche ihnen klar zu machen, dass dies grundsätzlich gut ist, aber dass dies nicht das konkrete Handeln ersetzen kann. Aber viele sträuben sich. In einem Fall hatte ein Bruder mit seinem Verhalten über Jahre dafür gesorgt, dass 30 Geschwister nicht mehr zum Gottesdienst kamen. Seine eigenen Kinder wollten nicht mehr kommen, als er da war. Aber die Gemeindeleitung glich einer Schlange! Sie winden sich hierhin und dorthin und wollten das Problem nicht ansprechen und lösen! Immer kam dann der Satz, „lass uns dafür beten". Sie wollten nicht so handeln, wie es die Bibel vorschreibt und schoben jegliche Verantwortung mit den Worten beiseite: „lass uns dafür beten." Aber es bleibt dabei: Wenn wir von Gott etwas verlangen, was er von uns verlangt, dann ist das Rebellion. Gott gibt uns in der Bibel viele Anweisungen, wie wir mit verschiedensten Problemen in der Gemeinde umgehen sollen. Wenn wir diese ignorieren und stattdessen „beten", dann wird sich schwerlich ein Problem lösen. Das eine darf nie auf Kosten des anderen geschehen. Gott will auch, dass wir füreinander Verantwortung übernehmen. In dem Begriff „Verantwortung" stecken drei Worte. Das „Wort", die „Antwort" darauf und dadurch entsteht das Wort „Verantwortung". Gott gibt uns sein Wort. Wir müssen darauf antworten, nicht nur mit Worten. Sondern mit tätigem Gehorsam und so zur Verantwortung kommen. Aber wenn wir Gottes Wort und Anweisungen ignorieren und stattdessen „fromm beten", weil wir uns weigern, Verantwortung zu übernehmen, dann wird's nichts.

Das wertvolle Ziel

Ein Mensch kann sich ändern, wenn er einen Grund dafür hat. Oder einen gewissen Wert in einem neuen Ziel erkennt. Wenn der Mensch den Wert eines gewissen Zieles erkennt, dann ist er bereit, die Bedingungen dafür zu erfüllen, das Ziel zu erreichen! Ich meinte vor Jahren, dass es wertvoll ist, deutscher Meister in einer gewissen Sportart zu werden, und deshalb ordnete ich mein ganzes Leben diesem Ziel unter. Schlafen, Essgewohnheiten, Training, soziale Kontakte, Finanzen... alles! Von Opfer war keine Rede! Ich wollte unbedingt unter die ersten drei kommen, was ich dann auch mit eisernem Willen schaffte. So war auch der reiche Jüngling, der vor Jesus kniete! Er war ein Karriere- und Machtmensch und er wusste, wie er sein Ziel erreichen will. Gerade in kleinen Handlungen zeigen wir, was wir wirklich glauben, was wir wirklich anvisieren. Und in welcher Richtung wir wirklich leben. Jesus sagte: *„Trachtet zuerst nach dem Reich Gottes und seiner Gerechtigkeit, so wird euch alles andere zufallen."* Matthäus 6,33

Nur so wird uns alles andere zufallen! Nur so werden wir die Erhörung unserer Gebete erleben! Ist das Reich Gottes und Gottes Gerechtigkeit mein Ziel? Glaube ich daran und strebe ich danach? Habe ich den Wert der ewigen Güter im Vergleich zu den irdischen richtig eingeschätzt und steht mein Ziel fest? Dann würde ich alles andere automatisch meinem Ziel unterordnen. Es wäre doch völlig schwachsinnig zu meinen, dass ich das Reich Gottes und Gottes Gerechtigkeit mit weniger Eifer anstreben kann, als die damalige Meisterschaft, oder? Unser Problem ist der Glaube! Damals glaubte ich die Erfüllung in dem Meistertitel zu finden und gab alles! Wieso sollte ich nun weniger geben, wenn ich ein viel wertvolleres

Ziel anvisiert habe? Wenn Menschen Willen, Einstellung und Konsequenz vermissen lassen, dann beweisen sie damit, dass sie verschiedene Dinge entweder noch nicht wissen, oder sie nicht glauben. Trotz ihres Wissens. Geistliche Menschen sind auch deshalb geistlich, weil sie nach bestem Wissen und Gewissen in der Selbstverleugnung leben. Wir müssen den Schatz im Himmel entdecken und Jesus nachfolgen! Ich liebe das Gleichnis mit dem Schatz im Acker.

„Das Himmelreich gleicht einem Schatz, verborgen im Acker, den ein Mensch fand und verbarg; und in seiner Freude ging er hin und verkaufte alles, was er hatte, und kaufte den Acker." Matthäus 13,44

So eine kurze Geschichte und so eine gewaltige Wahrheit darin! Da findet einer diesen Schatz und versteckt ihn. Dann geht er nach Hause und verkauft alles was er hat um diesen Acker zu kaufen. Damit er so rechtlich an den Schatz kommt. Stell dir das mal vor. Er setzt alles ins Internet: Kleider, Spielsachen der Kinder, Schuhe… Die Frau dreht durch! Er verkauft das Auto, das Haus, sogar unter Wert, nur weil er die Summe für den Acker braucht! Die Frau dreht völlig am Rad! Warum? Weil sie nicht weiß, was er weiß! Er hat eine Überzeugung und ein Ziel! Er weiß, was er da tut! Er opfert alles, aber in Wahrheit ist es das Geschäft seines Lebens. Alle halten ihn für verrückt, aber er weiß etwas, was die anderen nicht wissen! Er weiß um den Schatz im Acker! So ist das mit dem Reich Gottes. Es kann und es muss in einem Menschen zu dieser Überzeugung kommen, sonst sollte man nicht von „Glaube" reden. Ich finde dieses Gleichnis echt den Hammer. So ist es auch bei der Selbstverleugnung. Mancher wird denken, dass dies erbärmlich macht! Aber das Gegenteil ist der Fall, wenn einer den Schatz in diesem Acker der Selbstverleugnung findet. Es befreit! Es macht nicht hässlich, unwert und arm sondern schön und edel und reich! Hast du den Schatz im Acker bereits entdeckt? Folgst du Jesus wirklich nach? Oder gleicht deine Einstellung eher dem erbärmlichen Kerl, der da vor Jesus herum kniet und in Wahrheit nur sich selbst verwirklichen will?

▶ **Prinzip:** *Wer in Harmonie mit Gottes Willen lebt und betet, der erfährt auch Gebetserhörungen.*

▶ **Prinzip:** *Wenn du nach Gottes Willen für dein Leben suchst, dann fängt Gott immer mit der Heiligung an.*

7. Prinzip

Der Glaube ist entscheidend

Wir müssen beim „Glauben" unterscheiden. Mit Glaube können wir die „Fähigkeit" zu glauben meinen, aber auch den Inhalt, was wir glauben. Also das biblische Wissen. Für manchen ist das Wort „Glaube" identisch mit „Religion".

Natürlich kommt der richtige Glaube aus der Predigt.

„So kommt der Glaube aus der Predigt, das Predigen aber durch das Wort Christi." Römer 10,17

Damit ist gemeint, dass wir Gottes Wort, seine Informationen, Wahrheiten und Offenbarungen nicht in uns selbst haben, sondern sie müssen uns gesagt werden. Damit ist aber nicht gemeint, dass die Fähigkeit zu glauben, souverän von Gott kommt oder auch nicht. Es ist falsch zu denken, dass Gott einem Menschen „Glauben" als Fähigkeit gibt und einem anderen nicht. Die Wahrheit ist, dass jeder gesunde Mensch glauben kann. Gerade die Kinder glauben alles! Deshalb sagt Jesus, dass wir werden sollen wie die Kinder! Ein Kind glaubt einfach! So hat Gott uns geschaffen und dazu muss man sich nicht anstrengen. Das Problem ist leider mittlerweile, dass jedes Kind früher oder später die Erfahrung macht, dass Menschen lügen, heucheln, betrügen, und sie halten den Glauben mehr und mehr zurück. Sie schützen sich durch Misstrauen. Das ist völlig gesund! Stell dir nur vor, dass jemand völlig arglos alles glauben würde, was man ihm sagt! Das wäre völlig naiv und krank! Die Sache ist die: Jeder Mensch kann glauben, aber aufgrund von schlechten Erfahrungen usw. weiß der Mensch nicht, was er glauben soll! Die Fähigkeit ist da, aber es fehlt die „Wahrheit" oder der Beweis, dass dies die Wahrheit ist und alles andere nicht! Deshalb ist die Predigt des Wortes Gottes notwendig. Deshalb muss der Prediger so predigen, dass der Ungläubige die geistlichen Zusammenhänge versteht und glauben kann.

Dem Menschen muss beigebracht werden, wie real das ewige Leben in Gottes Reich ist! Wie wichtig der Weg der Heiligung ist und wie real das

Ziel des breiten Weges ist! Und was Beten ist und wie wichtig es ist! Nur wenn er Jesus lieben lernt und daran glaubt, wird er handeln wollen! Der Glaube kommt aus der Predigt! Es scheitert nicht an mangelnder „Kraft" sondern oft an dem richtigen Bibelwissen und an den richtigen Überzeugungen. Auch am dazugehörigen Glauben und dem konsequenten Wachen, Beten und Handeln.

Illusionen über Gottes Wirken an uns: Wenn wir wiedergeboren werden und Gottes Heiligen Geist empfangen, dann ändert Gott damit nicht automatisch unsere Substanz oder unsere Neigungen. Damit wir dann Gottes Willen automatisch tun. Wir bekommen auch nicht neue, besondere Kräfte, die zuvor nicht vorhanden gewesen wären, um Gottes Wort zu halten. Wenn es so wäre, dass der Heilige Geist uns substantiell zur Heiligkeit verändern würde, dann gäbe es kein Fallen mehr in der Versuchung. Auch keinen Abfall vom Glauben, vor dem Gott dich bewahren will. Indem er dich zum geistesgegenwärtigen Wachen und Beten und zur Selbstverleugnung auffordert!

Manche meinen, Gottes Geist würde in uns den Glauben einfach so wirken, und sie müssten darauf warten. Aber das stimmt nicht. Wenn der Glaube eine souveräne Wirkung Gottes in uns wäre, dann könnte ebenfalls keiner vom Glauben abfallen. Aber Gott warnt vor dem Abfall und Jesus kritisierte immer wieder den Kleinglauben der Jünger. Das wäre ja Unsinn, wenn Gott für unseren Glauben verantwortlich wäre. Glaube ist etwas, was Gott von uns erwartet. Glaube ist unsere richtige Antwort auf Gottes Wort und damit in unserer Verantwortung. Wäre dem nicht so, dann würde sich Jesus nicht so sehr darüber verwundern, dass er hier und da keinen Glauben vorfand (Markus 6,5-6).

Jeder Mensch glaubt den ganzen Tag. Es ist nur die Frage was er glaubt?! Wir glauben, dass der Bus zu einer gewissen Zeit fährt und stellen uns darauf ein. Wir glauben, dass der Arzt uns helfen wird, deshalb gehen wir bei Krankheit hin... wir glauben den ganzen Tag! Aber wenn ich keine Informationen über die Abfahrtzeiten des Busses habe, was dann?! Ich kann glauben, ich habe Glauben, aber ich weiß nicht, was ich glauben soll!!! Hier ist das Problem! Oder wenn er falsche Informationen bekommt, dann glaubt er eventuell das Falsche und steht vergebens am Busbahnhof. Ich erinnere mich noch genau, wie auf der Bibelschule das Thema Evolution oder die historisch kritische Methode meinen Glauben in Unsicherheit brachten. Wenn offene Fragen nicht geklärt sind, dann kann dies absolut lähmend für das Glaubensleben sein. Deshalb brauchen wir richtige Antworten auf unsere Fragen, damit wir zu den richti-

gen Überzeugungen kommen. Deshalb ist es so wichtig, was Paulus sagt:
„Wie sollen sie aber den anrufen, an den sie nicht glauben? Wie sollen sie aber an den glauben, von dem sie nichts gehört haben? Wie sollen sie aber hören ohne Prediger?" Röm 10,14

Das Leben in der Wahrheit Gottes und die vernünftige Verkündigung der Wahrheit Gottes ist deshalb so wichtig, damit Menschen Vertrauen gewinnen und Antworten bekommen. Und ihren Glauben von den Illusionen und Täuschungen abwenden und in Gott setzen!

Kraftvoller Glaube

Immer wieder lesen wir in der Bibel, dass manche kleingläubig sind oder ungläubig. Auch, dass unser „Glaube" dafür entscheidend ist, dass Gott wirken kann. Nun denken manche, dass der Glaube etwas mit Kraftanstrengung zu tun haben könnte. Sie legen in ihren Glauben alle Energie, sie strengen sich an, stark zu glauben, aber hier gehen wir völlig in die Irre! Ein starker Glaube ruht im Herrn.

Ein starker Glaube ruht in der Wahrheit!

Es geht bei einem starken Glauben nicht um innere Emotionswallungen und Anstrengungen, sondern der starke Glaube ruht in der Wahrheit! Kostet es mich irgendeine Anstrengung zu glauben, dass ich ein Mann bin und Kornelius Novak heiße? Nein! Du kannst mir einreden was du willst, es kostet mich null Anstrengung an dieser Wahrheit festzuhalten. Ich bin mir völlig sicher. Ich werde durch alle deine Versuche mich von einer anderen „Wahrheit" überzeugen zu lassen kein Gramm verunsichert, sondern ruhe völlig in dieser Wahrheit. Darum geht es beim starken Glauben! Der starke Glaube kennt die Wahrheit und ruht in ihr, egal wie die Versuchungen, Lügen und Anfechtungen auf ihn herein prasseln. Wenn Jesus sagt: *„Dein Glaube hat dich gerettet",* oder *„dir geschehe nach deinem Glauben"*… dann wird hier nicht die Kraftanstrengung des Menschen in den Vordergrund gehoben. Diese Menschen kamen einfach mit ihrer Not zu Jesus. Sie vertrauten darauf, dass er das Richtige tun wird. Anders war es bei einem Mann, der nicht ganz überzeugt war, dass Jesus wirklich helfen kann. So rief er: „Ich glaube! Hilf meinem Unglauben!" Er hatte nicht zu wenig „Glaubensenergie", sondern er wusste vielleicht zu wenig über Jesus. Oder er hatte viele falsche Vorstellungen und „Selbstinterpretationen" über Gott. So dass er hin und her gerissen war. Das ist anstrengend! Zweifeln ist anstrengend, weil man nicht weiß, was man glauben soll und hin und her überlegen muss. Wenn ich nicht wüsste, ob ich wirklich ein

Mann bin, und wie ich heiße, dann hätte ich ein Problem und würde hin und her überlegen! Es wäre sicher anstrengend, mir mit diesem Problem zu helfen! Aber die Wahrheit zu glauben, kostet mich keine Anstrengung. Weil manche meinen, dass hinter einem starken Glauben Anstrengungen stehen, hüpfen sie manchmal umher während sie beten. Sie strengen sich an, sie rudern mit den Armen und manche toben sogar. Sie rufen und brüllen und gleichen damit eher den Baalspriestern, als dem Elia. Der wartete völlig locker einfach darauf, dass Gott tut, was er verheißen hat. Ich habe einige solcher fehlgeleiteten christlichen Kreise besucht und konnte es kaum fassen, was da unter „Glauben" verstanden wird. Die Kraft war ja nicht in Elia! Manche denken, dass ein vollmächtiger Mensch unter Strom steht und mit göttlicher Power geladen werden muss, aber dem ist nicht so. Die Kraft und Wirkung kommt von Gott. Der starke Glaube ruht einfach in Gott. In dieser Ruhe und in diesem Frieden ging Jesus seinen Weg. („*Er wird nicht streiten, noch schreien, noch wird jemand seine Stimme auf den Straßen hören.*" Matthäus 12,19) Er erlebte Gottes Handeln am laufenden Meter. Das ist doch beeindruckend, mit welchem Frieden und mit welcher Gelassenheit Jesus diese gewaltigen Wunder vollbrachte! Jesus ruhte in Gott und in der Wahrheit.

Wer im vollen Vertrauen zu Gott lebt, der entdeckt in sich eine heilige Gelassenheit. Das heißt nicht, dass ihm alles egal ist! Es ist ein Unterschied zwischen egal und gelassen. Wer Gott vertraut, der weiß, dass Gott ein Wunder tun kann. Aber es ist ihm gleich, ob es geschieht, oder nicht. Denn er weiß, dass es Wichtigeres und Größeres gibt. Und dass Gott schon am Besten weiß, was er zu tun hat. Hier kommen wir in den Frieden und zu dieser „heiligen Gelassenheit". Wir können es einfach Gott überlassen, was er zu tun gedenkt. Und dann werden wir die Erfahrung machen, dass Gott uns in seine Werke integriert, wie Jesus in Gottes Plan integriert war. Dann bereitet Gott uns auf gewisse Dinge vor, und wir tun was wir zu tun haben. Und es geschieht, was Gott geplant hat und gut ist. Man weiß ja, dass es Wichtigeres gibt. Selbst wenn ein „Wunder" wie bei der Brotvermehrung geschieht, ist noch kein Grund zur Freude. Die Frage ist, ob die Menschen innerlich begriffen haben, was sie begreifen sollten, oder verhärtet bleiben wie die Jünger (Markus 6,52). Wer nur Augen der Sensationsgier hat, der hüpft vermutlich bei der Brotvermehrung. Aber das geistliche Auge Jesu wollte etwas anderes sehen. Sein Herz hüpfte erst, wenn er sah, dass die Menschen innerlich verstanden haben, um was es geht! Wer in dieser Dimension lebt, der hüpft nicht mehr bei einem „Wunder" sondern er braucht schon etwas mehr um „erfreut" zu sein. Auf der anderen Seite freut sich solch ein Mensch über Dinge, die andere nicht erwähnenswert finden. Z.B. wenn einer im Geringen treu ist.

Viele verwechseln Gefühle mit Glauben. Sie meinen fälschlicherweise, dass sie zuerst etwas fühlen müssen, was den Glauben anspornt oder möglich macht, damit sie glauben können. Doch Gott erwartet Handeln aus freiwilliger Überzeugung. Und das hat zuerst nichts mit Gefühlen zu tun. Gefühle sind nicht unwichtig! Aber sie haben ihren Platz. Ich möchte das mit einem Auto und einem Wohnwagen vergleichen. Im Auto steckt die Kraft und der Antrieb! Der Wohnwagen folgt dem Auto einfach wenn es fährt, weil er angekoppelt ist. So ist das auch mit den Gefühlen und dem Glauben. Im Glauben steckt die Kraft! Die Kraft ist die Überzeugung, die aus der Wahrheit kommt. Jesus sagte: „Ihr werdet die Wahrheit erkennen und sie wird euch frei machen". Wenn wir die Wahrheit der Bibel glauben, dann folgen die entsprechenden Gefühle automatisch. Weil wir so geschaffen sind. Glaube ich z.B., dass ich meine kommenden Rechnungen nicht zahlen kann, dann fühle ich mich dementsprechend. Bekomme ich die nötige Summe, dann ändert sich meine Gefühlslage. Unsere Gefühle folgen unserem Denken und Glauben. Es ist deshalb so wichtig, dass wir das richtige glauben! Dann folgen auch die richtigen Gefühle! Wenn ich glaube, dass Gott mich liebt, dann werde ich mich anders fühlen, als wenn ich glaube, dass Gott mich hasst, oder? Aber du kannst nicht zuerst fühlen wollen und dann glauben! Wenn du Gefühle und Glauben vertauscht, dann landest du im Graben! Versuche doch mal einen Wohnwagen, vorne dran gekoppelt, mit dem Auto durch die Straßen zu schieben! Dies entspricht nicht der Reihenfolge, wie wir „funktionieren". So kann dein Leben nicht gelingen. Deshalb warne ich auch in aller Deutlichkeit vor Veranstaltungen, wo das wahre Wort Gottes mit anderen Elementen ersetzt wird. Was ich auf unzähligen Veranstaltungen erlebt habe ist unfassbar. Oft wurden Menschen durch Musik, Licht und andere „Einflüsse" in Gefühlsberauschungen versetzt, so dass sie alles glauben, was man ihnen sagte und versprach!!! Die verrücktesten Lügen und Manipulationen! Sie warfen mit Geld, welches man ihnen dann aus der Tasche manipulierte, oder waren bereit sonst was zu tun. Aus allen Wolken sind sie gefallen, wenn sie aus ihren Gefühlswallungen aufwachten! Ich weiß von einigen „Predigern und Pastoren", die solche Manipulationen gezielt und bewusst einsetzen und sogar behaupten, dass dies Weisheit Gottes sei, um Menschen „positiv zu beeinflussen". Solche Dinge sind endzeitliche Verführungen.

„Denn es wird eine Zeit kommen, da werden sie die gesunde Lehre nicht ertragen, sondern sich selbst nach ihren eigenen Lüsten Lehrer beschaf-

fen, weil sie empfindliche Ohren haben; und sie werden ihre Ohren von der Wahrheit abwenden und sich den Legenden zuwenden. Du aber bleibe nüchtern in allen Dingen, erdulde die Widrigkeiten, tue das Werk eines Evangelisten, richte deinen Dienst völlig aus!" 2 Timotheus 4,3-5

Wir brauchen in der Verkündigung eigentlich nichts anderes als Gottes Wort in Wahrheit, vernünftig, verständlich und vollmächtig verkündigt. Für die Gefühle ist nicht der Prediger verantwortlich sondern der Zuhörer. Er muss keine Show abziehen. Es bedarf keiner „emotionsfördernder Mittel" wie spezielle Lichteffekte oder Musik im Hintergrund usw. Er soll Gottes Wort verkündigen, denn die Emotionen werden im Zuhörer entsprechend seinem Glauben entstehen! Wie wird er sich fühlen, wenn er wirklich glaubt, dass er ohne Buße auf ewig verloren ist? Wie wird er sich fühlen, wenn er kapiert, dass der unschuldige Herr Jesus da für seine Schuld gefoltert wurde? Wie würde er sich fühlen, wenn er es fassen kann, dass die Einladung für Gottes ewiges Reich auch ihm gilt? Verkündigungsveranstaltungen sind hoch emotionale Veranstaltungen! Aber die Gefühle müssen dem Glauben an die Wahrheit folgen, sonst sind sie falsch und irreführend. Ich werde von vielen Pastoren und Gemeindemitarbeitern oft schräg angeschaut, weil ich, wenn möglich, ohne jegliches Rahmenprogramm predige. Durch dieses wird alles zu lang und es bleibt keine Zeit für eine vernünftige Predigt. Oder das Rahmenprogramm ist oft reine Zeitvergeudung, oft wird der Redner mit Lichtstrahlern angestrahlt, während die Hörer im Dunkeln sitzen. Wie soll da aber Kommunikation entstehen? So kann ich unmöglich sehen, wie die Menschen reagieren. Ich kann nicht auf zweifelnde Blicke eingehen, ich kann nicht wiederholen und ergänzen, wenn ich merke, dass mancher einen Punkt nicht verstanden hat. Zuhörer hören ja nicht nur steif zu, sondern sie schauen mich erstaunt an oder wissbegierig, oder gelangweilt... Sie verschränken die Arme und verziehen den Mund, oder sie strahlen plötzlich, weil ihnen etwas einleuchtet und hüpfen im Stuhl... Verkündigung ist Kommunikation und immer extrem emotional! Da brauche ich keine Extras. Anstelle des Rahmenprogramms wäre es mir lieber, wenn alle für die Evangelisationen beten!

Freiwilligkeit im Himmel

Oft hört man: „Ich kann Gottes Willen nicht tun". Aber: Es gibt nur wenige, die behaupten, dass sie im Himmel nicht Gottes Willen tun könnten. So gilt ihre Ausrede nicht, dass sie ihn hier nicht auf der Erde tun können. Denn auch im Himmel werden wir nicht automatisch gesteuert heilig sein, sondern aus einer freiwilligen Überzeugung heraus moralisch heilig leben. Wir werden durch die Auferstehung aus den Toten einen neuen Körper haben, der den ewigen Ansprüchen genügen wird. Doch die Perfektion im Himmel besteht nicht in „heiliger Funktion". Sondern in freiwilliger Hingabe aus Liebe und Überzeugung des Menschen an Gott. So kann Gott sein heiliges Wesen in uns entfalten. Gottes Herrschaft besteht nicht durch automatische Kraft, die den Menschen funktionieren lässt, sondern durch moralische Kraft. Diese gibt Gott dem Menschen schon heute zu freiwilligem Gehorsam. Denken wir mal nach. Was ist eher der perfekte Mensch: Einer dem man eine Einstellung zum Guten implantiert und der gar nicht anders kann? Oder ein Mensch, der freiwillig und aus Überzeugung das Gute tun will? Die Sache liegt doch auf der Hand. Gott will keine Roboter, sondern ebenbildliche verantwortliche Menschen. Jesus betete zum Vater: *„Dein Wille geschehe, wie im Himmel so auf Erden."* So wie der Wille Gottes im Himmel geschieht, so soll er auch hier auf Erden geschehen. So wie wir Gottes Willen im Himmel aus Liebe und Überzeugung tun werden, so sollen wir ihn hier auf Erden mit der gleichen Einstellung tun. Keiner wird in den Himmel kommen, wenn er nicht schon hier auf Erden aus Überzeugung Gottes Willen tun will. Was will er im Himmel, wenn er nicht schon hier heilig sein will? Vielmehr ist es so, dass viele Menschen gar nicht in den Himmel wollen! Klar, sie wollen in einen Himmel, den sie sich in ihren religiösen Illusionen erträumen. Aber nicht in den Himmel, wo Gottes heiliger Wille von freiwilligen überzeugten Menschen verwirklicht wird. Petrus berichtet davon, welche Einstellung echte Christen diesen Tatsachen gegenüber haben: *„Wenn nun das alles* (diese Erde) *so zergehen wird, wie müsst ihr dann dastehen, in heiligem Wandel und frommem Wesen, die ihr das Kommen des Tages Gottes erwartet und erstrebt, an dem die Himmel vom Feuer zergehen und die Elemente vor Hitze zerschmelzen werden. Wir warten aber auf einem neuen Himmel und eine neue Erde nach seiner Verheißung, in der Gerechtigkeit wohnt."* 2 Petrus 3,11-13

Prüfe dich hier einmal! Sind ein heiliger Wandel und ein frommes Wesen die Dinge, die du unbedingt willst? Verdient deine innere Einstellung gegenüber Gottes Heiligkeit und seinem Willen das Zertifikat „Streben", wie Petrus diese innere Sehnsucht formuliert? Wie kannst du zu dem heiligen Gott beten wollen, ohne zu wünschen, was er für dich will?

„Das ist der Wille Gottes, eure Heiligung." 1 Thessalonicher 4,3

„Jaget nach dem Frieden gegen jedermann und der Heiligung, ohne welche niemand den Herrn sehen wird." Hebräer 12,14

Befestige mal hundert Bonbons an einem alten Pulli und sage Kindern, dass sie dich fangen sollen, wenn sie die Süßigkeiten wollen. Du wirst sehen, wie sie dich jagen! Mit Freude! Heiligung ist nicht etwas Erbärmliches sondern die Süßigkeit des Himmels! Wir sollen ihr nachjagen, wie die Kinder den Bonbons! Aber Satan hat vielen Gläubigen eingeredet, dass Heiligung etwas ist, was unser Leben erbärmlich und unattraktiv macht.

Jesus redete die ganze Zeit davon, dass er gekommen war, um Gottes Willen zu tun.

„Wenn euch nun der Sohn frei macht, so seid ihr wirklich frei." Joh. 8,36

Das was Jesus in diesem Vers sagt, ist das Geheimnis seines heiligen und kraftvollen Lebens. Ohne diese Einstellung ist weder ein Leben in der Heiligkeit Jesu noch in der Kraft Jesu zu „Wundertaten" möglich. Jesus war nicht automatisch heilig! Jesus war nicht vom Himmel „ferngesteuert!" Und alle Geistesfülle hätte Jesus nichts gebracht, ohne diese Einstellung. Weil er wachend und betend diese Einstellung zu Gott bewahrt hat, lebte er in der Fülle und Kraft des Heiligen Geistes!

Jesus hatte einen freien Willen wie du und ich. Aber Jesus lebte mit der Einstellung: Ich will in allem in Harmonie mit Gottes Willen leben! Dass dies auch für Jesus kein Selbstläufer war, erkennen wir spätestens im Gebetskampf vor seiner Folterung und seinem Tod. Doch dass es nötig und möglich ist, Gottes Willen in widrigsten Umständen zu tun, hat Jesus damit ebenfalls bewiesen. Manche warten träge und lässig darauf, dass Gott „übernatürliche Kräfte" zum Gehorsam vom Himmel schickt. Und fühlen sich nicht angesprochen, wenn Gott sagt, dass wir unsere Einstellung ändern und unser Denken anhand der heiligen Schrift erneuern sollen. Dass wir wachen, beten und uns gehorsam Gott hingeben sollen. Sie können kalt oder lau bis zum Jüngsten Gericht auf Gottes „Wirken" warten. Und werden dann zum ewigen Tode erschrecken, denn es ist Rebellion, von Gott das zu erwarten, was er von uns fordert. Es gibt Dinge, die Gott tut, aber es gibt Dinge, die Gott von uns erwartet – nämlich dass wir wachen und beten und uns ändern sollen. Aber wir schlafen lieber weiter wie die Jünger. Und fallen in Sünde, wenn es darauf ankommt. Bilden uns auch noch ein, dass wir tolle Christen sind!

Gebet und Unglaube

Die Leute, die behaupten, dass sie nicht können, die wollen in Wahrheit nicht. Vielleicht weil sie Gottes Wort nicht besser kennen. Und deshalb wollen sie auch nicht beten. Ihre Unwilligkeit hält sie Gott gegenüber auf Distanz.

In einer herausfordernden Situation kommen wir schnell an unsere Charakter- oder Belastungsgrenze. Spätestens hier sollten wir bewusst beten. Doch leider tun wir das nicht, sündigen lieber und gehen damit lässig um. Wenn wir dann auf unsere Unwilligkeit hin angesprochen werden, offenbaren wir dann noch unsere Böswilligkeit und rechtfertigen unser falsches Verhalten. Solch ein Zustand hat etwas mit Unglauben zu tun. Nicht, dass Menschen nicht an Gott glauben, aber sie glauben andere wesentliche Details nicht. Viele glauben nicht, dass Satan umherschleicht und uns zum Sündigen verleiten wird, wenn er uns nicht wachsam vorfindet. Wie schnell würden wir unsere Türen, Fenster und alle Spalten verriegeln, wenn uns die Botschaft ereilen würde, dass sämtliche wilden Tiere, Schlangen, Löwen, Bären, Spinnen und Insekten aus dem örtlichen Zoo abgehauen sind und sich auf unser Haus zu bewegen? Wir würden entschlossen und konsequent handeln, wenn wir dieser Nachricht glauben würden. Satan persönlich schleicht umher wie ein brüllender Löwe, um uns zu verschlingen. Wir handeln aber nicht entschlossen, indem wir wachen und beten. Das ist Unglaube im Detail. Wir glauben eine geistliche Tatsache nicht und beten deshalb nicht. Und leben deshalb ungeistlich. Weil wir in Anfechtung fallen, und uns weigern, ins Gebet zu gehen, wenn es darauf ankommt. Wir müssen lernen, im Detail zu glauben und geistesgegenwärtig betend reagieren. Menschen sprechen von ihrem Glauben an Gott, aber sie glauben nicht im Detail und nicht in der Situation, in der es darauf ankommt. Sie müssen in die Realität des wahren Lebens erweckt werden! Sie sind viel zu sehr in der „Welt" verstrickt. Sie „glauben vielleicht an Gott" aber sie nehmen Gott nicht wirklich wahr, sondern leben in religiösen Illusionen über ihn. Sie nehmen Gott zur Kenntnis, haben aber keine Erkenntnis in der Situation. Viele haben auch ein mangelndes Sündenbewusstsein. Sie halten alles in der Gesellschaft für „normal" und halten sich für „gut". Ohne zu erkennen, dass Gottes „Normen" oft hinten und vorne nicht mit unseren gesellschaftlichen „Normen" übereinstimmen. Das gilt für alle Lebensbereiche. Viele erkennen nicht Versuchungen und Anfechtungen, weil sie blind für die Sünde sind! Ihr Gewissen ist abgestumpft, ihre Moral ist auf Gesellschaftsniveau gesunken. Und deshalb sehen sie auch nicht die Notwendigkeit zu wachen und zu beten. Hier braucht es eine Erweckung!

Paulus zeigt uns, wie Gottes Wort in uns wirkt: *„**Und darum danken wir auch Gott ohne Unterlass dafür, dass ihr das Wort der göttlichen Predigt, das ihr von uns empfangen habt, nicht als Menschenwort aufgenommen habt, sondern als das, was es in Wahrheit ist, als Gottes Wort, das in euch wirkt, die ihr glaubt."** 1 Thessalonicher 2,13*

Paulus weiß, dass Gottes Wort in uns seine Wirksamkeit entfaltet, wenn wir es glauben. So verändert Gott kraftvoll unser Leben! Auch unser Gewissen erwacht! Unsere Moral wird wiederbelebt und wir erkennen, wie wichtig es ist, zu wachen und zu beten! Aber ohne Liebe und Glaube an Gott und sein Wort und ohne entschlossenen Gehorsam aus freiwilliger Überzeugung, kann kein Mensch Christ sein und erhörend beten. Hier erkennen wir auch die Tendenz. Je stärker der Glaube, desto intensiver auch das Gebetsleben. Braucht sich keiner einbilden, dass ein gestärkter Glaube das Beten ablösen könnte. Sondern im Gegenteil der Gläubige wird immer bewusster in Gottes Gegenwart leben und mit Gott im Gespräch sein. Wie das bei Jesus der Fall gewesen ist.

Was Gott von uns erwartet

Gott erwartet von allen Menschen, dass sie bußfertig ihre Einstellungen, Werte, Ziele, Prioritäten und Motive anhand seines Wortes aus Überzeugung freiwillig ändern – und zwar ein Leben lang. Auf dieser Grundlage erwartet Gott, dass wir erweckt leben und nicht wieder Bewusstlose werden. Er ruft uns zu: *„Wachet und betet.“ „Liebe Gott und deinen Nächsten wie dich selbst!“* Freiwillige Hingabe aus Überzeugung ist die Liebe, die Gott fordert. *„Wer mich liebt, der wird mein Wort halten; und mein Vater wird ihn lieben und wir werden zu ihm kommen und Wohnung bei ihm machen.“* Johannes 14,20 Dass Gott in uns wohnen und sich in uns und durch uns entfalten kann, ist nicht von unserer Liebe zu seinem Wort zu trennen. *„Wer da sagt: Ich kenne ihn und hält seine Gebote nicht, der ist ein Lügner und in solchem ist keine Wahrheit.“* 1 Johannes 2,4 So einfach ist das.

Jesus hat betont, dass wir im Geist und in der Wahrheit beten sollen (Johannes 4,23 ff). Es wird einem logischen Denker nicht schwer fallen, diesen Punkt zu begreifen, dass wir nicht mit Gott leben können, wenn wir eine unangemessene Haltung seinem Wort gegenüber haben.

Wie Gott uns verändert

Natürlich ist es Gott, der uns ändert, denn Willensstärke alleine reicht nicht. Woher sollte ich denn wissen, was ich „wollen soll", wenn Gott es mir nicht in seinem Wort sagt? Gottes Wort bietet die umfassenden Informationen für unsere Veränderung. Gott verändert uns nicht automatisch, substantiell oder physisch, „indem es uns überkommt". Sondern Gottes Geist arbeitet durch Gottes Wort an uns und fordert und fördert unseren Glaubensgehorsam. Gott will mit seinem Wort dein Denken gewinnen, so dass du die Realität begreifst, in der wir leben! Es gibt Gott! Es gibt Satan, es gibt Wahrheit und Lüge, es gibt Gutes und Böses, Richtiges und Falsches... Gottes Wort bietet dir göttliche Ziele und sinnvolle Lebensinhalte und will damit deine Werte, Prioritäten, Absichten und deinen ganzen Wandel heiligen. Gottes Wort bietet uns die heiligen Motive, die unser Wille braucht, um in die richtige Richtung zu kommen. Und woher sollen wir wissen, dass die Bibel wirklich Gottes Wort ist? Dazu kann ich dir mein Buch „Der Gottesbeweis" empfehlen. Es gibt nämlich einen wissenschaftlich beweisbaren und logisch nachvollziehbaren Beweis dafür, dass der Gott der Bibel der einzig wahre Gott ist, und dass die Bibel Gottes Wort ist.

Unser Problem ist, dass wir uns nicht die Zeit dafür nehmen, uns Gottes Wort bewusst zu machen, und bestimmte Dinge konsequent zu bedenken. Im Polarkreis ist es im Winter fast komplett dunkel, Tag und Nacht. Gegen Mittag sieht man den Himmel etwas heller, weil hinter dem Horizont die Sonne aufgeht, aber die Erde dreht uns wieder in die Dunkelheit. Manche biblische Wahrheit wirkt auf uns wie die ersten Strahlen der Morgendämmerung – es dämmert in uns geistlich. Aber anstatt wir uns die Zeit zum Gebet und Antworten für dieses Thema nehmen, damit uns wirklich ein Licht aufgeht, belassen wir alles bei der Dämmerung. So bleiben wir in der Finsternis. Im Sommer ist es im Polarkreis das Gegenteil. Die Sonne ist Tag und Nacht zu sehen! Sie geht nicht mehr unter! So sollte es in unserem Leben sein! Dass wir im Lichte Gottes wandeln. Jesus sagte: *„Ich bin das Licht der Welt. Wer mir nachfolgt, wird nicht in der Finsternis wandeln, sondern er wird das Licht des Lebens haben."* Johannes 8,12

Gott wirkt mit seinem Geist liebevoll durch sein Wort an uns, ohne unseren Willen zu übergehen. Gottes Wort droht zu Recht mit Strafe um darin widerzuspiegeln, wie gefährlich eine Sünde ist! Gott will so unsere böswillige Motivation und Absichten zum Stillstand bringen. Gottes Wort wirbt mit Liebe und will so unsere Freiwilligkeit ihm gegenüber gewinnen. Gottes Wort gibt uns die höchsten Ziele, verheißt den wertvollsten Lohn und weckt in uns die heiligsten Motivationen. Um unsere Unwilligkeit in ein entschlossenes hingegebenes Leben zu verändern. Durch sein Wort wirkt Gott in uns das Wollen und Vollbringen nach seinem Wohlgefallen. Aber wir sind beteiligt, indem wir schaffen, dass wir selig werden mit Furcht und Zittern (Philipper 2,12). Diese Aussage passt vielen nicht und vielerorts höre ich die Lüge, dass Gott nicht zu fürchten sei. Doch wer nicht aus freiwilliger Überzeugung genau das tun will, was Gott will, hat als Rebell allen Grund, sich vor Gottes Zorn zu fürchten. Da macht Gott uns keine falschen Hoffnungen. Komisch. Gott fürchten sie nicht, aber sie fürchten sich vor Menschen, wenn sie Gott bekennen sollen. Menschenfurcht sehen sie als normal an, Gottesfurcht nicht? So viele „glauben" anscheinend an Gott. Satan tut es auf jeden Fall (Jakobus 2,19). Aber ändert er seine Werke? Nein. Jakobus sagt dann deutlich, dass der Glaube ohne Werke nutzlos ist. Ich betone es noch einmal. Lasst euch nicht von denen irreführen, die behaupten, dass sie nicht anders können. Sondern legt ihnen Gottes Wort nahe und gebt ihnen damit die Grundlage, damit sie sich ändern wollen.

Mancher wird es ernst meinen, dass er sich nicht (ohne Weiteres) ändern kann. Erlebnisse, prägende Ereignisse, falsche Informationen... können einen Menschen in eine gewisse Unfähigkeit zur Veränderung führen. Mit Willen alleine ist es nicht getan! Deshalb: *„Predige das Wort, tritt dafür ein, es sei zu gelegener Zeit oder zur Unzeit; strafe, weise zurecht, ermahne mit aller Langmut und Lehre..."* 2 Timotheus 4,3 Die Wahrheit Gottes kann jeden frei machen. Jeder ist veränderbar. Es gibt Hoffnung für jeden! Aber Wollen allein reicht nicht ,es müssen Taten folgen.

Die Gefahr besteht, dass manche vom Glauben abfallen und zurückbleiben. Deshalb ist es so wichtig, dass wir uns täglich ermahnen, ermuntern und ermutigen. Und täglich auf die Stimme des Heiligen Geistes hören (Hebräer 3), wenn Gott durch sein Wort oder durch Geschwister im Herrn zu uns redet.

Der Heilige Geist ist nicht von Gottes Wort zu trennen. Jesus sagt: *„Die Worte, die ich zu euch gesagt habe, die sind Geist und Leben."* Johannes 6,63 *„Der Heilige Geist, den mein Vater senden wird in meinem Namen, der wird euch alles lehren und euch an alles erinnern, was ich euch gesagt habe."* Johannes 14,26

Ein geistliches Leben führt der Mensch, der in Harmonie mit Gott lebt. Es geht aber nicht nur darum „Recht zu haben", sondern auch recht zu handeln! Hier brauchen wir Gottes Weisheit und Liebe! Auch dafür können wir beten (Jakobus 1, 5).

Wie Jesus in der Anfechtung siegte

Keiner der Leser wird daran zweifeln, dass Jesus in der Fülle des Geistes lebte und den stärksten Glauben hatte. Aber das bedeutete nicht einmal für ihn, dass er „automatisch" Gottes Willen tat. Sondern Jesus hatte einen freien menschlichen Willen, der auch ständig angefochten war, eigenwillig, unwillig oder gar böswillig zu werden, *„der versucht worden ist in allem wie wir, doch ohne Sünde"* Hebräer 4,15 Jesus erlebte Versuchungen und Anfechtungen genauso real wie du und ich, und noch viel extremer! Viele Sünden belasten uns nicht, weil wir sie entweder gar nicht als solche erkennen, oder weil wir sie in Wahrheit heimlich lieben. Oder weil wir durch mangelnde Liebe zu unseren leidenden Mitmenschen gar nicht die richtige Einstellung haben. Mach dir bewusst, dass Jesus völlig heilig lebte! Das heißt auch, dass er jede Sünde und Versuchung viel intensiver wahrnahm! Dazu kommt noch ein anderer Umstand: Wenn wir geschmäht und verspottet, verworfen, verlassen oder gar verraten werden, dann haben wir doch oft auch mindestens eine „Teilschuld" daran – und trotzdem tut es weh. Aber Jesus war immer völlig unschuldig! Er hat deshalb alles Leid noch viel extremer erlebt als wir es je könnten! Wir müssen hinter das Geheimnis kommen, wie Jesus trotz aller Versuchungen in Harmonie mit Gott bleiben konnte.

Erstens: Jesus hatte eine geistliche Einstellung. Er wollte in Harmonie mit Gott leben. Und: Jesus glaubte und betete geistesgegenwärtig in der jeweiligen Situation. Während wir oft nur grundsätzlich glauben und selten dann beten, wenn es notwendig ist. Wer die Fülle des Geistes hat, der glaubt und betet geistesgegenwärtig. Doch wir müssen erkennen, dass die Versuchungen von Satan kommen. Es war ja nicht Jesu Schuld, wenn er in Anfechtung war. Seine Schuld wäre es gewesen, wenn er ihr nachgegeben hätte. So ist es auch bei uns. Es ist nicht unsere Schuld, wenn wir in Anfechtung kommen. So wie die Welt heute ist, prasselt die Anfechtung von überall auf uns ein. Wir können die ehrliche Frage stellen, wie denn Jesus standhaft bleiben konnte! Viele wollen Jesus als automatisch Heiligen haben, um damit eine Ausrede zu haben, dass man selber nicht anders kann als zu sündigen. Dann kann man heuchlerisch Jesu wunderbare Heiligkeit rühmen. Um dann selbstmitleidig anfügen zu können, wie schlimm es ist, als armer kleiner Mensch weiter sündigen zu müssen. Doch der Trick funktioniert nicht. Jesus war in allem versucht wie wir! Alles ist alles! Der Hammer ist die Tatsache, dass Jesus trotz der Anfechtungen, die auf ihn niederprasselten nicht sündigte. Wie hat er das gemacht? Jesus tat das, wozu er uns auffordert. Jesus war wachsam und betete. *„Wachet und betet, damit ihr nicht in Anfechtung fallt. Der Geist ist willig, aber das Fleisch ist schwach."* Markus 14,38 Der Geist ist willig, aber das Fleisch ist schwach. Ohne geistesgegenwärtiges Einwilligen zum Gebet wird Schwäche und Sünde unser Leben kennzeichnen. Erinnere dich an die beiden Hände. Die eine Hand ist mein Wille. Die andere Hand ist Gottes Wille. Beten heißt Gottes Willen fest ergreifen. So werden wir die Erfahrung machen, dass Gott uns hält, so dass wir nicht fallen. Wenn ich wachsam in Versuchung komme, ist die Frage, ob ich geistesgegenwärtig betend in Gottes Willen einwillige bzw. in Gottes Willen bleibe. Oder den Dingen ihren Lauf lasse? Wachen und beten! Wachsam sein für die Impulse des Geistes und bewusst darauf antworten, ist die Möglichkeit bei jeder Gelegenheit und unter allen Umständen. Jesus war angefochten, als sie ihn zum König machen wollten, und rannte ins Gebet. Ging es ihm auf den Nerv, weil die Jünger angesichts der Brotvermehrung um nichts verständiger geworden waren und ihr Herz verhärtet blieb (Markus 6, 52)? Da trieb er sie ins Boot und verbrachte die nächsten Stunden im Gebet. Er hat sie im Wissen seiner kommenden Folterung und Hinrichtung zum Wachen und Beten aufgefordert, und sie zogen es lieber vor zu schlafen. Da verwundert es keinen, dass die Jünger mit ihrem Verhalten die Anfechtung Jesu nur gesteigert haben, und er das dritte Mal innerhalb kürzester Zeit auf die Erde sank, um zu beten. Wie oft hat Jesus sagen müssen: „Wie lange muss ich euch noch ertragen?" Der Geist ist willig, aber das Fleisch ist schwach. Deshalb betete Jesus immer geistesgegenwärtig und in einer konsequenten Entschlossenheit. Die Grundlage erhörter Gebete können wir im entschlossenen Gebet Jesu studieren. *„Vater, wenn es möglich ist, ... doch nicht mein, sondern dein Wille geschehe."* Lukas 22,43 Jesus wusste, dass geistesgegenwärtiges Gebet notwendig war, um seinen angefochtenen Willen in Harmonie mit Gottes Willen zu behalten. Jesus hatte ein Gottesbewusstsein und eine gesunde Gottesfurcht. Er kniete vor Gott, um nicht vor der Sünde in die Knie gehen zu müssen! Ein Prediger stellte die Frage, die wir uns alle stellen lassen müssen, wenn wir Christen werden wollen: „Was fürchtest du mehr? Die Sünde oder den Tod?" Der Tod würde uns letztlich in Gottes herrliche Ewigkeit bringen, den Ort, wo weder Leid noch Tränen sein werden. Unser Tod könnte von Gott eingefädelt sein, um Gott die Ehre zu geben. Wie das z.B. bei Petrus der Fall gewesen ist (Johannes 21) und bei unzähligen Märtyrern bis in die heutige Zeit hinein. Die Sünde dagegen zerstört unser Leben und das unserer Mitmenschen. Auch unser Zeugnis für Gott und hat die Tendenz uns in die ewige Verdammnis zu bringen. Sei mal ehrlich, was fürchtest du mehr? Sünde oder Tod? Hier wird der Glaube wirklich auf die Probe gestellt! Was ist deine Antwort?

Bereue ich Sünde wirklich? Glaube ich wirklich an das ewige Leben bei Gott? Lebe ich wirklich Gott zur Ehre? Habe ich meine Ziele und Lebensinhalte aus Gott und seinem ewigen Reich? Wie kann man Christ sein, ohne diese Fragen geklärt zu haben? So viele fürchten die Konsequenzen der Sünde, aber nicht die Sünde selber! Sie würden eine gewisse Sünde nie lassen, wenn sie nicht fürchten würden erwischt zu werden! Aber hier ist ein gravierender Erkenntnismangel! Dieser Mensch glaubt nicht. Er glaubt Gott nicht, dass diese Sünde wirklich schädlich ist und den Tod verdient. Und er glaubt nicht, dass Gott damit ernst macht. Er glaubt auch vieles andere nicht, deshalb kommt es auch nicht zu einer echten Umkehr. Wenn er erwischt wird, dann schämt er sich in Grund und Boden, wie so viele Politiker in diesen Tagen, die beim Ehebruch erwischt wurden. Aber Leid tut ihnen eigentlich nur, dass ihre Karriere und ihr Ruf hinüber sind. Viele kehren um wie der Pharao, als er Gottes Gericht erlebte, aber nachdem das Gericht nachgelassen hatte, sind sie wieder ganz der Alte. Hier leben viele Menschen in einer modernen Religiosität, ohne wirklichen Glauben, der zu entschlossener Umkehr führt.

Entschlossenes Beten um Gottes Willen

Für Jesus, der zu unserem Erstaunen sein ganzes Leben lang immer Gottes Willen getan hat, war das kein Gebetsprozess vom Ungehorsam zu Gehorsam oder von Böswilligkeit zum wohlwollenden Gotteswillen, so wie das bei uns der Fall ist. Sondern für Jesus ging es im Gebet immer darum, in Harmonie mit Gott zu bleiben. Wir kommen alle, im Gegensatz zu Jesus, aus dem Zustand der Sünde und das Gebet führt uns durch Buße dahin, unseren angefochtenen Willen in Harmonie mit Gottes heiligem Willen zu bringen. Und dann in Gottes Willen zu bleiben. Wenn auch der Ausgangspunkt bei Jesus und uns unterschiedlich ist, so ist doch das Prinzip für uns beide dasselbe. Im entschlossenen Gebet bringen wir unseren Willen in Harmonie mit Gottes Willen und durch Entschlossenheit aus Überzeugung tun wir ihn dann. Was uns heute in der Gemeinde fehlt, sind entschiedene Christen mit entschlossenem Handeln, weil biblische Verkündigung und entschlossenes Gebet vernachlässigt wird. Gebet ist eine freiwillige Angelegenheit und eine Sache der Überzeugung. Niemand wird aufrichtig das Übergabegebet beten, wenn er nicht wirklich aus Überzeugung Gottes Willen tun will. Niemand kann in Anfechtung standhaft bleiben, wenn er nicht geistesgegenwärtig seinen angefochtenen Willen in Harmonie mit Gottes Willen „beten" will. Niemand kann in der Heiligung voranschreiten, wenn er nicht tiefer und breiter und höher in Gottes Fülle und seinen Willen hineinwachsen will (1 Thessalonicher 4,3; Epheser 3,18-19). Niemand wird vom Heiligen Geist auf dem schmalen Weg durch das Leben und durch die schmale Pforte in die Ewigkeit geführt werden, wenn er nicht Jesus dahin folgen will. Niemand wird den Frieden Gottes erleben, der höher ist als alle Vernunft, wenn er nicht lernt, betend in Harmonie mit Gott und seinem Willen zu kommen und zu bleiben. Niemand wir die Früchte des Geistes haben, wenn er es nicht lernt, betend im Willen Gottes zu bleiben. Wir haben nie recht gebetet, wenn nicht dieses Anliegen Teil unseres Gebets gewesen ist. Wir werden nichts Geistliches tun und nichts Sündhaftes lassen, wenn wir nicht im Willen Gottes sind. Da können wir uns mit „christlichen Aktivitäten" gegenseitig täuschen, wie wir wollen. Gottes Wille ist es, dass wir im Bewusstsein seiner Gegenwart geistesgegenwärtig beten, damit er sich in uns und durch uns verwirklichen kann, wenn es darauf ankommt.

Gottes Führung im Leben durch Gebet

Gott kann sich im vertrauten Umgang durch Wort und Geist mitteilen und so andeuten, was er in unserem Leben zu geben oder wirken gedenkt. Was wichtig für uns ist oder was für Pläne und Absichten er hat. So mancher will von Gott ein Zeichen, ob er studieren oder ins Ausland soll, oder sonst was, und Gott kann einem das zeigen. Voraussetzung dafür ist aber, dass wir wirklich auch moralisch in Harmonie mit Gottes Willen leben wollen. Und der Bau des Reiches Gottes auch wirklich unsere erste Priorität ist, oder um es einfach zu sagen: Wir müssen Jesus wirklich nachfolgen. Wir müssen einfach lernen im Geringen treu zu sein, dann wird Gott uns in seine Werke integrieren!

Ich kam irgendwann zu folgender Überzeugung: Ich muss Gott gar nicht darum bitten mir zu zeigen was sein Wille ist. Ich muss ihn gar nicht anflehen mir zu zeigen, welches Projekt ich machen soll! Es ist eher umgekehrt! Denk doch mal nach. Gott hat doch diesen Plan mit der Welt und dem ewigen Ziel! Er liebt doch die Menschen so sehr, dass er am Kreuz für uns alle gestorben ist! Wenn Gott zu diesem Opfer bereit war und es tatsächlich vollbracht hat, denkst du dann, dass er nun die Arme verschränkt und den Mundwinkel verzieht und auf die Bremse drückt? Meinst du, dass du ihn dazu überreden musst weiter zu machen?! Nein! Sondern Gott hat sein Ziel! Er hat einen Plan! Er will uns da hinein integrieren! Ihn müssen wir nicht überreden, sondern er muss an uns arbeiten! Gott hat einen Plan, aber wir wollen nicht, wie er will. Und was würde es Gott und der Welt bringen, wenn er uns in seinen Plan integriert und dann verhalten wir uns daneben? Und alles ist ruiniert? Wir müssen lernen im Geringen treu zu sein. Dann werden wir feststellen, dass ein Leben mit dieser Einstellung vermutlich effektiver ist, als jedes Großprojekt, welches wir als Gemeinde auf die Beine stellen. Gott weiß, was Mission ist, also sollten wir darin unseren Platz finden und in Harmonie mit ihm leben. Nicht mehr und nicht weniger. Alles andere wird Gott schon zur rechten Zeit tun. Da müssen wir uns keine Sorgen machen.

Wenn uns Gottes Wille bewusst wird, dann sind wir herausgefordert, die Situation bewusst zu überdenken, ob wir in Gottes Willen einwilligen wollen. „Vertraue ich Gott wirklich? Bin ich bereit, mich darauf einzulassen? Werde ich meine Prioritäten ändern, um das zu tun, was Gott will? Bin ich bereit, den Preis zu bezahlen? Werde ich das eine tun; und das andere lassen? Sehe ich es als absolutes Vorrecht an, zu wissen, was Gott jetzt will, oder als eine lästige Pflicht? Will ich gehorsam oder ungehorsam sein?" Wenn wir dann aufrichtig in Gottes guten Willen einwilligen und aus freiwilliger Überzeugung um das bitten, was Gott mit uns oder für uns vorhat, dann wird Gott uns zu 100% erhören. Denn es war sein Wille, den er uns wissen ließ.

Wir sind unter Randgruppen tätig. Unabgesprochen reifte in einigen Mitgliedern der Wunsch nach einem Gebäude, wo man Menschen aus der Szene aufnehmen und betreuen kann. Natürlich ging das nicht ohne weiteres. Viele Fragen mussten geklärt werden. Ist das wirklich Gottes Wille für uns? Wie soll sich das finanziell tragen? Sollen wir aufhören zu arbeiten? Sollen wir umziehen? Wohin? Was ist mit den Kindern und der Schule usw.? Fragen, die uns ins Gebet trieben. Immer deutlicher wurde es, dass Gott hier etwas vorhat. Die Familie, die das besonders auf dem Herzen hatte, kündigte im festen Glauben einen sicheren Arbeitsplatz. Als dennoch kein Haus für dieses Anliegen gefunden wurde, entschlossen sie sich, eine Woche dafür zu fasten und zu beten. Am Ende der Woche trafen wir uns und baten den Herrn: „Wenn es dein Wille ist, dass wir solch einen Hof aufbauen, dann gib uns solch einen Hof." Einen Tag später hatten wir einen Bikergottesdienst. Ein Mann kam auf uns zu und fragte, was wir gerade so machen. Wir sagten: „Wir suchen einen Hof." Er meinte: „Wir haben einen Hof." Ich sagte ihm: „Du weißt ja gar nicht, was wir da machen wollen. Wir wollen Leute aus der Szene und dem Knast aufnehmen." Er erwiderte: „Wir beten schon seit einiger Zeit für eine Gruppe Christen, die auf unserem Hof mit so einem Projekt beginnen wollen." Gott hatte schon alles vorbereitet. Wenn wir wirklich Gottes Willen tun wollen, dann wird der Herr uns in den Werken wandeln lassen, die er vorbereitet hat (Epheser 2,10). Hier werden wir Dinge erleben, über die wir uns eins ums andere verwundern werden. Und Gott wird sich verherrlichen können.

Als ich mit der Bibelschule begann, kam ich wirklich in eine Krise. Es war nicht nur das fehlende Geld, wovon ich schon erzählt habe. Sondern auch die grundsätzliche Tatsache, dass ich keine Lust auf Schule hatte. Und was dann der Schock war: Computer! Wir waren die erste Klasse, wo der Computer Pflicht war! Das ging gar nicht. Ich konnte das nicht und wollte das auch nicht. Was für den jüngeren Leser wahrscheinlich schwer nachvollziehbar ist. Weil heute jedes Kleinkind mit Computern aufwächst. Ehrlich. Als ich hörte, dass ich einen Computer haben muss, war das für mich gleichbedeutend, dass ich die Schule verlassen „darf". Ich dachte wirklich: „Puh, Glück gehabt. Vermutlich wollte Gott nur testen, ob ich dieses Opfer bereit bin zu bringen und auf die Schule gehe, und jetzt wo er gesehen hat, dass ich es tue, reicht es ihm. So wie bei Abraham, der den Isaak opfern wollte" Ich dachte ehrlich, dass dies Kapitel beendet ist! Aber ich wollte die Sache ordentlich zu Ende bringen, also sagte ich zu Gott: „Wenn du willst, dass ich einen Computer haben soll, dann musst du mir einen besorgen oder das Geld dafür geben!" Das war nicht zu viel verlangt, wenn man bedenkt, dass ich kein Geld hatte und auch keinen Computer wollte. Wie habe ich dann gestaunt, als ein paar Tage später ein Bekannter mit Tastatur, Bildschirm, Maus und Kabeln vor der Türe stand und sagte: „Ich hatte auf dem Herzen dir das hier zu geben." Was meinst du: Habe ich mich gefreut über diese Gebetserhörung? Nein! Aber ich bekam eine heilige Ehrfurcht in dem Moment und musste eine Entscheidung treffen. Mir war klar, dass Gott nun von mir erwartete, dass ich mich in dieses Teil reinarbeite. Für mich war das unvorstellbar. Aber ich habe Gott gesagt, dass ich mein Bestes geben werde. Nur nebenher: Hatte ich damals eine Ahnung, was Gott noch vorhat und in was für Werke er mich integrieren will? Dass ich mal Artikel und Bücher schreiben würde?! Und dazu ein Buch über Gebet?! Ich hätte damals Tränen über den „Trottel" gelacht, der mir das angekündigt hätte. Aber das weiß ich mittlerweile: Gottes Wege sind nicht unsere Wege. Das heißt: Wenn Gott uns nicht leiten würde, dann würden wir alles machen, nur nicht den Weg gehen, der wirklich in Harmonie mit ihm ist.

- ▶ **Prinzip:** *Starker Glaube ruht in der Wahrheit*
- ▶ **Prinzip:** *Jeder kann glauben, aber ohne Gottes Wort weiß man nicht, was man glauben soll.*
- ▶ **Prinzip:** *Starker Glaube wächst durch das Verstehen Gottes und seines Wortes.*
- ▶ **Prinzip:** *Gott hat immer einen Plan und er weiß immer was am Besten ist.*
- ▶ **Prinzip:** *Nur wer bereit ist in Gottes Willen einzuwilligen, kann so beten, dass er erhört wird.*
- ▶ **Prinzip:** *Eingeplante Gebetszeiten können geistesgegenwärtiges Gebet nicht ersetzen.*

8. Prinzip

Wir sollen in Jesu Namen beten

Jesus hat uns aufgetragen in seinem Namen zu beten.

„Wahrlich, wahrlich, ich sage euch: Wer an mich glaubt, der wird die Werke auch tun, die ich tue, und er wird noch größere als diese tun; denn ich gehe zum Vater. Und was ihr bitten werdet in meinem Namen, das will ich tun, damit der Vater verherrlicht werde im Sohn. Was ihr mich bitten werdet in meinem Namen, das will ich tun." Johannes 14,12-14

Aber was heißt es, im Namen Jesu zu beten? Manche meinen, dass ihr Gebet nur dann erhört wird, wenn sie es mit den Worten „im Namen Jesu" abschließen. Aber das hat Jesus nicht gemeint. Manche gehen sogar einen Schritt weiter und gehen davon aus, dass die Worte „im Namen Jesu" wie eine „magische Formel" verwendet werden sollen, damit ihre „Gebete" wahr werden. Ich habe Menschen erlebt, die herumgesprungen sind und immer wieder gerufen haben: „Im Namen Jesu sei geheilt, im Namen Jesu! Im Namen Jesu! … Ich war in einem „Gottesdienst", wo der „Pastor" alle anwesenden Geschäftsleute nach vorne gerufen hat. Dann riefen sie gemeinsam: „Im Namen Jesu Kunden kommt! Im Namen Jesu Kunden kommt! In Jesu Namen! Wir materialisieren den Wohlstand!" Das ist kein Einzelfall, sondern ein weit verbreitetes Missverständnis. Hier gehen Menschen völlig in die Irre. Es ist tatsächlich so, dass die Annahme, Jesu Namen so zu gebrauchen aus der Magie kommt. Die okkulte Magie glaubt, dass der richtige Einsatz von Zauberformeln zum gewünschten Erfolg führt. Hier wird in Wahrheit „weiße Magie" betrieben, und viele aufrichtige Menschen ahnen es nicht einmal!

Ich möchte dir erklären, was es wirklich heißt, im Namen Jesu zu beten. Ein Beispiel: Ein Freund und Bruder sagte mir einmal: „Geh in den Baumarkt und kaufe dir Holz und Beschläge und baue dir einen Hundekäfig für dein Auto, auf meinen Namen." Er hatte eine kleine Firma, und weil er in dem Baumarkt bekannt ist, war das kein Problem. Ich ging also los und fand alles was ich brauchte. Dann ging ich an die Kasse. Dort sagte ich einfach, dass die Rechnung auf den Namen und die Firma meines Freundes geht, und damit war die Sache erledigt. So habe ich im Namen meines Freundes gehandelt. Meine Hunde bekamen einen guten Kasten! Stellt euch vor, ich wäre an die Kasse gegangen und hätte vor der Kassiererin angefangen zu hüpfen und zu rufen: „Im Namen von Markus, gib mir die Ware! In Markus Name! In Markus Name! ICH MATERIALISIERE HIER DEN HUNDEKÄFIG! IN MARKUS NAME!" Müsste ich mich beklagen, wenn das grüne Wägele (Polizei) kommen würde?!

In Jesu Namen beten heißt in seinem Auftrag beten! In Jesu Namen beten, heißt in Harmonie mit seinem Willen beten! Es geht nicht darum unsere Wünsche auszurufen und sie mit den Worten „in Jesu Namen" zu verwirklichen! Sondern es geht um die Punkte, die wir bereits behandelt haben. Wir dürfen und sollen in Harmonie mit Gott leben. Das ist die Voraussetzung um im Willen Gottes beten zu können. Wenn wir um die Dinge beten, die Jesus will, dann beten wir in Jesu Namen! Es war ein Gebet in Jesu Namen um den Computer, weil Jesus wollte, dass ich mich in das Teil reinarbeite. Folglich bekam ich ihn! Es war ein Gebet in Jesu Namen, dass ich vor den Bikern predigen soll, und so bekam ich, um was ich bat! Beten in Jesu Namen braucht nicht die Formel „in Jesu Name", sondern dieses Gebet hat den Ursprung in Gott. Und er legt seinen Willen auf unser Herz. Wenn wir dann um das bitten, was Gott will, dann beten wir in Jesu Namen. Und dann werden wir die Erhörung auch erleben.

Stell dir vor, ich wäre in den Baumarkt gegangen und hätte mir noch einen Betonmischer gekauft und eine Motorsäge, einen Akkuschrauber … Wäre das recht gewesen? Vermutlich hätte das die Kassiererin nicht interessiert, aber was würde mein Freund denken, wenn er die Rechnung bekommen hätte? Der wäre wohl zu recht stinksauer! Ich hatte nur die Erlaubnis die Teile für den Hundekasten zu kaufen und nichts sonst! Es wäre ein Ausnutzen seiner Güte und ein Missbrauch seines Namens. Und genauso ist es mit Jesus. **„Du sollst den Namen des Herrn deines Gottes nicht missbrauchen."** Wie verstehen wir das in diesem Zusammenhang? Denk an die Worte von Jakobus (Jakobus 4,3). Missbrauche nicht Jesu Namen einfach für alles, was du dir in deiner Gier wünschst! Der Name Jesu ist kein Freibrief für alles! Der Name Jesu ist keine Kreditkarte für alles!

▶ **Prinzip:** *Im Namen Jesu beten heißt in Harmonie mit dem Willen Gottes beten, in seinem Auftrag handeln und das erbeten, was er vorbereitet hat.*

Denjenigen, die felsenfest davon überzeugt sind, dass man ein Gebet mit den Worten „in Jesu Namen" abschließen muss, möchte ich Folgendes sagen: Ein schlechtes Gebet wird durch ein „im Namen Jesu" nicht besser. Und ein Gebet nach dem Willen Gottes wird doch nicht unerhört bleiben, nur weil einer nicht die Worte „im Namen Jesu" drangehängt hat, oder?

9. Prinzip

Gottes Verheissungen müssen wir betend erwarten

Die Haltung vieler Menschen den Verheißungen und Prophezeiungen Gottes gegenüber ist wirklich erstaunlich. Ungläubige begegnen Gottes Verheißungen mit Unglauben. Sogar solche, die sich Christen nennen, sind den Ankündigungen, Vorhersagen und Zusagen Gottes oft gleichgültig gegenüber eingestellt.

Der prophetische Charakter der Bibel

Wir müssen uns vor Augen halten, dass die Bibel nicht nur ein Buch ist, sondern aus 66 Schriften besteht. Der rote Faden der Schrift besteht in Verheißung und Erfüllung, erneute Prophezeiung und weiteres Eintreffen. Von 31.176 Bibelversen haben 6.408 einen prophetischen Inhalt und viele von ihnen sind bereits eingetroffen. Keine ist weggefallen, sondern manche stehen noch für Gegenwart und Zukunft aus. Viele Erfüllungen sind historisch bewiesen und in Geschichtsbüchern beschrieben. Der Geburtsort Jesu wurde nachweislich 400 Jahre vorher offenbart (Micha 5,1). Der Grund für Jesu Tod war schon 700 Jahre vorher durch Jesaja vorhergesagt (Jesaja 53). Das detaillierte Eintreffen der Vorhersagen ist der leuchtende Rotstift, der die Tatsache unterstreicht, dass Gott sich durch die heilige Schrift offenbart. Gott hat nichts dem Zufall und Unglauben überlassen. Viele sagen, dass sie nur glauben, was sie sehen. Wenn sie doch in die Schriften sehen würden! Wenn sie sich der prophetischen Dimension bewusst werden würden! Denn hier ist der Gottesbeweis! Gottes Allwissenheit und Gottes Allmacht wird durch konkrete Vorhersagen und das konkrete Eintreffen der Vorhersagen bewiesen. Ich habe ein Buch darüber geschrieben. Es heißt: Der Gottesbeweis. Wer hier begreift, dass die vier Weltreiche vorhergesagt waren, ihr Aufgang und ihr Niedergang, und zwar in der richtigen Reihenfolge, und vieles mehr, der muss seinen Verstand verleugnen, um nicht an Gott glauben zu können. Immer wieder sagte Gott Sätze wie: *„Siehe, was ich früher verkündigt habe, ist gekommen: So verkündige ich auch Neues, ehe es aufgeht, lasse ich's euch hören."* Jesaja 42,9

Das lässt sich doch wissenschaftlich prüfen! Jesus kam nicht zufällig aus heiterem Himmel, sondern sein Kommen, Wirken und Sterben ist detailliert vorhergesagt. Auch Jesus setzte diese Linie der Verheißungen und Prophezeiungen fort: *„Jetzt sage ich's euch, ehe es geschieht, damit ihr, wenn es geschehen ist, glaubt, dass ich es bin."* Johannes 13,19

Jesus sagt nicht: Du musst einfach an mich und die Richtigkeit der Bibel glauben. Sondern Jesus weiß, dass wir Menschen heute zweifeln werden und kritische Fragen stellen müssen! Jesus hatte doch selber vor falschen Propheten und Verführungen gewarnt, er erwartet nicht, dass Leute einfach unkritisch glauben! Aber Jesus beweist die Richtigkeit der Bibel und die Göttlichkeit seiner Person.

Der moderne Mensch sagt: „Wenn es Gott gibt, dann soll er seine Gottheit beweisen!" Und das ist nicht zu viel verlangt! Gott ist allmächtig, Gott ist allwissend... Gott soll sich beweisen! Und das tut Gott. Er beweist seine Allwissenheit, indem er von Anfang wichtige Details der ganzen Weltgeschichte bis zum Ende hin vorhersagt. Seine Allmacht beweist er damit, dass er dafür sorgt, dass diese Dinge in Erfüllung gehen. Und Gott sein Ziel, die neue Welt in der Gerechtigkeit herrscht, erreicht! Jeder, der den Zusammenhang zwischen Prophezeiung und Erfüllung in der Bibel sieht, der erkennt deutlich Gottes Allwissenheit und Allmacht in den heiligen Schriften und in konkreten Erfüllungen der Weltgeschichte!

Alles, was Jesus vorhergesagt hat, tritt ein. Uns bleibt angesichts dieser Fakten nichts anderes übrig, als zu glauben. Wir können dieses Thema hier nicht ausreichend behandeln. Doch eines soll gesagt sein: Viele Prophezeiungen und Verheißungen Gottes sollen sich an dir und durch dich erfüllen! Wir dürfen das Eintreten der Verheißungen Gottes nicht einfach abwarten, sondern wir müssen sie betend erwarten, wenn wir sie erleben wollen. Abwarten ist eine gleichgültige Haltung den Absichten Gottes gegenüber. Wir können das Prinzip der betenden Erwartung oft in der Schrift beobachten. Daniel z.B. las in der Schrift des Jeremia und stellte erstaunt fest, dass die Zeit der vorhergesagten Gefangenschaft des Volkes Israel gerade vorbei gegangen ist. Was machte er? Sagte er sich: „Na mal abwarten, wenn das wirklich stimmt, dann werden wir das schon erleben"? Nein, seht, welche Haltung er an den Tag legt (Daniel 9). Ich weiß nicht, ob uns ein intensiveres Bußgebet überliefert ist, als das von Daniel. 21 Tage lang lag er flehend vor Gott. Er tat Buße für die Sünden des Volkes, er flehte um die Erfüllung der Verheißung. Als dann Gottes Bote bei ihm auftaucht, sagt dieser nicht, ich bin losgeschickt worden, weil Gott vor 70 Jahren dies und jenes verheißen hat. Sondern der Gesandte des Herrn betont ausdrücklich, dass er von Gott geschickt worden ist, als Daniel anfing zu beten: *„Denn als du anfingst zu beten, erging ein Wort, und ich komme, um es dir kundzutun, denn du bist von Gott geliebt."* Daniel 9,23 Ist dies nicht ein Augenöffner? Dass Gott souverän ist, heißt nicht, dass er über unsere Köpfe hinweg wirkt und Verheißungen erfüllt. Sondern Gott will uns in die Ereignisse der Erfüllung hinein beteiligen, indem wir die Verheißungen betend erwarten und die Erfüllung bewusst erleben. Erwartest du Gottes Verheißungen betend für dich und dein Umfeld?

Dieses Prinzip können wir auch an der Verheißung des Heiligen Geistes studieren. Jesus hatte den Heiligen Geist immer wieder vorhergesagt. Vor seiner Himmelfahrt machte Jesus den Jüngern klar, wie wichtig die Mission ist. Aber dass sie mit keiner Aktivität beginnen sollen, bevor sie nicht diese Verheißung des Vaters empfangen haben. Was machten daraufhin die Jünger? Gingen sie ins nächste Straßenkaffee und warteten mal ab? Oder kümmerten sie sich erst einmal um andere Sachen, um Gott in seiner Souveränität nicht zu bedrängen? Nein! *„Diese alle waren stets beieinander einmütig im Gebet samt den Frauen und Maria, der Mutter Jesu, und seinen Brüdern."* Apostelgeschichte 1,14 Die Jünger waren dieser Verheißung Jesu alles andere als gleichgültig gegenüber eingestellt, sondern sie beteten 10 Tage um die Erfüllung der Verheißung. Bis sie überzeugend empfangen hatten, was Jesus verheißen hatte: den Heiligen Geist. Auch an dieser Begebenheit können wir dieses Prinzip anschaulich studieren, dass Verheißungen Gottes mit angemessenem Gebet erwartet werden müssen. Erwarten - nicht abwarten. Hast du den Heiligen Geist schon betend und glaubend empfangen? Auch das Ende der Welt und die damit verbundene Wiederkunft Jesu steht noch aus. Petrus schreibt dazu: *„Wenn nun das alles so zergehen wird, wie müsst ihr dann dastehen, in heiligem Wandel und frommem Wesen, die ihr das Kommen des Tages Gottes erwartet und erstrebt, an dem die Himmel vom Feuer zergehen und die Elemente vor Hitze zerschmelzen werden. Wir warten aber auf einen neuen Himmel und eine neue Erde nach seiner Verheißung, in der Gerechtigkeit wohnt"* 2 Petrus 3,11-13 Hier wird die glaubende und aufrichtige Herzenshaltung eines Christen der Verheißung Gottes gegenüber beschrieben: „erstreben, erwarten nach seiner Verheißung". Auch hier handelt es sich nicht um ein „Abwarten", sondern um ein „Erwarten" und wer etwas erwartet, der bittet! Diese ganze Sehnsucht einer gläubigen Seele hat Johannes in kurzen Worten ausgedrückt: *„... ja komm, Herr Jesus!"* Offenbarung 21,20

Viele Verheißungen Gottes sollen auch in deinem Leben in Erfüllung gehen und werden es auch, wenn du sie betend im Glauben erwartest. Hier werden wir 100% Gebetserhörungen erleben, wenn wir das mit aufrichtigem Herzen erbeten und empfangen wollen, was Gott uns verheißen hat. Dazu müssen wir nur mal glaubend die Schrift lesen und erkennen, was Gott in seiner Gnade, Liebe und Güte alles an uns wirken will. Es handelt sich hier z.B. um alle geistlichen Schätze, die Gott am Kreuz für uns vollbracht hat: Vergebung der Schuld, Leben im Bewusstsein von Gottes Gegenwart und in der Fülle des Geistes, Befreiung von der Macht der Sünde, Dienst in Vollmacht und Geistesgaben, dass Gott uns in seine Pläne und Werke integriert, und viel Segen mehr.

> ▶ **Prinzip:** *Keiner wird die Verheißungen Gottes segensreich erleben, wenn er sie nicht bittend erwartet. Dies trifft besonders für die Verheißungen zu, die Gott an jedem einzelnen persönlich erfüllen möchte, die Vergebung der Sünden, Wiedergeburt, Heiligung. Andere Verheißungen, wie z.B. die Wiederkunft Jesu, werden natürlich alle erleben, auch die, die Jesus nicht erwartet haben. Aber für sie wird die Wiederkunft Jesu kein Segen werden. Denn wer daran gezweifelt hat, dass Jesus wieder kommt, oder dieser Verheißung nicht mit Heiligung wachend und betend entgegenstrebte, der wird an dem Tag verzweifeln. Auch das hat Gott ausrichten lassen.*

Lasst uns neu die Bibel lesen und Gott glauben, dass Gott das, was er zusagt, an uns und durch uns erfüllen will. Warum sollte er es an Unzähligen weltweit auch in dieser Generation tun und an dir nicht? Die Frage ist, ob wir es glauben und wollen. Lasst uns auch für die Erfüllung der Prophezeiungen in unseren Gemeinden beten. Und in Fürbitte für die verlorenen Menschen eintreten, mit gleicher Einstellung und Entschlossenheit, wie Daniel es tat. Glaubst du, dass Gott die Verlorenen in deiner Umgebung retten will? Glaubst du, dass Gott dafür dich und deine Gemeinde erwecken will? Gottes Wille ist auch in dieser Sache klar und deutlich. Die Frage ist, ob wir betend einwilligen.

> ▶ **Prinzip:** *Gottes Verheißungen müssen wir betend und glaubend erwarten*

10. Prinzip

Wir müssen uns im Leben und Gebet vom Heiligen Geist leiten lassen

Ohne den Heiligen Geist ist es unmöglich zu beten. Das heißt aber nicht, dass wir auf eine verstärkte Gefühlswallung warten sollen, die uns ins tiefere Gebet ziehen könnte. Es sind Fakten, die uns ins Gebet treiben und nicht nur Gefühle. Die Tatsache, dass Gott liebenswert und lobenswert ist sind solche Fakten. Verschiedene Verheißungen Gottes sind solche Fakten, oder Nöte, Grund zum Danken, die Tatsache, dass Gott sein Reich baut und wir einen Missionsauftrag haben sind Fakten… Es sind immer Fakten mit denen wir es beim Beten zu tun haben. Wie ich schon betont habe, motiviert und bewegt Gottes Geist uns durch sein Wort zum Gebet. Am Anfang wurde erwähnt, dass Gott den Geist des Gebets verheißen hat.

„Aber über das Haus David und über die Bürger zu Jerusalem will ich ausgießen den Geist der Gnade und des Gebets; denn sie werden mich ansehen, welchen jene durchbohrt haben…“ Sacharja 12,10

Jesus ist der Durchbohrte und er sagte deutlich, dass die Zeit schon gekommen ist, wo die wahren Anbeter den Vater im Geist und in der Wahrheit anbeten sollen. *„Aber es kommt die Zeit und ist schon jetzt, in der die wahren Anbeter den Vater anbeten werden im Geist und in der Wahrheit; denn auch der Vater will solche Anbeter haben. Gott ist Geist, und die ihn anbeten, die müssen ihn im Geist und in der Wahrheit anbeten.“* Johannes 4,23-24

Jesus verhieß den Heiligen Geist, welcher auch der Geist des Gebets ist und macht uns deutlich, dass Gott den Geist gerne gibt: *„Wenn nur ihr, die ihr böse seid, euren Kindern gute Gaben geben könnt, wie viel mehr wird der Vater im Himmel den heiligen Geist geben denen, die ihn darum bitten!“* Lukas 11,13

Jesus machte aber auch deutlich, dass nur die den Heiligen Geist empfangen werden, die sein Wort lieben und seine Gebote halten: *„Wer mich* *liebt, der wird mein Wort halten; und mein Vater wird ihn lieben und wir werden zu ihm kommen und Wohnung bei ihm nehmen."* Johannes 14,23

Es waren immer nur diejenigen, die sich für ein Leben im Gehorsam für Gott entschieden hatten, die den Heiligen Geist empfingen: *"… der Heilige Geist, den Gott denen gegeben hat, die ihm gehorchen."* Apostelgeschichte 5,32

Ich betone das extra: Es sind nicht diejenigen, die am meisten wissen, sondern diejenigen, die im Geringen treu sind. Es sind nicht diejenigen, die am emotionalsten bei den Lobpreisgottesdiensten singen können, sondern diejenigen, die im schlichten Alltag Gott gehorsam sind und in Harmonie mit ihm leben. *"Und siehe, du bist für sie wie einer, der Liebeslieder singt, der eine schöne Stimme hat und gut spielen kann. Sie hören wohl deine Worte, aber sie tun nicht danach."* Hes. 33,32 Gott lässt uns ausrichten, dass Gottes Geist überzeugend in uns die Kindschaft Gottes wirkt. *"Der Geist gibt Zeugnis unserem Geist, dass wir Gottes Kinder sind."* Röm. 8,16

Besonders in diesem Vers können wir deutlich sehen, dass Gottes Geist überzeugend an uns Menschen handeln und wirken will. Der Heilige Geist leitet uns auch durch das Leben und in das Gebet.

"Denn welche der Geist Gottes treibt, die sind Gottes Kinder." Römer 8,14

Paulus konnte mit Gewissheit sagen, dass dieser verheißene Gebetsgeist wirksam in den Christen gegenwärtig ist: *"Desgleichen hilft auch der Geist unserer Schwachheit auf. Denn wir wissen nicht, was wir beten sollen, wie sich' s gebührt, sondern der Geist selbst vertritt uns mit unaussprechlichem Seufzen."* Römer 8,26 Der Heilige Geist führt über die Wiedergeburt in ein tiefes vertrautes Gebetsleben mit Gott. Echtes Gebet ist von einem echten Leben nicht zu trennen!

Man muss es selber erleben, wie Gottes Geist an einem wirkt. Oft wollen wir mit den Sinnesorganen erlebbare Kraftwirkungen Gottes erleben. Bei Elia kam Feuer vom Himmel. Das wollen wir auch sehen. Aber was half es Elia? Als er später Gott aus den Augen verlor und der Angst nachgab, floh er vor Isebel. Und in der Wüste wollte er ausgepowert nur noch sterben, trotz Feuer, trotz Regen, trotz Totenauferweckung. An vergangenen Wundern kann man sich nicht festhalten. Wer aus dem Flugzeug steigt, der ist im freien Fall! Die Schwerkraft ist nicht aufgehoben! Alleine am gegenwärtigen Gott findet man, was man braucht. Als Elia Gott aus den Augen verloren hatte, da war der Aufprall hart. Da hatte er eine Begegnung mit Gott wirklich nötig. Gott begegnete ihm. Aber nicht wie erwartet! Ein Sturm kam, aber Gott war nicht im Sturm. Ein Feuer kam, und Gott kam auch da nicht. Aber in einem leichten Säuseln des Windes war Gott! Jesus sagte Jahre später: *"Der Wind bläst, wo er will, und du hörst sein Sausen wohl; aber du weißt nicht, woher er kommt und wohin er fährt. So ist es bei jedem, der aus dem Geist geboren ist.*" Johannes 3,8

So ist es mit jedem der im Geist lebt! Man muss lernen, das Reden Gottes zum Herzen zu verstehen. Man hört das Säuseln des Geistes wohl. Ich konnte anfänglich Gottes Reden in mir nicht von meinen eigenen Gedanken unterscheiden. Aber Gott hatte angefangen mir „zu denken" zu geben. Ich merkte nicht, dass Gottes Geist zu mir spricht, weil ich Gottes Reden anders erwartet hatte. Mehr im „Befehlston", im Sturm und Feuer vom Himmel. Aber Gottes Geist fing viel zurückhaltender in mir an. Deshalb verstand ich nicht gleich, dass Gott da zu mir spricht. Gott gab mir zu denken und beobachtete, wie ich mit diesen Gedanken umgehe. Gott könnte befehlen, aber dann würde er genau das erreichen, was er nicht will. Dann würden wir aus Angst gehorchen und die Liebe würde aus dem Universum verschwinden. Gott will aber, dass wir ihm freiwillig und aus Überzeugung gehorchen. Gott will unser Innerstes reinigen und gewinnen. Es geht ihm um unser Herz! Gott will auch erst prüfen, wie wir mit der Wahrheit umgehen, bevor er sich offenbart. Gott beobachtet unsere Gedanken, wie wir auf unser Gewissen reagieren. Denn Gott ist ein Gott, der in das Verborgene sieht (Matthäus 6,4). Es ist doch erstaunlich, wie Gott mit Adam redete, als dieser die Welt auf die schiefe Bahn brachte. Als Adam Gott ungehorsam wurde, ahnte er noch nicht, welches Ausmaß der Sünde, welche Brutalität, Ungerechtigkeit, Gemeinheit, Elend und Not damit über die Erde und Menschheit kommen würde. Aber Gott wusste es. Adam erlebte das erste Mal in seinem Leben das schlechte Gewissen. Er erlebte die innere Anklage und war sich seiner Schuld bewusst. Angesichts dieser Tatsache ist es doch der Hammer, wie Gott sich Adam nähert. Er rief ihn, als ob nichts wäre, um mit ihm spazieren zu gehen! Wusste Gott etwa nicht, was Adam da gemacht hat? Doch. Er wusste es. Warum tut er dann so als ob er nichts weiß? Ganz einfach. Er wollte Adams Herz sehen. Adams Reaktion. Wie würde Adam auf seine Gewissensbisse reagieren? Auf die inneren Anklagen? Würde er freiwillig zu Gott kommen und die Tat bereuen? Würde es ihm leid tun? Wäre Adam bereit Buße zu tun?

Gott weiß, wie er sich dem einzelnen nähern muss. Aber Adam kam nicht. Er versteckte sich hinter einem Busch. Als Gott ihn rief, kam er notgedrungen und unwillig. Gott wusste genau, was Sache ist, und er gab Adam noch eine Chance. Er fragte ihn: „Hast du etwa vom Baum der Erkenntnis gegessen, von dem ich dir verboten habe zu essen?" Das ist doch krass! „Hast du etwa…?" Gott redet gerade so, als ob er nichts weiß. Hier siehst du Gottes Barmherzigkeit, Gottes Geduld und Langmut, seinen liebevollen Versuch Adam zu zeigen, dass er es gut mit ihm meint. Ob-wohl er gesündigt hat! Es ist eine Offenbarung von Gottes Bereitschaft zu vergeben, Adam annehmen zu wollen. Adam hätte einsichtig werden können und Vergebung bei Gott suchen können, aber er hatte sich verhär-tet. Adam schob die Schuld auf Eva und die schiebt die Schuld auf Satan. Adam sagte sogar: *„Die Frau, die DU mir gegeben hast..."* Siehst du die Anklage Adams gegen Gott? Er schiebt die Schuld sogar auf Gott! „Gott, du bist schuld, denn du hast mir ja die Frau gegeben!" Adam hatte Recht, Gott hatte ihm die Frau gegeben, Eva hat ihn verführt. Und auch Eva hatte Recht, Satan war schuld. Alle hatten Recht, aber sie handelten unrecht!

Man kann Recht haben und dennoch unrecht handeln!

Mit dieser Einstellung war Adam nicht mehr zu halten und auch nicht mehr zu retten. Leider. Aber wir sehen hier schon bei den ersten Men-schen, wie Gott redet. Er will unser Innerstes sehen. Er will unsere Her-zensregungen sehen und unsere Entscheidung. Das zieht sich durch die ganze Bibel. Gott weiß, wie er mit dem einzelnen reden muss um das zu erfahren, was er wirklich wissen will. Fragte nicht Jesus den Philippus: *„Wo kaufen wir Brot, damit diese essen können?"* Johannes 6,5

Dann aber das Ahaerlebnis: *„Das sagte er aber nur um ihn zu prüfen, denn er wusste genau, was er tun wollte."* Johannes 6,6

Jesus wusste genau, was zu tun ist! Er weiß alles, weil er der Allwis-sende ist! Aber er fragt, um uns zu prüfen. Worauf setzen wir unser Ver-trauen, wenn es um unser Leben und Dienst geht? Auf unser Geld? Auf unsere Fähigkeiten? Auf unsere Möglichkeiten? Dann fallen wir durch die Prüfung. Philippus hätte sagen sollen: „Herr Jesus, du hast vom Kaufen gesprochen. Aber ich weiß, dass du weißt, dass wir nicht genug Geld ha-ben, und das ist auch nicht notwendig. Du weißt sicher genau, was du tun willst. Also tue es und zeige uns einfach, was wir tun sollen."

Mit dieser Antwort hätte er Jesus Freude gemacht! Aber er, wie die ande-ren Junger, waren verblendet. (Markus 6,52). Gott will unser Herz sehen, wie weit wir sind, wie wir auf seine Worte reagieren. Wie gesagt: Anfänglich konnte ich Gottes Reden zu mir nicht von meinen eigenen Gedanken un-terscheiden. Warum hat Gott nicht lauter oder deutlicher oder erkennbarer gesprochen? Ganz einfach: Er wollte sehen, wie ich auf „Wahrheit" reagie-re. Wie ich damit umgehe, wenn er mich einer Schuld überführt. Würde ich bereuen und wieder gut machen oder mich selbstgerecht herausreden? In dieser Zeit redete Gott oft durch das Gewissen zu mir, durch den Verstand, durch die Moral, beim Bibellesen, beim Predigt hören, im Alltag. Und ich muss leider sagen, dass ich das nicht immer verstand. Jahre habe ich vergeudet, weil ich mir dessen nicht im Klaren war. Ich habe immer wieder Gottes Eindrücke zur Seite geschoben und mich nach den Werten und Worten der Freunde und der Gesellschaft gerichtet. Ich wartete auf Gottes äußerliche Wunder oder Gottes Reden vom Himmel und war blind und taub für Gottes Reden im „Säuseln des Windes". Es hat Jahre gedauert, bis ich begriff, wie Gottes Geist „redet". Extrem wichtig und zentral ist hier die Aussage Jesu: *„Der Tröster aber, der Heilige Geist, der wird euch alles lehren und euch an alles erinnern, was ich euch gesagt habe."* Johannes 14,26

Es gibt zwei Hauptaufgaben des Heiligen Geistes! Lehren und Erinnern an das, was Jesus gesagt hat, oder um es allgemeiner zu sagen: Lehren und Erinnern an das, was in der Bibel steht. Wir müssen Gott, sein Wesen, sein Handeln, seine Ziele, Werte und Prioritäten durch das Verstehen der Bibel kennenlernen. Dadurch arbeitet Gottes Geist an uns. Dann ist dadurch die Voraussetzung da, dass Gott zu uns sprechen kann, indem er uns im Alltag an verschiedene Wahrheiten der Bibel erinnert! Lehren und erinnern. Ich habe das immer wieder erlebt. Als ich den Messerangriff in der Diskothek durch ein Wunder überlebte, und die Gefahr vorbei war, erinnerte mich Gottes Geist an den Prophet Jona. Auch der war so gut wie tot, weil er in die falsche Richtung ging. Aber Gott rettete ihn durch ein Wunder und dann ging er und tat Gottes Willen! Das Gott mich hier durch ein Wunder gerettet hatte, stand ohne Zweifel fest. Als der Angreifer mit dem Messer in mich sprang hatte ich keine Chance mich zu verteidigen. Ich schrie innerlich: „Herr hilf!" Und der Angreifer blieb vor mir stehen, steif wie eine Statue! Das haben mehrere Leute gesehen. Ein Rausschmeißerkollege von mir sagte danach voller Anerkennung: „Dein Gott lebt wirklich" Obwohl er mein inneres Rufen nicht gehört hat. Aber er sah mit eigenen Augen das Unmögliche! Aber ich sah mehr. Ich sah durch die Jonageschichte in meinem Kopf, dass es reinste Gnade war, dass Gott mich bewahrt hatte. Weil Gott mich noch gebrauchen will. Mir wurde wieder bewusst, dass er einen Plan für mich hat. Das forderte mich heraus. Dem Tod so konkret ins Auge zu sehen, war heilsam für mich. Es war mir schlagartig egal, wer deutscher Meister in irgendeiner Sportart wird, es war mir egal, wer welche Karre fährt, ich wollte nur Gott besser kennen lernen, um ihm besser dienen zu können. Ich wusste, dass ich aus der Szene raus muss. Weg! Aber was tun? Wohin? Da kam mir die Bibelstelle in den Kopf: *„Denn Gottes unsichtbares Wesen, das ist seine ewige Kraft und Gottheit, wird seit der Schöpfung der Welt ersehen aus seinen Werken, wenn man sie wahrnimmt, so dass sie keine Entschuldigung haben."* Römer 1,20

Gleichzeitig musste ich an Norwegen denken. Ich sah die Natur vor meinem inneren Auge, die Wälder, Felsen, Wasser. Das volle Kontrastprogramm, denn damals bestand mein Leben aus Stadt, Beton, Trainingsstudio und Eisen, Diskolärm, Streit, Aggressionen,... Ich musste raus! Und durch den Bibelvers wuchs die Sehnsucht nach Frieden, nach Gott,... Also nahm ich mein Motorrad und fuhr nach Norwegen. Aber so weit musste ich nicht, bis Gott sich mir offenbarte. Auf dem Weg nach Norwegen saß ich eines Nachts auf einem Felsen in Schweden, es war taghell! Ich überblickte eine große Wiese, am Ende ein Wald, es war unfassbar schön. Der leichte Wind ließ die Gräser wie Wellen hin und her schaukeln. Es war herrlich. Was für ein Kontrast zu meinem Leben. Ich dachte: „Alles ist in Harmonie miteinander." Doch dann mischte sich ein Gedanke ein: „Nur du passt hier nicht rein."

Ich glaube, dass Gott da zu mir von der „Wahrheit" gesprochen hat. Aber damals wusste ich das nicht. Es war einfach ein Gedanke. Eine Feststellung. Ich hätte sie bei Seite schieben können, ich hätte über etwas anderes nachdenken können. Aber ich stellte mich diesem Gedanken. Er war richtig. Ich dachte über mein Leben nach. Äußerlich war es schon schlimm genug, aber ich konnte die Fassade hier und da noch aufrechterhalten. Und da wo ich mich herumtrieb, waren die meisten noch schlimmer als ich. So fiel es mir nicht schwer, mit der Einbildung zu leben, dass noch alles O.K. ist. Ich hatte es geschafft in einigen Dingen wirklich konsequent und im Geringen treu zu sein. Und wenn ich gewollt hätte, dann hätte ich mich mit anderen Menschen in meinem Umfeld vergleichen können. Mir weiter einbilden können, dass ich so schlecht nicht bin. Das wäre nichts anderes als „Selbstgerechtigkeit". Aber ich orientierte mich an Jesus, und da fiel es mir nicht schwer zu erkennen, wie weit ich weg war. Verglichen mit Jesus war ich unterirdisch geworden. Das sah ich in dieser Nacht deutlich. Aus diesem Gedanken: „Nur du passt hier nicht rein", machte ich ein Gebet. Ich war zu dem Gedanken gekommen, dass Gott sein Wesen in der Schöpfung offenbart. Der Schöpfer offenbart seine Liebe, seine Kreativität, aber auch seinen Wunsch nach Frieden und Harmonie in der Schöpfung. **Mir war plötzlich von Herzen klar, dass das Leben nur dann gelingen kann, wenn wir als Schöpfung in Harmonie mit dem Schöpfer leben.** Das leuchtete mir völlig ein. Und so sagte ich zu Gott von Herzen, dass ich in Harmonie mit ihm leben will. Gleichzeitig wurde mir bewusst, dass Harmonie für mich wie eine Fata Morgana war, ich wusste gar nicht recht, was das ist. Es schien mir unerreichbar weit weg! Wie oft hatte ich als Kind die Türe zugehauen und gebrüllt: Lasst mich in Ruhe!" Wie oft hatte ich anderen gesagt: „Stress mich nicht!" Ich hatte Ruhe und Harmonie nirgendwo gefunden und längst aufgegeben. So dumm war ich nicht, dass ich glaubte als Rausschmeißer Harmonie zu finden. Aber ich ahnte, dass dieser Friede in Harmonie mit Gott zu finden sein muss! Mittlerweile kann ich mit Dankbarkeit auf einige Aktionen zurückschauen, in denen ich Gottes Frieden erleben durfte. Obwohl die Umstände, in denen ich mich befand, völlig chaotisch waren.

Ich erinnere mich da an eine Begebenheit, die sehr eindrücklich war. Ich war mit meinem Auto unterwegs und unaufmerksam. Ich schaute nach links und nach rechts und merkte fast zu spät, dass der vor mir abbremste. Ich sah nur noch die roten Lichter und zog nach links. Ich schaffte es tatsächlich an meinem Vordermann vorbei, neben ihm stehen zu bleiben. Dann ging das Chaos erst richtig los! Ich merkte, dass mein Vordermann an einem Zebrastreifen angehalten hatte, an dem eine Frau mit ihrem Kind über die Straße ging. Sie starrte mich an und meinte wohl, dass ich an dem Zebra überholen wollte und schrie: „Mörder!" Das Nächste was ich realisierte war, dass der Zebrastreifen vor einem Kindergarten war, und dort weitere Eltern ihre Kinder abholten. Von ihrem hysterischen Schreien kamen einige angerannt und rechneten vermutlich mit dem Schlimmsten! Sie zerrten mich aus den Auto! Ich kann euch sagen, der alte Mensch wird immer wieder versuchen aufzuerstehen. Die Aerodynamik des Geistes kann sehr schnell der Schwerkraft der Sünde weichen, wenn wir nicht in Christus bleiben. Ich dachte, als die mich aus dem Auto zerrten: „Die müssen jetzt alle fallen", und wollte mich selbst verteidigen. Aber Gottes Geist erinnerte mich daran, auf ihn zu vertrauen. So ließ ich sie einfach gewähren und mich hierhin und dorthin schubsen und anschreien. Während alle auf mich eindrangen, war ich wie in einem anderen Film. Ich sah plötzlich Jesus vor meinem inneren Auge, wie sie ihn zum Kreuzigen abführten und ich hatte wirklich seinen Frieden! Irgendwann kam dann die Polizei und packte mich sofort in den Bus. Die wussten ja nicht was wirklich los war und meinten wohl, dass sie da einen Kinderschänder auf frischer Tat ertappt haben. Dann sammelten sie Zeugenaussagen und zum Schluss kamen sie in den Bus. Ich muss ehrlich sagen, dass ich mein Glück kaum fassen konnte. Ich muss gestehen, dass ich es in vielen anderen Situationen zuvor nicht geschafft hatte „in Christus" zu bleiben und für mich war es ein Wunder, dass ich hier so ruhig bleiben konnte! Ich konnte mein Glück nicht fassen und freute mich in dem Polizeibus vor mich hin. Als mich dann die Polizisten zu meiner Meinung fragten, erklärte ich ihnen in aller Ruhe, wie ich das erlebt hatte. Sie starrten mich an und einer sagte dann etwas,

was ich noch nie zuvor gehört hatte: „Sie müssen die Wahrheit sagen, so ruhig, wie sie sind." Ich dachte: „Was? Ich ruhig?! Gibt's das?!" Ich konnte mein Glück immer noch nicht fassen, was ich da erlebt hatte. Ich bekam dann nur eine Verwarnung wegen unachtsamen Fahrens und dann ließen sie mich laufen. Ich durfte damals merken: Wahren Frieden finden wir nicht zuerst in Verbesserungen von Umständen, sondern nur in Christus. Es gibt diesen Frieden, der höher ist als alle Vernunft. Es gibt Harmonie inmitten von Chaos, wenn wir in Christus bleiben.

Dies ist der Weg, wie Gott anfangen konnte, zu mir zu reden. Gottes Reden durch sein Wort, das Gewissen oder durch Gedanken sind keine „Vorboten" seines richtigen Redens, sondern es ist eine 100% Art Gottes zu uns zu reden! Wenn wir uns aber für sein Wort in der Bibel nicht interessieren und auch nicht für „Wahrheit", dann macht es gar keinen Sinn, dass Gott weiter redet. Wer das A nicht verstehen will, bei dem ist das B vergebens. Selig ist der Mensch, der Gottes Wort kennt und auf Wahrheit reagiert. Zu diesem kann Gott reden und er hört!

Vorsicht: Auch Satan „redet" aber er redet Lügen! Leider sind diese Lügen aber auch wahr! Vielleicht fragst du, wie das sein kann, dass diese Lügen wahr sind? Nun, ganz einfach! Oft hat Satan ja recht mit dem was er sagt. Wenn er uns an unsere Verfehlungen erinnert, wenn er uns einredet, dass wir den Fluch und das Unheil verdienen, weil wir es uns ja selber eingebrockt haben... Oft hat er ja Recht! Viele „Christen" führt er in Versuchung und erinnert sie dann an eine Wahrheit: „Gott ist ja gnädig." Und dann fügt er hinzu: „Dann kannst du ja ruhig sündigen, er wird dir schon vergeben." So nutzt Satan eine wichtige Wahrheit um das Gegenteil von dem zu erreichen, was Gott will!

Deshalb Vorsicht. Satan will dich fertig machen, mit Lügen und mit „Wahrheit", so oder so. Es ist wichtig, dass wir Gottes Wort von seinen Tricks unterscheiden lernen. Ich habe schon oft zu Gott gesagt: „Gott, du siehst, dass Satan Recht hat. Ich habe mal wieder versagt. Ich bin ein Versager. Aber danke, dass ich mir diese Stimmen im Kopf nicht länger anhören muss. Danke, dass du mir vergibst. Du weißt was ich getan habe und du weißt, dass es mir Leid tut. Ich bitte um Vergebung und vertraue darauf, dass du mir hilfst es das nächste Mal besser zu machen..." Wir müssen zu Gott und in die Wahrheit kommen! So viele Menschen leiden unter der inneren Stimme im Kopf: „Du bist nichts und du kannst nichts und aus dir wird nie etwas..." Viele sind völlig davon überzeugt, dass dies die Wahrheit ist, denn sie sehen, dass es so ist! Es ist das, was sie vielleicht von klein auf gehört haben, und es ist das, was sie geprägt hat, und es ist ihre Realität!

Aber es gibt eine andere Realität. Jesus liebt dich und du bist wertvoll für ihn und das hat nichts mit deiner Leistung oder Versagen zu tun! Das ist die Wahrheit. Gott hat einen einzigartigen Plan für dich. Und es lohnt sich Gottes Worten zu glauben und nicht den „Wahrheiten" des Teufels.

Immer wieder lesen wir in der Bibel, dass Gott zu Menschen spricht. Das hat viele Fragen aufgeworfen, auch bei denen, die wirklich in Harmonie mit Gott leben wollen. Wie soll man das verstehen? Sind das Worte wie von uns Menschen? Hörbar mit den Ohren? Sicher kann Gott auch durch hörbare Worte sprechen, aber einseitig darauf zu warten, macht uns oft taub für Gottes Reden im Geist. Ich persönlich gehe davon aus, dass Gottes Reden, wie es Menschen in der Bibel erlebt haben, meistens ein „Reden ohne Klangwellen" ist, ohne äußere Lautstärke. Ich möchte das einmal erklären. Wenn wir ein Wort eines Menschen hören, dann erreichen uns verschiedene Elemente. Zum einen hören wir deutlich die einzigartige Stimme des Sprechenden und eingepackt in der Stimme kommt die Information. Wir wissen dann wer etwas gesagt hat, und was er gesagt hat. Wenn Gottes Geist zu uns spricht, dann erreicht uns die Information genauso klar und deutlich, aber die „menschliche" Stimme ist nicht dabei. Es ist auch keine „göttliche Stimme". Es ist ein inneres Wahrnehmen, eine Wahrnehmung des Geistes durch unseren Geist. Aber die Information ist klar und deutlich da! So habe ich das auf jeden Fall erlebt. In der Bibel stehen oft umständliche Beschreibungen dieses Erlebens, wie: „Das Wort des Herrn erging an Elia…" Es „erging". Ich denke, dass dies die Art und Weise ist, wie Gott zu uns redet. Aber eines ist klar. Wenn Gott ruft, oder spricht, dann kann man das so laut und deutlich hören, dass man meint, dass auch andere das gehört haben müssen! Gott spricht auch manchmal mit den Ohren hörbar. Eine Stimme kam vom Himmel als Jesus sich taufen ließ, Paulus hörte eine Stimme vom Himmel… Aber letztlich ist es egal ob laut oder innerlich, entscheidend ist, dass wir lernen zwischen den Stimmen der Welt, unseren eigenen Gedanken und dem Reden Gottes zu unterscheiden.

Die Last des Geistes im Gebet: *„Desgleichen hilft auch der Geist unserer Schwachheit auf. Denn wir wissen nicht, was wir beten sollen, wie sich' s gebührt, sondern der Geist selbst vertritt uns mit unaussprechlichem Seufzen."* Römer 8,26

Wie können wir verstehen, dass der Heilige Geist uns in unserer Schwachheit aufhilft und in uns seufzt? Viele Beter haben es schon erlebt, dass sie plötzlich eine gewisse Last bedrückt, die sie kaum in Worte fassen können. Wir gehen ins Gebet und prüfen uns, ob wir irgendwo den Heiligen Geist betrübt haben. Doch in diesem speziellen Fall wird diese

Last nicht weichen, auch wenn wir Sünden erkannt und ehrlich Buße getan haben. Dann ist es sehr wahrscheinlich, dass uns der Herr etwas auf das Herz legen will. Es tauchen Gedanken auf, denen wir uns stellen müssen. Hier ist es nötig, Gott aufrichtig zu fragen, was für Absichten Gott hat. Gott könnte uns einen Menschen oder ein Volk auf das Herz legen, für dessen Bekehrung oder Erweckung wir im Speziellen beten sollen. Oder Gott will etwas in unser Leben einflechten, einen Dienst oder dessen Erweiterung. Gott könnte uns auch mitteilen, was er zu tun gedenkt, so dass wir uns auf ein Ereignis einstellen können. Vermutlich war das die Art und Weise, wie Gott dem Elia klar machte, dass er eine Hungersnot über das Land bringen wird, aber auch den Regen und das Feuer vom Himmel. Nur betend werden wir zu einer geistgewirkten Überzeugung kommen, was Gott im Detail zu tun beabsichtigt. Wenn wir durch Gottes Reden Klarheit über diesen Punkt haben, sind wir herausgefordert, uns mit allen nötigen Konsequenzen darauf einzulassen. Es kann durchaus der Fall sein, dass uns Gottes Absicht zuerst widerstrebt oder sehr herausfordert, wie das auch bei Elia angesichts des gottlosesten Königs der Fall war. Nur im Gebet können wir von unserem reduzierten Selbstbewusstsein und Selbstvertrauen zu einem angemessenen Gottesbewusstsein und Gottvertrauen kommen. Nur betend können wir unsere Unwilligkeit ablegen und durchringen, dass Gott das, was er vorhat, auch in uns, durch uns und mit uns durchführen kann. Auch wenn es unmöglich erscheint. Durch diese Last will Gott in uns auch die richtige Einstellung der Sache gegenüber wecken. Vielleicht Mitleid und Barmherzigkeit, oder Mut, denn ohne die rechte Herzenseinstellung den Menschen gegenüber bringt alles nichts. Doch das ist es meistens, was Gott von uns fordert, damit Gott sich verherrlichen kann. Selbstbewusstsein reduziert uns vom gesunden Gottesbewusstsein auf uns selbst. Und Selbstvertrauen begrenzt uns auf unsere Möglichkeiten, so dass wir nicht mit Gottes wirksamer Allmacht rechnen. Aber genau da will Gott uns im Gebet hinbewegen, dass wir Menschen werden, die mit einem Gottesbewusstsein und Gottvertrauen leben. Und mit Gottes Liebe in der Lage sind, anderen wirklich zu dienen und zu helfen. So erlauben wir es Gott, seine Pläne und Möglichkeiten in unser Leben einzuflechten, wie Gott das bei Jesus tat.

Am Anfang meiner Zeit als Missionar in der Motorradszene hatte ich so eine Last. Mir wurde mehr und mehr deutlich, wie gefährlich der harte Kern dieser Szene und damit unser Dienst war. Wir beteten immer wieder für die Szene, aber ich musste mich mehr und mehr den Gedanken stellen, was ich eigentlich will. Coole Ausfahrten? Christliche Bikerpartys? Das machte alles Spaß. Aber was wäre wenn es ernst werden würde? War ich bereit den Preis zu zahlen? Wir hatten dafür gebetet, dass Gott uns die Türe zu dem schlimmsten Motorradclub öffnet und dass ich vor allen Mitgliedern dort das Evangelium predigen kann. Aber wie hatte ich mir das vorgestellt? Natürlich, dass alle umkehren! Aber was, wenn sie nicht umkehren? Bei Jeremia sind die Leute auch nicht umgekehrt! Er wurde von ihnen geschlagen und misshandelt! Oje. War ich wirklich bereit dort zu predigen? Ich habe viel nachdenken und beten müssen, bis ich dazu bereit war. Koste es was es wolle. Das war so eine Last im Gebet. Von einer unbewussten „Last" wurde es durch Beten und Nachdenken mehr und mehr eine bewusste „Last". Gott musste an mir arbeiten, damit ich mit dieser Last und den kommenden Ereignissen recht umgehen kann. Denn es war sein Wille, dass ich vor diesen Menschen predige! Er hatte das bereits geplant! Und er wollte mich in diesen Plan integrieren. Aber dazu musste er mich vorbereiten, denn es war ein schwerer und langer Weg bis dahin.

Als ich bei einem Gebetswochenende unserer Bibelschule die Geschwister bat, dafür zu beten, wurde ich ermahnt, dass ich mich nicht „wichtig" machen solle. Keiner glaubte mir, dass Gott das möglich machen kann. Ich muss auch ehrlich sagen, dass ich keine Gewissheit hatte, dass dies Ereignis wirklich stattfinden wird. Ich sah es nur als erstrebenswert an. Es gibt Wege, die gehst du alleine mit Gott. Mein Missionsleiter hat mir einmal gesagt, dass ich doch unbedingt einige Berater haben soll. Ich fragte ihn, wer von allen „Beratern" sich denn in dieser Szene auskennt? Daraufhin konnte er mir nichts antworten. Es gibt Wege, die gehst du alleine. Aber wer mit Gott alleine ist, der ist immer in der Überzahl! Es passierte dann Folgendes: Ein Mitglied dieses Motorradclubs sagte mir in einem persönlichen Gespräch, dass er Respekt vor mir habe, da seine Oma ebenfalls Christ sei. Dann, ein paar Wochen später traf ich diesen Mann wieder und er war sehr beunruhigt. Ich erkannte sofort, dass etwas nicht stimmt, als er mich in etwa fragte: „Was würdest du tun, wenn dir einer eine reinhauen würde?" Ich fragte wie aus der Pistole geschossen: „Wer schickt dich? Denn du würdest mich so etwas nicht fragen!" Er fürchtete sich von seinen Kollegen beobachtet zu werden, und so setzten wir das Gespräch draußen fort. Da sagte er mir, dass sein oberster Präsident ihn beauftragt hatte mich zusammenzuschlagen, weil dieser nicht glaubte, dass ich wirklich ein Christ bin. Er befürchtete, dass wir nur unter dem christlichen Deckmantel krumme Geschäfte in ihrem Gebiet machen wollen. Und wie findet man heraus, ob einer ein Christ ist oder nicht? Die Rocker kennen nur zwei Bibelstellen. Die wo Jesus Wasser zu Wein machte, und die, dass ein Christ die andere Backe hinhält, wenn er eine draufkriegt. Der Präsident hatte ihm den Auftrag gegeben, mich zu schlagen, um zu prüfen, ob ich wirklich ein Christ bin oder nicht. Aber Gott hatte es so geführt, dass ausgerechnet derjenige den Auftrag bekam, der Respekt vor mir hatte! Damit gab es aber für uns beide ein Problem. Führt er seinen Auftrag nicht aus, dann wird er zur Zielscheibe. Führt er seinen Auftrag aus, dann geht's mir an den Kragen.

Also sagte ich ihm: „Sage deinem Präsident, dass er kommenden Freitag in euer Clubhaus kommen soll. Da kann er mich zusammenschlagen und sehen, wie ein Christ reagiert." Mein Gegenüber wollte mich davon abhalten, aber das war der einzige Weg, damit er aus der Schusslinie kommt. Du kannst mir aber glauben, dass ich die Woche hart geschwitzt und gebetet habe, aber ich kann auch ehrlich sagen, dass ich innerlich ermutigt war, dass das gutgeht. So ging ich am Freitag zu dem Clubhaus.

Der Präsident kam nicht, aber er hatte einen Boten geschickt, der mir die Worte überbrachte: „Die Antwort genügt ihm".

Die Erleichterung war groß. Noch größer war der Respekt dieses Rockers mir gegenüber geworden und er wollte sich erkenntlich zeigen. So fing er an mir die Türen zu öffnen. Immer wieder lud er mich auf Motorradveranstaltungen ein, in denen sie organisatorisch die Finger drin hatten, damit wir dort mit Bikerbibeln kommen. Dann kam eine Einladung für einen Motorradgottesdienst, Tag der offenen Türe in einem Harleyladen, American Car & Bikeshow,… Und irgendwann kam der Tag. Er rief mich an und teilte mir mit, dass sie deutschlandweit verboten werden sollen und eine Demonstration planen. Aus ganz Deutschland wollten Mitglieder des Clubs kommen und er fragte mich, ob ich nicht einen Gottesdienst für sie halten will. Dafür hatte ich jahrelang gebetet! Natürlich war mir sofort klar, dass sie sich für die Medien als harmlos darstellen wollten, aber das konnte mir egal sein. Ich musste ja nicht das sagen, was sie hören wollten, sondern das, was Gott will. Als ich ins Gebet ging war mir völlig klar, was ich ihnen predigen soll und mir war ebenfalls klar, dass ich diese Predigt nicht überleben werde. Selbst wenn ich dort heil vom Platz kommen würde, wegen dem Polizeiaufgebot und den laufenden Kameras, so wusste ich, dass sie diese Worte nicht stehen lassen würden. In der Szene wurden andere schon wegen Bagatellen umgebracht. Sogar eigene Clubmitglieder wurden umgebracht für kleinste Vergehen. Wie sollte ich so etwas überleben können? Ich weiß nicht, ob du das nachvollziehen kannst, aber für mich war klar, dass dies meine letzte Predigt sein würde. Aber ich war bereit dafür. Ich dachte: „Lieber einmal richtig predigen, als tausendmal halb." Der Tag kam, und ich predigte, was Gott mir aufs Herz legte. Ich hatte keinen provokanten Ton drauf, sondern sprach ruhig aber bestimmt. Ich wollte sie nicht extra provozieren und war mir auch sicher, dass die Wahrheit alleine schon völlig ausreicht. Vor mir saßen die gefürchtetsten Rocker Deutschlands und mit jedem Wort wurden sie mehr und mehr unruhig. Um uns herum waren Hundertschaften der Polizei mit Helm, Schild und Knüppeln, Kamerateams von verschiedenen Sendern... Und ich sagte Dinge, die nicht gerade dem entsprachen, was sie erwartet hatten. Das Motto war „Die Freiheit stirbt." Und sie wollten wohl, dass ich ihren Club schönrede, aber sie mussten das Gegenteil hören, nämlich dass sie in ihrem Club, von Drogen, Begierde, Gefängnis, Sünde Tod und Teufel gefangen waren. Solch eine Freiheit stirbt und führt zum Tod. Und nur Jesus kann wirklich frei machen.

Es sprangen während meiner Predigt immer wieder Clubmitglieder auf, die mir sofort an den Kragen gesprungen wären, wenn der befehlshabende Präsident nur mit dem Finger geschnippt hätte. Aber er saß auf seinem Platz, den Kopf fast zwischen seinen Beinen und mit den Händen die Ohren zuhaltend. Er konnte das nicht mit anhören und wusste nicht, wie ihm geschieht. Aber er war intelligent genug um zu verstehen, dass ein falsches Signal von ihm zum Chaos vor den Medien führen würde. Soweit hatte ich das auch alles „ausgerechnet". Man ließ mich ausreden und die Demo klang ruhig aus. Im Anschluss kamen einige angereiste Motorradfahrer und nahmen gerne Bikerbibeln mit und drückten mir ihren Respekt aus. Sogar der leitende Polizeimeister blieb bis zum Schluss und dankte mir. Es stellte sich heraus, dass er ebenfalls Christ ist und wochenlang vor diesem Einsatz Angst hatte. Er sagte: „Was ich am wenigsten erwartet habe, war eine Predigt an diese Leute!" Alles lief gut, aber für mich war die Sache nicht vorbei. Ich fuhr ebenfalls zu dem Clubhaus, nur um zu sehen, woran ich bin, ging aber nicht hinein, sondern blieb auf Abstand. Da kam einer der Clubmitglieder auf mich zu und ich muss ehrlich sagen, dass ich extrem zögerte, als er mir seine Hand reichte. Ich dachte wirklich, der wird mich abmurksen. Aber er sah mir ernst in die Augen und sagte: „Danke für deine Worte." Das war alles. Ich sah ihn nie wieder. Einige Wochen später bekam ich die Nachricht, dass er tot ist. Wer weiß, was Gott noch in den letzten Tagen an seinem Herzen erreicht hat. Ich rechnete damit, dass sie mich in den kommenden Tagen oder Wochen abknallen oder sonst was. Ich habe noch Monate später unter meinem Auto nach einer Bombe gesucht, bevor ich einstieg. Aber bis heute ist nichts passiert. Ich habe mich selten so gerne getäuscht, wie jenes Mal. Ich lebe noch. Aber hier sehen wir ein Beispiel, was es heißt, dass Gott uns eine Last gibt und uns in unserer Schwachheit aufhilft, wenn wir beten. Und nur nebenher: So eine Last muss nichts „Großes" sein. Manchmal kommt so eine Last aus einer längst verdrängten Kleinigkeit, die uns langsam aber sicher zu einem Stein im Schuh wird und dann zu einem Kloß im Hals. Das kann auch hart sein, eine gewisse Sache in Ordnung zu bringen. Gott wird dir den Mut und die Kraft geben, wenn er dir erst die Last gegeben hat.

Ich möchte auch etwas hinzufügen um eines prinzipiell klar zu stellen. Ich bilde mir auf solche Erlebnisse nichts ein. Ich sage das deshalb, weil ich immer wieder mit großen Augen angestarrt werde, wenn ich meine Erfahrungen berichte. Aber ich habe da eine andere Wahrnehmung. Ich sehe die Sache so: Menschen sind völlig unterschiedlich. Sie haben unterschiedliche Gaben und Kräfte, Veranlagungen und ticken völlig anders. Des einen Freud ist des anderen Leid. Was für den einen eine Kleinigkeit ist, das ist für den anderen unmöglich. Das fängt schon bei Physik, Chemie und Mathe, Sprachen und Sport an. Oder Computer! Für den Einen wäre es der blanke Horror nach Afrika geschickt zu werden, und nur er weiß warum! Für einen anderen wäre es ein Traum! Für den einen wäre es unvorstellbar in so einer Szene zu arbeiten und ich sage euch ehrlich: Mir würde es mehr Kopfzerbrechen machen, wenn ich die Kindergruppe während des Gottesdienstes leiten müsste. Das ist kein Witz! So ist jeder anders. Entscheidend ist für mich schon lange nicht mehr, was wir erleben, sondern wie unsere Einstellung dabei ist! Jemand in der Kinderarbeit kann seinen Dienst für Jesus mit mehr Hingabe und Liebe tun, als ich meinen Dienst zuweilen in der Szene. Ich habe Mütter ihre häuslichen Pflichten mit einer Hingabe tun sehen, dass ich über meine Lauheit erschrocken bin. Das hat mich immer wieder gedemütigt und geheilt. Und hinter manchem „vollmächtigen Diener" in Gottes Reich stehen schlichte Eltern, die im Geringen treu sind und eventuell mehr Lohn im Himmel bekommen werden als der Sohnemann. Was verdient also mehr Anerkennung? Wir müssen lernen umzudenken! Mission ist kein Abenteuerspielplatz und Missionare sind keine Schauspieler. Es gibt im Reich Gottes keine Karriereleiter und auch keine geistlichen Stars. Jeder, aber auch wirklich jeder hat nur eine Aufgabe: Im Geringen treu sein, da wo er ist. Und wer das mit der rechten Herzenshaltung tut, der braucht dafür keine Anerkennung von Menschen, denn er weiß, wem die Anerkennung gebührt.

Nur wenn wir immer bereit sind, echte Buße für unsere Sünden zu tun, können wir auch eine Gebetslast von unserer Sündenlast unterscheiden und damit richtig umgehen. Wer leichtsinnig mit Sündenlast umgeht und so den Heiligen Geist dämpft, der wird kaum hellhörig für eine „Gebetslast".

Auch hier sehen wir wieder, wie wichtig es ist, bußfertig, auf der Grundlage des Blutes Jesu, also der Vergebung zu Gott, ins Gebet zu kommen.

Eine andere Geschichte zum Thema „Gebetslast". Während der Prüfungsvorbereitungen meiner theologischen Ausbildung „belastete" mich die Tatsache, dass ich ins Ausland auf ein wichtiges Treffen sollte. Ich war eingeladen worden auf Norwegens größter weltlichen Motorradveranstaltung, am Wochenende zu predigen. Sicher wollte ich gerne hin, und wichtig war es auch, aber ich brauchte die Zeit zum Studieren, denn die Prüfungen standen vor der Türe. Mit dieser Last ging ich ins Gebet. Im Gebet zeigte der Herr mir, dass ich auf dieses Treffen fahren soll und betend kam ich zur Überzeugung, dass Gott mir bei der Prüfung beistehen würde. Ich zögerte lange, aber dann gab ich mir einen Ruck und fuhr heimlich hin und es war ein wirklich gesegnetes Wochenende. Zurück von dem Treffen, bekam ich richtig Ärger und eine Abmahnung, weil ich, nach der Meinung der Lehrer, acht Tage der Prüfungsvorbereitungszeit (nicht Schultage) „geschwänzt" hatte. Man warf mir Arroganz vor, und dass ich eingebildet sei und meine, dass ich nicht zu lernen brauche. Aber das Gegenteil war der Fall! Ich war schon vor der Reise voll im Dilemma, weil ich wusste, dass ich ein Problem mit Namen und Zahlen habe und Kirchengeschichte war ein Prüfungsfach. Außerdem hatte ich so oft meine Eltern enttäuscht, die mich während der Bibelschule voll unterstützten. Ich musste diese Prüfungen bestehen! Von wegen, ich bilde mir ein, dass ich nicht zu lernen brauche. Ich kann mir nicht mal Geburtstage engster Verwandten merken und muss manchmal mehrere Sekunden überlegen, wenn ich einen Bekannten treffe, wie er heißt. Aber ich nahm die Abmahnung hin ohne mich zu erklären, weil ich den Eindruck hatte, dass mir eh keiner glauben würde, dass ich mich von Gott dazu geleitet fühlte. Ich wusste genau, dass man mir das als geistlichen Hochmut interpretieren würde, also habe ich den Mund gehalten. Dieser Ärger stärkte meine Konzentration nicht unbedingt, sondern brachte mich ins Zweifeln, ob es wirklich richtig war. Aber ich warf die Überzeugung nicht über Bord, dass der Herr mir helfen würde. Also lernte ich nach besten Kräften. Der Tag der Prüfung kam und mir brummte der Kopf. Ich hatte alles gegeben und war platt. Es ging nicht viel in meinen Schädel nach dieser Hammertour mit dem Motorrad nach Norwegen und zurück. Ich stand morgens auf und ging ins Gebet. Ich war enttäuscht. Ich hatte erwartet, dass Gott mir einen Red Bull Kopf zum Lernen gibt, aber das war nicht passiert.

Ich sagte: „Herr, wenn es dein Wille gewesen ist, dass ich bei diesem Treffen war, dann hilf mir bitte jetzt!"

In dem Moment hatte ich den ersten klaren Gedanken seit Tagen: „Augustinus!" Ich weiß es noch wie damals, wie ich verwundert da saß, dann griff ich schnell zum Lehrbuch und lernte alles von Augustinus noch einmal. Ich muss vor Freude gestrahlt haben, denn beim Frühstück schaute mich eine Schwester an und sagte: „Du hast am wenigsten Grund, dich zu freuen, du hast ja nicht richtig gelernt!" Ich sagte zu ihr nur: „Warte ab, Augustinus". Die Prüfung kam und ich musste ein Los unter den vielen Themen ziehen. Es war eine volle Schale, aber ich dachte: „Für mich steht da auf jedem Los Augustinus, also egal welches ich ziehe! Ich griff hinein und auf meinem Los stand: „Augustinus". Ich wusste alles. Der prüfende Studienleiter, der mich auch abgemahnt hatte, konnte es nicht fassen, dass ich alles wusste! Er bohrte und fragte, aber ich wusste alles. Jahre später stellte er mich zur Rede. Er erklärte mir, dass er es nicht fassen konnte, mit welcher Sicherheit und Freude ich da saß und alles wusste. Er dachte, dass ich schummele. Er achtete genau auf alles um einen Spickzettel zu finden, oder einen Knopf im Ohr, aber er fand nichts!

Er sagte zu mir: „Kornelius, sag mir doch, was da damals los war, denn ich weiß und du weißt, dass du nichts über Augustinus gewusst hättest!"

Ich erzählte ihm die Sache mit „Augustinus" und er glaubte sie ohne ein Wort zu entgegnen. Nachdem ich ihm das berichtet hatte, neigte er seinen Kopf und wir beteten Gott an. So kann es gehen. Gott hatte mir schon im Vorfeld diese „Gebetslast" gegeben. Betend reifte die Überzeugung, was ich tun sollte und dass er mich nicht im Stich lassen würde. Aber dass er so gravierend in mein Leben sprechen würde, hätte ich damals nicht für möglich gehalten.

Ich möchte aber auch nicht verschweigen, dass es viele Situationen in meinem Leben gab, in denen ich es für wichtiger gehalten habe, dass Gott ebenso konkret zu mir spricht, wie bei dieser Prüfung. Aber es kam nichts. Ich bin mir nicht sicher, ob ich damit richtig umgehen kann. Ich denke dann immer, dass ich etwas falsch gemacht habe, oder dass eine Sünde daran schuld ist... Das zehrt an mir. Aber Elia saß auch drei Jahre untätig herum bis Gottes Wort wieder an ihn erging. Alles ist möglich. Wir müssen unser Herz vor Gott prüfen. Aber in einer Zeit wie dieser, wo alles gehetzt und getrieben ist, bleibt es eine gewaltige Herausforderung Gottes Schweigen zu ertragen. Das sind oft schwere Zeiten, in denen Gott es in seiner Weisheit vorzieht zu schweigen. In solchen Zeiten müssen wir lernen zu vertrauen. Ich mache mir dann bewusst, dass Gott genau weiß, was das Richtige in dieser Situation ist und damit komme ich zur Ruhe. Solche Zeiten sind oft auch Zeiten, in denen Gott andere Dinge in uns entfalten oder korrigieren will. Wir suchen nach einer schnellen Lösung für ein Problem oder einer schnellen Antwort auf eine dringende Frage. Doch Gott sieht vielleicht etwas weitaus Wichtigeres, an dem er arbeitet. Wer hier meine Geschichten liest, der könnte den Eindruck bekommen, dass ich hier von Wunder zu Wunder lebe, aber wer mich besser kennt, der weiß, dass es auch in meinem Leben Schwierigkeiten und Heraus-forderungen gibt, bei denen ich nicht nur Wunder Gottes sondern eher meine „blauen Wunder" erlebt habe. Manchmal brechen Ereignisse über dich herein, für die du vielleicht gar nichts kannst, aber du weißt genau, dass andere dir die Schuld dafür geben werden, und so kommt es dann auch. Es ist hart, verlassen und verleugnet zu werden, obwohl man nichts getan hat. Aber es gibt auch die Dinge, die man wirklich selber vermasselt hat und für die man Konsequenzen ziehen muss. Vielleicht schreibe ich mal ein Buch über alle Fehler, die ich gemacht habe und über alle Gra-naten, die andere in mein Leben und Dienst geworfen haben, aber wohl eher nicht. In einer Werkstatt einer Missionsgesellschaft hing ein Spruch:

> WER ARBEITET MACHT FEHLER.
> WER VIEL ARBEITET MACHT VIELE FEHLER.
> ES SOLL LEUTE GEBEN, DIE KEINE FEHLER MACHEN.

Daran erinnere ich mich oft. Ich nehme Fehler nicht leicht, auch mei-ne eigenen nicht. Aber der Spruch ist gut. Ich bin Gott dankbar, dass ich nach wie vor dabei sein darf, in beiden Werken, nicht weil ich alles richtig gemacht habe, sondern weil Jesus alles richtig macht! Er wird das Werk, welches er begonnen hat nicht aufgeben!

„Und ich bin darin guter Zuversicht, dass der in euch angefangen hat das gute Werk, der wird's auch vollenden bis an den Tag Christi Jesu." Philip. 1,6

Gerade in schweren Zeiten ist es wichtig das Vertrauen nicht wegzu-werfen, Buße zu tun, wo es nötig ist. Hören zu lernen, im Geringen treu zu sein und Geduld zu üben. Mit der Zeit werden wir verstehen, dass Gott am Werk war, und was er für ein Ziel hatte. Für diese Zeiten ist mir folgen-der Psalm wichtig geworden: *„Was betrübst du dich…"* Psalm 42,10

Ehrlich, es vergeht kaum ein Tag, an dem Gottes Geist mich nicht an diesen Psalm erinnert, denn es stimmt, was Jesus sagt: *„Jeder Tag hat seine eigene Plage."* Matthäus 6,34

Ich habe mir irgendwann in einer Krise gesagt, dass es doch unange-bracht ist, immer wieder das gleiche Auf und Ab mitzumachen. Es kommt ein Problem, ich verzage, Gott hilft, ich komme aus dem Schlamassel.

Ich schaue zurück und erkenne Gottes Handeln und danke und lobe ihn. Immer hin und her. Verzagen und Loben, auf und ab. Irgendwann dachte ich, dass ich mir das „Verzagen" ersparen kann. Wenn es eh immer so war, dass ich Gott am Schluss gelobt habe, dann kann ich ihn doch gleich loben, mitten in dem Problem! Denn ich kann ja voll davon ausgehen, dass Gott bereits an einer Lösung arbeitet! Und bisher war es immer so. Diese Abkürzung ist wirklich zu empfehlen. Genau diese Abkürzung nahm Paulus, als er im Gefängnis saß und anfing Gott zu loben. Er saß dort nicht mehr lange. Aber auch hier sehen wir: Paulus musste sich erst innerlich befreien, bevor das „Wunder" geschah! Diese innere Befreiung ist größer, als dass die Türe aufgeht! Das ist doch ein echtes Wunder, wenn Menschen berichten, wie sie durch Jesus wirklich frei wurden. Ich habe einige Gefängnisinsassen sagen hören: „Ich habe erst hier landen müssen, um wirklich frei zu werden." Das sind größere Wunder Gottes!

> ### DANKEN BEWAHRT VOR WANKEN,
> ### UND LOBEN FÜHRT NACH OBEN

Aber auch damit können nicht alle umgehen. Es wurde mir in einigen schweren Situationen noch schwerer gemacht, obwohl ich in Gott Trost und Hilfe gefunden hatte. Aber andere konnten mir das nicht abnehmen. Sie wollten mir seelischen Beistand „aufnötigen", Behandlung wurde mir vorgeschlagen angesichts einiger Katastrophen, in die ich kam. Man wollte mir einfach nicht glauben, dass es mir im Herrn gut geht! Man warf mir wieder Arroganz vor, Ignorieren und Unterschätzen der Situation. Das hatte mir in der Folge mehr zu schaffen gemacht als das eigentliche Problem! Das ist unverständlich! Da reden wir immer vom Trost Gottes, von Gottes Hilfe, dass wir uns auf Gott verlassen können, und wenn man es dann tut, dann wird das nicht für möglich gehalten. Ich bin mir völlig bewusst, was ich an einigen Helfern, Mitarbeitern und Unterstützern habe. Sie habe ich nötig! Aber am allernötigsten haben wir den Frieden Gottes ohne den nichts geht! Gottes Trost und Hilfe kann dir keiner ersetzen.

▶ **Prinzip:** *Der Heilige Geist hat zwei Hauptaufgaben: Lehren und Erinnern was in Gottes Wort steht.*
▶ **Prinzip:** *Gottes Geist erinnert uns im Alltag an biblische Wahrheiten.*
▶ **Prinzip:** *Wenn Gott uns in seine Werke integriert, dann geht er diesen Weg gemeinsam mit uns, bereitet uns vor, stärkt uns, prüft uns, und lässt uns nicht im Stich.*

11. Prinzip

Das Gebet des Glaubens

Wer sich in eine vertraute und aufrichtige Gebetsbeziehung mit Gott vertieft, der wird in verschiedenen Bereichen was erleben. Gottes Geist wird ihm offenbaren, was Gott für Absichten hat. Das kann Gott durch sein Bibelwort tun, durch ein prophetisches Wort, ein Wort der Weisheit, durch die Vorsehung (Gott offenbart mir, was er für mich vorgesehen hat) durch einen Traum, oder durch Umstände. In denen man nach bestem Wissen und Gewissen im Geringen treu ist. Hierbei handelt es sich um eine persönliche Erlebnisrealität, gewirkt durch den Heiligen Geist. Wobei einem klar wird, was Gott beabsichtigt. Wenn der Beter durch sorgfältige Prüfung zur Überzeugung kommt, dass es sich tatsächlich um Gottes Willen handelt und nicht um Illusionen, dann ist er aufgefordert, im Glauben an dieser Zusage Gottes festzuhalten. Im glaubenden „Festhalten" erfährt er eine geistgewirkte Gewissheit, die ihn sicher sein lässt, das Erbetene zu erhalten. Hier ist es aber unumgänglich, im Willen Gottes zu beten. Und seine eigenen Wünsche und Vorstellungen von Gottes Willen zu unterscheiden und sie ihnen unterstellen zu wollen.

„Und das ist die Zuversicht, die wir haben zu Gott: Wenn wir um etwas bitten nach seinem Willen, so hört er uns. Und wenn wir wissen, dass er uns hört, worum wir auch bitten, so wissen wir, dass wir erhalten, was wir von ihm erbeten haben." 1 Johannes 5,14-15

Das Gebet des Glaubens ist sehr wichtig, wenn man das Reich Gottes aus Gottes Möglichkeiten bauen will. Wir kamen einmal bei der Motorradmission in einen finanziellen Engpass und hatten kein Geld für eine neue Auflage Bikerbibeln. Weil ich nicht wusste, was ich tun soll, ging ich beten. Hier machte Gott mir klar, dass wir für einen konkreten Betrag Bikerbibeln bestellen sollen, und in mir wuchs auch die Überzeugung, dass die Finanzen auf einer bestimmten Veranstaltung zusammenkommen würden. Daran hielt ich im Glauben fest und bestellte die Neuauflage. Wir hatten auch gleichzeitig den Frieden, dass wir das Geld bekommen werden. Es kam dann so, dass die Bibeln direkt zu der Veranstaltung geliefert wurden und wir tatsächlich den benötigten Betrag dort erhielten. Im Glauben konnten wir nach der Zusage die Vorbereitungen treffen, und im Glauben erwarteten wir betend die Erfüllung der Verheißung. Gott hält Wort. Ein anderes Mal belastete mich der Gedanke an mein Motorrad. Als ich damit ins Gebet ging, wuchs die Überzeugung, dass ich es verschenken sollte. Ich fragte Gott, wer es bekommen soll, und erhielt keine Antwort. Doch im Gebet reifte die Überzeugung, dass Gott mir schon zur rechten Zeit sagen wird, wer es sein soll. Daran hielt ich im Glauben fest, auch als einer mein Motorrad abkaufen wollte, gab ich es nicht her. Ich hatte die Gewissheit im Glauben, dass eines Tages der Richtige kommen würde, dem ich es schenken soll. Auf einer Bikerveranstaltung kam Monate später ein mir unbekannter Mann auf mich zu und ich spürte plötzlich im Geist, dass er das Motorrad haben soll. Ich sprach ihn an und es stellte sich heraus, dass er missionarisch in der ukrainischen Bikerszene aktiv ist. Ich fragte ihn, ob wir irgendetwas für ihn tun können. Zuerst sagte er: „Wir brauchen dringend die Bikerbibel in der Ukraine." Ich dachte zuerst: „Das war es ja nun nicht." Aber es war ein edler Wunsch und ich wollte mich dafür einsetzen. Was das Motorrad betraf fragte ich noch mal: „Können wir euch sonst wie helfen?" Er meinte nur, dass wir für ihn beten sollen, denn er braucht ein Motorrad für seine Dienste und hat keines. Da war die Sache klar und ich gab ihm den Schlüssel. Gott bereitet uns im Gebet auf Situationen vor, damit wir dann glaubend tun, was er will. Es ist nicht die Frage, ob Gott zu uns reden kann, sondern ob ich bereit bin zu gehorchen! Erst müssen wir Gott gehören, auf ihn hören, horchen und dann gehorchen.

In diesem Beispiel wird auch klar, dass wir das erst erleben können, wenn wir bereit sind alles für Gott und sein Reich einzusetzen. Uns selber und unseren Besitz. Das Motorrad war nicht einfach nur ein Motorrad für mich, sondern es war ein Totalumbau von mir. Ich hatte mich in diesem Motorrad verwirklicht! Es war emotional ein Teil von mir! Als ich aufs Herz bekam, das Motorrad wegzugeben, habe ich ehrlich gesagt mit Gott gehadert. Ich fühlte mich ungerecht behandelt. Meine Freunde in der Gemeinde hatten Haus, Familie, Autos, Motorräder,... und ich hatte GAR NICHTS! Nur mein Motorrad! Und das brauchte ich (wie ich fälschlicher Weise meinte) um in der Motorradszene zu missionieren. Aber ich haderte nicht lange. Mir wurde klar, dass Petrus herausgefordert war sein Leben zur Ehre Gottes zu lassen. Dass Abraham bereit war seinen einzigen Sohn zu opfern. Also kam mir das dann doch billig vor, hier zu meckern. Ich kann euch auch ehrlich im Nachhinein sagen, dass die Freude an diesem Erlebnis mit Sicherheit größer war und immer noch ist, als alle Ausfahrten mit dem Motorrad mir hätten geben können. Gott und seine Führungen zu erleben ist nicht zu toppen.

Als ich mich damit abgefunden hatte, dass das Motorrad einem anderen zufallen wird, machte ich mir Gedanken darüber, wie ich denn meinen Dienst in der Motorradszene gestalten soll. Erst da wurde mir so richtig bewusst, wie sehr wir an unseren menschlichen Vorstellungen und Strategien hängen! Es war doch klar, dass ich ein Motorrad haben muss, wenn ich Motorradfahrer missionieren will, oder? Gott gab mir zu denken. Er erinnerte mich an Petrus, der vom Heiligen Geist zum Hause des römischen Hauptmannes Kornelius geführt wurde, und dieser war vorbereitet (Apostelgeschichte 10)! Es drängte sich mir die Frage auf: „Brauchte Petrus eine „christliche Soldatengruppe" um diesen Hauptmann zu missionieren? Musste Petrus mit einem christlichen Harnisch und einem dicken Pferd ankommen, oder reichte die Leitung des Geistes?" Das gab mir zu denken. In dieser Zeit habe ich einiges lernen müssen. Gott hatte mich in diese Situation geführt, weil er mir dadurch wichtige geistliche Lektionen erteilen musste. Ich hatte Korrektur dringend nötig! Und siehe da: Bei einer Gelegenheit einige Zeit später, bekam ich das Geld für ein Motorrad geschenkt! Nicht das Motorrad war das Problem, sondern ich! Mein Herz hing daran, ich machte den Erfolg unserer Missionsarbeit daran fest, ich hatte falsche Prioritäten und Strategien! Aber als das geklärt war, konnte Gott mir wieder ein Motorrad geben. Und? Werde ich damit in den Himmel auffahren? Nein! Jahre später ist es kaputt gegangen. So ist das mit den meisten „Gebetserhörungen". Nur Jesus bleibt!

Ich betone es extra, dass wir das nicht auf die leichte Schulter nehmen und leichtfertig und leichtsinnig mit inneren „Eindrücken" und „Stimmen" umgehen dürfen. Wir können uns und andere leicht täuschen, besonders wenn wir „emotional geladen" sind. Oder wenn uns Menschen für etwas begeistern und wir unsere Begeisterung nicht vom Heiligen Geist unterscheiden können. Unsere guten Wünsche sind noch lange nicht das Gleiche wie Gottes Willen. Das Gute ist immer der Feind des Besten. Doch dass es Menschen gibt, die sich täuschen, ändert nichts an der Tatsache, dass es geistgewirkte Überzeugungen gibt.

▶ **Prinzip:** *Wenn Gott uns klarmacht, was er konkret will, dann haben wir den Grund dafür zu beten und im Glauben die Gewissheit, dass die Gebetserhörung beschlossene Sache ist.*

12. Prinzip

Gott erhört nur ernsthafte Gebete

"Des Gebet des Gerechten vermag viel, wenn es ernstlich ist." Jakobus 5,16

Das ist ein ernst zu nehmendes Prinzip für unser Gebetsleben. Ernsthaftigkeit ist die angemessene Einstellung, Haltung und das Verhalten einer gewissen Situation oder Person gegenüber. Bei Ernsthaftigkeit spielt es auch eine große Rolle, ob wir uns gewisse Dinge wirklich bewusst machen wollen und zu Herzen nehmen, z.B. die heilige Gegenwart Gottes, Umgang mit Sünde, die Gefahr in der die Verlorenen sind, die Situation in der verfolgte Christen sind, die Mühen, in denen die Missionare stecken, oder unsere Mitmenschen... Es leuchtet ein, dass Gott keine Gebete erhört, wenn sie nicht wirklich ernst gemeint sind. Wenn wir ernsthaft beten, dann haben wir auch immer die Frage: „Was kann ich zu diesem Thema beitragen?" Wer für die Weltmission betet und nicht ernsthaft mit seinem Leben, Dienst, Handeln und Geben dahintersteht, der betet nicht ernsthaft. Sondern unaufrichtig und heuchlerisch.

Beim Bekehrungsgebet können wir es deutlich machen, was „ernstlich" beten heißt. Erkennt der Verlorene wirklich den Teufelskreis, in dem er als verurteilter Sünder steckt, und glaubt er ernsthaft, dass er ohne das Blut Jesu auf ewig verloren geht? Erkennt er, dass er ein durch und durch verdorbener Sünder ist? Tut ihm die Schuld leid? Vertraut der Sünder alleine auf Jesus? Will er Gott ernsthaft gehorsam sein, mit der Überzeugung, dass ihm nichts Besseres passieren kann? Ich habe schon viele Leute ein „Übergabegebet" beten hören. Bei vielen zweifelte ich, ob es ein ernstes Gebet war. Oft bestätigte der weitere Lebenswandel, dass keine Bekehrung stattgefunden hatte. Die „richtigen" Worte und das Falten der Hände alleine reichen nicht aus, um gerettet zu werden. Der Sünder muss seine Herzenshaltung ändern, wenn Gott ihn erhören soll. Ein

Erweckungsprediger, von dem ich viel lernen durfte, hat im Zusammenhang mit diesem Thema folgendes geschrieben. „Eine Erweckung wird auf zweierlei Weise gefördert: Durch die Beeinflussung der Menschen mit der Wahrheit und durch das Gebet, das den Arm Gottes bewegt. Dies bedeutet nicht, dass unser Gebet die Gesinnung und den Charakter Gottes ändert; das Gebet wirkt eine Veränderung in uns, so dass Gott eingreifen kann, wie er sonst konsequenterweise nicht eingreifen könnte. Tut ein Sünder Buße, so kann Gott ihm vergeben aufgrund seines Herzenszustandes. Gott ist von jeher bereit gewesen, ihm unter dieser Bedingung zu vergeben; ändert ein Sünder seine Einstellung und tut er aufrichtig Buße, dann ist kein „Gesinnungswechsel" Gottes mehr erforderlich, damit dem Sünder vergeben werden kann. Beten Kinder Gottes inbrünstig und erhörlich, dann sind sie ebenfalls in der richtigen inneren Verfassung, die es Gott ermöglicht, ihre Gebete zu erhören."

Unsere Herzenshaltung Gott und dem Gebetsgegenstand gegenüber ist entscheidend und daran entscheidet Gott, ob er unser Gebet erhören kann oder nicht. Wenn unsere innere Verfassung nicht mit dem Erbetenen übereinstimmt, dann wird Gott uns nicht erhören können. Gleiches gilt beim Gebet um Erweckung. Gott will die Gemeinde erwecken, wenn sie ihre Herzenshaltung ändert und ernsthaft um Erweckung betet. Ich möchte ein Beispiel anführen, dass etwas übertrieben deutlich werden lässt, dass unsere Haltung oft nicht in Ordnung ist. Bei Evangelisationen erwarten wir Christen, dass sich Sünder bekehren. Wir halten es für angemessen, dass sie betroffen bei dem Aufruf nach vorne kommen und in der Gegenwart des Heiligen Gottes vielleicht sogar unter Tränen ihre Sünden bekennen und Buße tun. Das ist tatsächlich nicht unangemessen. Sondern dem Ernst der Lage, in der sich der Sünder befindet, und angesichts der überwältigenden Liebesbotschaft Gottes durch das stellvertretende Leiden Jesu wirklich angebracht. Jetzt sind wir aber mal ehrlich. Wenn wir von dem Sünder solch einen Ernst im Gebet für angebracht halten, warum lassen wir diesen Ernst in der persönlichen und gemeinsamen Fürbitte der Gemeinde vermissen? Wir erwarten, dass der Verlorene ernsthaft Buße tut, aber wir wollen nicht mit der gleichen Ernsthaftigkeit für die Verlorenen beten. Am besten soll der Sünder auf die Knie gehen und um Gnade flehen, aber wer geht in unseren Gebetsversammlungen flehend auf die Knie für die Verlorenen und bittet wie das Daniel für das sündige Volk tat (Daniel 9)?

Meine Erfahrung ist die, dass die Sünder oft mit der gleichen Herzenshaltung die Übergabegebete sprechen, wie die Gemeinde für die Bekehrung der Sünder gebetet hat. Die Gemeinde braucht sich nicht wundern, wenn die Bekehrung ebenso oberflächlich und bald vergessen ist, wie die Gebete für die Bekehrung. Oft beten „Christen" ebenso oberflächlich für die Bekehrung anderer, wie sie bei ihrer eigenen Bekehrung gebetet haben. Und damit ist die Frage berechtigt, ob sie wirklich Christen sind! Ich frage mich oft in Gebetsversammlungen, ob die Menschen, die hier für die Bekehrung anderer beten, selber bekehrt sind. Ich betone es noch einmal. Die Worte alleine sind es nicht, sondern die innere Einstellung aus denen die Worte formuliert werden. Es gibt vieles traditionelle Beten für Verlorene, ohne Aussicht auf Erhörung, wenn die Beter nicht selber zur echten Buße kommen. Nur ernsthaftes Gebet wird erhört. Nur ernsthaftes Gebet wird zur Erweckung der Gemeinde und zur Rettung der Verlorenen führen.

Prüft euch einmal. Würdet ihr erwarten, dass ein Sünder von Gott erhört werden würde, wenn er sein Übergabegebet mit der gleichen Herzenshaltung beten würde, die wir an den Tag legen, wenn wir für die Verlorenen beten? Wir erwarten eine Herzenshaltung bei den Verlorenen Gott gegenüber, die sie bei uns nicht finden und das macht uns in ihren Augen zu Heuchlern und hält sie von der Bekehrung ab.

Oft war ich als Evangelist auf „christlichen Veranstaltungen" eingeladen. Die Veranstalter sagten, dass sie Menschen für Jesus erreichen wollen. Aber das Rahmenprogramm alleine macht das schon oft unmöglich. Da wird gespaßt, geblödelt, Witze gerissen und plötzlich wird einem gesagt, dass man auf ewig verloren geht, wenn man nicht umkehrt. Kein Wunder, dass das keiner glaubt. Zwischen Gags und Party soll man einem die Bedeutung des Blutes Jesu vor Augen malen. Das ist so was von unglaubwürdig und lächerlich in den Augen derjenigen, die wir in die Hölle witzeln. Stell dir vor, da kommt einer lachend auf dich zu, erzählt dir einen Witz, blödelt mit dir rum und teilt dir dann plötzlich mit, dass dein Haus brennt. Kommt etwas irritierend, oder? Genau so fühlen sich viele Verlorene oft. Weil wir nicht mit einem angemessenen Fingerspitzengefühl, Ernst und Liebe mit den Verlorenen umgehen, erleben wir es auch nicht, dass Sünder in unseren Reihen zur echten Buße finden.

Viele Veranstalter wollen das auch nicht. Jesus muss Spaß machen und unser Kumpel sein. Da ist es auch kein Wunder, dass nicht ernsthaft gebetet wird. Ich denke manchmal, dass einige nicht zwischen „Spaß" und echter „Freude" unterscheiden können. Wenn Menschen in unseren Veranstaltungen echte Freude an Jesus und dem Evangelium erleben würden, dann könnte das durch keinen „Spaß" ersetzt werden. Gott erhört

nur ernsthafte Gebete. Was wir in der Gemeinde brauchen, ist eine Erweckung und ernsthaftes Gebet ist der einzige Weg dahin. Der Gemeinde
muss aufs Neue Gottes heilige Gegenwart bewusst werden und damit
die heilige Stellung, die die Gemeinde vor Gott und den Menschen hat.
Die Gemeinde muss sich erneut bewusst machen, was es heißt, verloren
zu sein und auf welchem Weg all die Verlorenen sind! Die Gemeinde muss
diese Not empfinden, die Dringlichkeit und den Ernst der Lage! Die Gemeinde muss aus ihren Illusionen, überholten Traditionen und ihrer Lauheit aufwachen, um ein Volk Gottes zu werden, das Gott segnen kann.
Wir beten oft nicht ernsthaft, deshalb erhört Gott auch nicht. Unsere Einstellung den Verlorenen gegenüber ist nicht die, die es Gott ermöglicht,
unsere Gebete zu erhören. Wir sehnen uns nicht wirklich danach, ihnen
zu helfen. Wenn Leute zum Glauben kommen würden, dann würden sich
viele von uns an einer erweiterten Gemeindeliste erfreuen und an einem
volleren Gottesdienstsaal, aber sind wir bereit, unsere Prioritäten zu ändern? Sind wir bereit, den Preis zu bezahlen? Wollen wir für die Menschen
da sein, die unsere Hilfe brauchen? Wollen wir sie geduldig und barmher-
zig begleiten, damit sie geistlich wachsen können? Fangen wir sie gnädig
und liebevoll auf, wenn sie fallen? Beten wir nur für „unsere Lieben" oder
auch für unsere Feinde? *„Was seid ihr besonderes, wenn ihr nur die liebt,
die euch auch lieben? Tun nicht dasselbe auch die Heiden?"* Matthäus 5,45
Manchmal ist mir das Bild der sinkenden Titanic vor Augen. Da wurden
Menschen der dritten Klasse weggeschlossen und zum Absaufen ver-
dammt, andere trieben schreiend im Wasser und die wenigen Rettungsboote ruderten halbleer fort! So handeln viele Gemeinden im Angesicht
der dringenden Not. Tausende und Abertausende sterben jeden Tag und
wir sitzen in unserem Schiff, das sich Gemeinde nennt und feiern uns!
Volk Gottes, erwache im Namen Jesu Christi und erkenne die Not!

Gott kann täglich zur Gemeinde hinzufügen und er will täglich hinzufügen und deshalb will er unsere Herzen darauf vorbereiten, wenn wir
ernsthaft beten. Ich war in einer Versammlung, wo man für die Bekehrung
der Verlorenen gebetet hat, und als die Versammlung aus war, wurden die
Verlorenen, die ich mitgebracht hatte gemieden (gelinde ausgedrückt).
Wenn hier nicht Buße getan wird, wird die Erweckung ausbleiben. Ich
weiß von einer Gemeinde, da kam der Gastredner als Penner verkleidet
und setzte sich in die letzte Bank. Nach dem Lieder singen und dem ner-
vösen Hin- und Herschauen, wo der Gastredner denn bleibt, kam einer
der Ältesten auf den Penner zu, drückte ihm 5€ in die Hand und sagte:
„Komm, trink dir einen, das ist hier nichts für dich." Herr, erbarme dich!

Ich weiß nicht, wie oft ich selber als Gastredner eingeladen war und denkwürdige Momente erlebte. Ich bemerkte die hochmütigen Blicke der Gottesdienstbesucher, die sich fragten, was das denn für einer ist, nur weil ich mit dem Motorrad kam, oder nicht den Kleidergeschmack der hier Heimischen hatte. Aber richtig entsetzt waren sie dann, wenn ich auf die Kanzel ging und sie merkten, dass „dieser Asoziale" der erwartete Gastprediger ist. Ich weiß nicht, wie oft schon Christen nach der Predigt auf mich zukamen und sich bei mir entschuldigten, aufgrund ihres Verhaltens mir gegenüber vor der Predigt. „Hätte ich gewusst, dass sie der Prediger sind, dann…"

Aber alle beten sie für die Bekehrung der Verlorenen! Volk Gottes, erwache! Ein Bekannter von mir, ein Landwirt von Beruf, zog um und suchte eine neue Gemeinde. Er hatte einen schönen Anzug an und als der Gottesdienst aus war, kam jemand von der Gemeindeleitung auf ihn zu. Während des Gesprächs sagte diese Person ahnungslos zu ihm: „Wir haben ein Gemeindeprofil entwickelt und wissen, wen wir erreichen wollen. Bauern wollen wir hier nicht haben."

Ist das nicht eine grausame Schande? Soll das Gemeindeniveau sein? Ich habe so viele Seminare über „Gemeindeprofile" gehört. Viele tun alles, was sie können, aber nicht was sie sollen. Wer öffnet dann die Türen für all die suchenden Menschen aus den Randgruppen, wenn sie kommen? Wer geht zu diesen Menschen? Wer hat in Europa ein Gemeindeprofil für sie entwickelt? In Europa wurden in den letzten 15 Jahren mehrere hunderttausende Bikerbibeln verteilt. Aber ich muss euch mit Traurigkeit aber auch mit Wut sagen, dass ich von mehreren Leuten weiß, die eine Gemeinde suchten, dass sie ausgegrenzt worden sind. Nur wenige gibt es, die in den Gemeinden freundlich empfangen worden sind. Wir riskieren da unser Leben, und wenn dann einige nach Gott suchen und in die Gemeinde gehen, werden sie wegen des Haarschnitts, der Tattoos oder der Kleider schief angesehen und gemieden. Da kann ich richtig sauer werden. Einmal fuhr ich ca. 1000 km um einem Motorradfahrer beim Suchen einer Gemeinde zu helfen. Wir besuchten eine dem Namen nach viel versprechende Gemeinde. Der Gottesdienst war auch gut besucht, die Predigt war auch gut. Und dann?! Nach dem „Amen" unterhielten sich alle, aber keiner interessierte sich für uns. Niemand kam auf uns zu, im Gegenteil! Sie mieden uns! Da gingen Leute mit Kuchenblechen umher und bedienten andere, an uns gingen die Kuchenbleche provokativ vorbei. Irgendwann sind wir dann gegangen. Danke für nichts.

Ich sage euch ehrlich: Was wir an Herausforderungen in der Szene erlebt haben hat mich nie so erschreckt, frustriert oder enttäuscht, wie das Verhalten einiger Geschwister und Gemeinden. Von der Szene kann man ja nichts erwarten, also ist man auch nie enttäuscht. Aber kann man von Gruppen, die sich Gottes Gemeinde nennen, nicht etwas mehr erwarten? Die Leute aus den Randgruppen werden behandelt wie Aussätzige. Aber was ist es schon, dass wir unser Leben riskieren? Jesus hat sein Leben am Kreuz gerade für diese Menschen gelassen! Und wir schicken sie weg, damit wir in Ruhe für die Verlorenen beten können? Wenn die Gemeinden an diesem Punkt nicht aufwachen und aufrichtig Buße tun, wird es so weitergehen wie bis jetzt. Die Rettungsboote rudern halbleer umher und die Menschen saufen ab. Die Geschichte vom barmherzigen Samariter und Jesu Aufruf, den Nächsten zu lieben, geht mit den erfrierenden und sinkenden Menschen unter. Was wir brauchen, ist eine echte Erweckung! Aber um ehrlich zu sein: Das Problem ist nicht nur ein „Gemeindeproblem". Ich habe viele „christliche Motorradfahrer" kennen gelernt, die im Prinzip genauso waren. Sie haben auf die Gemeinden geschimpft, in denen sie schief angesehen werden und was machten sie?

Sie beurteilten Menschen nach der Motorradmarke. Auf einem „Harleytreffen" wollten sie missionieren, aber sie schauten mich dumm an, als ich sie fragte, ob sie auch für einen „Mofafahrer" stehen bleiben würden, wenn der mit einer Panne auf der Straße steht? Wen meint Jesus mit dem „Nächsten"? Wer ist der Nächste? Ich denke, dass es ein allgemein menschliches Phänomen ist, dass uns diejenigen am nächsten sind, mit denen wir etwas gemeinsam haben. Und so ist das ja auch in jeder Szene und Gesellschaftsschicht. Wir sind zusammen, weil wir die gleiche Familie haben, das ist ja völlig klar. Fußballfans haben den gleichen Lieblingsverein und Musikfans haben den gleichen Musikgeschmack, und so weiter. Im Prinzip verbinden uns hier weltliche Dinge. Nationalität, Kultur, Kleiderstil oder Musikart... Es ist immer etwas Weltliches, was uns verbindet. Bei den Motorradfahrern das Motorrad und in der Gemeinde? Ja was vereint und verbindet uns da eigentlich? Die gleiche Nationalität? Oder die Familienbande und Vetternwirtschaft? Oder der gemeinsame Kleiderstil? Wenn das alles ist, dann ist das ein weltliches Niveau! Das ist fleischlich! Einmal kam eine junge Frau nach einer Predigt auf mich zu und sagte: „Ich bin nicht bekehrt und ich weiß auch nicht wirklich, was das bedeutet, aber ich weiß, dass euer Gott lebt."

Ich war erstaunt und wollte wissen, was sie denn damit meint. Sie sagte: „Wenn ich in eure Gemeinde komme, dann sehe ich Deutsche, Russen, Chinesen, ich sehe Junge und Alte, Biker, Technos, Hipphopper,...

und ich kann nicht sehen, was euch verbindet! Ich kann nicht sehen, was ihr gemeinsam habt! Und das was ich nicht sehen kann, das muss Gott sein!" Mir fiel es wie Schuppen von den Augen, und ich musste sofort an die Worte Jesu denken:

„Ich bitte aber nicht allein für sie, sondern auch für die, die durch ihr Wort an mich glauben werden, damit sie alle eins seien. Wie du, Vater, in mir bist und ich in dir, so sollen auch sie in uns sein, damit die Welt glaube, dass du mich gesandt hast." Johannes 17,20-21

Wollen wir eine Gebetserhörung Jesu sein? Denk mal darüber nach! Jesus betete und wo ist seine Gebetserhörung? Willst du dazugehören? Diese Einheit, von der Jesus hier spricht, hat ein missionarisches Potential. Es geht nicht um kulturelle Einheiten wie Nationalität oder Kleidergeschmack, sondern Jesus muss uns verbinden! Wenn diese Einstellung und Einheit nicht da ist, dann sind alle unsere missionarischen Aktivitäten unwirksam. Jesus betete hier nicht um eine weltliche Einheit! Jesus betete nicht dafür, dass alle einheitlich Anzug und Krawatte tragen! Wie oft wurde ich gefragt, warum ich keine Krawatte anhabe. Weißt du was ich lustig finde? Wurde die Krawatte von Christen erfunden? Nein! Als die erfunden wurde schrien manche Christen Sodom und Gomorra, Babylon, Unzucht und Perversion! Und warum? Na schau doch mal genau hin! Wohin zeigt denn der Pfeil, den sich da manche Männer um den Hals knoten? Na? Geht dir ein Licht auf? Als die ersten Menschen mit Krawatten daherkamen war das für andere verwirklichte Unzucht! Und heute? Heute ist es ein „Erkennungsmerkmal" echter Christen. Na dann prost Neujahr. Soll jeder tragen was er will. Ich beurteile keinen Krawattenträger negativ, weil ich weiß, dass heute Krawatten normal sind. Und ich kann damit leben, dass Jesus heute vielleicht auch hier und da eine Krawatte tragen würde. Den Griechen ein Grieche und den Juden ein Jude.

Aber ich freue mich, dass Gott die Heiden angenommen hat und dass auch die zur Gemeinde gehören, wenn sie von Herzen umkehren. Wir sollten uns über jeden Menschen in der Gemeinde freuen, egal, welche Kleider er hat. Einmal kam ein Motorradfahrer in unsere Gemeinde. Zu seiner Fransenlederhose hatte er ein Wildschweinfell als „Hemd". Ich bot ihm freundlich einen Platz an, aber er sagte arrogant: „Ich bin es gewohnt in der Kneipe zu stehen." Also holte ich ihm einen Bistrotisch und stellte ihm einen Kaffee drauf und so stand er ganz hinten, während ich vorne an der Kanzel stand. Aber er hörte zu! Die Geschwister nahmen ihn freundlich an! Er kam immer wieder. Irgendwann setzte er sich, irgendwann kam er plötzlich mit einem „normalen" Hemd, und irgendwann ging ihm ein Licht auf und er wollte Jesus nachfolgen. Seine Taufe werde ich nie vergessen. Als der Chor sang und wir im Taufbecken standen, flüsterte er mir zu: „Lass mich schön lange unten!" Ich fragte: „Warum"? Er sagte: „Da ist viel Dreck dran." Echte Veränderung muss von innen geschehen und wir sollten lernen jeden Menschen mit Respekt und Liebe zu behandeln.

Wir sollten lieber darauf achten, dass wir mit unseren Kleidern nicht anderen imponieren wollen. Wir sollten weder die Motivation haben, andere zu provozieren, noch sie beeindrucken zu wollen. Selbstdarstellung ist keine geistliche Haltung. Es mag hart klingen, aber manche Frauen kleiden und schminken sich so, als ob sie nach dem Gottesdienst direkt anschaffen gehen wollen. Als ein ehemaliger Rausschmeißerkollege zum Glauben kam, wollte er auch seine Frau zu Jesus führen. Als diese in den Gottesdienst kam sagte sie nur: „Da kann ich zurück in die Disko gehen, die Weiber sehen dort genauso aus." Weißt du, wie viele Männer während der Gottesdienste die Augen nicht von den Beinen irgendwelcher „Schwestern" wegbekommen? Und manche Ehemänner unterstützen diese Kleidung sogar! Wie viel Eifersucht entsteht da bei anderen Frauen? Wie viel Streit in der Gemeinde? Aber das ist nicht nur ein Frauenproblem. Auch manche männliche Wesen scheinen alles vor den Gottesdiensten zu tun, damit sie so attraktiv wie möglich auftreten können. Gott hat kein Problem damit, wenn wir ihm die Ehre geben wollen und uns ordentlich kleiden, aber es sollte sich mal jeder prüfen, was für Motive er wirklich hat, wenn er vor dem Gottesdienst die Kleidung aussucht und vor dem Spiegel posiert.

Liebe oder Sympathie
Jesus sagte: *„...damit ihr Kinder seid eures Vaters im Himmel. Denn er lässt seine Sonne aufgehen über Böse und Gute und lässt regnen über Gerechte und Ungerechte."* Matthäus 5,45

Nichts Besonderes, wenn du diejenigen liebst, die eh in deiner Szene oder Familie sind. Das Besondere wird erst sichtbar, wenn du die liebst, mit denen du eigentlich gar nichts zu tun hast! Die Gemeinde muss sich endlich bewusst werden, dass es einen himmelhohen Unterschied zwischen Liebe und Sympathie gibt. Ich glaube, dass nicht viele sich dessen bewusst sind. Ich erlebe es bei den Gemeindebesuchen, dass diejenigen, die mich eingeladen haben, felsenfest überzeugt waren, dass ich ein Motorradenthusiast bin. Sie gingen selbstverständlich davon aus, dass ich mit Motorradfahrern und der Szene sympathisiere. Wie erschrocken waren sie dann zu hören, dass ich die Szene, ihre Regeln, ihr Wesen und ihre Ausartungen verabscheue! Oder soll ich es toll finden, dass hier Menschen X Tausende Euros für tolle Motorräder vergeuden, während andere auf der Welt verhungern? Soll ich es toll finden, dass Leute Sodom und Gomorra Bikerpartys halten? Soll ich mich freuen, dass da kriminelle Clubs ihr Unwesen treiben, Drogen verkaufen, Schutzgeld erpressen, Frauen prostituieren...? Ich sympathisiere nicht mit der Szene, aber ich liebe die Menschen!

Sympathie wird schnell zu Antipathie. Das habe ich bei vielen „christlichen Motorradfahrern" gemerkt, wenn sie in der Szene missionieren wollten. Zuerst war alles toll aber was ist, wenn dir der erste Gottlose ins Gesicht spuckt? Was ist, wenn sie dein Motorrad beschädigen, dir Schläge androhen und dein Haus in die Luft sprengen wollen? Glaub mir, aus Sympathie wird schnell Antipathie. Aber Liebe hat eine völlig andere Qualität. Liebe ist stärker! Sie kommt nicht durch weltliche „Übereinstimmungen" sondern aus dem Wesen Gottes! Liebe hat auch eine gehörige Portion Trotz! Gott liebt uns trotzdem! Wir haben gesündigt, aber Gott liebt uns trotzdem! Wir haben Gott verflucht und herausgefordert, aber er liebt uns trotzdem! Am Kreuz trotzt Gott Sünde Tod und Teufel, weil Gott Liebe ist! Diese Liebe brauchen wir, wenn wir Menschen begegnen oder missionieren wollen. Da sind Menschen, mit denen ich menschlich gesehen nichts zu tun hätte! Aber ich werde ihnen trotzdem dienen, weil Gott sie liebt und sie wertvoll für ihn sind! Wer diese Liebe nicht hat, der kann keine Gemeinde bauen und auch keine Mission betreiben, weil er selber noch zu missionieren ist. Egal welche Position er in einer „Kirche" hat! Auch an diesem Punkt braucht es eine Erweckung!

Gott will jetzt und hier handeln

Keiner der gläubigen Leser wird daran zweifeln, dass Gott darauf wartet, dass die Sünder jetzt und hier zu Gott kommen sollen. Und dass Gott jetzt und hier das Wunder der Wiedergeburt wirken will, wenn der Sünder mit aufrichtigem Herzen kommt. Warum zweifeln aber so viele daran, dass Gott jetzt und hier in unserer Gemeinde eine Erweckung schenken möchte? Jetzt sofort! Gott ist jetzt bereit dazu, er möchte uns jetzt erwecken. Gott möchte uns heute in ein Leben in seiner Gegenwart ziehen. So dass wir in dem Bewusstsein von Gottes Gegenwart ein heiliges, attraktives Leben in brüderlicher Einheit und Liebe leben. Es ist doch wirklich beschämend, dass wir dem Sünder immer wieder sagen, dass Gott bereit ist, ihn jetzt anzunehmen. Aber selber wollen wir es als Gemeinde nicht glauben, dass uns Gott jetzt erwecken will. Da können wir uns abmühen, wie wir wollen, Veranstaltungen und Konferenzen besuchen. Erweckung wird Gott dann schenken, wenn wir Gott ernst nehmen und ernsthaft beten.

Vielerorts haben wir uns auf ein niveauloses Gebetsleben herabgelassen. Das merkte ich persönlich erst, als ich Gemeinden traf, die „ernsthaft beteten." Als junger Evangelist wurde ich von einem Jugendkreis eingeladen, der eine Straßenevangelisation auf einem Stadtfest organisiert hatte. Nachdem man mir die Bühne und alles andere gezeigt hatte, führte man mich in einen Raum, wo die Jugendlichen zum Gebet versammelt waren. So etwas hatte ich zuvor nicht erlebt. Die Jugendlichen rangen unter Tränen und Flehen auf den Knien für die verlorenen Menschen in der Stadt. Sie nannten ihre Freunde und Bekannte beim Namen und brachten sie unter „Geburtswehen" vor den Herrn, damit sie wiedergeboren werden, wie ich das noch nie erlebt hatte. Ich war wie versteinert. Mir schossen allerlei mögliche Gedanken durch den Kopf: „Darf man so beten? Muss das sein? Geht es nicht etwas dezenter?" Denn es war mir peinlich, selber so zu beten. Ich war nicht in der Lage dazu. Doch das Zeugnis des Geistes war deutlich. Von allen Anwesenden war ich derjenige, der eine laue Einstellung dem Dienst, der Gemeinde und den Verlorenen gegenüber hatte. Gott hat mich tief gedemütigt. Seitdem besuchte ich viele Gemeinden in Europa und kann sagen, dass ich hier und da Geschwister mit ähnlichem Gebetsgeist und Eifer traf. Hier war Erweckung im Gange.

Emotionen beim Beten

Es ist kein Zeichen von einem heiligen Niveau, wenn Christen in Gemeinden ihre scheinbare Würde beim Gebet wahren. In Wahrheit handelt es sich oft um innere Starrheit und Angst, ernsthaft zu beten. Oder aufrichtig angebrachte Emotionen zu zeigen. Oft sind diese Menschen auf anderen Lebensgebieten nicht verlegen, Emotionen zu zeigen, z.B. wenn der Fußballverein verloren oder gewonnen hat. Oder wenn ihr Autolack angekratzt wird oder das Wohnzimmer verbröselt wird. Aber für die verlorenen Menschen Emotionen zeigen, können sie nicht. Da ist doch was faul. Schaut euch Jesus an, er weinte über Jerusalem, es jammerte ihn, als er den Aussätzigen sah, und er half ihm. Barmherzigkeit wollte Gott statt Opfer und religiöse Würde. Schaut euch im AT um, wie oft Menschen in ihrer Not zu Gott schrien! Wenn wir doch nur die Not erkennen würden, in der unsere Gemeinden und die Verlorenen sind. Wir würden schreien und nicht aufhören, bis Gott uns erhört hat.

► **Prinzip:** *Wir müssen dem Gebetsgegenstand gegenüber mit dem angemessenen Ernst beten, wenn Gott erhören soll.*

Ich will aber nicht einseitig sein. Das gleiche gilt auch beim Thema Freude! Schaut euch einmal an, wie Jesus Gott im Gleichnis des verlorenen Sohnes darstellt! Der Vater rennt dem verlorenen Sohn entgegen. Er fällt ihm um den Hals und küsst ihn! Er macht ein Fest mit Musik und sogar Tanz! Oje. Jetzt wird's ernst, oder? Aber es war Freude im Himmel über den Verlorenen, der umgekehrt ist! Und diese Freude ist in vielen Gemeinden ebenfalls ausbaufähig. Wie oft habe ich es erlebt, dass wir in Gemeinden Lieder singen, über Freude und dabei null aber wirklich null Freude in den Stimmen hören. Da wird bekanntgegeben, dass Menschen zum Glauben gekommen sind und keine Reaktion. Traurig. Wenn es Menschen gibt, die wirklich Grund zur Freude haben sollten, dann sind es echte Christen! Und solange die Nichtchristen diese echte Freude in unserem Leben nicht sehen, ist es kein Wunder, dass sie uns „die gute Nachricht" nicht glauben. Wie gut kann die denn sein, wenn am Ende ein trauriger emotionsloser Haufen bei raus kommt? So will keiner enden und so soll auch keiner enden. Wir haben Grund zur Freude!

13. Prinzip

Zum Beten gehört Ergebenheit

Mancher wird aufgrund des vorigen Kapitels ins Feld führen, dass wir doch aufgrund von Gottes Souveränität mit Ergebenheit beten sollen. Dabei wird oft die vorherrschende Oberflächlichkeit oder Gleichgültigkeit mit Ergebenheit verwechselt. Doch Ernsthaftigkeit und Ergebenheit gehören zusammen. Wir wollen uns einige Ereignisse in der Schrift ansehen, wo wir wirkliche Ergebenheit beim ernsthaften Gebet studieren können. David betete ernsthaft für das Leben seines ungeborenen Sohnes, solange dieser noch lebte. David fastete dabei und lag flehend ausgestreckt vor Gott auf dem Boden. David war es gleich, was sein königliches Umfeld darüber denkt. Und selbst wenn er geahnt hätte, dass ihn alle Generationen nach ihm in der Bibel dabei beobachten werden, wie er da flehend im Staube um das Leben seines Sohnes ringt, hätte er es nicht anders gemacht. Ihm war es ernst damit! Erst, als unwiderruflich feststand, dass das Kind tot war, ergab sich David in Gottes Willen und haderte nicht mit ihm. Er wusste ja, dass es seine eigene Schuld und Konsequenz war, dass der Junge starb. Er stand auf, beendete das Fasten und ging ergeben vor Gott an das Tageswerk. Doch David ergab sich nicht, bevor die Sache entschieden war.

Paulus betete darum, dass ihm der Pfahl aus dem Fleisch genommen wird. Er bekam ebenfalls nicht, um was er bat. Er betete weiter und ließ nicht locker, bis er nach dem dritten Beten die Antwort bekam. Diese brachte ihn zur Gewissheit von Gottes Absicht. Als Paulus die Absicht Gottes bewusst wurde, ergab er sich in Gottes Willen und nicht vorher. Weil er Gottes Willen vorher für seine Situation nicht kannte. Ergeben sein konnte Paulus erst, nachdem ihm klar war, dass Gott in dem Schwachen mächtig sein will. Hier erkennen wir, dass ernsthaftes und ergebenes Gebet zusammengehören. Ein wirklich ergebener Beter betet ernsthaft und anhaltend, bis ihm Gottes Absicht klar ist, in die er bereitwillig einwilligt. Wenn wir aufhören, ernsthaft zu beten, ohne das Erbetene oder eine Antwort von Gott empfangen zu haben, dann beten wir nicht ernsthaft. Wir beten dann nicht ergeben sondern gleichgültig, denn es ist uns gleich, ob Gott handelt oder nicht - ob er uns antwortet oder nicht. Vieles, was „Ergebenheit" genannt wird, ist in Wahrheit Gleichgültigkeit oder Oberflächlichkeit oder Leichtsinnigkeit. Viele formulieren Worte an den Himmel, aber sie rechnen nicht wirklich damit, dass Gott früher oder später antwortet, wenn sie ernsthaft und ergeben beten. Wir können sehen, wie Abraham ernsthaft mit Gott um Sodom rang. Wenigstens Lot und seine Familie wurden dadurch gerettet. Auch Moses flehte zu Gott, wegen seines sündigen Volkes in der Wüste. Auch er hörte nicht auf, bevor er sicher war, dass Gottes Volk verschont wird.

▶ **Prinzip:** *Ergebenheit ist die demütige Haltung eines ernsthaften Beters. Ergebenheit ist die Einwilligung in Gottes Willen, wenn fest steht, was Gott zu tun beabsichtigt.*

14. PRINZIP

RICHTIG EMPFANGEN GEHÖRT ZUM BETEN

„Bittet, so wird euch gegeben; suchet, so werdet ihr finden; klopfet an, so wird euch aufgetan. Denn wer da bittet, der empfängt; und wer da sucht, der findet; und wer da anklopft, dem wird aufgetan." Matthäus 7,7

Jesus versichert uns, dass echtes Beten empfängt. Viele beten und erwarten gar keine Erhörung. Wenn man sie fragt, wofür sie gebetet haben, dann wissen sie es oft schon nach kurzer Zeit nicht mehr. Wer würde im Laden um 200 Gramm Käse bitten und gehen, ohne ihn erhalten zu haben? Ich habe das schon oft gemacht! Ich habe an der Kasse gezahlt und die Ware liegen lassen und sogar vergessen, das Rückgeld abzuwarten. Da musste mich die Kassiererin wachrütteln. Peinlich. Und warum? Weil ich mit meinen Gedanken woanders war. „Gedankenverloren". So beten viele. Sie formulieren Gebete, aber sie sind in Wirklichkeit völlig woanders. Wer würde angesichts seines brennenden Hauses um Hilfe bitten und damit aufhören, bevor es gelöscht ist? Wer bittet Gott um eine Sache und ist ohne Antwort zufrieden? Erstaunlich viele! So viele gibt es, die das Gebet als eine religiöse Übung ansehen und oberflächlich beten, anstatt mit ernsthafter Aufrichtigkeit. Wenn wir einen Bekannten um seine Hilfe bitten, dann würden wir versuchen, an seinem Gesicht abzulesen, wie er reagieren wird. Wir würden versuchen herauszufinden, ob er bereitwillig oder unwillig ist. Dieses Forschen brauchen wir im Gebet, um Gottes Willen zu erkennen, um dann ergeben zu empfangen, was er geben wird. Wer ernsthaft betet, dem wird Gott sicher antworten, entweder mit der konkreten Gebetserhörung oder mit der Offenbarung seines Willens. So dass wir sicher sind, dass Gott geantwortet hat. So erhielt ich betend den Wohnwagen, Wohnmobil, Computer, Evangelisationsanhänger und vieles mehr. Um unsere Dienste tun zu können. Wir haben immer wieder erlebt, dass der Herr treu ist und gibt, wenn wir bereit sind, seinen Willen zu tun. Wer bittet, der empfängt.

Bei anderen Gebetsanliegen musste ich aber auch manchmal früher oder später merken, dass Gott etwas anderes vorhatte. Was hatte ich nicht schon für Ideen! Aber aus vielen ist bis heute nichts geworden und bei manchen kann ich sagen: „Gott sei Dank, dass er uns nicht alle unsere Wünsche erfüllt, ich hätte ein verwünschtes Leben!"

Manchmal empfangen wir von Gott einen „Geistesblitz" wenn wir um Weisheit bitten, oder wenn Gott in einer Situation zu uns redet. Andere Male müssen wir aber intensiver über Dinge nachdenken bevor wir „empfangen" was uns nutzt. Ich möchte das mit einem Computer vergleichen, der schlechten Internetempfang hat. Ich wohne in einem Reservat im schwedischen Wald und da ist schlechtes Netz. Das dauert, wenn ich etwas aus dem Internet herunterlade! Je größer die Datei, desto länger dauert das! Besonders schlimm sind große Bilder! Aber so ist es auch manchmal in unserem Kopf. Wir müssen lernen uns Gottes Weisheit herunterzuladen. Das liegt weniger an Gottes Trägheit, als an unserer mangelnden Konzentration. Und unserer Unfähigkeit konstant und konsequent ein Problem zu bedenken. Auch unserer Unwilligkeit wirklich eine Lösung zu finden. Oder unserer Voreingenommenheit, die uns unfähig für einen anderen Weg macht… Wir beten, aber weil wir „schlechten Kontakt" haben kann das „Herunterladen" von Gottes „Bild" dauern. Es kann auch andere Gründe haben, die außerhalb von uns liegen, weshalb wir warten müssen. Aber dieser hier sollte bedacht werden. Wir müssen „empfangen" lernen.

15. Prinzip

Beharrliches Beten erfährt Erhörung

„Seid beharrlich im Gebet." Römer 12,12

„Betet allezeit mit Bitten und Flehen im Geist und wacht dazu mit aller Beharrlichkeit im Gebet für alle Heiligen." Epheser 6,18

Zum ernsthaften Gebet, welches Gebetserhörung und Antwort von Gott empfangen will, gehört die Beharrlichkeit im Gebet. Im vertrauten Umgang mit Gott und im ernsthaften Gebet geschieht etwas, wodurch Gott uns auf die Erhörungen vorbereitet. Oft muss Gott unsere Einstellung dem Gebetsgegenstand gegenüber heiligen, damit er uns erhören kann und uns die Erhörung zum Segen und nicht zum Fluch wird. Da betet z.B. jemand für einen Partner. Er will ihn jetzt und gleich. Doch er erkennt nicht, dass manche seiner Haltungen dem anderen Geschlecht oder einer Beziehung gegenüber nicht so sind, dass Gott die Beziehung und Ehe segnen könnte. Würde Gott ihm jetzt einen Partner geben, dann würde ihm das vielleicht zum Verhängnis werden.

Mancher betet für einen Ausweg oder eine Lösung für ein Problem, aber vielleicht müssen einige „kleine" Dinge und Schritte unternommen werden, damit es in diese Richtung geht. Also muss man beharrlich beten und gehorsam eines nach dem anderen tun. Manche beten um Erweckung, aber haben sich nie vom Herrn zeigen lassen, was Erweckung eigentlich ist. Sie beten, weil es so Mode ist. Dabei will Gott uns betend auf Erweckung vorbereiten. Beharrliches Gebet ist die Zeit, wo Gott uns durchleuchtet, tiefer führt und an uns arbeitet. Hier kommen wahre Motivationen und Absichten ans Licht. Hier wird vergangenes Handeln aufgedeckt und Buße notwendig. Hier werden Prioritäten gesetzt, Gedanken verdichten sich zu Überzeugungen. Wahrheiten werden neu bewusst und zu konsequenten Entschlüssen gebracht. So bereitet Gott uns auf die Gebetserhörungen vor. Wenn Gott uns einen Wunsch aufs Herz gelegt hat, dann will er uns auch erhören.

> ▶ **Prinzip:** *Wenn wir beharrlich beten, dann bereitet Gott uns im Gebet auf die Erhörung der Gebete vor, damit wir mit ihnen angemessen umgehen.*

Brechen wir das beharrliche Gebet ab, dann nehmen wir Gott die Möglichkeit, sein Werk in uns zu Ende zu führen und die Gebetserhörung könnte verzögert werden oder ganz ausbleiben. Dass beharrliches Beten uns verändert, können wir ganz anschaulich an Petrus studieren. Jesus gab dem Petrus Aufgaben in seinem Reich: ***„Weide meine Lämmer"*** Johannes 21,15 „Toll, Kinderarbeit machen, das mache ich gerne für Jesus." Jesus erweitert seine Aufgaben: ***„Weide meine Schafe."*** „Super, Jesus vertraut mir sogar die Gemeinde an." Aber die Frage ist doch: „Hat Petrus überhaupt die richtige Überzeugung und Einstellung für einen geistlichen Dienst? Liebt Petrus den Herrn Jesus wirklich? Das heißt, stellt er Jesus über alles? Ist er bereit, konsequent aus Überzeugung in allen Situationen und unter allen Umständen Gott zu ehren? War Petrus wirklich bewusst, wie wichtig dieser Dienst ist, oder wollte er sich nur damit wichtig machen?" Jesus kannte Petrus. Jesus kannte die großen Sprüche und Versprechen und seine Tränen. Aber hatte Petrus seine Einstellung wirklich geändert?

Jesus will entschiedene und entschlossene Diener in seinem Reich und nicht solche, die viel versprechen und nichts halten, wenn es darauf ankommt. Jesus sagte Petrus darauf, dass er ebenfalls gekreuzigt werden würde. ***„Das sagte er aber, um anzuzeigen, mit welchem Tod er Gott preisen würde."*** Johannes 21,19 „Wie bitte? Gott die Ehre geben durch meinen Tod?" Damit hatte Petrus nicht gerechnet. Vermutlich zog sich alles in ihm zusammen. Misstrauensalarm, der bei Jesus Böswilligkeit interpretiert! Petrus drehte sich unwillig um, sah Johannes an und sagte: ***„Herr, was wird aber mit diesem?"*** Das konnte ja wohl nicht angehen, dass er leiden soll, während es anderen gut geht? ***„Jesus spricht zu ihm: „... was geht es dich an? Folge du mir nach!"*** Johannes 21,21-22 Jesus weigerte sich, mit Petrus über andere zu sprechen. Das war nicht der Moment, um mit Jesus über andere zu sprechen. Irgendwann kommt der Tag, an dem Jesus von uns erwartet, ganze Sache zu machen und aufzuhören, uns immer mit anderen zu vergleichen. Hier wird die Frage laut: Vertraue ich Gott wirklich für meinen eigenen persönlichen Lebensweg oder misstraue ich ihm? Obwohl das gewaltigste Wunder persönlich vor Petrus stand, der Auferstandene (!), der den Tod besiegt hat (!), war es dem Petrus wieder aus dem Bewusstsein entwichen. Er sah vor lauter Bäumen den Wald nicht. Er sah vor lauter Liebe für Jesus und Gedanken an seinen Dienst das Wesentliche nicht mehr: Gottes Ehre in Ewigkeit und konsequente und entschlossene Hingabe an Gott! Es drehte sich wieder alles um ihn, um sein Leben, natürlich auch mit dem Dienst, natürlich auch mit Liebesversprechen. Doch nun ging es ans Eingemachte: „Glaube ich wirklich an das ewige Leben? Glaube ich wirklich daran, dass die Nachfolge Jesu mich direkt in Gottes ewige Welt bringt? Will ich das überhaupt? Bin ich bereit, alles auf Jesus und das Reich Gottes zu setzen und einzusetzen? Will ich Gott unter allen Umständen mit meinem Leben und Sterben preisen? Will ich nur meine Fischgräten weitergeben, oder wenn es darauf ankommt, auch meine eigenen Fische? Es ist niemand in der Lage, einen geistlichen Dienst zu tun, wenn diese Fragen nicht bewusst und konsequent geklärt sind.

Diese Fragen müssen wir Gott beantworten. Unentschlossen können wir nicht ans Werk gehen und erwarten, dass Gott uns dabei segnet. Jesus sprach sicher auch mit den anderen Jüngern über die gleiche Sache. Solange sie diese Fragen, die sie bewegten, nicht geklärt hatten, waren sie unglaubwürdig für die Verlorenen. Und damit untauglich und unfähig für den Dienst. Sie hatten zwar den Missionsbefehl, aber das strikte Verbot damit zu beginnen. Bevor sie nicht den Heiligen Geist empfangen hatten – und eines wird in diesen Begebenheiten deutlich: Der Heilige Geist wird nicht Unentschlossenen, Unwilligen und Misstrauischen gegeben. Sondern Menschen, die im beharrlichen Gebet zu einer Einstellung Gott gegenüber kommen. Und die Gott mit dem Heiligen Geist segnen kann. Jesus hatte ihnen gesagt, wie es für die weitergeht, die den Heiligen Geist empfangen: Weltmission! Aber erst mal Aktivitätsverbot! Was in der Fülle und Kraft des Heiligen Geistes möglich ist, das sehen wir ebenfalls nach Pfingsten!

Manche meinen, dass sie sicher dem Herrn voll und ganz dienen wollen, wenn sie den Heiligen Geist empfangen haben. Sie warten darauf, dass der Heilige Geist ihre Einstellung verändert. Aber wir sehen hier deutlich, dass Jesus von den Jüngern erwartete, ihre Einstellung zu ändern, damit sie den Heiligen Geist empfangen konnten. Drei Jahre zusammen mit dem gegenwärtigen Jesus waren nicht genug, um Gott zu dienen. Es musste Hingabe an den Geist des Herrn sein, der im Leben der Nachfolger gegenwärtig sein will. Dem Auferstandenen persönlich zu begegnen war auch nicht genug, um die Botschaft weiter zu geben. Sondern eine persönliche vertraute Beziehung zu dem im Geist gegenwärtigen Herrn Jesus Christus muss das Christenleben prägen. Die Frage war, ob sie den Heiligen Geist empfangen wollten. Die Erlösung war vollkommen vollbracht, aber wollten die Jünger auch, dass die Erlösung vollkommen in ihnen installiert und verwirklicht wird? Jesus war für unsere Sünden gestorben und die Verlorenen können bußfertig wieder zu Gott kommen. Aber wollten die Jünger dieses Evangelium verkündigen? Koste es, was es wolle? Es geht in der Botschaft vom Reich Gottes um das Ende der Welt in Feuer und Untergang, aber auch um die neue Welt, in der Gerechtigkeit wohnt. Wollte Petrus alles darauf setzen und diese neue Welt in heiligem Wandel und frommem Wesen erstreben, wie er es nachher tat? (2 Petrus 3) Noch nicht. Noch war er nicht in der Lage, die Petrusbriefe zu schreiben. Dazu war keine Vollmacht da. Zuerst musste Petrus sein Testament machen, damit das Neue Testament mit den geisterfüllten Briefen des Petrus zustande kommt. Und zwar zur Rettung von Millionen und Abermillionen Menschen! Petrus hatte zuerst nur seinen Tod vor Augen, Gott aber das ewige Leben von Millionen! Worauf siehst du, wenn Jesus dich zur Nachfolge auffordert? Bist du bereit ein Weizenkorn zu sein, das zum Segen anderer in der Erde erstirbt um Frucht zu bringen?

Doch von all dem, was Gott an Segen auch durch ihn wirken würde, ahnte Petrus noch nichts. Petrus war unwillig. Er offenbarte seine wahre Haltung. Viel hatte sich seit der Verleugnung an seinem Charakter und seiner Einstellung nicht geändert. Heiße Tränen und Liebesversprechen, aber keine neue Herzenshaltung Jesus Christus und der Ewigkeit gegenüber. Das musste sich ändern, wenn Petrus den Heiligen Geist empfangen wollte. Hier halfen alle Illusionen und Vertröstungen nichts. Hier musste Petrus eine Entscheidung treffen. Irgendwann kommen wir an den Punkt, wo wir aufhören müssen, immer auf andere zu sehen und uns an dem orientieren, was andere tun, oder welchen Lebensstandard sie haben. Es kommt der Zeitpunkt, wo uns der auferstandene Jesus Christus unmissverständlich klar macht, dass die anderen keine Orientierung für uns sein dürfen. Sondern dass wir alleine auf ihn sehen müssen, um ihm nachzufolgen. Dann wird uns klar sein, was Gott von uns erwartet und es ist nicht gesagt, dass es uns vordergründig Spaß machen wird. Ich begegne Menschen in den Gemeinden, die davon ausgehen, dass ich der „coole Biker" bin, dem die „Motorradmission" richtig Spaß macht. Ich muss euch enttäuschen. Wie oft saßen wir mit Mitarbeitern vor den Einsätzen zusammen und mussten uns dazu überwinden. Denn vieles in dieser Szene ist nur verachtenswert, bis hin zu widerwärtig oder gar kriminell. Spaß? Ich bin felsenfest davon überzeugt, dass Gott mich für diesen Dienst berufen hat, weil er mir eben keinen Spaß macht. Denn so fällt es mir nicht so schwer, mich auf die Menschen und auf nichts anderes zu konzentrieren. Und dass sie das Evangelium hören und nichts anderes. Ich habe „christliche Motorradfahrer" in der Szene getroffen, die über Motorräder debattieren können, über die Technik fachsimpeln, über die Musik im Hintergrund reden, aber kein Wort über Jesus herausbekommen. Nur wenn wir von uns und der Welt gelöst sind, können wir Jesus zu den Menschen und die Menschen zu Jesus führen. Spaß hat es selten gemacht, aber Freude macht es, weil wir wissen, wie wichtig dieser Dienst an Gott und den Menschen ist, und es ist absolut „sinnvoll".

Bin ich bereit, Gottes Willen zu tun? Ist Christus mein Leben und Sterben mein Gewinn? (Philipper 1,21) Das ist die Frage, die uns mit Petrus ins Gebet treibt: „Will ich Jesus mit allen Konsequenzen nachfolgen? Koste es, was es wolle? Soll mir heute schon die Welt gekreuzigt sein und ich der Welt, und will ich alles auf den Ewigen und auf die Ewigkeit setzen, um ein Segen für andere zu sein?"

Die Jünger beteten nach diesen Gesprächen zehn Tage um die Ausgießung des Heiligen Geistes. Hier sind wir beim anhaltenden, ernsthaften und beharrlichen Gebet. Ich habe mich oft gefragt, warum zehn Tage? Warum kam Gottes Geist nicht früher? Heute kann ich es mir denken. Ein wesentlicher Grund ist sicher der, dass die Jünger neun Tage lang noch nicht die innere Einstellung hatten, die Gott der Vater mit dem Heiligen Geist segnen konnte. Gott war sicher bereit, den Heiligen Geist schon nach einem Tag auszugießen, wenn die Jünger sich schon nach einem Tag zu der richtigen Einstellung Gott und seinem Heiligen Geist gegenüber durchgerungen hätten. Doch die Jünger mussten erkennen, dass Gott keinem Gleichgültigen, Lauen, Halbherzigen, Oberflächlichen, Inkonsequenten, Misstrauischen, Scheinheiligen oder Zweifelnden den Heiligen Geist gibt. Es macht hier wenig Sinn als Gemeinde 10 Tage Gebet anzusetzen, weil die Jünger 10 Tage lang gebetet haben. Sondern zu dieser Einstellung müssen wir kommen! Mancher braucht dazu ein paar Überlegungen und ein anderer wird dafür vielleicht 10 Jahre brauchen. Und sich immer noch nicht durchgerungen haben, weil er es gar nicht für nötig hält.

Diese Zeit des Gebets war auch die Zeit, sich ehrliche Fragen zu stellen, die Kosten zu überschlagen, Gespräche zu führen. Ich kann mir vorstellen, dass Petrus in diesen Tagen z.B. mit seiner Frau gesprochen hat.

„Frau, Jesus sagte mir, dass ich sicher gekreuzigt werde, um Gott die Ehre zu geben. Was sollen wir machen?" Hat die Frau sein Misstrauen verstärkt? Oder hat sie ihm Mut gemacht? Vielleicht hat er sich mit Johannes darüber ausgetauscht, weil Johannes das so eindrücklich schildert. Wir wissen es nicht. Auf jeden Fall rechnete Petrus menschlich gesehen sicher damit, dass er nicht mehr lange leben würde, wenn er durch den Heiligen Geist zum „Zeugen" werden würde. In der Stadt, wo sie eben noch Jesus gekreuzigt haben, würde er wohl der nächste sein. So etwas musste bedacht und besprochen werden. Diese zehn Tage waren eine Zeit der Neuausrichtung, eine Zeit um in die Wahrheit und Konsequenz der echten Nachfolge zu kommen. Eine Zeit, um sich aufrichtig und aus Überzeugung Gott zuzuwenden, um den Heiligen Geist mit allen Konsequenzen zu empfangen. Zehn Tage beharrliches Gebet. Zehn Tage um von oberflächlichen Liebeserklärungen und unwilligen Haltungen zu echter Hingabe und ernsthafter Anbetung zu kommen. Um Gott wirklich die Ehre zu geben. Zehn Tage hat es bei den Jüngern gedauert, bis sie soweit waren, dass sie sich wirklich aus glaubender Überzeugung der Verheißung Jesu hingaben – dem Heiligen Geist, der nur denen gegeben wurde, die Gott gehorsam sein wollten (Apostelgeschichte 5,32)!

Wir sehen, wie wichtig es war, dass die Jünger in dieser Sache beharrlich beten, wie wichtig es war, dass sie diese wichtigen Fragen nicht aufschoben. Aus zehn Tagen hätten auch zehn Jahre werden können. Sie hätten auch nach sieben Tagen aufhören können zu beten, ohne die Verheißung empfangen zu haben. Und so mit dem Gemeindebau beginnen oder mit der Weltmission. Was hätte es gebracht? Petrus hätte die Lämmer und die Schafe hüten können. Hätte Gott sie gesegnet? Sie hätten nach ihren Mitteln und Möglichkeiten handeln können. Aber hätten sie mit Gott rechnen können? Sie wären wieder vor 5000 hungrigen Mäulern gestanden und hätten ihre paar Mark zusammen gezählt und gemerkt, dass ihnen das alles eine Nummer zu groß ist. Und was hätten sie dann gemacht? In den zehn Tagen beharrlichen Betens veränderte sich etwas in den Jüngern, das es Gott ermöglichte, in Kürze die Gemeinde auf 5000 Menschen wachsen zu lassen, die am Brot des Lebens satt wurden! Petrus hat in den zehn Tagen mit seiner Selbstverwirklichung abgeschlossen und sich dazu entschlossen, dass er Christus verwirklichen will, in seinem ganzen Wandel. Er war bereit, sich Gott voll und ganz hinzugeben. Er hatte seine Entscheidung im Gebet getroffen. Er war entschlossen und konsequent und so konnte Gott sein aufrichtiges Beten erhören. Diese veränderte Herzenshaltung konnte Gott so segnen, dass er den Heiligen

Geist ausgoss. Petrus war es dann auch, der aus voller Überzeugung und voll des Geistes auf den Straßen Jerusalems das Evangelium verkündigte. Er nahm kein Blatt vor den Mund. Er sagte den Menschen geistesgegenwärtig, ohne Todesangst, vollmächtig und ohne Menschenfurcht deren Schuld auf den Kopf zu. Und seht, wie Gott sich zu dieser gewaltigen Predigt stellte. Der Heilige Geist floss und 3000 Personen kamen an diesem Tag zum Herrn, Geistestaufen und Wassertaufen ohne Ende und ohne Show und Künstlichkeit. Aber schlicht und ergreifend! Kurze Zeit später waren es 5000! Es wird uns nicht überliefert, dass Petrus damit gerechnet hätte. Es kann gut sein, dass er meinte, dass er der erste ist, der sterben muss, wenn er den Mund zum Zeugnis aufmacht, und jetzt das? Zu seinem Erstaunen lebte Petrus noch eine gute Weile im fließenden Segen des Herrn und in der Kraft Gottes. Betend und geistesgegenwärtig verkündigte Petrus noch Jahre lang das Evangelium mit Zeichen und Wundern, mit denen Gott sein Evangelium begleitete! Aber eines weiß ich genau. Petrus wusste jeden Tag seines restlichen Lebens: „Egal was kommt, es hat sich gelohnt!"

Womit wollen wir diese verheißenen Wirkungen Gottes in unserer Gemeinde und Evangelisation ersetzen? Mit welcher „Aktivität und Gottesdienstform" wollen wir das ersetzen, was da im Gebet gereift war? Ich bin von einer Sache überzeugt. Wer sich Gott 99 Prozent hingibt, der wird ihn ein Prozent erleben und zwar dahingehend das verbliebene eine Prozent zu ändern. Wer sich Gott 100% hingibt, der wird Gott 100% erleben. Wer Gott 99% vertraut, der wird dieses eine Prozent immer so erleben, dass Gott ihn herausfordert, sich ihm zu 100% hinzugeben. Damit sage ich nicht, dass Gott nur diejenigen segnet, die 100% vollkommen in der Heiligung sind! Das ist etwas anderes! Hier spreche ich über die Einstellung und nicht über vollkommene Heiligkeit. Jeder muss jeden Tag aufs Neue seinen Situationen begegnen und dazulernen, aber er wird dies nur im Fortschritt tun, wenn er diese Einstellung hat. Paulus selber bildete sich nicht ein, dass er vollkommen heilig ist, aber was seine Einstellung anbelangt, da war er sich im Klaren. Diese Einstellung müssen wir haben (Philipper 4,12-16). Lieber Leser, willst du nicht auch ein 100 prozentiger Christ sein? Soll nicht das scheinheilige Leben ein Ende haben? Soll nicht der kraftlose Dienst an den Lämmern und Schafen ein Ende haben? Und die Hingabe an den gegenwärtigen Herrn beginnen? Es sind viele Menschen in einem gewaltigen Traum und müssen daraus erweckt werden! Jesus sagte:

„Darum an ihren Früchten sollt ihr sie erkennen. Es werden nicht alle, die zu mir sagen: Herr, Herr! in das Himmelreich kommen, sondern die den Wil-

len tun meines Vaters im Himmel. Es werden viele zu mir sagen an jenem Tage: Herr, Herr, haben wir nicht in deinem Namen geweissagt? Haben wir nicht in deinem Namen böse Geister ausgetrieben? Haben wir nicht in deinem Namen viele Wunder getan? Dann werde ich ihnen bekennen: Ich habe euch nie gekannt; weicht von mir ihr Übeltäter!" Matthäus 7,20-23

Haben wir nicht viele Veranstaltungen organisiert? Haben wir nicht...? Haben wir nicht...? Immer wieder was wir gemacht haben. Stolz, Selbstverwirklichung, ich, ich, ich. Wenn wir davon erst aufwachen, wenn wir von den Toten zum Gericht aufgeweckt werden, dann ist es zu spät. Lass dich heute erwecken! Hat Gott die Möglichkeit, sich in dir und durch dich zu verwirklichen? Im heiligen Wesen, Früchten des Geistes, Wort und Tat. Wir haben ein gewaltiges Problem, wenn wir nicht in die vertraute Beziehung mit Gott kommen wollen. Denn das ist das Problem: *„Ich habe euch nie gekannt; weicht von mir, ihr Übeltäter."*

Das hätte sich Petrus am Ende seines Erdenlebens auch anhören müssen. Wenn er sich nicht betend zu einer angemessenen Haltung dem Auferstandenen gegenüber durchgerungen hätte, um den Heiligen Geist zu empfangen. Was wäre passiert, wenn Petrus diese Entscheidung aufgeschoben hätte, um mal abzuwarten? Er hätte sich vielleicht wirklich abgemüht, man hätte ihn sicher sogar ernst genommen, er hätte sicher den einen oder anderen für seine Sache gewinnen können, aber war es das, was Gott will? Oder hatte Gott nicht etwas weitaus größeres mit ihm vor? Wollte sich Gott nicht an Petrus und durch ihn in einer ungeahnten Fülle als mächtig erweisen? Und will Gott das nicht auch durch dich? Doch wie viele rennen heute herum und tun alles, was sie können, nur nicht, was sie sollen. Sie tun alles was in ihrer Kraft steht, aber nichts aus Gottes Kraft. In den „christlichen Veranstaltungen" gibt es solche Menschen, die meinen, dass sie Christen sind und in einer gewaltigen Täuschung leben. Wie viele Leute haben Spaß an einem Lobpreisgottesdienst, aber wenn sie zu Gebetsstunden eingeladen werden, sind sie unwillig. Sie können singen und dabei gut drauf sein, aber wenn sie ernsthaft beten sollen, kommt nichts raus. Da stimmt doch was nicht. Wie lange wollen wir weiterhin solche Illusionen fördern? Gefühle puschen ja, aber kein echtes Gebetsleben, keine Heiligung, keine Hingabe im Dienst und Konsequenz im Alttag. Das ist moderne Religiosität. Wer ist aber bereit, Jesus nachzufolgen?

Aus diesen Entscheidungen während der zehn Tage im anhaltenden Gebet kam ein Leben hervor, das Gott die Ehre gab. Petrus wollte auf jeden Fall nie mehr das Beten vernachlässigen. Wo die Arbeit in der Gemeinde im Segen Gottes immer mehr wurde, machte er das klipp und klar deutlich: **„Wir aber werden anhalten am Gebet und am Dienst des Wortes."** Apostelgeschichte 6,4

Ist das nicht erstaunlich? Der logisch denkende Mensch würde sagen: „Je mehr Arbeit ich habe, desto weniger Zeit bleibt mir für anderes." Das kennen wir aus Erfahrung. So dachte auch ich. Ich war zu beschäftigt um zu beten, aber ich war aktiv für Gott! Eines Tages wurde ich mit diesem Punkt so krass herausgefordert. Ein Bruder las uns Zitate von „geistlichen Persönlichkeiten" vergangener Tage vor, die in Gottes Kraft so viel Gutes für die Weltmission und den Gemeindebau getan haben, dass ihre Namen bis heute bekannt sind. Der eine betete 5 Stunden am Tag. Der andere stand nachts auf, um für mehrere Stunden Ruhe und Zeit zum Beten zu haben... Ich muss ehrlich sagen, dass ich das nicht fassen konnte. Ich konnte es einfach nicht fassen. Das ging nicht! Das war völlig gegen die Logik und Vernunft. Das konnte einfach nicht wahr sein. Aber anscheinend war es so. Ich ging völlig geplättet auf mein Zimmer und schüttelte nur den Kopf. Konnte es sein, dass ich auf dem völlig falschen Dampfer war? Konnte es sein, dass es da eine Dimension gibt, die mir noch völlig verschlossen war?

Ich hatte bis dahin ca. 10 Bücher über Gebet gelesen, aber ich betete nicht! Kaum! Selten! Oberflächlich! Wenn Not war intensiver, aber mir wurde an diesem Tag bewusst, dass ich völlig falsch lag. Mir wurde klar, dass mir nur eines helfen konnte. Beten. Schlicht Beten. Mir wurde klar: „Beten lernst du nur durch Beten." Ich wollte es wissen, ob es diese Dimension des geistlichen Lebens gibt, wo „Stundenlanges Beten" weder langweilig noch vergeudete Zeit ist. Ich musste herausfinden, was es bringt! Ob es wirklich nutzt? Mir? Anderen? Dem Dienst? Um es kurz zu machen: Finde es heraus. Es war anfänglich nicht leicht. Es fiel mir schwer mich zu konzentrieren. Gedanken schwirrten durch den Kopf. Ich merkte wie zerstreut ich bin, wie getrieben, wie nervös, wie ungeduldig... Ich musste lernen innerlich zur Ruhe zu kommen, ohne dabei einzuschlafen! Ich musste lernen mich auf Gott zu konzentrieren. Ihn zu suchen und nicht zuerst die Gabe. Als ich an den Punkt ankam, dass ich wirklich Gott suchte, da wurde das Beten wie ein Verlangen. Es war fast so, als ob Gott mich ab dann zu sich zog. Ich war von ihm total angezogen und wollte immer mehr. Ich merkte, dass ich das brauche. Ab dann hat sich alles verändert.

Viele Gemeinden haben Schwierigkeiten mit dem Besuch der Gebetsstunde. Das ist ein Hinweis darauf, dass die Geschwister kein lebendiges persönliches Gebetsleben haben. Wenn das Gebetsleben der Gemeinde nicht im Lot ist, dann ist es kein Wunder, wenn die ganze Gemeinde schief gebaut wird. Niemand würde z.B. lehren, dass das Beten nur für die „Älteren" ist und die Aktivitäten für die „Jüngeren". Aber die Praxis in den Gemeinden erzieht die Kinder schon damit, dass sie von klein auf „wissen": Beten ist was für die Alten, weil sie oft nur diese beten sehen. Hier ist Erweckung notwendig! Wir müssen als ganze Gemeinde dem Gebetsgeist Raum geben. Nicht dass wir uns falsch verstehen. Ich habe überhaupt nichts dagegen, dass die älteren Geschwister beten, im Gegenteil. Ich habe gesegnete Stunden in Gebetsgemeinschaften mit älteren Geschwistern erlebt. Aber Gebetsversammlungen müssten das Attraktivste im Gemeindeleben sein. Von Gott zu Menschen reden ist wunderbar. Mit Menschen über Gott reden ebenfalls. Aber das wundervollste Vorrecht ist es doch, gemeinsam mit Gott persönlich reden zu können! Wenn Gebetsstunden sich zu Seniorentreffs reduzieren oder gar zu Routineveranstaltungen verkommen, dann haben sie Erweckung bitter nötig! Folgende wahre Geschichte soll uns wachrütteln!

Ein Erweckungsprediger berichtete eine interessante Anekdote aus der Zeit, als er noch kein Christ war. „Eines Tages, als ich wieder einmal einer Gebetsversammlung beiwohnte, wurde ich gefragt, ob ich nicht wünsche, dass persönlich für mich gebetet werde. Ich lehnte jedoch das Angebot mit aller Entschiedenheit ab, indem ich rundweg erklärte, dass ich mir wenig Nutzen von der Fürbitte solcher Leute versprechen könne, deren Gebete Gott allen Anschein nach niemals erhöre. ‚Wohl weiß ich, dass ich die Fürbitte dringend nötig hätte', sagte ich, ‚denn ich fühle die Last meiner Sünden; aber was soll mir eure Fürbitte helfen? Ihr betet ja beständig und erhaltet nie etwas! Seit ich hier bin, betet ihr um eine Erweckung und noch ist nicht die Spur davon zu sehen. So anhaltend ihr auch um die Gabe des Heiligen Geistes gefleht habt, seht ihr euch immer wieder zu dem Bekenntnis genötigt, dass ihr sie nicht empfangen habt. Ihr habt so viele Bitten zu Gott empor gesandt, seit ich diesen Versammlungen beiwohne, dass ihr den Teufel längst aus Adams (Stadt) hättet vertreiben müssen, wenn eure Gebete irgendwelche Kraft hätten. Aber ihr betet und betet und bleibt doch immer auf demselben gleichen Fleck." Das ist sehr demütigend, solche Worte aus dem Mund eines Unbekehrten zu hören. Doch dieser Mann lies sich nicht davon abbringen, weiter nach Gott zu suchen, und als er ihm sein Leben voll und ganz gegeben hatte, konnte Gott ihn für unzählige Erweckungen tüchtig machen. Auf der anderen Seite war dieser Hammer für den Pastor und die Gemeinde ein Wachrüttler um über ihr Gemeindeleben und Beten nachzudenken.

Das beharrliche Gebet ist auch in anderen Zusammenhängen wichtig

▸ **Hindernisse in der geistlichen Welt:** Daniel z.B. musste 21 Tage um Antwort beten, weil der ausgesandte Engel von dämonischen Mächten aufgehalten wurde.

▸ **Innere Unruhe bewältigen:** Jesus musste im Garten Gethsemane dreimal beharrlich beten, weil ihn die bevorstehenden Dinge sehr beunruhigten und auch die Jünger die Anfechtung verstärkten.

▸ **Weil Gott andere Pläne hat, die Er uns offenbaren will:** Paulus betete beharrlich dreimal, weil er noch keine befriedigende Antwort auf sein Problem bekommen hatte. Als er bereit war zu verstehen, warum er nicht geheilt wird, konnte es Gott ihm offenbaren.

▸ **Um die eigene Einstellung Gott gegenüber zu ändern:** Die Jünger beteten zehn Tage, weil sie ihre Einstellung dem Heiligen Geist gegenüber in Ordnung bringen mussten.

Wir sehen, wie wichtig es ist, beharrlich zu beten und wie fatal es wäre, es nicht zu tun. Wie viel Segen geht verloren, weil wir nicht ernsthaft und beharrlich beten!

16. Prinzip

Gott gibt den Heiligen Geist gerne

„Wenn nun ihr, die ihr böse seid, dennoch euren Kindern gute Gaben geben könnt, wie viel mehr wird der Vater im Himmel den Heiligen Geist geben denen, die ihn bitten!" Lukas 11,13

Gott will den Heiligen Geist gerne geben, wenn wir ihn mit einer angemessenen Einstellung darum bitten. Jesus starb am Kreuz für uns, damit wir Vergebung der Sünden und den Heiligen Geist empfangen können. Seht, wie sehr Jesus da am Kreuz leidet! So sehr wünscht er sich, dass du ein entschiedener und entschlossener Christ wirst und in der Fülle des Gebetsgeistes lebst. Doch wenn Gott den Heiligen Geist so gerne gibt, dann müssen wir uns schon fragen, warum ihn so wenige haben?

Unwissenheit: Viele kennen Gottes Wort nicht und manche von ihnen wollen es nicht kennen lernen (Epheser 4,18).

Unglaube: Viele wollen nicht glauben, dass Gott den Heiligen Geist, den Geist des Gebets heute geben will, und zwar überzeugend(!) (Römer 8,16; Hebräer 3). Viele glauben erst recht nicht, dass es einen Ort der ewigen Strafe gibt, in dem sie auf jeden Fall die Ewigkeit verbringen werden, wenn sie nicht an Jesus durch den Heiligen Geist glauben. Viele glauben auch nicht, dass sie unfähig zum Dienst für Gott sind, wenn sie nicht den Heiligen Geist empfangen haben.

Selbstgerechtigkeit: Manche sehen nicht ein, dass sie durch und durch in Sünde verdorben sind. Manche haben eine gewisse Schuldeinsicht, aber der größte Heide entschuldigt sich bei seinem Freund, wenn er ihm auf den Schuh getreten hat. Wir sollen nicht einzelne Taten als Sünde anerkennen, sondern Gott erwartet von uns, dass wir unser durch und durch sündhaftes und gottloses Wesen erkennen. Und der Überzeugung Raum geben, dass wir in der Gewalt Satans sind. Nur so können wir uns zu Gott bekehren, um die Vergebung und Befreiung der Sünden zu empfangen (Apostelgeschichte 26,18). Sünde ist all das, was nicht auf dem Niveau von Gottes Heiligkeit ist und was nicht zur Ehre Gottes getan wird. Auch was den Segen Gottes hindert. Hier sind auch alle unsere Gedanken, Motive und Absichten gemeint. Doch wir wollen selbstgerecht nicht das Sünde nennen, was Gott Sünde nennt. Der Geist, den Gott verheißen hat, ist der Heilige Geist. Wir machen uns das nicht bewusst, wenn wir um den Heiligen Geist bitten. Wir wollen so bleiben, wie wir sind, und uns nicht heiligen lassen. Wir wollen uns nicht willentlich und entschlossen von der Sünde abwenden, uns reinigen und salben lassen.

Scheinheilig: Manche sind Thermometerchristen, die nur die geistliche Temperatur ihrer Umgebung erkennen lassen, aber eine vertraute Beziehung zu Gott in Heiligung und ein angemessenes Gebetsleben vermissen lassen. Viele Religiöse plappern beim Beten wie die heuchelnden Heiden und sind Heiden. Anstatt ein echtes aufrichtiges Gebetsleben im Geist und in der Wahrheit anzustreben. (Matthäus 6,5; Johannes 4,23). Man hält religiöse Traditionen in Ehren, aber kennt kein Leben in Harmonie mit Gott.

Weltlich: Manche Menschen sind weltlich gesinnt und lieben ihr Leben in der Welt mehr als den Gehorsam an den Herrn Jesus (Jakobus 4,3 ff; 1Johannes 2,15). Ihre moralischen Maßstäbe für ihre Lebensbereiche sind aus der zum Tode verurteilten Welt und nicht an Gott orientiert. Deshalb bleiben sie auch in ihrer Weltlichkeit auf das Diesseits reduziert, ohne wirklich ein erlöster Teil des Reiches Gottes zu werden.

Stolz: Vielen ist die Ehre von Menschen wichtiger als die Ehre von Gott. Die Meinung der Menschen bedeutet ihnen mehr, als was Gott von ihnen hält. Sie wollen lieber einen angenehmen Platz in der „Gruppe" als aufrichtig mit Gott zu leben. So bleiben sie distanziert von Gott. Deshalb widersteht Gott ihnen (Jakobus 4,6).

Leichtfertigkeit: Leichtfertigkeit ist auch eine Gefahr, d.h. man ist mit den geistlichen Dingen sehr leicht fertig. Haben sie eine Predigt gehört, dann sind sie leicht fertig damit und wenden sich anderen Dingen zu, so als ob das Geistliche etwas Nebensächliches sei. Anstatt sich konsequent die Zeit zu nehmen, ihr ganzes Leben zu überdenken und im Licht der Schrift zu prüfen. Sie sind auch in ihren Gebeten leicht fertig. Bei der Gebetsstunde der Jünger wären sie leicht fertig mit dem Beten und empfangen deshalb auch nicht den Heiligen Geist.

Leichtsinnigkeit: Manche denken inkonsequent über geistliche Dinge. Da sagt jemand: „Ich weiß genau, was Gottes Wille in dieser Sache ist, aber ich werde es jetzt trotzdem so machen, wie ich will, aber nur dieses eine Mal, dann nicht mehr." Stell dir mal vor, Eva hätte echte Freundinnen im Paradies gehabt und sie hätte ihnen gesagt: „Ich weiß, dass ich nicht von der Frucht essen darf, aber ich werde es einmal tun und dann nie wieder, denn einmal ist keinmal." Was würden die Freundinnen ihr sagen? Was würden sie ihr zurufen? Stellt euch vor, alle Generationen der Weltgeschichte könnten ihr etwas zurufen. Wie würde das klingen! Von all den Geplagten und Gequälten? Von all den Vergewaltigten und Geplünderten? Von all den Ermordeten in den Kriegen, von den in den KZ's Vergasten und Atomverseuchten? Es würde durch Raum und Zeit aus Milliarden und aber Milliarden Kehlen hallen: „Lass es bleiben!" Doch viele haben solch eine leichtsinnige Einstellung wie Eva. Sie haben Gott gegenüber und der Sünde gegenüber keine Entscheidung getroffen, die Gott segnen könnte. Sie sind Rebellen gegen Gottes Willen. Hier eine Notlüge, dort ein unzüchtiger Blick. Gerade dieser eigenwillige Leichtsinn ist das Ergebnis Satans, nachdem er Zweifel und Ungehorsam gesät hat. Gott erwartet eine klare entschlossene Haltung gegen die Sünde von denen, die wiedergeborene Christen sein wollen. Christ wird nur, wer 100% davon überzeugt ist, dass es das Beste ist, was einem passieren kann, wenn man Gott gehorsam ist.

Inkonsequent: Viele wollen den Heiligen Geist, aber sie wollen sich weder bei anderen für die Schuld entschuldigen noch wollen sie für den Schaden ihrer Sünde aufkommen. Sie meinen, dass die Bekehrung sie in die Sicherheit des Himmels bringt. Aber sie wollen nicht wahrhaben, dass Gott ernst macht und zum konsequenten Handeln auffordert. Jesus machte klar, dass uns nur vergeben wird, wenn wir anderen auch vergeben. Wenn wir wissen, dass jemand etwas gegen uns hat, sollen wir zu ihm gehen und das in Ordnung bringen. Das bedeutet sich versöhnen, Diebesgut zurückgeben, Schaden erstatten so weit man kann... Wer das nicht tun will, der ist unaufrichtig und braucht nicht zu denken, dass Gott ihn annehmen wird.

Unsere Schuld Gott und den Menschen gegenüber bemisst sich nicht nur an dem, was wir Schlechtes tun, sondern auch daran, was wir an Gutem unterlassen. Wir sollen die Kosten überschlagen. Petrus musste sich auch seiner inkonsequenten Haltung stellen. Manche wollen „gerettet" werden und in den Himmel kommen. Aber sie wollen nicht einsehen, dass das nur geschieht, wenn der Himmel in sie kommt. Sie denken, dass sie im Himmel Gottes Willen tun können, aber sie drücken sich davor ihn hier zu tun. Das ist inkonsequent.

Selbstsüchtig: Willst du nur gerettet werden, um auf der sicheren Seite zu sein? Und dich weiterhin selbst verwirklichen? Brauchst du keine Gemeinde? Doch Selbstverwirklichung ist das genaue Gegenteil davon, dass sich der auferstandene Christus in uns und durch uns verwirklichen kann. Ohne Selbstverleugnung kann keiner Christ sein (Lukas 9,23).

Pflicht oder Vorrecht

Ein Mensch, der zu der Einstellung gekommen ist, die Gott segnen kann, der hat die Überzeugung, dass ihm nichts Besseres passieren kann als Gottes Willen in allen Lebenssituationen zu verwirklichen. Solch ein Mensch sieht die Beziehung zu Gott und den Gehorsam an ihn als ein Vorrecht an. Wer an irgendeinem Punkt Gott misstraut und Gehorsam als eine drückende Pflicht ansieht, der beweist seine falsche Einstellung Gott gegenüber: Es ist misstrauische Rebellion. Wo sind denn die Menschen, die mit leuchtenden Augen und geballten Fäusten Gott dienen wollen? Ich meine diese Leidenschaft von der Fußballspieler immer reden! Warum können Menschen so versessen darauf sein, ein weltliches, vergängliches Ziel zu erreichen und alles zu geben? Und wir in den Gemeinden schwimmen nur mit? Das Leben als Christ schließt unser ganzes Leben mit allen Hormonen und Kräften ein! Wer wirklich begreift, wie wertvoll das ewige Leben ist, und wie wichtig es für Jesus ist, dass wir unsere Mitmenschen erreichen, der „will". Er WILL! Versuche ihn aufzuhalten! Es ist ein Vorrecht für ihn Gott zu dienen! Eine Ehre! Wenn Erweckung das nicht erzeugt, dann war es keine.

Pflicht vernachlässigen

Ein Hindernis den Heiligen Geist nicht zu erhalten ist, dass man ganz falsche Erwartungen hat. Man meint, dass der Heilige Geist ihre Substanz verändern wird oder dass der Heilige Geist übernatürlich und automatisch ihre Einstellung ändert. Bis dahin können sie ruhig so weiterleben und sündigen wie bisher, meinen sie. Doch wenn dem so wäre, dass der Geistesempfang unsere Substanz heilig machen könnte, um uns automatisch kraftvoll zu verändern, dann würde uns Gott nicht so sehr auffordern zu wachen und zu beten. Damit wir nicht in Sünde fallen. Dann würde Gott nicht davor warnen, vom Glauben abzufallen. Es ist Rebellion, etwas von Gott zu erwarten, was er von uns erwartet, und er sagt: Wachet und betet. Gott erwartet von uns, dass wir unsere Einstellung ändern und zwar einsichtig, freiwillig und aus Überzeugung.

Gott ist bereit, den Heiligen Geist zu geben: Wenn man das alles liest und auflistet, könnte man völlig verwirrt sein und es für unmöglich halten, jemals den Heiligen Geist zu empfangen! Aber es geht im Zentrum nur um eines: Deine richtige Einstellung Gott gegenüber (Phil 4,12-14)! Denn mit einer richtigen Einstellung kann Gott dir mehr und mehr zeigen. Eins ums andere. Das geht nicht nur auf der „Wissensebene" sondern das muss erlebt werden. Gib dich Gott hin und lass dich von ihm leiten. Sei wachsam und bete! Rede mit ihm! Ich habe das so erlebt, dass mir dies und jenes plötzlich bewusst wurde, dass ich mich hier und dort herausgefordert sah… Es ging im Prinzip immer um Gottes Ziele, seine Werte, seine Prioritäten, meine Heiligung. Auch um seinen Plan, Dienst und die richtige Einstellung zu gewissen Dingen. Stück für Stück musste ich mich hunderten Gedanken und Punkten stellen und die Frage war jedes Mal, wie ich dazu stehe. Ich merkte erst nach einer Weile, dass Gottes Geist hier am Werk war mich in Harmonie mit Gott zu bringen. Dann ging es darum mich in Gottes Plan und seine Werke zu integrieren. Und wer meint, dass ich dieses Buch schreibe, weil ich glaube die Ziellinie überschritten zu haben, der irrt sich gewaltig. Es bleibt dabei. Jeder Tag hat seine eigenen Plagen, denen wir uns mit Gottes Kraft und Weisheit stellen müssen. Und jeder Tag hat seine Versuchungen und Tücken und jede von ihnen hat das Potential dein ganzes Leben zu ruinieren! Aber wir dürfen auch jeden Tag dazulernen! Man lernt nie aus! Wachen und Beten! Ohne die richtige Einstellung wird das nichts.

17. Prinzip

Erwecktes Gebetsleben beginnt gemeinsam

Als Jesus zurück zum Vater ging, hinterließ er der Welt keine Aktivisten, sondern herausgeforderte Menschen, die von Gott das erbeten und erwarten wollten, was Gott verheißen hatte. Jesus hinterließ der Welt keine kirchliche Organisation, auch wenn Gemeinde organisiert werden muss. Sondern Jesus hinterließ der Welt schlicht und ergreifend eine Gebetsversammlung mit ernsthaften und beharrlichen Betern. Bemerkenswert ist: Die Jünger gingen nicht mit der Herausforderung und Verheißung Jesu nach Hause, um jeder für sich alleine zu überlegen, wie es weitergehen soll. Sie blieben zusammen im Gebet. Gerade im Fall des Petrus wird es deutlich, dass die Herausforderung an jeden persönlich erging. Aber zu denken geben sollte uns die Tatsache, dass der Heilige Geist nachher auf die gemeinsamen Beter ausgegossen wurde und nicht auf jeden individuell in „seinem eigenen Zuhause".

Auch als die Ereignisse sich überschlugen und Tausende zum Glauben kamen, wussten die Jünger, was sie auf keinen Fall schleifen lassen durften, wenn es segensreich weitergehen sollte: Sie hielten unter anderem eisern an der Gemeinschaft und am gemeinsamen Gebet fest (Apostelgeschichte 2,42). Die Jünger wussten warum. Im gemeinsamen Gebet war das Zentrum ihrer Kraft und Wegweisung, denn Gott war im Zentrum. Herausforderungen gab es genug. Diakone mussten eingesetzt und Glaubensgrundkurse durchgeführt werden, Mitarbeiter wurden ausgesandt und Verfolgung wurde Realität. Doch das Gottesbewusstsein der betenden Gemeinde überwog sogar das Problembewusstsein der Verfolgung und so konnte Gott sich eins ums andere verherrlichen.

Heute besuchen nicht mehr viele die Gebetsversammlungen, weil sie anscheinend „langweilig" sind und man dort nichts erlebt. Vielleicht warst du noch nie auf einer Gebetsversammlung? Ich habe es schon betont: Alleine die Tatsache, dass Menschen zusammenkommen, die Hände falten und ihre Wünsche formulieren, macht noch keine Gebetsversammlung. Die Frage ist, ob die Gläubigen ein Bewusstsein von Gottes Gegenwart haben, dem Gebetsgeist Raum geben und ernsthaft beten. Eine erweckte Gebetsversammlung wird in keiner Hinsicht langweilig sein. Sie wird sicher schlicht, aber ergreifend sein! Ich habe oft das Vorrecht gehabt, mehrere Stunden im gemeinsamen Gebet mit Geschwistern zu verbringen und keiner sah auf die Uhr. Wenn Gebetsversammlungen jedoch nicht erweckte Versammlungen sind, werden sie ihr Ziel verfehlen und das Gegenteil erreichen. Sie werden jedem Gast vermitteln, dass hier Stillstand ist. Diejenigen aber die dort sind, haben Verständnis dafür, dass manche nach einem harten Tag müde sind. Aber nicht selten brauchen Gemeinden eine Erweckung aus dem geistlichen Schlaf.

Weil die Gebetsversammlungen oft nicht das sind, was sie erwarten lassen, nämlich bewusste Versammlungen mit dem lebendigen und heiligen Gott, deshalb wandern viele in den Gemeinden lieber zu den sog. „Erlebnisgottesdiensten" ab. Weil sie hoffen, Gott dort zu erleben. Das ist doch ein deutlicher Hinweis, dass die Gemeinden das lebendige Gottesbewusstsein verloren haben und hier eine Erweckung dringend notwendig ist. Weil man es in den Gebetsversammlungen versäumt, den Gläubigen die Prinzipien des Gebets beizubringen und sie in ein ernsthaftes Gebetsleben zu führen, deshalb wundert es keinen, dass die Gläubigen auch nicht beten können und Gott nicht erleben. **Unerweckte Versammlungen in allen christlichen Kreisen fördern nur die Erlebnisgottesdienste, über die sie oft schimpfen – paradox!**

Gebetsstunden sollten Stunden der dankbaren Anbetung und Neuorientierung sein, Stunden in denen man sich selber vergessen kann. In denen Gott wichtig wird und andere, für die wir betend einstehen. Im gemeinsamen Gebet wird Gemeinde gebaut und geformt, erweckt und verändert. Überall ist über Gemeindewachstum die Rede, aber welche Strategie soll wirkungsvoll sein? Ein Baum muss zuerst in die Tiefe wachsen und dann in die Höhe. Wenn das nicht gleichermaßen geschieht, dann wird das geringste Lüftchen den Baum umwerfen oder er stirbt einfach ab. Weil er durch die kleine Wurzel zu wenig Nahrung zum Leben bekommt. Als Gemeinde müssen wir gemeinsam in die Tiefe wachsen, bevor wir in die Höhe wollen. Ich betone es immer wieder: **Erst tief, dann aktiv.**

Erlebnisgottesdienste sind voll im Trend. Da wir in einer Erlebnisgesellschaft leben, kann ich es nachvollziehen, wenn sich Gemeinden mit einem ernsten Anliegen Mühe geben. Um einen Rahmen zu schaffen, wo Menschen unserer Zeit angesprochen werden. In diesem Sinne veranstalten wir auch „missionarische Partys", so wie Levi seine Freunde zu einem Festessen einlud. Jesus konnte damit mit seinen Freunden in Kontakt treten, und die Leute ungezwungene Gemeinschaft erleben. Es können Gespräche über den Glauben entstehen, wo wir das Evangelium verkündigen, durch Zeugnisse, verständliche Konzerte, Predigt usw. Party klingt für manchen gefährlich, aber es gibt dort keinen Alkohol sondern Wasser des Lebens. Wenn einer Grund zum Feiern hat, dann sind wir Erlöste es. Es ist Ermessenssache, was gut und was weniger gut für evangelistische Veranstaltungen ist. Doch ich meine, behaupten zu können, dass manches, was heute als Gottesdienst angepriesen wird, nichts anderes als fleischliche Weltlichkeit, gepaart mit emotionaler Religiosität ist. Statt dass Gottes Wille verwirklicht wird, geht es um religiöse Selbstverwirklichung in Showelementen, Gesang, Zeugnis und Predigt. Wenn man überhaupt diese Worte für das gebrauchen darf, was da teilweise praktiziert wird.

Ich erinnere mich z.B. an ein Interview mit einem Sänger auf einer größeren Jugendkonferenz, der auf die Frage, warum er christliche Musik macht, antwortete: „Ich habe einen hohen Lebensstandard und will mir am Wochenende was dazuverdienen." Bei der gleichen Konferenz wurde der Gastredner mitten in der Verkündigung unter dem Gelächter der Zuhörer von den Organisatoren mit Nebel aus Nebelmaschinen dazu gebracht, seine Botschaft abzukürzen. Was ich nicht alles auf solchen „Erlebnisgottesdiensten" erlebt habe! Meine blauen Wunder, aber selten das Wirken des Heiligen Geistes! Sogar Gesunde, die sie zuvor in Rollstühle gesetzt haben, um sie dann zum Heilen nach vorne zu schieben. Kranke, die sie „im Geist" zusammen geschrien haben, bis sie „geheilt" waren. Bei manchen Aktionen habe ich mich gefragt, welche Krankheit denn schlimmer ist, die, welche der „Redner" hat oder der vermeintlich Kranke? Aber solange die Gemeinden sich nicht wirklich erwecken lassen, werden solche „Erlebnisgottesdienste" ihren „boom" erleben und die Leute werden hören, wonach ihnen die Ohren jucken. Ich habe mir das Treiben auf sog. „Erlebnisgottesdiensten" 20 Jahre von allen Seiten genau angesehen, als Gast und als Redner. Ich bezweifle, ob die Menschen Gott da so erleben, wie er es möchte. Auf solchen Veranstaltungen herrscht oft der Zeitgeist und nicht der Heilige Geist. Besonders dort wurde ich diesen Eindruck nicht los, wo man ständig den Heiligen Geist betont. Es geht dort selten darum, den Glauben durch das gepredigte Wort zu wecken, fordern und zu fördern. Es zielt nicht darauf hin ab, Gottes Geist im Wort so zu erfahren, um

Gott entschieden antworten zu können. Leider ging es oft darum, die Seele durch die fünf Sinnesorgane zu fluten, um emotionale Stimmungsveränderungen im Menschen zu erreichen, die man dann fälschlicherweise für die Gegenwart des Geistes interpretieren kann. Alles wird mit Klangwellen untermauert, um die Seele zu stimulieren, ergreifende Bilder werden geliefert, Musik führt manche sogar in Ekstase, sanfte Stimmen verkündigen von vorne vieles, aber selten das klare Evangelium. Die Veranstaltungen sind so „emotional geladen", aber wenn sie vorbei sind, verpufft alles mit dem Stimmungsumschwung. Die Musik ist aus, die Ernüchterung kehrt ein, langsam fällt man aus den rosaroten Gefühlswolken zurück in seinen realen Teufelskreis. So hangelt man sich bis zum nächsten Erlebnisgottesdienst, um wieder emotional aufzutanken, aber Gott erlebt man so nicht.

Wie „ernüchternd" ist dagegen eine ernsthafte Gebetsversammlung, die es sich leisten kann, auf Show und Künstlichkeit zu verzichten. Erweckte Gebetsversammlungen sind schlicht und ergreifend im wahrsten Sinne des Wortes. Das Leben eines hingegebenen Beters wird ein „vernünftiger Erlebnisgottesdienst" sein, wie Paulus es beschreibt. Wo Änderungen durch Erneuerung der Gedanken und durch Hingabe aus entschiedener Überzeugung geschehen (Römer 12,1 ff).

Es ist an der Zeit, dass die Gemeinden die Wichtigkeit des Gebetes erkennen und ihre Prioritäten neu ordnen. Wir haben jahrelang alles gemacht, nur nicht den gläubig Gewordenen das Beten beigebracht. Es gibt so viele Seminare für alles Mögliche, aber wo gibt es ein Seminar über Gebetsprinzipien? Wo gibt es Gebetsschulen? Wo gibt es erweckte Gebetsversammlungen? Überall kann man Theologie studieren, aber wer studiert „Knieologie?" Vor einem echten Beter habe ich mehr Achtung, als vor einem "Master Dr. Prof." Jesus sagte, dass wir uns nicht Meister oder Lehrer nennen sollen, aber das wir beten sollen, das sagte er!

Ich schlage den Gemeinden vor, sich einmal ausgiebig Zeit zum Gebet zu nehmen. Zusammen mit Jung und Alt könnte man die Gebetsprinzipien besprechen, in das eigene Leben übertragen und sie im gemeinsamen Gebet in die Praxis umsetzen. Setzt doch einmal Abend für Abend an. Erweckung würde die Folge sein, wenn ihr den Herrn von ganzem Herzen suchen würdet. Gott könnte sich vielleicht langsam aber sicher, schlicht aber ergreifend in seiner Gemeinde und durch seine Gemeinde segnend verwirklichen.

Wir sind dermaßen individualisiert, dass wir das „persönliche Gebet" dem Gebet mit der versammelten Gemeinde vorziehen. Aber das eine sollte nicht auf Kosten des anderen gehen. Wir brauchen vollmächtige

Verkündigung und persönliches Gebet. Weil wir Beziehungswesen sind, brauchen wir das gemeinsame Gebet. Es gibt Dinge, die gehen nur dich und Gott etwas an und es gibt Dinge, die gehen dich, die Gemeinde und Gott etwas an. Manches muss Gott an dir alleine wirken und manche Veränderung müssen wir gemeinsam als Gemeinde durchmachen. Auf jeden Fall fordert uns Gottes Wort auf, die Versammlungen auf gar keinen Fall zu verlassen (Hebräer 10,25). Dass wir das tun, mit welchem frommen Einwand auch immer, ist oft ein Ergebnis unserer egoistischen „ich zentrierten" Gesellschaft der Selbstgenügsamkeit. „Ich genüge mir selber, ich brauche die anderen nicht."

Es gibt Gemeinden, die die Lehre im Zentrum haben und nicht das Gebet. Die richtige Lehre ist lebensnotwendig, aber die richtige Lehre führt doch zu Gott. Das Wort schreit doch nach einer Antwort! So viele reden über Gott und von Gott, aber was nützt alles, wenn wir nicht mit Gott reden? Ich habe unzählige Gemeinden besucht, die hier in einem völligen Ungleichgewicht waren. Es war kaum zu fassen, wie „richtig" und „theologisch korrekt" die Wortverkündigung war, und wie schwach auf der anderen Seite das Gebetsleben. Viele Gemeinden, die ich besuchte waren nicht in der Lage gemeinsam zu beten. Sie waren nicht im Stande nach einer Predigt Gott auf das Gehörte zu antworten. Nicht selten lud ich die Gemeinde nach dem Wort ein, Gott eine Antwort zu geben. Aber kein einziger bekam den Mund auf. Hier ist ein Problem. Wie bereits erwähnt: Das richtige Wissen kann die persönliche Beziehung zu Gott nicht ersetzen. Das Wort Gottes „schreit" nach einer Antwort.

Eine Gemeinde, die nicht gemeinsam beten kann ist ein negativer Beweis für viele verschiedene Dinge. Tausend Dinge sind möglich. Die Gemeinde könnte eingeschlafen sein. Die Gemeinde könnte aktiv, aber nicht tief sein. Die Gemeinde könnte gespalten sein oder sie weiß vielleicht nicht, was Beten wirklich ist und wie wichtig es ist – Unwissenheit und falsche Priorität. Die Gebetsstunden könnten in der Durchführung langweilig oder gar nerventötend sind. Wie wir optimal gemeinsam beten können, das werde ich noch erklären.

Wenn wir die ersten Christen beobachten, dann sehen wir, dass sie sich täglich trafen, Gemeinschaft hatten und füreinander beteten. Wo die Probleme sie zu unterdrücken drohten, da sieht man sie gemeinsam im Gebet versammelt und Gott preisen. Sie hielten Gott nicht ihre Probleme vor, sondern baten Gott angesichts der Herausforderungen, dass sie weiterhin das Wort mit Freimut verkündigen können. Und Gott wirkte eindrücklich! (Apostelgeschichte 4,24; 12,12). Wir müssen wieder die zentrale Bedeutung der Gebetsversammlungen entdecken. Ich bin mir sicher, dass eine Gemeinde nichts nötiger hat als eine lebendige Gebetsversammlung, wo man sich gemeinsam auf den Weg zu einem realen Leben mit Gott und der Erweckung macht, indem das echte Beten gelernt und praktiziert wird. Hier im gemeinsamen Gebet kommen wir uns näher, wenn wir füreinander beten. Hier erkenne ich auch, womit ich dem anderen dienen kann. Segen entsteht durch Weitergeben, Helfen und Auferbauen. Das Band der Einheit und Liebe wird hier geknüpft und gestärkt. In der Gebetsversammlung bekommt man auch die Informationen, die man mit in das persönliche Gebet nehmen kann. Ich erinnere mich an einen Gottesdienst in dem ein Bruder nach vorne kam und mitteilte, wie schlecht es ihm geht. Man konnte beobachten, wie unruhig viele wurden, weil sie so etwas nicht in diesem Rahmen hören wollten. Das war ihnen peinlich. Beim Gottesdienst sollten gefälligst alle dazu beitragen, dass der makellose Schein aufrecht erhalten bleibt. Das ist Heuchelei und Scheinheiligkeit. Eine erweckte Gebetsversammlung würde anders mit Problemen und Herausforderungen Einzelner umgehen.

Ich erinnere mich gerne an meine „erste" Gemeinde, die ich nach dem Studium besuchte. Die Gebetsstunden waren gesegnete Zeiten, weil dort wirklich Geschwister waren, die eine hervorragende Einstellung Gott und den Menschen gegenüber hatten. Mit denen konnte man beten. Das war eine reine Freude. Ich erinnere mich an sehr viele konkrete Gebetserhörungen in dieser Zeit. Wir beteten gemeinsam für unsere unbekehrten Familienangehörigen und einige von ihnen kamen zum Glauben. Wir hatten eine drohende Spaltung und alles Reden half nichts. Aber wir hörten nicht auf zu beten. Da kam mir ein Bruder in den Sinn, der vielleicht vermitteln konnte. Wir luden ihn ein, ich fastete vier Tage dafür und Unfassbares passierte! Was wir über Wochen nicht hinbekamen, das gelang dem Bruder in einer Stunde! Einmal war ich wieder bei einem Evangelisationseinsatz und predigte eine Woche an einem anderen Ort. Dort war die Atmosphäre sehr schlecht. Nach ein paar Tagen sagte ich zum Veranstalter, auch wenn wir hier predigen bis Jesus wiederkommt, würde sich nichts hier ändern. Das war ein „geistliches" Problem. Ich rief bei meiner Gemeinde Zuhause an, und sie trafen sich am kommenden Tag zum gemeinsamen Gebet für diese Situation. An diesem besagten Tag merkte ich schon, als ich zu der Kanzel ging, dass der Knoten geplatzt war. Es war eine Freiheit da, die ich die Tage zuvor nicht gespürt hatte. An diesem Abend folgten 30 Menschen dem Aufruf zu Jesus umzukehren. Ich betone es noch mal: Nichts kann die gemeinsamen Gebetszeiten einer Gemeinde ersetzen.

▶ **Prinzip:** *Das gemeinsame Gebet darf nicht auf Kosten des persönlichen Gebetes vernachlässigt werden.*

Gebet mit dem Ehepartner

Das gemeinsame Gebet der Gemeinde war der Ausgangspunkt, um das Gebet mit in die privaten und persönlicheren Beziehungen zu nehmen. Petrus sagt zu den Ehepartnern: *„Euer gemeinsames Gebet lasst nicht verhindert werden."* 1 Petrus 3,7 Sie beteten in der Gemeinde und natürlich auch mit ihren Liebsten. Da wo sich Ehepartner Christen nennen und kein gemeinsames Gebetsleben haben, da stimmt etwas nicht. Vermutlich ist unausgesprochene und unvergebene Schuld dazwischen gekommen, was schleunigst im gemeinsamen Gebet geklärt werden muss. Oder einer oder gar beide sind überhaupt keine Christen oder sie brauchen eine Erweckung in der Ehe! Oft schämen sich Partner zusammen zu beten, oder es ist heimliche Sünde zwischen ihnen oder unvergebene Schuld … Wenn sich beide Christen nennen, darf nichts das gemeinsames Gebet verhindern. Da, wo Satan das schafft, da wird es unmöglich, den Haussegen aufrecht zu erhalten. Wie soll Gott eine Ehe segnen, wo nicht beide im vertrauten Umgang mit ihm leben? Wie soll Gott Gemeinden als Ganzes segnen, wenn die Ehepaare nicht im Segen leben wollen? Wie trauen sich Menschen gemeinsam vor den Traualtar, wenn sie sich nicht trauen, miteinander zu beten? Eines der wichtigsten Kriterien bei der Entscheidung für einen Partner muss sein: „Kann ich mit dem Menschen wirklich ernsthaft beten?" Was soll denn in der Ehe funktionieren, wenn das Gebet nicht funktioniert? Ich würde jedem abraten, eine Beziehung mit einem Menschen einzugehen, wenn dieser kein persönliches und gemeinsames Gebetsleben hat. Mit Nichtchristen sollen wir grundsätzlich keine Partnerschaft eingehen oder fortsetzen, wenn es noch nicht zur Trauung kam, da ist Gottes Wort klar und deutlich (2 Korinther 6,14; Esra, Nehemia).

▶ **Prinzip:** *Wir sollten alles dafür tun, dass in unserem Leben ausreichend Zeit für das gemeinsame Gebet mit dem Partner ist.*

Gebet mit persönlichen Freunden

Für Nichtverheiratete gilt die Verheißung des Herrn Jesus im Besonderen: *„Denn wo zwei oder drei versammelt sind in meinem Namen, da bin ich mitten unter ihnen."* Matthäus 18,20 Es ist so wichtig, dass wir uns gemeinsam die Gegenwart Jesu bewusst machen, wenn wir mit Christen zusammen sind. Wir sollten miteinander und füreinander beten: für die Gemeinde, die Verlorenen, persönliche Anliegen, und Dinge, die der Herr aufs Herz setzt. Wie würden doch manche Abende einen anderen Verlauf nehmen, wenn wir sie mit gemeinsamem Gebet beginnen und abschließen würden. Manche treffen sich einmal die Woche regelmäßig mit bestimmten Personen zum Gebet.

Gebet im Kämmerlein

Jesus legte auch Wert darauf, im stillen Kämmerlein zu beten, und legte das den Menschen ans Herz. *„Wenn du aber betest, so gehe in dein Kämmerlein und schließ die Tür zu und bete zu deinem Vater im Verborgenen; und dein Vater, der in das Verborgene sieht, der wird's dir vergelten öffentlich."* Matthäus 6,6 Im stillen Kämmerlein entkommen wir der Überflutung der Sinne und können in Ruhe unsere Gedanken sammeln. Da gibt es nichts zu sehen, nichts zu hören, nichts zu essen, am besten man geht auf die Knie, damit man im gemütlichen Sessel nicht einschläft. In der Stille kann man sich leichter auf Gott hin ausrichten und seinen Heiligen Geist oft überzeugender durch unseren Geist in der Seele wahrnehmen (Römer 8,16; 1 Thessalonicher 5,23). In der persönlichen Stille angekommen, hat der Beter genügend Grund, Gott zu danken und zu loben. Er hat vermutlich auch genügend Sorgen, die er Gott abgeben kann. Es gibt so viele Situationen und Menschen, für die wir beten könnten, verfolgte Christen, Familie, Freunde, Feinde, Kollegen, Diener im Reich Gottes... Hier im persönlichen Gebet ist auch die Gelegenheit, in eine tiefere Beziehung mit Gott zu kommen. Sich morgens von Gott auf die Anforderungen des Tages vorbereiten zu lassen und am Abend den vergangenen Tag mit Gott zu besprechen. Jesus betete morgens, während seine Jünger oft pennten (Markus 1,35-37). Als sie aufwachten war er „weg"! Dann mussten sie ihn suchen gehen. Aber so ist das auch mit uns. Wenn wir morgens nicht mit Jesus Schritt halten, dann stolpern wir in den Tag und treiben uns irgendwo herum, während Jesus vielleicht ganz wo anders ist.

Es gibt kaum Menschen, die eine konstante und tiefer gehende Gebetsbeziehung haben, ohne dass sie sich morgens eine Zeit des persönlichen Gebets nehmen. Vielmehr kenne ich immer mehr Menschen, die lieber abends früher ins Bett gehen, um morgens mehr Zeit zum Beten zu haben. Ich selber hätte mir das auch nicht vorstellen können. Früher habe ich die Nächte durchgebracht, und morgens aufstehen schien mir unmöglich. Das war mir aus der Zeit als Diskotürhüter in Fleisch und Blut übergegangen. Lange Zeit meinte ich, dass ich morgens nicht aufstehen kann, um zu beten. Heute weiß ich, dass ich nicht wollte. Ich wollte mein Training nicht aufgeben, ich wollte nicht darauf verzichten, abends noch fort zu gehen usw. Gott wollte meine ganzen täglichen Prioritäten ändern, um an das Gebet ranzukommen und ich musste darin einwilligen. Erst, als ich mein Hobby aufgegeben hatte, konsequent anfing die wichtigen und nötigen Aufgaben zu erledigen, den Fernseher abschaffte, nicht mehr unnötig abends weg ging, konnte ich auch früher ins Bett gehen. Um morgens früher aufzustehen. Aber welche Auswirkungen hatte das doch auf meine Beziehung zu Gott und auf mein Leben! Wenn wir nicht bereit sind, dass Gott eins ums andere ändert und wir darin einwilligen wird es auch unmöglich bleiben, morgens zu beten. Hier zeigt sich wirklich, ob wir Gott von ganzem Herzen suchen oder nur nebenher, neben Fernseher, Training usw. Heute ist die persönliche Zeit am Morgen meine wertvollste Zeit des Tages, die ich nicht aufgeben werde. Zuhause ist es immer am einfachsten. Da hat man Routine. Da wecken mich meine Hunde mit den ersten Sonnenstrahlen besser als das jeder Hahn oder Wecker könnte. Das erste was ich tue ist dann im Bett kurz zu beten. Ich danke Gott für den neuen Tag, bitte um seinen Segen und Frieden und dann raus aus dem Bett, die Hunde wollen in das Gehege. Dann beginne ich meine stille Zeit. Jesus ist ja immer da! Aber die bewusste und intensive Gebetszeit kann doch nicht ersetzt werden. Es ist in einer Liebesbeziehung doch auch so. Der geliebte Mensch ist immer in deinem Herzen, aber das heißt doch nicht, dass du auf persönliche Zeit mit dieser Person verzichten kannst, oder?

Es ist auch sehr bereichernd, mindestens einmal im Jahr sich ein paar Tage Stille zu nehmen, und zu Gott zu kommen, vielleicht auch im Fasten, wenn Gott uns das aufs Herz legt. Ich kann versprechen, dass es die schönste Zeit des Jahres sein wird, wenn der Beter wirklich Gott als sehr großen Lohn sucht. Das sind die Zeiten, in denen Gott in unserem Leben durch sein Reden und unser intensives Hören alles auf den Kopf stellen will.

Stell dir vor, dein Leben würde morgen enden. Schau einmal zurück. Gibt es Dinge, die du anders machen würdest? Gibt es Dinge, die du intensiver hättest tun wollen? Manchmal denke ich so, um meine Prioritäten zu ordnen. Im Psalm 90 sagt der Psalmist: *„Lehre uns Gott, dass wir sterben müssen, damit wir klug werden."* Vielleicht ist es an der Zeit, einiges in deinem Leben zu lassen, oder einzuschränken, um dafür mehr Zeit zum Beten zu haben? Wer wirklich betet, der beginnt anders zu leben und wer anders leben will, der muss anfangen zu beten!

▶ **Prinzip:** *Das fruchtbare Gebetsleben beginnt in der Gemeinde, setzt sich in den alltäglichen Beziehungen fort und wird im stillen Kämmerlein vertieft.*

18. Prinzip

Gott erhört Fürbitte

„Mose bat für das Volk." 4 Mose 21,7

Gerade im Alten Testament sehen wir eine Fülle von ernsthaften Fürbittgebeten, die Gott erhörte. Eine überlieferte Begebenheit bei einem der Kämpfe Israels ist sehr bemerkenswert. Wenn Mose die Arme erhoben hielt, siegte das Volk im Kampf. Ließ Mose aber die Arme aus Erschöpfung sinken, da wurde das Volk Israel zurückgedrängt. Welche gewaltigen Zusammenhänge bestehen doch zwischen dem Beten und den Auswirkungen in der Realität! Wen wundert es da noch, dass sich Mose von anderen stützen ließ, damit der Sieg errungen wurde. Auch wir sollten uns unbedingt die Gebetsunterstützung anderer Christen sichern und für andere in der Fürbitte eintreten.

Vorschlag: Prüfe doch einmal, ob nicht auch du eine Gebetsstütze für den geistlichen Kampf werden kannst, in dem die Gemeinde und Missionare stehen?

Jesus betete für seine Jünger: *„Ich bitte aber nicht allein für sie, sondern auch für die, die durch ihr Wort an mich glauben werden."* Johannes 17,20 Jesus hatte in seiner Fürbitte einen außergewöhnlichen Weitblick, den wir uns angewöhnen sollten. Er ließ es sich nicht nehmen, sogar für die zu beten, die noch gar nicht zum Glauben gekommen waren. Aber er betete das Gebet des Glaubens und wusste schon, dass weitere Menschen zum Glauben kommen würden, für die er schon im Gebet eintrat. Ist das nicht wunderbar? Hier bat Jesus schon für dich und mich!

Vorschlag: Prüfe doch einmal, ob nicht auch du für diejenigen beten könntest, die noch zum Glauben an Jesus kommen werden? Es gibt so viele, die sich gerade jetzt den Kopf darüber zerbrechen, ob sie sich für Jesus entscheiden sollen oder nicht!

Jesus trat auch in der Fürbitte für Einzelne mit detaillierten Anliegen ein. Für Petrus bat er: *„Ich habe aber für dich gebetet, dass dein Glaube* *nicht aufhöre. Und wenn du dereinst zurückgekehrt bist, so stärke deine Brüder."* Lukas 22,32 Petrus kam zurück! Und Petrus änderte seine Einstellung Gott und dem Gebet gegenüber in den zehn Tagen gewaltig. So wurde Petrus ebenfalls einer, der sich im Gebet voll und ganz für seine Brüder einsetzte, um sie zu stärken. Seine gewonnene Einstellung teilt er der Gemeinde entschlossen mit *„Wir aber werden anhalten am Gebet und dem Dienst des Wortes."* Apostelgeschichte 7,4

Vorschlag: Könntest du so für Menschen in der Gemeinde beten, bei denen du den Eindruck hast, dass sie unentschlossen sind und eher dazu neigen Jesus zu verleugnen als ihm konsequent nachzufolgen?

Paulus wusste ebenfalls, wie wichtig die verschiedenen Gebetsinhalte sind, und forderte die Gemeinde dazu auf, für alle Heiligen in der Fürbitte einzutreten und auch für ihn selber zu beten. Er wusste, was er bitter nötig hat, wenn sein Dienst gelingen sollte: Fürbitte! *„Und betet allezeit mit allem Gebet und Flehen im Geist und wachet dazu mit allem Anhalten und Flehen für alle Heiligen und für mich, damit mir das Wort gegeben werde, dass ich meinen Mund freimütig auftue, um das Geheimnis des Evangeliums kund zu machen."* Epheser 6,18-19 Für Paulus war Fürbitte ein Kampf. *„Ich ermahne euch aber, liebe Brüder, durch unsern Herrn Jesus Christus und durch die Liebe des Geistes, dass ihr mir helfet kämpfen mit Beten für mich zu Gott."* Römer 15,30 Der Kampf ist noch nicht zu Ende! Satans Anhänger haben sich längst in den Kampf gestürzt. Wer auf Gottes Seite zu entscheidenden Schlägen für die Ewigkeit ausholen will, der muss dies im Gebet und der Fürbitte tun.

Frage: Kannst du dir vorstellen diesen Kampf aufzunehmen? Es gibt so viele, die für Jesus an vorderster Front kämpfen. Helft ihnen „kämpfen mit Beten für sie zu Gott."

Wie würdest du beten, wenn ein geliebter Mensch von dir in den Krieg an die Front müsste? Lasst doch diejenigen nicht im Stich, die eure Gebete und Liebe brauchen!

Jemand berichtete mir von einer gewaltigen Erweckungsbewegung, die sich über viele Städte ausbreitete. Worauf war sie zurückzuführen? Wie sich nachher herausstellte, auf einen ans Bett gefesselten, lungenkranken Mann! Als dieser starb, fand man seine Gebetstagebücher. Erstaunliches kam zu Tage. Hier war verzeichnet, wann für welche Gemeinde und für welchen Prediger dieser Kranke zu beten anfing. Die Erweckungen sind dann sogar im Detail in der Reihenfolge eingetreten, durch den Prediger, für den gebetet worden war. Ist das nicht beeindruckend? Ich denke nicht, dass ich übertreibe, dass wir heute wirklich alles machen was wir können, aber nicht das, was wir sollen! Wir haben in Tschechien und der Slowakei mehr als 50 Städte evangelisiert und es kommen hoffentlich noch ein paar dazu. Ich bastle nicht an Statistiken und jongliere auch nicht mit Zahlen, aber es ist ohne Zweifel völlig klar, wie gewaltig die Unterschiede zwischen den Städten ist, wo die Geschwister wirklich für die Evangelisationen gebetet haben und wo nicht. Aber ich nehme es, wie es ist. In manchen Städten gibt es keine betende Gemeinde, vielleicht beten andere Gemeinden für diese Stadt. Aber wer hatte für Paulus auf dem Areopag gebetet? Wer hatte für Jeremia gebetet als er predigte? Wer bat für Elia als er alleine am Berg Karmel gegen alle war? Keiner kann es sagen. Vielleicht waren da einige unbekannte Beter, oft betet vermutlich keiner und dennoch sendet Gott uns. Ich weiß, dass Gebet nicht der einzige Faktor ist und auch nicht ein funktionaler Garant, dass alles glatt läuft. Deshalb bleibt hier ein Mysterium. Aber eines ist klar: da wo Menschen beten läuft es „anders".

Fürbitte für Verlorene

Gott hat seine Liebe bewiesen! Gott hat alles getan, damit Menschen umkehren können. Ihn müssen wir nicht um Gnade für die Verlorenen anflehen, denn er hat seine Gnade bewiesen lange bevor wir auf die Welt kamen! So oft rufen wir: „Gott sei den Menschen gnädig!" Gott denkt sich dabei: „Hallo?! Ich bin doch gnädig!!! Mich braucht ihr nicht zu überreden!!! Manche denken, weil Abraham Gott „herunterhandelte", damit er Sodom am Leben lässt, deshalb müssen wir Gott um Gnade betteln. Aber auch hier wird die Geschichte falsch verstanden. Gott wusste ja bereits, dass es weder 100 noch 40 oder 30 oder 10 Gerechte in Sodom gibt! Gott wusste, dass Sodom vernichtet werden muss, schon um das Böse einzugrenzen! Aber Gott war es wichtig, dass Abraham und wir sehen, dass Gott nicht ungerecht ist, wenn er ein Gericht vollstreckt! Als Gott nachher Sodom mit Feuer vernichtete, da wusste Abraham: Nein, Gott hat hier nicht ungerecht gehandelt. Gott hätte die Stadt stehen lassen, wenn die Menschen umgekehrt wären, (wie bei Ninive). Aber angesichts dieser brutalen Gottlosigkeit und Unwilligkeit zur Abkehr von Sünde, war es richtig, wie es gekommen ist. Gott hatte wirklich alles getan, damit die Menschen umkehren!" Gott nahm Abraham in diesen Verständnisprozess hinein, damit Abraham das so sehen kann. Es geht nicht darum Gott herunterzuhandeln, sondern Gott will, dass wir ihn nicht als brutalen Diktator sehen, wenn er Gericht übt!

Fürbitte ist nicht dazu da um Gottes Wesen zu ändern, sondern in der Fürbitte nimmt Gott uns mit hinein in seine Pläne und Werke! Sicher! Wir sehen mehr, wir verstehen mehr, wir stellen uns zur Verfügung und erleben, dass Gott eingreift. Sodom war nicht zu retten, doch sieh, was in der Bibel steht: Gott griff ein und rettete Lot, wo schon Schwefel über der Stadt hing. Lot sträubte sich vor der eigenen Rettung, der druckste hin und her und man fragt sich, wie Gott so gnädig mit ihm sein konnte, dass er Lot trotzdem rettete. Die Antwort ist bei Abraham zu finden: *„Und es geschah, da Gott die Städte in der Gegend verderbte, gedachte er an Abraham und geleitete Lot aus den Städten, die er umkehrte."* 1 Mose 19,29

Gott vergaß das Gebet Abrahams nicht und Gott will auch dein Gebet für Verlorene nicht vergessen, wenn du ernsthaft betest. Ich habe einige Menschen getroffen, die mir von einer wunderbaren Rettung und Bewahrung berichten konnten und die genau wussten, dass dies nicht ihrer „Heiligkeit" zuzuschreiben war, sondern sie wussten, dass andere für sie gebetet hatten.

Es ist wichtig, für unsere Lieben zu beten. Es ist aber auch wichtig diese Lieben richtig zu behandeln. Ich habe nicht selten Menschen erlebt, die ihre Lieben sogar bei kriminellen Machenschaften decken oder unterstützen, nur um sie nicht zu verlieren. Andere haben ihre Lieben so oft mit dem Evangelium bedrängt, dass diese abblocken, wenn das Gespräch in eine geistliche Richtung geht. In einer Gemeinde, die ich kenne, haben die Geschwister so eine gewaltige Sache aus den „Essensvorschriften" der Bibel gemacht, und alle Nachbarn und ihre Lieben damit derart belästigt, dass diese nicht nur genervt, sondern richtig wütend auf die Gemeinde waren. Aber in der Gebetsstunde beteten sie immer für ihre Lieben. Das richtige Beten kann nicht das rechte Handeln an den Menschen ersetzen, und da brauchen wir Weisheit! Da sollten wir vielleicht um Weisheit für unsere Lieben bitten, denn diese Weisheit mangelt uns (Jakobus 1,5). Um manche Menschen sollten wir uns intensiver kümmern und manchem „verlorenen Sohn" sollte man nicht nachgehen. Sondern ihn lassen, aber für ihn beten! Er muss, wie in der Geschichte, seine Erfahrung machen, bevor er wirklich zu sich und dann zu Gott kommt. Einem anderen sollte man klar die Grenzen aufzeigen, einem anderen vielleicht mit einem guten Rat zur Seite stehen, oder mit einer Hilfe,... Jeder Mensch ist in einer anderen Situation und jeder tickt anderes! Gerade deshalb brauchen wir Weisheit!

„Wenn es aber jemandem unter euch an Weisheit mangelt, so bitte er Gott, der jedermann gern gibt und niemanden schilt; so wird sie ihm gegeben werden." Jakobus 1,5

Aber, was redet Jakobus da eigentlich? „Wem es an Weisheit mangelt…" Als ob es einen gibt, dem es nicht an Weisheit mangelt? Ich denke, dass Jakobus das als Test so formuliert hat. Denn wer das liest und meint, das ist etwas, was ihn nicht betrifft, bei dem steht fest, dass der von jeglicher Weisheit unerreicht geblieben ist. Jeder braucht mehr Weisheit! Wie soll ich mich in der einen Situation verhalten? Und wie soll ich mich dem anderen gegenüber verhalten? Was soll ich dem einen sagen und was dem anderen? Deshalb haben wir Gebet unbedingt nötig!

Eine andere Frage, wenn wir für Verlorene beten: Beten wir zur Ehre Gottes? Ist es unsere erste Absicht, dass die Sünder, für die wir beten, Gott die Ehre geben oder wollen wir einfach ein schöneres Leben mit ihnen haben? Gott hat mir diese Frage einmal drastisch bewusst gemacht. Wir trafen uns als Gemeinde regelmäßig zur Gebetsstunde, um auch namentlich für die verlorenen Verwandten und Bekannten zu beten. Mehrere Schwestern brachten die Bekehrung ihrer Ehemänner als Gebetsanliegen vor. Wir beteten regelmäßig für diese und erkundigten uns auch immer um deren geistlichen Zustand. Einige erlebten auch einen geistlichen Aufbruch! Eines Tages rief mich aber eine Schwester an und teilte mir mit, dass ihr Mann, für den wir gebetet haben, gestorben sei. Die Frau teilte mir mit, dass sie etwas Seltsames erlebt hatte. Morgens um 6 Uhr sei ihr Mann aufgestanden, habe sie geweckt und sie für alles, was er ihr angetan hat, um Vergebung gebeten. Dann sei er auf die Knie gegangen und habe zu Gott gebetet. Als er aufstand und zum Fenster ging, sei er plötzlich nach hinten ins Bett gefallen und war tot. Das war eine merkwürdige Sache. Natürlich waren wir hin und her gerissen. Gott hatte unser Gebet erhört! Der Ehemann hatte Buße getan. Auf der anderen Seite war das nicht unbedingt das, was wir erwartet hatten. Der Mann war etwas über 50 und mit seinem Tod hatte keiner gerechnet. Doch Gott forderte uns auf, uns zu überprüfen. „Wollt ihr wirklich, dass die Menschen zu mir kommen? Glaubt ihr eigentlich wirklich, dass es um die Ewigkeit geht? Freut ihr euch wirklich darüber, dass der Mann das ewige Leben bekommen hat oder wollt ihr nur bessere Tage mit den „Bekehrten"? Vertraut ihr darauf, dass ich das Richtige getan habe?" Hier kamen wir zur Ruhe und zu neuen Motiven in der Fürbitte. Seit diesem Erlebnis ist es mir wirklich bewusst, dass wir beim Beten bedenken müssen, dass es um Gottes Ehre und um die Ewigkeit geht. Das dürfen wir in der Fürbitte nicht ausklammern.

Vielleicht hast du einen verhärteten Fall Zuhause und mit allem, was du sagst, wird die Rebellion Gott gegenüber nur größer. Prüfe es vor dem Herrn, ob es da nicht weiser ist, in Zukunft zu schweigen. Und schlicht mit guten Taten das Gesagte zu unterstreichen und für ihn zu beten. Vertraue diesen verhärteten Fall Gott im Gebet an. Denke an Abraham und Lot.

Ich habe häufig die Erfahrung gemacht, dass es Menschen plötzlich schlechter ging, als ich anfing für ihre Bekehrung zu beten. Zuerst konnte ich das nicht einordnen und meinte, dass Gott mich nicht erhört. Aber heute verstehe ich die Zusammenhänge des Gleichnisses vom verlorenen Sohn besser. Der Sohn kehrte erst um, als er in der vollen Existenzkrise war. Solange er sich noch an andere Menschen hängen konnte, dachte er nicht im Traum daran, zurück zum Vater zu gehen. Er wurde erst bußfertig, als er fix und fertig war. Mancher wird nie umkehren, weil man ihm immer wieder hilft seine gottlose „Selbstverwirklichung" aufrecht zu erhalten. Leider ist es so, dass mancher unter Schweineniveau sinken muss, wie der verlorene Sohn, damit er zu Gott umkehrt. Aber der Tiefpunkt wurde zum Wendepunkt. Vielleicht denkst du, dass ich sehr hart schreibe, aber ich schreibe das nicht aus Freude an Härte, sondern weil es verhärtete Menschen gibt und mit denen muss man weise sein. Weil man sie liebt! Ich habe in den Randgruppen Typen getroffen, die man etwas anders anpacken muss als andere.

Ich werde nie ein Gespräch mit einem gewaltbereiten Linksradikalen vergessen. Dieser saß vor mir und fluchte auf die Polizei, die ihn tags zuvor geknüppelt und in die Ausnüchterungszelle gesperrt hatte. Als ich ihn frage, was denn passiert war, erzählte er mir, dass sie ein Vereinsheim von Rechtsradikalen angegriffen hatten. Ich sagte ihm freundlich aber bestimmt, dass er froh sein kann, dass ich kein Polizist bin. Ich versicherte ihm, dass er nach meiner Knüppelbehandlung heute nicht in der Verfassung wäre, hier zu sitzen. Er schaute mich mit großen Augen an, weil er das nicht von einem „Pastor" erwartet hatte. Ich erklärte ihm dann, dass er sich einmal in die Polizisten hineinversetzen soll, die Zuhause Frau und Kinder haben und ihr Leben und ihre Gesundheit riskieren. Nur weil Leute wie er derart drauf sind. Er hörte mir zu und um die Geschichte kurz zu machen, er übergab am Ende des Gespräches sein Leben bußfertig Jesus. Man muss sich im Gebet die Weisheit geben lassen, wie man in welcher Situation handeln soll. Nicht jeder, aber mancher braucht eine klare Ansage. Gott wird Weisheit geben, wenn wir ihn darum bitten (Jakobus 1,5). Ein Rocker baute sich mal vor mir auf und knurrte mir ins Gesicht, dass mein Glaube nichts anderes als Gehirnwäsche sei. Ich sagte ihm dann ruhig und bestimmt: „Ich bin für die Gehirnwäsche durch Jesus sehr dankbar und glaub mir, die würde dir auch gut tun. Schau dir einmal den Dreck an, der in deinem Gehirn ist. Sexuelle Perversionen, Hass und Gewaltphantasien, du hast diese Gehirnwäsche wirklich nötig." Er starrte mich fassungslos an, aber er hörte auf zu knurren und wir hatten dann ein sehr gutes Gespräch über Jesus. Es schadet nicht, wenn man Klartext redet. Die meisten Menschen haben kein Problem mit klaren aufrichtigen und mutigen Ansagen. Die meisten verachten nur zu Recht das heuchlerische oberflächliche „Christentum". Aber alle Menschen haben ernste Fragen über Gott. Es ist eigentlich nicht zu fassen. Gegen Ende meiner Rausschmeißerzeit hatte ich sehr oft Gespräche mit Diskobesuchern über Gott. Mit einem Rausschmeißer wollten sie reden, aber seitdem ich „ausgebildeter Theologe" bin, will keiner mit mir reden! Das ist doch bedenklich, oder? Es ist eine weit verbreitete Skepsis dem „offiziellen Christentum" gegenüber, aber meine Erfahrung ist, dass alle Menschen die gleichen Fragen haben.

Ich habe mit Obdachlosen und Millionären gesprochen, mit Kranken und Ärzten, mit Kriminellen und Polizisten … Alle haben die gleichen Fragen! Was ist der Sinn des Lebens? Was kommt nach dem Tod? Gibt es einen Gott, und wenn ja, wie kann er gerecht sein? … Es gilt leider oft als Schwäche über diese Dinge zu sprechen, aber jeder hat diese Fragen in seinem Herzen. Wir sollten den Mut haben, mutig über diese Dinge zu reden! Am ehesten sind die Menschen bereit dazu, wenn man mit ihnen alleine redet, dann fühlen sie sich nicht unter Druck von ihren Bekannten. Das merkte ich deutlich bei einer Verteilaktion. Wir hatten Bikerbibeln in einem riesigen Bierzelt auf Europas größter Motorradparty ausgelegt. Tausende saßen da, aber kaum einer traute sich vor seinen Kumpels eine zu nehmen! Ich fragte Gott, was ich denn machen soll und hatte einen „Geistesblitz"! Bring die Bibeln zu den Toiletten! Gesagt getan. Meine Mitarbeiter waren wenig begeistert, weil es dort stank wie in der Güllegrube! Manche schafften es nicht mal bis auf die Toiletten! Aber: Als wir dann die Bikerbibeln dort auslegten gingen die weg wie warme Semmel. Weil aufs Klo die meisten Männer alleine gehen! Da sind sie frei von dem „Gruppenzwang", in dem sie gefangen sind. Die Menschen suchen und haben Fragen. Spätestens wenn ein geliebter Mensch stirbt, drängen sich die Fragen wieder auf: „Wo ist er jetzt? Was kommt nach dem Tod? Gibt es ewiges Leben? Gibt es einen Gott?" Wenn wir freimütig und aufrichtig sind, werden wir keine Mühen haben Menschen zu finden, denen wir Zeugnis über Jesus und die biblischen Wahrheiten geben können.

19. PRINZIP

GOTT TUT WUNDER

Für Gott ist nichts unmöglich. Bedenke einmal: Was ist so besonderes daran, wenn der Schöpfer des Himmels und der Erde Zeichen und Wunder tut? Das kann man von einem Gott doch erwarten, dass er mit seinen Möglichkeiten handelt. Das ist für ihn nicht schwerer, als wenn ein Kind im Sand spielt. Was soll das Problem sein, dass Jesus von einer Jungfrau geboren ist? Dass Jesus auf dem Wasser ging oder Unheilbare heilte, oder dass Jesus von den Toten auferstanden ist? Entweder ist Gott Gott oder nicht. Aber von Gott reden und ihn nicht Gott sein lassen, ist der Höhepunkt des Unglaubens. Das trifft man bei liberalen Theologen. Es muss doch die Norm sein, dass der Gott, der die Naturgesetze eingesetzt hat, sie auch gegebenenfalls außer Kraft setzen und überbrücken kann. Es ist normal, mit Gott Wunder zu erleben. Ein größeres Wunder ist es, wenn wir kein Wunder mit Gott erleben, aber darüber wundern sich nur andere und das Wunder ist nicht erstrebenswert.

Das allergrößte Wunder ist, dass sich der allmächtige Gott wundert! Das sollte uns in Staunen versetzen, dass der allmächtige Gott sich wundern kann! Zweimal steht in der Bibel, dass Gott sich wundert.

- Gott wundert sich darüber, dass wir nicht in die Fürbitte treten (Jes. 59,16)
- und über unseren Unglauben (Markus 6,6).

Aber über ein Wunder hat sich Jesus nie gewundert! Jesus hat nie gesagt: „Hurra"! Der ist tatsächlich geheilt!" Jesus hat sich nie über ein Wunder gewundert, denn aus der Perspektive des Allmächtigen kann es keine Wunder geben! Es ist für Gott normal. Jesus wunderte sich über den Unglauben, so dass er dann wenige Wunder wirken konnte. Das bedeutet aber nicht, dass Jesus unseren Glauben für ein Wunder als ein „Bestandteil" braucht. So wie einer keine Pizza backen kann, wenn man ihm nicht Mehl gibt. Sondern es geht darum, dass sich der Unglaube darin zeigt, dass die Menschen sich nicht an ihn wandten, nicht an ihm und seiner Botschaft interessiert waren, dass sie ihn ablehnten und ihm nichts zutrauten usw. Deshalb wunderte sich Jesus über ihren Unglauben und konnte dort wenige Wunder wirken. Manchmal neigten die Menschen auch zu gefährlichen Verirrungen! Jesus heilte Kranke, aber weil die Menschen die Schriften nicht kannten oder falsch interpretierten, kamen sie zu der Überzeugung, dass Jesus mit Satan im Bunde sein müsse! Es gab immer wieder gute Gründe, warum Jesus keine Wunder wirkte und auch bewusst und vehement verweigerte. Es ist völlig einseitig zu denken, dass Jesus immer und überall Zeichen und Wunder gewirkt hat.

Aber wichtig ist: Wir werden keinen Menschen in der Bibel finden, der in Harmonie mit Gott lebte und sich über ein Wunder wunderte. Gott konnte immer Menschen, die in Harmonie mit ihm leben, in seine Werke integrieren. Damit sie das, was Gott vorhatte, auch betend erwarteten. Gewundert haben sich immer jene, die nicht in Harmonie mit Gott lebten oder nicht in Gottes Werke integriert waren. Ich will nicht übertreiben. Über den PC habe ich mich noch gewundert, weil ich nicht wirklich damit gerechnet hatte. Aber über Wohnwagen, Wohnmobil, und andere Wunder Gottes habe ich mich nicht gewundert. Denn wenn Gott einen Menschen darauf im Gebet vorbereitet, dann darf man nachher nicht so tun, als ob man nichts gewusst hätte. Als ich für den Wohnwagen betete, ermutigte Gott mich ihn für Dienstag zu reservieren, weil ich das Geld am Montag bekommen würde. So kam es dann auch. Wie soll ich mich dann wundern, wenn es eintrifft? Aber Vorsicht: Hier ist kein Automatismus! Gott teilt uns nicht in jeder Situation alles mit. Selbst die Propheten in der Bibel wussten nicht alles! Wenn Gott ihnen nicht Konkretes offenbarte, dann hatten sie keinen blassen Schimmer. Ein Prophet gab David den Rat den Tempel zu bauen und musste sich dann korrigieren, weil Gott ihm etwas anderes zeigte. Johannes der Prophet und Täufer stand vor Jesus und brachte seinen eigenen Auftrag nicht gleich mit der Person Jesu zusammen. Es gibt viele Beispiele, wo wir deutlich sehen, dass selbst die Propheten nicht immer wussten, was passieren wird. Und schon lange nicht die Fähigkeit dazu in sich selber trugen, übernatürliche Dinge zu tun. Entweder Gott offenbart etwas, oder er tut es nicht. Ich habe mich in den letzten Jahren nicht mehr über Gottes Offenbarungen gewundert, sondern über die vielen Gelegenheiten, wo Gott schweigt! Ich konnte es immer wieder nicht fassen! Ich war in Notsituationen, ich saß in der Klemme, ich wusste nicht weiter, und wunderte und wunderte mich, warum Gott schweigt! Irgendwann sagte Gott mir: „Wenn ich schweige, dann kannst du davon ausgehen, dass du das, was du wissen willst, nicht zu wissen brauchst. Sondern einfach Vertrauen sollst, dass ich die Kontrolle habe." Das saß. Aber damit kann ich leben. Das ist oft schwer, wenn Gott in gewissen Situationen schweigt. Dann dachte ich aber nach: Warum muss ich das unbedingt wissen? Warum meine ich, dass ich aktiv werden muss? Warum bilde ich mir ein, dass ich die Situation zum Guten ändern könnte, wenn ich etwas mehr wüsste und handeln könnte? ... Umdenken. Ich musste in meinem Leben immer wieder bereit sein, völlig anders zu denken. Ich denke, das wird mein ganzes Leben lang nicht aufhören.

Tatsache ist: Wer Wunder erlebt hat, der wird sich nicht mehr so sehr über Wunder wundern, denn er merkt, wie normal und schlicht sie geschehen. Ich weiß nicht, wie es anderen geht, aber ich wundere mich mehr über die Situationen, wo ich keine Wunder erlebe! Ich weiß doch genau, dass es für Gott gar kein Problem ist hier allmächtig einzugreifen! Da wunderst du dich manchmal wochenlang wieso Gott nicht durch ein Wunder eingreift! Eine innere Stimme sagt mir dann aber schon täglich: „Mach dich locker und vertrau mir." Dauert nur manchmal bis ich diese Stimme wirklich „akzeptiere". Ich glaube über diese Taubheit und Trägheit wundert sich Gott.

Aber es ist eine Tatsache: Für Gott ist nichts unmöglich, und wenn er es für sinnvoll hält, dann wird er Zeichen und Wunder tun. Aber zum Wundern ist die Tatsache, dass keiner dafür ins Gebet geht! Und wir ungläubig auf Gottes Wunder verzichten. Wir können Gottes Handeln nicht mit unseren Projekten ersetzen.

Gott ist kein machtgieriger, angeberischer und selbstherrlicher Gott. Er hat es nicht nötig, sich zu beweisen. Was nützt es, wenn Gott durch eine gewaltige Erscheinung am Horizont auftaucht und uns in Staunen versetzt? Wir würden ihm dann vielleicht aus Angst dienen, aber genau das will Gott nicht. Er will, dass wir ihn erkennen, wie er ist, und dann lieben! Wenn Gott nur allmächtig wäre, dann würde er seine Allmacht unbegrenzt dazu einsetzen, dass sich alle unterwerfen. Aber Gott ist kein machtgieriger Diktator, sondern er ist Liebe!

Gottes Liebe setzt Gott auch Grenzen in seinem Handeln

Kein verliebter Mann kommt auf die Idee die Geliebte mit Einsatz der körperlichen Überlegenheit zur Hochzeit zu zwingen. Auf solch eine Idee würde nur ein kranker Psychopath kommen. Wahre Liebe setzt Grenzen im Handeln. Gott will uns von seiner Liebe überzeugen und genau dafür müssen wir das gewaltigste Wunder erkennen, welches je geschehen konnte! Dass Gott Mensch wird und am Kreuz aus Liebe stellvertretend für uns stirbt! Das ist das gewaltigste Wunder! Wenn wir uns darüber nicht wundern können, dann wird uns kein Wunder der Welt helfen, Gott wirklich näher zu kommen. Denn ein Leben, welches nur Gottes Allmacht kennt, aber blind ist für Gottes Liebe und Gesetz, das wird scheitern.

Die Wiedergeburt ist das größte Wunder, das Gott an uns vollbringen will. Wie wunderbar ist die Tatsache, dass der heilige Gott uns gefallene und verdorbene Menschen trotzdem liebt und uns annehmen will. Wenn wir uns das glaubend bewusst machen, dann kommen wir aus dem Staunen nicht mehr heraus! Da am Kreuz hängt der Sohn Gottes zerschlagen und gefoltert aus Liebe zu mir, um mir die ewige Verdammnis zu ersparen, der ich mit Riesenschritten entgegen eile! Da am Kreuz wird die Liebe Gottes zu mir offenbar, dass Christus für uns gestorben ist, als wir noch Sünder waren (Römer 5,8). Wer sich über Gottes Liebe am Kreuz nicht jeden Tag aufs Neue verwundert, der ist nicht wiedergeboren oder braucht dringend eine Erweckung!

Wenn wir lernen, nach dem Willen Gottes zu leben, dann werden wir weitere Gründe für Verwunderungen vorfinden. Ich kann es aus meinem Leben und Erleben sagen, dass Gott immer wieder Zeichen und Wunder getan hat, aber nie so, dass keine Fragen mehr übrig gewesen wären. Über viele Wunder bekam ich immer wieder Einsatzfahrzeuge für unsere Dienste. Aber das hieß nicht, dass wir nicht auch Pannen oder größere Reparaturen mit ihnen hatten. Ich habe es erlebt, dass ein anderer geheilt wurde und mir schmerzte immer noch der Rücken, so dass ich mich kaum bewegen konnte. Alle Zeichen und Wunder werden nicht die Fragen klären, die das Leben mit sich bringt. Deshalb müssen wir Gott im Gebet suchen. Aber wir dürfen es erleben, dass Gott uns in seine Werke integriert. Wir dürfen es erfahren, dass Jesus alle Gewalt im Himmel und auf Erden hat und dass dies der Grund ist, weshalb wir missionieren. Jesus sagt: *„Mir ist gegeben alle Gewalt im Himmel und auf Erden. DARUM gehet..."* Wir haben nicht begriffen, was ein Christenleben oder Gemeindebau oder Mission ist, wenn wir nicht in Harmonie mit Gott leben und uns auf unsere Möglichkeiten und Fähigkeiten reduzieren. Es ist hart einzusehen, dass man mit seiner besten Ausbildung und seinen größten Anstrengungen noch nicht einmal am Anfang dessen ist, was Gott will. Wir sollten dahin kommen, dass wir Gottes Handeln in unserem Leben und Dienst erleben und einsehen, dass wir mit unseren eigenen Plänen und Projekten keinen Meter weit kommen. Dass ich völlig verloren bin, wenn ich mich auf meine Ideen und Pläne verlasse, das merkte ich deutlich bei folgendem Erlebnis.

Eines Tages hatte ich auf dem Herzen, dass Gott mich in den Polarkreis sendet. Der Eindruck wuchs im Gebet. Darüber dachte ich viel nach. Ich wollte hin, wusste aber weder, was ich dort soll, noch wie ich da hin kam. Aber der Gedanke erhellte sich, als mir bewusst wurde, dass dies eine schöne Motorradtour werden könnte! Bei dem Gedanken angekommen, hatte ich aber plötzlich auf dem Herzen, mit einem Wohnmobil zu fahren. Das schmeckte mir gar nicht. Fahrzeuge sind wie Kleider. Dieses Fahrzeug passte mir nicht. Ich hatte auch keines und auch kein Geld dafür. Also betete ich: „Herr, ich weiß nicht recht, was du willst. Soll ich ein Wohnmobil bekommen, dann musst du dafür sorgen. Vielleicht aber ist das auch nur ein irdischer Gedanke. Ich rechnete nicht damit, dass etwas passieren würde, aber ich betete immer wieder dafür, wenn der Gedanke daran kam. Als die Zeit der Reise näher rückte, es war Frühsommer, packte ich mein Motorrad. Plötzlich kam ein Anruf.

Ein mir unbekannter Mann fragte: „Brauchst du mein Wohnmobil?"

Ich war erschrocken und gestresst zugleich. Auf der einen Seite begriff ich, dass hier etwas Außergewöhnliches passierte, aber auf der anderen Seite passte mir seine Formulierung nicht. Ich „brauchte" sein Wohnmobil nämlich nicht! Ich wollte mit dem Motorrad fahren!

Ich fragte zurück: „Woher wollen Sie wissen, dass ich ihr Wohnmobil brauche?"

Er sagte: „Gott hat mir das aufs Herz gelegt."

Ich war wenig erfreut. Ich wollte das Motorrad packen und sollte dann zu einer Konferenz. Dann wollte ich direkt danach mit dem Motorrad losfahren! Das Wohnmobil kam zu einem absolut schlechten Zeitpunkt! Das Abholen, Ummelden…

Also fragte ich genervt: „Seit wann wissen Sie denn, dass ich das Wohnmobil brauche?"

Er sagte, dass er den Eindruck vor ca. drei Monaten erhalten hatte, während er eine Predigt von mir hörte.

Drei Monate?! „Und warum melden Sie sich dann erst jetzt?!" Fragte ich genervt.

Er erwiderte ebenso genervt: „Weil ich mein Wohnmobil nicht hergeben wollte!"

Na super. Ist das nicht elend? Er wollte es nicht hergeben und ich wollte es nicht haben. Ich musste dann die Konferenz absagen, auf der ich nur als Teilnehmer und nicht als Redner gemeldet war. Danach kam der Stress mit dem Abholen und Ummelden usw. Dann ging die Reise los. Was habe ich mich geärgert, als ich mit diesem Teil Richtung Norden tuckerte, weil ich nicht auf dem Motorrad sitzen konnte. Im Polarkreis angekommen, wachte ich eines Nachts durch leise Geräusche auf. Es knisterte merkwürdig auf dem Dach. Als ich die Türe öffnete machte ich große Augen. Schnee! Alles weiß! Ich schloss die Türe wieder zu und hatte kapiert. Was hätte ich hier mit dem Motorrad gemacht?! Es regnete dann fast den kompletten Monat, den ich da oben war! Das war mir eine Lehre. Ist das nicht krass? Gott brauchte nur sechs Tage um Himmel und Erde zu erschaffen. Aber er braucht drei ganze Monate um einen Mann davon zu überzeugen sein geliebtes Wohnmobil für die Mission herzugeben. Und er braucht noch länger dazu einen elenden Kornelius davon zu überzeugen, dass es jetzt das Beste ist, dieses Wohnmobil zu haben. Was ich dort im Polarkreis dann noch erlebte ist eine andere Geschichte. Mir geht es um diesen Punkt: Gott will uns alle in seine Werke integrieren! Aber in dieser Geschichte sehen wir auch das Problem! Wir wollen oft nicht! Und dann wundern wir uns, dass wir keine Wunder erleben?! Genau über diese Sturheit und Dummheit wundert sich Gott. In diesem Fall ging es gerade noch gut. Aber ich will nicht wissen, wie oft ich Gottes Werke mit meiner Dummheit sabotiert habe.

20. Prinzip

Kein Wunder, dass Gott durch Elia Wunder wirkte

Manche leben in dem Irrtum, dass es sich bei der Fülle des Geistes um eine Gefühlsberauschung handelt. Veranstaltungen zielen genau dahin ab, Menschen mit psychologischen Tricks zu emotionalisieren. Im Gefühlsrausch der eingespielten und sanften Worte wähnt man sich schon im Himmel. Aber wo ist am Tag darauf die Kraft für ein heiliges Leben? Man ist aus allen himmlischen Gefühlswolken zurück in seinen Teufelskreis gefallen. Wo ist die Treue und Sieg über Sünde, wenn die Gefühle weg sind oder man sich in bestimmten Umständen sogar schlecht fühlt? Echter Glaube glaubt dennoch und trotzdem und trotz der Gefühlsschwankungen! Ein auf Gefühlen aufgebautes Leben ist nicht alltagstauglich und ich zweifle, ob es etwas mit der Geistesfülle zu tun hat, welche Gott verheißt.

Echte Geistesfülle hat ihren Ursprung in Gott, denn Gott ist Geist. Deshalb kann die Geistesfülle auch nur der haben, der erstens mit Gott versöhnt ist und zweitens im Bewusstsein von Gottes Gegenwart in Harmonie mit Gott lebt und handelt. Geistesfülle kann keiner losgelöst von Gott haben. Ich kann mit einem Eimer das Wasser von der Quelle mitnehmen, aber ich kann Gottes Geist nicht von der Quelle lösen. Gott ist die Quelle des Lebens und es ist Sünde, diese Quelle zu verlassen (Jeremia 2,13). Jesus kam, um in uns diese Quelle des Lebens wieder zu wirken (Johannes 4; 7,38). Wir sollen mit der Quelle des Lebens leben und nicht mit einem Eimer. Als wir noch jünger waren, musste mein Bruder und ich abends immer abwechselnd Milch vom Bauern in einer Milchkanne holen. Eines Tages, als mein Bruder an der Reihe war, hatte sich jemand unter einem Auto versteckt und als mein Bruder vorbeikam, brüllte er abscheulich unter dem Auto hervor. So dass mein Bruder vor Schreck die Milchkanne hinwarf und schreiend davonrannte. Als meine Mutter dann aus dem Haus kam, kroch ich unter dem Auto hervor und rannte in die andere Richtung. Ähnlich geht es uns, wenn wir mit einem „Eimer" auf die „christlichen Veranstaltungen" gehen, um dort „aufzufüllen". Satan stört das nicht. Er wartet schon an der Ausgangstüre und als brüllender Löwe weiß er, wie er uns dazu bekommt, unser sog. gefülltes Eimerchen hinzuwerfen (1 Petrus 5,8). In Wahrheit sind wir oft gar nicht erfüllt, sondern gefühlsberauscht. Deshalb werden wir auch alles hinschmeißen, wenn andere Gefühle in uns hochkommen. Anders ist es, wenn wir unter dem Einfluss des gegenwärtigen Gottes stehen. Wer wacht und betet, der muss nicht in Anfechtung fallen. Wer ein lebendiges Bewusstsein von Gottes Gegenwart in verschiedenen Umständen verliert, der hat damit auch die Fülle des Geistes und die Vollmacht verloren. Es wird ihm schwer möglich sein, in solch einer Situation geistlich zu handeln.

Sehen wir mal auf Elia, durch den Gott vollmächtig wirken konnte. Wie äußert sich seine Vollmacht? In der gottlosesten Zeit, die damals vorherrschte, stellt er sich vor den gottlosesten König aller Zeiten und sagt: ***„So wahr der Herr, der Gott Israels, lebt, vor dem ich stehe: Es soll diese Jahre weder Tau noch Regen kommen, es sei denn ich sage es."*** 1 Könige 17,1 Elia hatte sich in keinem Lebensbereich von den Werten und Zielen der gottlosen Gesellschaft beeinflussen lassen. Elia stand vollmächtig und entschlossen unter dem heiligen Einfluss Gottes. Was war das Geheimnis dieser heiligen, unbeugsamen, standhaften und wortgewaltigen Vollmacht Elias? Elia sah nicht zuerst den gottlosesten König, sondern den König der himmlischen Heerscharen. Elia stand nicht zuerst vor dem Mann, der ihm etwas antun könnte, sondern Elia stand vor dem lebendigen, gegenwärtigen und handelnden Gott. Elia sah nicht nur den erbärmlichen Zustand des Volkes, sondern zuerst die Herrlichkeit Gottes! Elia nahm Gott wahr. Elia hatte ein lebendiges Gottesbewusstsein … der Gott Israels, vor dem ich stehe…" Ströme des lebendigen Wassers flossen aus Elia, weil er unter dem bewussten Einfluss des gegenwärtigen Gottes stand. Diese Tatsache ist eine Grundlage in meinem Dienst geworden, ohne die ich den Dienst in der Motorradszene nie hätte tun können.

Elia war der Segensträger seiner Zeit und du sollst es heute sein. Wir denken: „Ach hätte ich solch ein Selbstbewusstsein und Selbstvertrauen wie Elia, dann würde ich auch vor meine Mitmenschen treten können und ihnen Gottes Meinung sagen!" Aber genau hier liegt der Fehler! Dein Selbstbewusstsein reduziert dich auf dich selbst! Dein Selbstvertrauen kann nur mit deinen begrenzten Möglichkeiten rechnen und handeln, und diese Rechnung geht nicht auf! Wieder sind wir bei der „Selbstverwirklichung". Was du brauchst, ist ein Gottesbewusstsein und Gottvertrauen! Das ist der biblische und lebendige Glaube: „Ich habe ein Bewusstsein von Gottes Gegenwart und ich glaube, dass er das tut, was er verheißen hat." In manchen Gemeinden wird nur die Selbstverwirklichung gefördert. Ich war auf Mitarbeiterschulungen, wo man den Jugendlichen sagte: „Ihr seid jung! Ihr seid schön! Ihr seid begabt! Ihr könnt das!" Und was machen sie, wenn sie älter werden und nicht mehr so schön sind …? Soll ich jetzt Selbstwertprobleme bekommen, weil ich nicht mehr jung bin? Schön kam ich mir noch nie vor und begabt? Ehrlich: Wenn mein Selbstbewusstsein und Selbstvertrauen ein wichtiger Faktor wäre, dann wäre ich für Gott nicht brauchbar. Bei vielen Aktionen merkte ich, dass mich mein Selbstbewusstsein und Selbstvertrauen begrenzt und den Dienst unmöglich macht. Da stehen wir an zwei Grenzen. Entweder einzuknicken, oder uns von Gott die Vollmacht zum Handeln geben zu lassen.

> **VOLLMACHT HAST DU NUR, WENN DU IN DER SELBSTVERLEUGNUNG LEBST UND GOTTES GEIST DICH VOLL MACHT.**

Was würde sich denn alles in unserem Leben ändern, wenn wir wirklich glauben würden, dass Gott hier ist? In jeder Situation. Was würde sich alles ändern, wenn wir doch endlich glauben würden, dass Gott keine unserer Situationen egal ist, sondern dass er in jeder Situation eine Meinung und Absicht hat. Er möchte Kraft zum Handeln wirken. Ein echter Glaube, eine ungetrübte Wahrnehmung Gottes, ein echtes Gottesbewusstsein würden uns in die angemessene Haltung Gott gegenüber bringen. Und dort bleiben lassen. Diese Haltung wäre Hingabe aus Vertrauen und freiwilliger Überzeugung an Gott. Auch die Einwilligung, dass Gott an mir, in mir und durch mich wirksam sein kann. Nur in der bewussten und überzeugten Hingabe an den gegenwärtigen Gott, können wir aus der Fülle des Geistes handeln. Doch ohne Schöpfer bist du, Geschöpf, im Leben und Dienst bald erschöpft. Eimer leer.

Gott teilte Elia mit, dass er beabsichtigte, eine Dürre über das Land zu bringen, um das gottlose Volk zur Einsicht und Umkehr zu bewegen. Das richtete Elia dem gottlosen König aus. Elia rechnete mit den Zusagen Gottes. Er vertraute dem lebendigen Gott, dass er tut, was er zu tun beabsichtigt. Wie war Elia so vertraut mit Gott und seinen Absichten? War Elia ein Übermensch? Nein. Gott lässt uns in seinem Wort ausrichten: *„Elia war ein schwacher Mensch wie wir…"* Jakobus 5,18 Elia hatte auch Sorgen, Probleme, innere und äußere Konflikte und hatte ebenso viel zu verlieren wie wir. Aber was war sein Geheimnis? *„Elia war ein schwacher Mensch wie wir, aber er betete ein Gebet…"* Das Geheimnis von Elias Wirksamkeit und Vollmacht war, dass Elia betete. Ein Gebet genügt, wenn es wirklich ein Gebet ist! So kann man sich täuschen. Elia war für mich als Kind ein Supermann. Feuer vom Himmel und dann Regen! Da war was los. Aber seit ich die Zusammenhänge tiefer verstehe, muss ich mich fragen: Was ist denn eigentlich das Besondere an Elia? Er sagt dem König die Hungersnot voraus, dann sitzt er drei Jahre fast tatenlos herum, dann provoziert er die Baalspriester, und nachdem Gott Feuer vom Himmel gelassen hat, fordert er das Volk zum konsequenten Leben mit Gott heraus. Dann wartet er betend auf den Regen. Schau doch genau hin. Es ist nicht Elia, der irgendeine Kraft in sich besitzt, ein Wunder zu tun, sondern Gott hatte ihn in seine Werke integriert.

Aber ein Leben in Harmonie mit Gott ist kein Selbstläufer. Als Elia Gott nachher aus den Augen verlor, und sein Gottesbewusstsein in seinen Problemen unterging, da war der Burnout absehbar, den Elia erlebte. Nur im Bewusstsein von Gottes Gegenwart haben wir die Voraussetzung, dass wir aus Gottes Kraft den Willen Gottes verwirklichen. *„…Das Gebet des Gerechten vermag viel, wenn es ernstlich ist."* Im Gebet teilte Gott Elia mit, dass er eine Dürrezeit beabsichtigte, betend erfuhr Elia, dass Gott Feuer vom Himmel lassen will, und betend erwartete Elia, dass Gott sein Wort hält. Im Gebet erwartete Elia auch den verheißenen Regen. Alles, was Gott vorhatte, begleitete Elia betend – das ist der Weg, Gott zu erleben! So wundert es niemand, dass im Dienst des Elia Wunder geschahen, solange Elia mit einem Bewusstsein von Gottes Gegenwart lebte, denn dass Gott wunderbar am Werk ist, das ist für Gott normal.

Wer Gott so wahrnimmt, wie er ist, der reift an gesunder Gottesfurcht und wer vor dem lebendigen Gott kniet, der kniet nicht mehr vor Menschen und der Sünde. Viele sagen heute, dass man Gott nicht fürchten muss. Aber warum fürchten sie sich vor Menschen, wenn sie Gott bekennen sollen? Warum schlägt ihnen das Herz bis zum Zerplatzen, wenn sie Gott bezeugen sollen? Gottesfurcht vertreibt Menschenfurcht.

Dein Selbstbewusstsein reduziert dich auf dich selbst. Verlass dich nicht auf dein Selbstvertrauen, sonst bist du gottverlassen, wenn es darauf ankommt. Werde stattdessen ein hingegebener Beter, der Gott und seine vertraute Gemeinschaft und seinen Willen sucht und tut. Lebe im Bewusstsein von Gottes Gegenwart und lass so dein ganzes Leben von Gott durchdringen. Gottvertrauen aus dem Gottesbewusstsein ist der Schlüssel zu Vollmacht, Sicherheit und Überzeugung um Gott freimütig zu bekennen.

Heilige Gelassenheit

Elia war nicht getrieben, wie wir es heute oft sind. Er war in der Lage in Harmonie mit Gott und seiner Geschwindigkeit zu leben. Ich sehe darin eine der größten Herausforderungen für mich und unsere heutige Zeit, denn wir haben alle Möglichkeiten der Welt! Wir haben als Gemeinden Geld, wir können jeden Tag auf einen anderen Kontinent fliegen, und von Projekt zu Projekt hecheln. Von einer Konferenz zur nächsten, zur Schulung, Fortbildung, Master, Dr. Professor... Es hört nie auf! Elia dagegen konnte drei Jahre zurückgezogen warten bis Gottes Wort wieder an ihn erging. Und Gott Aufträge für ihn hatte, ganz gleich, wie der Auftrag aussah. Ich glaube, das würden heute wenige aushalten. Wir sehnen uns nach Stille, Ruhe und Pause, weil wir mit dieser inneren Leere zur Eile getrieben werden, und wenn wir dann Pause haben, dann ertragen wir sie nicht. Wir fühlen uns wertlos, es fehlt die sinnvolle Aufgabe, es fehlt uns die Anerkennung, weiter, weiter ... Ich musste diese Tendenzen in mir erkennen um etwas dagegen zu tun. Ich sage dir ehrlich, worüber ich mich heute am meisten wundere, wenn ich das Leben des Elia in der Bibel betrachte. Ich wundere mich schon lange nicht mehr über das Feuer vom Himmel, weil das für Gott eine Kleinigkeit war. Aber ich wundere mich wirklich, dass Elia drei Jahre nichts tun konnte. Dass er diese Spannung aushielt, diese Zweifel, ob Gott ihn vielleicht vergessen, verlassen und verstoßen hat? Dass er drei Jahre lang in Harmonie mit Gott warten konnte, ohne sich gehen zu lassen, ohne geistlich einzuschlafen... Als der Sohn der Witwe starb, da war Elia wieder voll da! Über diese innere Freiheit, die er hatte, wundere ich mich... So können sich Sichtweisen ändern. Kannst du nachvollziehen, was ich meine?

Ich denke, dass wir hier herausgefordert werden. Habe ich diese heilige Gelassenheit die Elia hatte? Es war ihm nicht egal, was Gott tut! Die geistliche und materielle Not seines Volkes war ihm auch nicht gleichgültig! Aber er war Gott und seinem Willen ergeben. Er hatte auch keinen falschen Ehrgeiz, er folgte nicht ungeordneten Neigungen nach Anerkennung, sondern er hatte diese Haltung: „Es ist völlig gleich, was Gott von mir will. Auf sein Wort hin werde ich handeln, und auf sein Wort hin werde ich abwarten. Wenn Gott etwas vorhat und mich da integriert, dann ist es mir nicht egal, sondern völlig ergeben, was es ist. Feuer oder Regen, ein gottloser König oder das Volk, ich werde im Geringen treu sein. Und Gott wird das tun, was er vorbereitet hat." Diese Haltung fasziniert mich. Darüber kann ich mich wundern! Mit dieser Haltung konnte Gott Elia in gewaltige Werke integrieren.

21. Prinzip

Gott heilt oder deutet an, was er vorhat

Jesus lebte so vertraut mit Gott, dass Gott Zeichen und Wunder durch ihn tun konnte. Auch heute stellt sich Gott mit Zeichen und Wundern zu seinem Wort. Nach Gottes Verheißung durften wir immer wieder Zeugen solcher Geschehnisse werden. Auf einem finsteren Rockfestival in Schweden mit 30.000 Besuchern hatten wir eine Bibelverteilaktion. Wir gingen als Team gemeinsam zum Haupteingang und sangen das Lied: „Unser Gott ist ein mächtiger Gott, er herrscht vom Himmel herab mit Weisheit, Liebe und Macht; unser Gott ist ein mächtiger Gott." Ein junger kräftiger Kerl ging gestützt auf einem Stock daher und hatte offensichtlich Rückenbeschwerden. Einer unserer Truppe ging spontan auf ihn zu und fragte, ob er für ihn beten könne. Es waren nicht wenige erstaunt darüber, als der junge Mann nach dem Gebet aufrecht und ohne Stock weiterging. Doch das absolute Wunder kam erst. Er wollte trotz seiner Heilung nichts von Jesus wissen! Das ist oft die Realität. Wunder alleine reichen nicht aus, um zu retten. Oft ist Gott gnädig und offenbart sich in seiner Güte, aber die Menschen bleiben trotzdem verhärtet. Das hat auch Jesus erlebt.

Während einer Gemeindewoche kam nach der Verkündigung ein Mann auf mich zu. Bei ihm war eine unheilbare Krankheit diagnostiziert worden. Er machte sich große Sorgen und wollte, dass wir für ihn beten. Gemeinsam lasen wir, was Jakobus über dieses Thema schreibt und den wichtigen Punkt, dass wir auch unsere Sünde bekennen sollen.

„Ist jemand unter euch krank, der rufe zu sich die Ältesten der Gemeinde, dass sie über ihm beten und ihn salben mit Öl in dem Namen des Herrn. Und das Gebet des Glaubens wird den Kranken retten, und der Herr wird ihn aufrichten; und wenn er Sünden getan hat, wird ihm vergeben wer-

den. Bekennet einander eure Sünden und betet füreinander, damit ihr gesund werdet. Das Gebet des Gerechten vermag viel, wenn es ernstlich ist."
Jakobus 5,14-16

Er wurde etwas unruhig, weil sein Pastor auch dabei stand. Doch er bekannte, dass er eine falsche Haltung der Gemeinde gegenüber gehabt hatte. Da war was zwischen ihm und dem Pastor, aber er tat Buße darüber. So beteten wir und dankten Gott. Einige Zeit später rief mich der Bruder mit den Worten an: „Du glaubst nicht, was geschehen ist!" Ich sagte: „Ich glaube schon." Er sagte, dass er vom Arzt untersucht worden war und von der Krankheit keine Spur mehr aufzufinden sei. Hier müssen einige Punkte bedacht werden:

Sünden einsehen und bekennen

Das Wichtigste ist, dass uns die Sünden vergeben werden, auch wenn uns die Krankheit vordergründig dringlicher erscheint. Das Seelenheil ist das Wesentliche und nicht zuerst die körperliche Heilung. Was nützt es, von allen Krankheiten geheilt in das ewige Feuer zu kommen? Auch Jesus machte deutlich, dass die Vergebung der Sünden vor der körperlichen Heilung Priorität hat (Matthäus 9,1ff; Lukas 5,17ff). Als Nikodemus über die Zeichen und Wunder Jesu staunte (Johannes 3), da kam Jesus ohne Umschweife auf das größte Wunder zu sprechen, die Wiedergeburt! *„Wundere dich nicht, dass ich zu dir gesagt habe, dass du von neuem geboren werden musst."* Immer wieder waren Wunder ein leuchtender Rotstift, mit dem Jesus seine Botschaft der Sündenvergebung und Umkehr unterstrich. Die Botschaft der Versöhnung und die Aufforderung Jesu, einander zu vergeben, kann einen gewaltigen Einfluss auf Heilung haben. Man weiß längst, dass sehr viele Krankheiten Symptome von Sünde sind. Ein bekannter Psychologe sagte: „Wenn ich meinen Patienten klar machen könnte, dass ihnen ihre Schuld vergeben ist, dann könnte ich 80% von ihnen entlassen." Zwischen Heilungen und Versöhnung besteht ein beachtlicher Zusammenhang. In der Geschichte sind sehr viele Heilungen geschehen, wo Menschen sich versöhnt haben. Bei einer Verkündigungswoche thematisierte ich den Zusammenhang von Versöhnung und Heilung. Einen Tag später rief mich ein Bruder an, dessen Schwester ein unheilbares Leiden plagte. Sie hatte sich die Worte der Predigt zu Herzen genommen und als sie sich mit ihrer leiblichen Schwester versöhnt hatte, waren die unheilbaren Beschwerden augenblicklich verschwunden. Ein anderes Ehepaar kam in unsere Gemeinde, weil sie hörten, dass wir für Menschen beten und dass hier Menschen geheilt wurden. Bei der Frau hatte man

Krebs diagnostiziert und sie war sehr verzweifelt. Wir nahmen uns Zeit für sie und stellten fest, dass es gewisse Dinge in ihrem Leben gab, die sie schwer belasteten. Da war unvergebene Schuld, Fehler an den Kindern, Anklagen anderer, die an ihr nagten, ... Sie reagierte wirklich heftig, als wir auf ihre Kinder zu sprechen kamen und es war mehr als deutlich, dass da was faul war. Diese Dinge mussten aufgearbeitet werden! Das taten wir in den nächsten zwei Stunden. Wir gaben ihr einige biblische Ratschläge mit verschiedenen Dingen umzugehen, und das waren befreiende Gedanken für diese Frau. Bei ihr lösten sich mehrere „Knoten" und sie konnte befreit aufatmen, weil wir ihr seelsorgerlich helfen konnten. Am Schluss des Gespräches baten wir für diese Dinge, auch für die Krankheit. Nach kurzer Zeit hörten wir dann, dass der Krebs verschwunden war. Ich glaube, dass hier Zusammenhänge bestehen können, denn man weiß heute, dass mancher Krebs durch Stress begünstigt wird.

Viele Kranke, für die wir beteten blieben aber krank. Auch Paulus ließ einen Mitarbeiter krank zurück. Von Timotheus, einem geistlichen Christen, lesen wir, dass er oft krank war, obwohl Paulus die Gabe der Krankenheilung hatte (2 Timotheus 4,20). Elisa wurde krank, an einer Krankheit, an der er starb (2 Könige 13,14). Dieses Thema ist sehr komplex. Deshalb habe ich ein Extrabuch über Krankheit und göttliche Heilung geschrieben. Da bin ich detaillierter auf die vielen wichtigen Punkte eingegangen, die bei dem Thema zu beachten sind. Das Buch heißt: Göttliche Heilung – und andere Absichten Gottes.

Ernsthaftes Gebet

Wenn es um Gebet für Kranke geht, ist die angemessene Herzenshaltung: Mitleid und Barmherzigkeit. Das können wir bei Jesus deutlich sehen. Wer nicht ernsthaft für einen Kranken betet, der heuchelt ihm nur etwas Religiöses vor und ist im Prinzip froh darüber, wenn er den Kranken wieder verlassen kann. Er zweifelt auch an der Möglichkeit der Heilung.

Das Gebet des Glaubens

Wir können dann 100 prozentig mit einer Heilung rechnen, wenn Gott uns wissen lässt, dass er in diesem konkreten Fall heilen will. Doch Vorsicht vor Illusionen! Verwechselt nicht eure guten Wünsche mit Gottes Willen. Ich habe so viele Kranke erlebt, denen man die Heilung prophezeit hat und die dann in noch größere Seelenkonflikte kamen. Weil sich keine Besserung einstellte. Manche von ihnen kamen in die Psychiatrie, bevor sie starben. Weil sie gegen Ende in Angst und Schrecken waren, ob sie überhaupt richtig glauben, weil sie nicht geheilt wurden. Stattdessen sollte man lieber die falschen Propheten zur Rechenschaft ziehen. In Jeremia 5,30 steht: *„Entsetzliches und Schauderhaftes ist im Lande geschehen: die Propheten weissagen falsch."* Und in Kapitel 28,15-17 bestraft Gott den falschen Propheten Hananja mit dem Tod. Falsche Prophetie ist kein Fehler, sondern eine schwere Sünde.

Heilung und andere Möglichkeiten

Wenn wir für einen Problemfall beten und Gottes Absichten nicht genau kennen, dann sollten wir beharrlich und mit Ergebenheit beten, bis wir Gottes Absicht erkennen. Manchmal hat Gott mit der Krankheit etwas vor, wovon wir noch nichts ahnen. Wenn Gott mit einer Not einen Sinn verfolgt, dann ist es sinnlos dagegen anzubeten. Es ist dann ratsam beharrlich und ergeben zu beten um zu hören, was Gott denn bezweckt. Gott heilt nicht immer. Es gibt unzählige Berichte, auf welch wunderbare Art und Weise Christen ins Gefängnis oder ins Krankenhaus kamen, um dort Zeugnis für andere zu sein, die dann zum Glauben kamen. Vielerorts meint man, dass Jesus immer heilt, wenn wir für Kranke beten. Dem ist nicht so. Gott kann durchaus andere Dinge im Sinn haben, z.B. dass einer von einer hochmütigen Haltung gedemütigt wird. Oder dass einer in Krankheit Dinge lernt, die er sonst nicht erfahren würde. Einem König in der Bibel ließ Gott ausrichten, dass er sein Haus bestellen soll, weil er gewiss sterben wird (Jesaja 38,1). Auf den ersten Blick scheint dies eine harte Botschaft zu sein. Aber wer Gott kennt, der versteht, was er tun wollte! Es war reinste Gnade, dass dieser König nicht unerwartet aus dem Leben scheiden sollte! So hatte er Gelegenheit „sein Haus zu bestellen", das heißt, alles zu ordnen, eventuell Dinge in Ordnung zu bringen, zu vergeben, zu versöhnen, in Ruhe und Frieden Abschied zu nehmen, … Das ist reinste Gnade! Wie schlimm ist es dagegen, wenn der Mann im Streit das Haus verlässt und an einem unerwarteten Unfall stirbt? Die Frau kann ihn nie mehr um Vergebung bitten!

Wenn ein junger Mensch an einer Krankheit stirbt, dann werden auch schnell die Stimmen laut, die an Gott zweifeln, oder die nach einer Schuld im Leben des jungen Menschen suchen, oder in der Familie. Aber es kann alles ganz anders sein! Einmal ließ Gott einen jungen Menschen an einer Krankheit sterben, weil er sah, unter welchen grauenhaften Umständen der Rest dieser Familie ausgelöscht werden wird. Weil Gott etwas Gutes an diesem Jungen fand, ersparte er ihm dieses Schicksal und ließ ihn lieber zuvor an einer Krankheit sterben (1 Könige 14,13). Auch hier sehen wir:

Ein früher Tod kann Gnade sein und muss nicht Fluch bedeuten, wie die meisten vermuten würden. Deshalb ist es wichtig Gott zu kennen und die vielen verschiedenen Möglichkeiten, die uns in der Bibel offenbart sind. Wie gesagt, dazu ein Extrabuch: Göttliche Heilung & andere Absichten Gottes.

Was immer auch passiert

Auf jeden Fall wird Gott uns nicht in Unwissenheit darüber lassen, was für Absichten er hat, wenn wir beharrlich beten. Paulus litt auch sehr unter seinem Pfahl im Fleisch. Was dieser Pfahl auch war, er bat Gott einmal um Veränderung, das zweite Mal, aber es änderte sich nichts. Nach dem dritten Mal war Paulus bereit zu hören, warum Gott in diesem Fall das Leid nicht wendet. Und Gott ließ es ihn wissen, so dass er in Gottes Antwort Ruhe und Sicherheit fand (2 Korinther 12,7ff). Wir können daran sehen, dass Gott oft andere Möglichkeiten mit unserer Not im Sinn hat, als wir zuerst einsehen wollen. Johannes der Täufer wurde nicht wie Petrus auf wundersame Weise aus dem Gefängnis entlassen sondern hingerichtet. In Hebräer 11 werden uns die Glaubenshelden vor Augen gestellt, von denen manche grauenvoll hingerichtet worden sind. Es ist eine Lüge, wenn Irrlehrer behaupten, dass Gott immer so hilft, dass wir in bessere Verhältnisse kommen, man müsse nur glauben. Was ist damit, dass Jesus die Verfolgung der Gemeinde vorausgesagt hat? Was ist mit all den Märtyrern bis heute?

Das Kerzenprinzip

Im Gebet hatte ich einmal ein Bild vor Augen. Ich sah eine Kerze und hatte folgende Gedanken: „Wo brennt die Kerze heller, im Hellen oder im Dunkeln?" Ich dachte: Natürlich im Dunkeln. Da erkannte ich gleich, dass meine Antwort falsch ist. „Die Kerze brennt im Hellen und im Dunkeln gleich, nur im Dunkeln sieht man das Licht der Kerze besser." Mir wurde es plötzlich deutlich, was mir Gott damit zeigen wollte. Wir sollen das Licht der Welt sein. So oft sagen wir, dass wir das Licht der Welt sein wollen. Aber warum wundern wir uns dann, wenn Gott in unseren Lebenssituationen das Licht abdreht, damit wir sichtbar in der Dunkelheit für alle leuchten? Warum wundern wir uns, wenn Gott uns in Leidenssituationen bringt, in denen unser Zeugnis um einiges heller erstrahlen würde, wenn wir nicht immer gleich an Gott zweifeln würden? Ich machte diese Erfahrung, als ich mit meiner zerschmetterten Hand vor dem Chirurgen saß. Er schüttelte den Kopf und sagte mir, dass er nicht garantieren kann, dass die Hand wieder ganz wird. Ich teilte ihm mit, dass er sich keine Sorgen machen solle. Ich sagte ihm: „Ich gehöre nicht zu den Menschen, die sie verklagen werden, wenn die OP nichts geworden ist. Wenn sie das nicht ganz hinbekommen, ist das schon in Ordnung. Ich vertraue in dieser Sache meinem Gott." Er schaute ziemlich erstaunt drein. Eine frisch bekehrte Bekannte von mir erhielt die Nachricht, dass ihre Mutter Krebs habe. Sie ging schnell ins Krankenhaus und dort wurde sie gefragt: „Brauchen sie seelischen Beistand?" Sie konnte versichern, dass sie den besten Beistand habe, den es gibt. Jede unangenehme Situation kann ein größeres Zeugnis für unseren Herrn sein als eine angenehme Situation. Wenn wir Gott diesen Vertrauensvorschuss geben, den er in jeder Situation fordert.

▶ **Prinzip:** *Gebet ist nicht zuerst die Möglichkeit, um in bessere Verhältnisse zu kommen, sondern um Gott und seine Absichten zu erkennen und darin einzuwilligen.*

22. PRINZIP

GEBET IN DER VERFOLGUNG

Wenn wir uns die ersten Christen ansehen, können wir nur staunen. Als ihnen Verfolgung angedroht wurde, wenn sie weiterhin das Wort verkündigen würden, da gaben sie nicht kleinlaut auf. Sie kamen auch nicht in der Gebetsstunde zusammen, um Gott vorzuwerfen: „Herr, jetzt haben wir dich verkündigt und jetzt wollen sie uns an den Kragen! Sie werden uns unsere Häuser und die Geschäfte kaputt machen und uns aus der Stadt jagen! Unsere Existenz steht auf der Kippe!" So haben sie nicht gebetet, sondern: **„Als sie das hörten, erhoben sie ihre Stimme einmütig zu Gott und sprachen: Herr, der du bist der Gott, der Himmel und Erde und das Meer und alles, was darinnen ist, gemacht hat..."** Apostelgeschichte 4,24 Die Gemeinde ließ sich nicht das Bewusstsein von Gottes Gegenwart rauben und mit einem Problembewusstsein ersetzen. Sie vergegenwärtigten sich die gewaltige Allmacht des Schöpfers und begannen ihr Gebet mit Lob. In diesem Sinne ist ein „Lobpreisgottesdienst" etwas Hervorragendes! Die Gemeinde betete weiter: **„...der du durch den Mund Davids, deines Knechtes, gesagt hast: ,Warum toben die Heiden und die Völker nehmen sich vor, was umsonst ist?' Die Könige der Erde treten zusammen und die Fürsten versammeln sich wider den Herrn und wider seinen Christus. Wahrlich, es haben sich versammelt gegen deinen heiligen Knecht Jesus, welchen du gesalbt hast, Herodes und Pontius Pilatus mit den Heiden und dem Volk Israel, zu tun, was deine Hand und dein Rat zuvor bestimmt hat, dass es geschehen sollte..."** Die Gemeinde kannte die Schriften, auf die sie sich in Krisenzeiten genauso stützte wie sonst auch. Sie waren in der Lage, ihr Bibelwissen für die Gegenwart fruchtbar zu machen. Sie hatten nicht diese kleingläubige Haltung, dass die Schriften zwar wichtig sind, aber in der heutigen Zeit nichts mehr zu sagen haben. Nein! Gerade in der heutigen Not hat Gottes Wort die Anweisung für richtige Herzenshaltung und Verhalten und deshalb müssen wir an

Gottes Wort festhalten! Hier war die Grundlage, um die gegenwärtige Herausforderung zu beurteilen. *„Und nun, Herr, siehe an ihr Drohen und gib deinen Knechten, mit aller Freimütigkeit zu reden dein Wort, indem du deine Hand ausstreckst, dass Heilung und Zeichen und Wunder geschehen, durch den Namen deines heiligen Knechtes Jesus. Und als sie gebetet hatten, bewegte sich die Stätte, wo sie versammelt waren; und sie wurden alle mit dem Heiligen Geist erfüllt und redeten das Wort Gottes mit Freimütigkeit."* Apostelgeschichte 4,14-31 Das Ziel der Gemeinde war klar: freimütig das Wort bezeugen, koste es was es wolle! Und wer nach Gottes Willen bittet, der wird Gott erleben, das erlebte die Gemeinde und das sollen wir auch erleben. Der Heilige Geist stellte sich zu dem ernsthaften Gebet, und die Christen verkündigten das Wort mit Freimut unter Begleitung von Zeichen und Wundern. Und weil sie dafür tatsächlich verfolgt wurden und trotzdem nicht schwiegen, wurde so mit den Vertriebenen das Evangelium im ganzen Land verstreut – bis zu uns! **Mit seinen verfolgten und trotzdem freimütigen Christen verfolgte Gott ein Ziel: die überzeugende Ausbreitung vom Licht des Evangeliums in der Weltfinsternis.** So konnte Gott immer die dunklen Zeiten der Geschichte, auch der Verfolgungen nutzen, um sich zu verherrlichen. Wie viele Jahre werden die Christen in China verfolgt! Ich las einen weltlichen Zeitungsartikel, in dem stand, dass es in China mittlerweile mehr Christen als Kommunisten gibt. Eine sehr bekannte weltliche Zeitung schreibt von einem „Jesusfieber" in China. Die Prinzipien gelten für alle Zeiten. Die Kerze sieht man im Dunkeln am besten – wenn sie brennt. Brennst du für Jesus? Bist du brennend im Geist und im Gebet?

Gemeinsames Gebet praktisch

Es gibt viele Gründe, warum manche Gebetsstunden in den Gemeinden langweilig sind. Es gibt geistliche, aber auch praktische Gründe. Wir wollen uns nun einmal die praktische Seite anschauen. Meistens sitzen eine Anzahl Geschwister zusammen und dann betet jeder reihum. Wenn einer dran ist, dann betet er alles was ihm auf dem Herzen ist. Er lobt und dankt Gott, er betet für die kommende Evangelisation, für die Regierung und die verfolgten Christen, für die Oma und den Geschäftskollegen... Mal ehrlich: Das ist für alle Teilnehmer ermüdend. Und warum? Ganz einfach! Wenn jemand wirklich diesem Gebet von Herzen folgt, dann ist das auch eine emotionale Sache. Wir haben festgestellt, dass unsere Emotionen den Gedanken folgen. Wenn der Bruder Gott lobt, dann fühlen wir uns ebenfalls ermutigt und motiviert Gott zu loben. Wir kommen so richtig in

Stimmung dazu, aber wir kommen nicht dran. Dann wechselt er das Thema und kommt zur Evangelisation. Dem folgen entsprechende Gefühle, und am liebsten würden wir den einen oder anderen Punkt ergänzen, der uns wichtig erscheint. Aber wir kommen wieder nicht dran. Dann betet er für die Regierung und wieder ändern sich die Emotionen und dann betet er für die Oma, da sind gar keine Emotionen, weil ich sie nicht kenne, und der Geschäftskollege? Irgendwann fühle ich mich abgehängt.

Diese Art gemeinsam zu beten ist nicht für gemeinsames Gebet geeignet. Es ist kein Wunder, dass viele ernsthafte Beter bei Gebetsstunden eher müde als erweckt werden. Man ist nach solchen emotionalen Berg- und Talfahrten emotional ausgepowert. Denn der Nächste macht das dann genauso! Bis ich dran bin, bin ich platt. Es gibt ein Modell, welches ich für gemeinsames Gebet sehr gut finde, und das möchte ich dir einmal vorstellen.

Es gibt einen Gebetsleiter. Das kann jedes Mal ein anderer sein. Dieser Gebetsleiter bereitet 3 Gebetsblöcke vor, die er kurz einleitet. Der erste Block ist immer das gleiche Thema, nämlich Lob und Dank an Gott. Dazu kann der Gebetsleiter z.B. eine Bibelstelle vorlesen und ein paar ermutigende Worte sagen. Als Gebetsleiter hat er die Aufgabe die Konzentration von uns Anwesenden auf Gott hin zu lenken, indem wir uns bewusst werden, wie Gott ist und was er für uns getan hat. Dann beginnt die erste Gebetsrunde mit Lob und Dank und danach ist jeder Teilnehmer eingeladen, Gott ebenfalls zu loben. In diesem Block betet keiner für die Politik und die Oma, sondern in diesem Block wird nur gelobt und nur gedankt. Die Vorteile daran sind:

- Das Thema wird beibehalten und damit ist die Konzentration leichter.
- Man wird inspiriert und kann dann selber einstimmen.
- Es wird nicht so viel wiederholt, sondern ergänzt und damit das gemeinsame Gebet sehr bereichert.
- Die Gebete sind damit auch kürzer, weniger „ermüdend", und erweckend!

Wenn der erste Block durch ist, wird der zweite Block eingeleitet. Z. B. wird dann die anstehende Evangelisation thematisiert. Hier kann der Gebetsleiter aktuelle Informationen geben, die können von Teilnehmern ergänzt werden, und es kann dann gezielt und konkret gebetet werden. Auch hier wird das Thema konsequent beibehalten. Dadurch beten wir nicht nur: „Herr, ich bete für die kommende Evangelisation ... " Sondern wir beten dann im Detail! Einer kann ergänzen, was der andere noch nicht genannt hat. Wir können für die Verlorenen beten, für den Redner, für die Vorbereitungen, Technik, Herzenseinstellung der Gemeinde, eigene Familienangehörige, die noch nicht bekehrt sind, eingeladene Freunde... aber alles hat mit dem Thema Evangelisation zu tun. Dann kommt der dritte Block. Eventuell für die politische Situation. Dazu eine kurze Einführung mit aktuellem Bezug, die anstehenden Wahlen, politische Entscheidungen die anstehen, oder politische Krisensituationen in der Welt... Die Beter brauchen Informationen, damit sie konkret beten können! Wer nur betet: „Herr ich bete für die Politik..." Ja was betet er für die Politik? Er betet ja eigentlich gar nichts und wundert sich auch nicht, dass er nie erhört wird. So bleiben Gebetsstunden nichtssagend und die Beter bekommen auch nicht den Eindruck, dass sie da etwas entscheidend Wichtiges tun. Jeder Gebetsblock sollte mit Informationen begonnen werden, die den Gebetskreis ermutigen für das Thema zu beten. Dann sind diese drei Blöcke fertig und das war`s für dieses Mal. Nächstes Mal beginnen wir wieder mit Lob und Dank, aber die anderen Blöcke können variieren.

Die Evangelisation ist vielleicht vorbei, und damit Grund zum Dank, aber vielleicht auch neue Gesichter, für die man beten sollte! Vielleicht ist der Block „Christenverfolgung" aktuell. Also beten wir einen Block für verfolgte Christen, den wir mit aktuellen Informationen einleiten. Nur so können Beter auch wirklich ernsthaft beten, weil das Thema bewusst wird! Es ist ein Unterschied, ob wir pauschal für die Kranken beten, oder ob wir konkrete Namen und Informationen haben und ergriffen sind. Man kann auch mal einen Block machen, indem wir persönliche Anliegen zusammentragen und füreinander beten. Aber meine Erfahrung ist, dass die Geschwister völlig anders beten, wenn wir in diesen drei Blöcken beten, als wenn jeder alles auf einmal aufsagt. Nicht selten habe ich mich dabei ertappt, dass ich schon genau wusste, was der Bruder nun als Nächstes sagt, weil mancher jedes Mal die gleiche Reihenfolge hat. Wenn Gebetsstunden oberflächlich, langatmig und ermüdend sind, dann brauchen wir uns nicht zu wundern, wenn viele nicht kommen und manche einschlafen. Jeder Teilnehmer muss es erleben, dass da in der Gebetsstunde etwas Echtes und Wichtiges geschieht, weil das ja auch so ist. Wenn wirklich aufrichtig gebetet wird! Dann sollte man auch Buch über die Gebetsanliegen führen und prüfen, was aus den Gebeten geworden ist? Es gibt kaum etwas Ermutigenderes, als wenn die Gebetsgruppe dann erfahren darf, dass dieses und jenes Gebet so oder so erhört worden ist! Wenn immer nur gebetet wird und nie über Gebetserhörungen gesprochen wird, dann ist das nicht förderlich. Rückmeldungen! „Wir haben letztes Mal für diesen Fall gebetet, ich habe mit ihm gesprochen und er lässt euch Folgendes ausrichten: ... " „Wir haben für diesen Kranken gebetet, und er lässt euch Folgendes ausrichten: ... " Wenn wir wirklich für etwas oder jemanden beten, dann interessiert es uns auch, was daraus geworden ist! Wen das nicht interessiert, bei dem bezweifle ich, dass er wirklich aufrichtig gebetet hat.

Ich halte es für unerlässlich, dass jede Gemeinde lebendige Gebetsgruppen hat, oder eine gemeinsame Gebetsstunde. Ich möchte dich ermutigen, dieses Thema doch in der Gemeinde einzubringen. Beten ist kein Selbstläufer und kein Automatismus, und eine „Erweckung" auch nicht. Beten muss man lernen, weil es wichtige biblische Prinzipien und Informationen gibt, die man wissen sollte, und die einen für das Gebet ermutigen und helfen können. Es ist wichtig, dass sich jede Gemeinde einmal mit diesem Thema beschäftigt.

Den Inhalt dieses Buches kann man gerne als Lehrmaterial verwenden, oder das Buch an andere verteilen. Wenn Vorträge zu diesem oder anderen Themen erwünscht sind, dann meldet euch einfach.

Nun haben wir die Gebetsprinzipien behandelt und ich wünsche dir viel Freude an deinem Gott!

Ich hänge hier noch einen Artikel an, den ich für sehr wichtig halte. Darin sind einige Themen, die ich bei den Gebetsprinzipien angesprochen habe vertieft, und einige weiteren wichtigen Gedanken zum Thema Erweckung.

DAS PRINZIP FÜR ECHTE ERWECKUNG

Teil 1

Die tiefe Sehnsucht nach einem echten Leben in Harmonie mit Gott wächst in vielen Gemeinden Europas. Das innere Bedürfnis nach wirklicher Heiligung, einem realen Gebetsleben und einem vollmächtigen Missionsdienst reift vielerorts ebenfalls. Hier und da verdichten sich die Vorzeichen für Erweckung und an manchen Orten ist sie bereits voll im Gange. Mich hat nichts so sehr fasziniert, wie einige Gemeinden, deren Geschwister mit echter Liebe, Freude und Entschlossenheit am Werk sind!

Die Notwendigkeit für Erweckung ist immer da gewesen. Gott will die geistlich Toten zu einem bewussten und entschlossenen Leben in seiner heiligen Gegenwart erwecken. Doch viele, die das Evangelium gehört haben, sind verhärtet tot geblieben. Andere sind nach ihrer Bekehrung wieder bewusstlos für Gottes Reden und Handeln geworden. Was wir brauchen, ist eine Erweckung aus unserer lauen geistlichen Bewusstlosigkeit hin in die reale Gegenwart Gottes. *„Wach auf, der du schläfst, und steh auf von den Toten, so wird dich Christus erleuchten."* Epheser 5,14

Die letzten Jahre wurde mancherorts viel über Erweckung geredet, sie wurde oft prophezeit (in manchen Denominationen mehr und in anderen weniger) es wurden viele Schritte unternommen, aber man hat selten konsequent den einzigen Weg zu einer echten Erweckung eingeschlagen: Das Gebet und im Geringen treu sein.

Man kann vielen Gemeinden nicht vorwerfen, dass sie nicht aktiv gewesen wären, denn mit allen möglichen und unmöglichen Mitteln haben manche die Erweckung verfolgt. Doch viele waren dabei aktiv und nicht tief.

> OHNE GEBET HABEN VIELE GEMACHT, WAS SIE KÖNNEN,
> ABER NICHT WAS SIE SOLLEN.
> OHNE GEBET HABEN VIELE ALLES GETAN,
> WAS IN IHRER KRAFT UND MACHT STEHT, ABER SIE HABEN
> NICHTS AUS GOTTES KRAFT UND VOLLMACHT GETAN.

Vielerorts wurde das Selbstbewusstsein und Selbstvertrauen der Gemeindemitarbeiter gestärkt, aber selten das Gottesbewusstsein und Gottvertrauen gefördert. Der Segen blieb vielerorts aus und Ernüchterung ist eingekehrt.

Wo finden wir echte Erweckung ohne den Beigeschmack von Show, Manipulation, Heuchelei und Sensationsgier? Wo finden wir herzliche Ernsthaftigkeit, ohne uns auf der anderen Seite von Gesetzlichkeit und Fanatismus unterdrücken lassen zu müssen? Viele Gemeinden haben heute Technik, Bühnen, Show und Bands, alles vom Feinsten, mehr Möglichkeiten als je zuvor, aber wo ist die echte geistliche Wirkung, welche wir in der Schrift verheißen sehen? Die ersten Christen hatten kein Fax, Handy, Auto, Buchdruckerei, nichts – außer Gott und dem Gebet zu Gott! Diese Beter erlebten Gottes wunderbares Eingreifen im wahrsten Sinne des Wortes schlicht und ergreifend und dazu regelmäßig, weil sie auf Gott vertrauten und weniger auf sich selber. Weil sie in Harmonie mit dem heiligen Gott und seinen vorbereiteten Werken leben wollten und weniger in Harmonie mit dem Zeitgeist und eigener Projekte.

Die Kirche sucht oft neue Methoden, um Menschen für die Organisation zu erreichen. Doch Gottes bleibende Methode, um Verlorene zu sich zu ziehen, sind Beter, die sich in einer vertrauten Beziehung zu Gott erwecken und heiligen lassen, um das Evangelium im brennenden Geist als Zeugen zu den Verlorenen zu bringen. Der Schlüssel zur Erweckung ist echtes Gebet. Doch viele wissen nichts mit Gebet anzufangen. Ich wurde einmal für eine „christliche" Podiumsdiskussion im Fernsehen eingeladen. Da ich für diesen Termin schon einer kleinen Dorfgemeinde zugesagt hatte, bat ich die Veranstalter dafür zu beten, damit ich Klarheit darüber bekommen würde, was Gottes Wille sei. Die Antwort lautete: „Beten können die Alten, wir machen lieber etwas für Gott." Da bin ich dann lieber zu den „Alten" gegangen. Erschreckend, wie wenige wissen, was ein Gebetsleben wirklich ist und möglich macht, nämlich das Unmögliche!

Täuschungen und Enttäuschungen

Dass Gott heute genauso wunderbar aktiv ist wie eh und je, daran hatte ich lange Jahre meine Zweifel. Hier und da kam ein Gastredner in die Gemeinde, der Dinge mit Gott erlebt haben wollte, die uns ins Staunen versetzten, aber nicht in den Zustand, dass wir Gott auch wunderbar erlebten. Ich weiß genau, was in deinem Kopf vor sich geht, wenn du meine „Erlebnisse" mit Gott liest, ich hatte die gleichen Fragezeichen und Gedanken, aber genau deshalb habe ich mich auf die Suche nach der Wahrheit über Gebet usw. gemacht. Als Jugendlicher lernte ich viele Leute kennen, die versuchten sich mit geistlichen Illusionen und emotionalen Manipulationen aufzubauschen, wie es sich nachher herausstellte. Überzeugend war das nicht, denn wenn die Show und Musik vorbei war, förderten die Umstände des Alltags alles zu Tage, was diese modern religiöse Show zu verbergen versuchte. Ich besuchte einige Zeit solch einen Hauskreis. Wie erstaunt war ich anfangs über deren anscheinenden Erlebnisse mit Gott, ihren Gefühlsausbrüchen, ihren inneren Bildern und Prophezeiungen, die sie füreinander hatten. Als ich die Hauskreisbesucher aber länger beobachtete, blieb mir nichts anderes übrig als die Echtheit dieser Phänomene anzuzweifeln und ihnen eines Abends zu sagen: „Ich habe den Eindruck, dass hier einer dem anderen was vormacht. Ihr bauscht euch hier gegenseitig emotional hoch, aber das trägt euch nicht wirklich und ihr werdet irgendwann einbrechen." Die Leute im Hauskreis waren sehr erbost über meine Einschätzung und wollten mir klarmachen, dass ich eine negative Haltung dem Heiligen Geist gegenüber hätte und manches andere. Etwa zwei Jahre später traf ich einen der Hauskreisteilnehmer und er sagte ohne Umschweife: „Du hast Recht gehabt. Von den acht Leuten im Hauskreis ist nur noch einer dabei. Die anderen sind vom Glauben abgefallen und fast alle von uns nehmen Drogen, zwei sogar Heroin. Als du das damals sagtest, traf es mich ins Herz. Ich wusste genau, dass es auf mich zutrifft. Wir gingen wirklich in die Gemeinde und den Hauskreis, um uns mit Jesus aufzuputschen. Aber am nächsten Morgen war ich emotional immer im Keller und hangelte mich bis zum nächsten Treffen. Aber ich meinte, dass es nur mir so ging, und ich wollte so sein wie die anderen. Heute weiß ich, dass die nicht besser dran waren als ich." Ist das nicht grauenhaft und alarmierend? Wie viele Gemeinden sind so oder ähnlich zerbrochen?! Wie lange wollen wir uns gegenseitig mit emotionalen Illusionen puschen und verführen?

Der Wahnsinn kennt keine Grenzen. Ich war auf „Erweckungsveranstaltungen", wo der Redner Menschen nach vorne rief und in einem Kreis aufstellte, damit sie in den „Wirkungskreis des Heiligen Geistes" kamen. Dann sollten alle die Augen schließen. Er schlich sich dann von hinten an einzelne heran und fing an so laut und bestialisch zu brüllen, wie er nur konnte. Ich übertreibe wirklich nicht. So laut und bestialisch, wie es ihm nur möglich war! Er brüllte ihnen von hinten so laut ins Ohr, dass sie bewusstlos wurden! Sie fielen um und blieben zuckend liegen! Wenn ich hier aufschreiben würde, was ich alles auf „Erweckungsveranstaltungen" erlebt habe, und was mir Bekannte berichtet haben, dann könnte ich ein Horrorbuch schreiben. Der blanke Wahnsinn. Aber dort war das Thema „Erweckung und die Kraft des Heiligen Geistes".

So extrem ist es nicht überall. Aber ich frage mich mittlerweile manchmal, was die „Christen" machen würden, wenn man ihnen all das „Zweitrangige" wegnehmen würde, ihre CDs, ihre christlichen Konzerte und Programme, ihre Shows und Konferenzen, ihre Theatergruppen und andere Aktivitäten, ihre christlichen Poster und ihre mit christlichen Motiven bedruckten Stifte, einfach alles! Was würde noch bleiben? Wer würde noch bleiben? Ist es wirklich der Glaube und das Erleben von Jesus, dass uns vereint, oder sind es alle anderen Dinge? Ich habe manchmal den Eindruck, dass viele ein modernes religiöses Leben führen und nicht die Schwelle zum echten Christenleben überschritten haben. Viele bleiben in einer „christlichen Kultur" stecken.

> **VIELE SEHEN VOR LAUTER BÄUMEN DEN WALD NICHT UND VIELE SEHEN VOR LAUTER „CHRISTENTUM" CHRISTUS NICHT MEHR. VIELE SEHEN VOR LAUTER CHRISTLICHER AKTIVITÄTEN UND PROJEKTE DEN WILLEN GOTTES NICHT MEHR.**

Viele Erfahrungen in meinem Umfeld verschiedener Gemeinden verdichteten sich in mir zu einem Bild. Ich sah mich, wie ich in einer dürren Wüste versuchte ein Flussbett zu schaufeln. Dabei betete ich im Schweiße meines Angesichts ständig, dass der Herr doch das Wasser dazu geben würde. Von außen betrachtet erschien mir dieser Vorgang absolut sinnlos! Es ist doch klar, dass sich jeder Fluss sein Flussbett selber gräbt, wenn das Wasser kraftvoll aus der Quelle fließt. Da zeigte mir der Herr, wie unnütz so vieles ist, was ich selber und wir in den Gemeinden zusammenschaufeln. Die einen schaufeln sich mit ihren Aktivitäten und Projekten ab und warten vergebens auf Segen, die anderen schaufeln sich in einen Gefühlsrausch nach dem anderen und können mit ihren religiösen Täuschungen nur enttäuscht werden. Andere schaufeln sich durch eine Dürre von überholten Traditionen. Die Dürre wird damit nur größer und der Frust und die Niedergeschlagenheit noch ärger. Gott ließ durch Jeremia für alle Zeiten ausrichten, was das Problem unserer ungesegneten Schaufelarbeiten ist: *„Denn mein Volk tut eine zweifache Sünde: Mich, die lebendige Quelle, verlassen sie und machen sich Zisternen, die doch rissig sind und kein Wasser geben."* Jeremia 2,13

Wir haben eine Unmenge von gut aussehenden Zisternen in unseren Gemeinden. Eine Zisterne verspricht Wasser und gibt Wasser! Aber diese

Zisternen hielten nicht, was man sich von ihnen versprach, weil sie rissig waren. Es gibt so viele Dinge, die so aussehen, als ob Segen rauskommen müsste, aber sie geben kein Wasser. Wir haben so viele viel versprechende Dinge! Es kann sich dabei um Menschen handeln, oder um Projekte und Aktivitäten, aber egal was es ist, wenn du dein Vertrauen darauf setzt anstelle in Gott, dann kann etwas, was in sich nicht schlecht ist, eine rissige Zisterne werden.

Das Volk Gottes war immer in Gefahr. Zur Zeit der Patriarchen und in der Wüste, aber auch im Gelobten Land, waren ständig Feinde in der Nähe und das Volk Gottes war in Gefahr ausgerottet oder versklavt zu werden. Worauf würden sie ihr Vertrauen setzen? Von wo, oder was, oder wem würden sie ihre Hilfe erwarten? Lies einmal, was Gott seinem Volk ausrichten lässt: *„Weh den abtrünnigen Söhnen, spricht der HERR, die ohne mich Pläne fassen und ohne meinen Geist Bündnisse eingehen, um eine Sünde auf die andere zu häufen, die hinabziehen nach Ägypten und befragen meinen Mund nicht, um sich zu stärken mit der Macht des Pharao und sich zu bergen im Schatten Ägyptens! Aber es soll euch die Stärke des Pharao zur Schande geraten und der Schutz im Schatten Ägyptens zum Hohn."* Jesaja 30,1-3

Oder ein Kapitel weiter: *„Weh denen, die hinabziehen nach Ägypten um Hilfe und sich verlassen auf Rosse und hoffen auf Wagen, weil ihrer viele sind, und auf Gespanne, weil sie sehr stark sind! Aber sie halten sich nicht zum Heiligen Israels und fragen nichts nach dem HERRN."* Jesaja 31,1

Das Volk Gottes suchte Hilfe in modernster Kriegstechnik und in „Manpower" und meinte, dass sie damit auf dem sicheren Weg des Sieges sind, aber Gott nennt sie „abtrünnige Söhne" er spricht davon, dass auf diesem Weg eine Sünde auf die andere gehäuft wird, … lies einfach noch mal. So ist es auch heute. Viele wollen „Reich Gottes" bauen, aber sie verlassen sich auf weltliche Dinge und nicht auf Gott. Sie setzen ihr Vertrauen und ihre Erwartungen in ihre Ausbildung, in ihr Geld, in ihre Strategien, in ihre Gebäude oder Technik, in „große Redner" … Wie ich bereits sagte: Sie tun alles, was sie können, aber nicht was sie sollen!

Als ich in der Motorradszene missionierte, da waren wir am Anfang mit dem gleichen Fehler unterwegs. Wir wollten Menschen für Jesus erreichen, aber wir verließen uns auf unsere eigene Idee. Wir meinten, dass wir die Menschen erreichen, wenn wir alle Harley fahren, tätowiert sind und lange Haare haben und christliche Rockmusik spielen. Gottes vorbereitete Werke wurden erst Realität, als wir bereit waren umzudenken und betend Gottes Willen zu tun. Überall verlassen sich Menschen auf ihre eigenen Pläne und rennen mittlerweile in der ganzen Welt herum. Sie kopieren von der einen Megachurch, und wenn das nicht klappt, dann kopieren sie von einer anderen, Leute sind in ganz Europa unterwegs mit ihren „Großprojekten" und versprechen das Blaue vom Himmel. Aber wo sind die Beter, die in Harmonie mit Gott leben und in den Werken wandeln, die Gott zuvor bereitet hat?! Wo sind die Menschen, die wie Elia Gottes echte Kraft vom Himmel erleben?! Ein viel versprechendes Großprojekt jagt das andere! Da bekomme ich eine Anfrage von einem Fernsehsender, die wollen einen „Prediger" dabei filmen, wie er in CZ, in einer bestimmten Stadt, mit einem Flugzeug landet, um auf die Kinderprostitution aufmerksam zu machen... Ich sage ihnen, dass dies Unsinn ist, weil damit nur noch mehr Kinderschänder aus ganz Europa kommen! Das Thema kam schon einmal im Fernsehen, und nach der Sendung kamen ganze Reisebusse voller Kinderschändergruppen angereist!!! Ich sage ihnen, dass es einige eifrige Geschwister in besagter Stadt gibt, die auf der Straße mit Kindern und Prostituierten arbeiten, und dass man doch diese unterstützen könnte... aber das interessiert keinen! Es muss Show sein! Und das ist das, was mich riesig ärgert! Überall nur noch Show aber ich habe von der christlichen Showbühne genug! Ich soll mit meinem Motorrad auf die Bühne rasen, ich soll meine Muskeln zeigen und „Zeugnis" davon geben, was für ein böser Rausschmeißer ich früher war, aber Gottes klares Wort wollen viele nicht mehr hören!

Aus Täuschung wird immer Enttäuschung kommen. Ich habe in vielen Gemeinden Prophezeiungen über Erweckungen gehört. Und tausende Christen sind mittlerweile enttäuscht, weil nicht das eingetroffen ist, was man ihnen vom Himmel prophezeit hat. Auf einem Pastorentreffen sagte mir ein Leiter für Evangelisation, dass sie nur noch enttäuscht sind. „Die ausländischen Prediger haben uns gesagt, ihr müsst das so und so machen, dann werdet ihr die gleichen Ergebnisse haben, wie auf den Philippinen, wo gerade großes Gemeindewachstum ist. Wir haben alles genauso gemacht, wie die Philippinen, und nichts kam dabei raus... " Aus Täuschung entsteht immer Enttäuschung. Gottes Werke haben Copyright! Wo steht in der Bibel, dass wir Projekte kopieren sollen? Dann bau doch eine Arche!

Würden wir in einer vertrauten Beziehung mit Gott leben, dann wäre Gott unsere Quelle und Fülle! Ströme des lebendigen Wassers würden sich kraftvoll gesegnete Flussbetten graben. Es ist schon eine berechtigte Frage: Wo ist dieses schlichte, aber ergreifende Wirken Gottes erlebbar? Die Antwort wird vielen immer deutlicher: Da, wo Menschen schlicht und ergreifend zu Gott beten und alles von ihm erwarten. Da wo Menschen in Harmonie mit Gott leben und sich in seine vorbereiteten Werke integrieren lassen. Alles andere ist disqualifiziert. Es mag so geistlich und wichtig aussehen wie es will, wenn etwas an die Stelle Gottes und des Gebetes und der vorbereiteten Werke tritt, ist es eine rissige Zisterne! Auch wenn jemand mit vollem Geldbeutel spendet oder einen Doktortitel hat oder ein geistlicher „Superstar" ist! Es wird nicht das rauskommen, was wir erwarten, auch wenn es immer den Anschein haben wird, dass da doch was rauskommen müsste. Du kannst deine persönliche Beziehung zu Gott und seine Leitung mit nichts ersetzen!

Ich erschrak durch das Lesen einiger Biografien, als mir das Ausmaß des Segens bewusst wurde, den Gott immer wieder durch einzelne Menschen fließen lassen konnte, wenn sie ernsthaft beteten. Ganze Länder wurden teilweise durch das Leben Einzelner verändert, wie z.B. durch einen Erweckungsprediger, durch dessen schlichte Verkündigung nicht nur unzählige Gemeinden, sondern mit ihnen teilweise ganze Ortschaften erweckt worden sind. Ich habe nichts gelesen, was mich mehr beeindruckt und herausgefordert hätte als seine Biografie und ein Buch, wo er die Prinzipien für die regelmäßigen Erweckungen niedergeschrieben hat. Diese Erweckungen kamen nicht aus heiterem Himmel, sie kamen nicht hier, und dort blieben sie aus, weil Gott etwa souverän ist. Nein, sondern der Prediger konnte zu Recht regelmäßige Erweckungen von Gott erwarten, weil er sich an die offenbarten Prinzipien Gottes hielt. Das Geheimnis seines schlichten, aber ergreifenden Lebens und Dienstes lag in der Fähigkeit seiner Gebete und seiner einfachen biblischen, logischen und ernsthaften Verkündigung, mit der er die Gemeinden in ein Gebetsleben führte. Diese Auswirkungen waren in jeder Hinsicht gewaltig. Hunderttausende kamen zum Glaubensgehorsam an Gott und in ein reales und aufrichtiges Gebetsleben. Ist es nicht das, was wir suchen? Vorsicht! Keiner behauptet hier, dass es einen geistlichen Automatismus gibt. Es ist nicht so, dass Erweckung dann kommt, wenn wir alles richtig machen. Jeremia hat auch alles richtig gemacht und 40 Jahre glaubte ihm fast keiner! Es gibt keinen Automatismus, aber es gibt geistliche Prinzipien, die wir kennen sollten und an denen wir festhalten können, wie z.B. die Prinzipien für Gebete im ersten Teil des Buches.

Viele sind heute aktiv, aber nicht tief. Versteht mich nicht falsch. Ich habe nichts gegen Gemeindeaktivitäten und kleine oder große Missionseinsätze, wenn sie von Gott sind. Doch irgendwann erschrak ich über folgender Tatsache:

Das ist vielen nicht bewusst, aber statt dass sie Gottes Ruf und Berufung folgen und Gottes Willen tun, verwirklichen sie sich in den Gemeinden selbst. Das muss bewusst gemacht werden, wenn es zur Erweckung kommen soll! Hier leben viele in einer religiösen Täuschung über sich selbst. Viele Mitarbeiter in Gemeinden, die ich besuchte, erkannten diese Situation und bekannten es auch. Ein Mitarbeiter sagte zu mir: „Ich bin seit meiner Kindheit aktiv dabei, in der Gemeinde angesehen und ich wünsche mir so sehr, dass sich meine Kinder für Gott entscheiden. Aber ich merke heute, dass ich im Grunde Gott misstraue und mit allem, was ich in der Gemeinde tue, nur auf Distanz zu Gott bleiben will." Nicht jeder würde das so direkt aussprechen, aber dieses Misstrauen zeigt sich in einer falsch motivierten Hingabe. Manche Gemeindeglieder versuchen mit Gott einen „Deal" zu machen. „Gott! Wenn du mir dies oder das gibst oder jenes ersparst, dann werde ich dies oder das tun." Ihr Glaubensleben steht hier auf völlig falschem Boden. Sie meinen, sie können sich Gottes Gunst verdienen oder erarbeiten. Das ist auch eine Art der Werkgerechtigkeit. Andere zeigen ihr Misstrauen Gott gegenüber, indem sie Gott versprechen irgendwas zu tun, wenn sie nur die eine heimliche Sünde behalten dürfen, oder nicht eine gewisse Sache tun müssen. Oder auf irgendetwas nicht verzichten müssen. So haben einige auf der Bibelschule gebetet: „Gott! Ich werde alles tun was du willst, wenn ich nur nicht ehelos bleiben muss!" In so einem Fall könnte man denken: Super! Da ist einer bereit alles zu tun! Was für eine gewaltige Hingabe! Aber man könnte auch wirklich klar sehen und erkennen, dass hier ein Mensch deutlich Gott misstraut! Und damit schließt er sich von allen vorbereiteten Werken Gottes aus! Das ist das Problem! Er will alles tun und versteht nicht, dass er mit diesem Misstrauen von allem disqualifiziert ist! Er wird sich vielleicht einbilden, dass Gott nun zufrieden ist, er wird sich anstrengen um sein Versprechen zu erfüllen, er wird vielleicht Anerkennung von anderen für seinen Einsatz bekommen. Aber er wird von Misstrauen Gott gegenüber getrieben und ist in Wahrheit mit allem was er tut auf der Flucht vor Gott! Gott macht keinen Deal. Er lässt nicht mit sich handeln. Entweder ein Mensch vertraut Gott, weil Gott gut ist, und alles am besten weiß, oder er ist noch nicht am Anfang eines geistlichen Lebens.

Wir wollen, dass Gott sich in seiner Herrlichkeit weltweit in seiner Gemeinde verwirklicht. Wir wollen im Bewusstsein des gegenwärtigen

Herrn Jesus leben und seine Wiederkunft in der Heiligung erwarten. Wir sehnen uns danach, dass unsere Gemeinden die vielen Verlorenen mit dem Evangelium erreichen. Wir wünschen uns, dass überall Menschen zur Fülle des Lebens finden, indem sie in Harmonie mit Gott leben! Um es kurz zu sagen: Wir brauchen in vielen Gemeinden eine Erweckung mit all ihren segensreichen Auswirkungen!

Gott hat mir eine Botschaft für die Gemeinden gegeben, um die echte Erweckung zu fördern. Die Botschaft zeigte mir der Herr, als ich die Ereignisse bei der Speisung der 5000 las. Ich war zuerst etwas überrascht über diese Gedanken, aber als ich damit ins Gebet ging, inspirierte mich Gottes Geist dazu, folgende Erklärung für Christen und Gemeinden zu schreiben.

Tausende hungriger Menschen - was sollen wir tun um sie zu sättigen?!
„Als nun Jesus ausstieg, sah er eine große Menge; und er erbarmte sich über sie und heilte ihre Kranken. Und als es Abend geworden war, traten seine Jünger zu ihm und sprachen: Der Ort ist einsam, und die Stunde ist schon vorgeschritten; entlasse das Volk, damit sie in die Dörfer gehen und sich Speise kaufen! Jesus aber sprach zu ihnen: Sie haben es nicht nötig, wegzugehen. Gebt ihr ihnen zu essen!" Matthäus 14,14-16

Jesus und die Jünger waren konfrontiert mit 5000 hungrigen Menschen. Nicht nur das! Die Jünger und Jesus waren selber hungrig und müde! Kurz bevor die Menschenmasse kam sagte Jesus zu den Jüngern:

„Kommt ihr allein abseits an einen einsamen Ort und ruht ein wenig! Denn es waren viele, die gingen und kamen, und sie hatten nicht einmal Zeit zu essen." Markus 6,31

Jetzt kamen wieder Tausende, immer noch hatten sie nichts gegessen, sie hatten selber nichts für sich, geschweige denn für die Menge. Kein Wunder, dass die Jünger den Vorschlag machten, dass Jesus die Menschen fort schicken soll. Auch heute sind wir mit tausenden hungrigen Menschen konfrontiert, und haben selber Hunger. Wie sollen wir sie mit dem Brot des Lebens sättigen, wenn wir selber nicht genug für uns selber haben?! So oft höre ich den Satz: „Ich muss selber erst im Glauben wachsen, bevor ich anderen Zeugnis gebe." Oder „Mein Zeugnis ist so klein und langweilig, das kann ich nicht weitergeben" oder „Ich brauche mehr Trost, ich bin so trostlos, ich kann andere nicht trösten" oder „ich kann anderen nicht helfen, wenn Gott mir nicht mehr hilft" oder „die brauchen professionelle Hilfe, denen können wir nicht helfen, schick sie in Therapie." Auch wir neigen immer wieder dazu, wie die ersten Jünger, die Menschen wegschicken zu wollen, weil wir keine Möglichkeit sehen, ihnen zu helfen. Aber egal was wir für Ausreden haben, die Antwort Jesu steht bis heute: *„Sie haben es nicht nötig wegzugehen. Gebt ihr ihnen zu essen!"*

Jetzt passe genau auf, was Jesus tut, damit alle satt werden und seine Jünger ebenfalls die Fülle haben!

„Da hob Jesus seine Augen auf und sieht, dass viel Volk zu ihm kommt, und spricht zu Philippus: Wo kaufen wir Brot, damit diese zu essen haben? Das sagte er aber, um ihn zu prüfen; denn er wusste wohl, was er tun wollte. Philippus antwortete ihm: Für zweihundert Silbergroschen Brot ist nicht genug für sie, dass jeder ein wenig bekomme."

Jesus prüfte die Jünger! Jesus prüft auch uns! Die Jünger schauten in ihre Geldbeutel, zählten zusammen, was sie hatten. Es ist ja nicht so, dass sie nicht geben wollten, aber es reichte einfach nicht! Auch heute ist das oft so. Wir schauen immer zuerst auf unser Geld, auf unsere Möglichkeiten und Fähigkeiten und darauf verlassen wir uns. Die einen geben geknickt auf, weil sie zu wenig haben, die anderen gehen stolz voran und investieren und setzen ihre Hoffnung auf das neue Gebäude, auf die neue Technik, auf ihre menschlichen Fähigkeiten und weltlichen Möglichkeiten usw. Neue Gebäude und Technik und andere Dinge sind an sich ja nicht schlecht. Mit Geld könnte man natürlich alles machen: Mitarbeiter bezahlen, Verteilschriften drucken, Evangelisationsanlage anschaffen, Gemeinde und Projektgebäude mieten, Einsatzfahrzeuge am Laufen halten, Technik installieren, alles hervorragende Sachen! Diese Dinge sind an sich nicht schlecht! Wir brauchen auch Geld und die meisten unserer Dienste würden ohne die Spendengelder wohl nicht weitergehen. Aber die Frage ist doch: Worauf setzen wir unser Vertrauen? Wovon sind wir wirklich abhängig?

Unser Selbstbewusstsein reduziert uns immer nur auf uns selbst. Unser Selbstvertrauen reduziert uns immer nur auf unsere Fähigkeiten und Möglichkeiten. Jesus lebte mit einem Gottesbewusstsein und einem Gottvertrauen, das ist etwas ganz anderes und bringt Gott und seine Absichten und übernatürlichen Wirkungen des Geistes ins Spiel!

Jesus brauchte das Geld in dieser Situation gar nicht. Jesus machte keine Geldvermehrung! Er hatte etwas ganz anderes vor und auch heute müssen wir begreifen, dass Gottes Reich geistliche Prinzipien hat, in denen wir leben sollten, wenn unser Leben und Dienst fruchtbar sein soll. Wenn du also die Not der Welt erkennst und die Herausforderung Jesu annimmst, den Menschen in seinem Namen zu helfen, dann bist du auf einem guten Weg. Aber jetzt falle nicht durch die Prüfungen Jesu sondern lerne von ihm. Was tat er?

„Jesus nahm die fünf Brote und die zwei Fische, sah zum Himmel auf, dankte, brach die Brote und gab sie den Jüngern; die Jünger aber gaben sie dem Volk." Matthäus 14,19

Jesus hatte ein Bewusstsein von Gottes Gegenwart und er ließ sich in Gottes Absichten integrieren! Genau das will Gott auch mit uns tun! Paulus sagt: *„Denn wir sind sein Werk, geschaffen in Christus Jesus zu guten Werken, die Gott zuvor bereitet hat, dass wir darin wandeln sollen."* Epheser 2,10

Lebst du im Bewusstsein von Gottes Gegenwart? Kann er dich in seine Werke integrieren, oder besteht dein Dienst im Mitmachen, Nachmachen, Abschreiben, Nachplappern... Vertraust du auf deine Fähigkeiten, Ausbildung und deine Möglichkeiten, oder vertraust du auf Gott? Lebst du wirklich mit Gott und kennst seine Absichten, wie er sich verherrlichen will? Jesus hat etwas gesagt, das uns herausfordert.

„Wahrlich, wahrlich, ich sage euch: Wer an mich glaubt, der wird die Werke auch tun, die ich tue, und wird größere als diese tun, weil ich zu meinem Vater gehe. Und alles, was ihr bitten werdet in meinem Namen, das will ich tun, damit der Vater verherrlicht wird in dem Sohn." Joh. 14,12-13

Der Vater will sich in dem Sohn verherrlichen. Wenn sich Christus in unserem Leben verwirklichen kann und wir so in Harmonie mit Gottes Willen leben, dann kann Gott seine Absichten auf unser Herz legen. So erkennen wir, was Gott vorhat und wenn wir darin einwilligen und ein Gebet daraus machen, dann wird Gottes Reich auf „wunderbarste" Art und Weise gebaut. Gott hat sich nie dazu verpflichtet das weiterzuführen, was er nicht begonnen hat. Gott muss nicht segnen, was er nicht angefangen hat! Gott braucht unsere Ideen und Pläne nicht, sondern unsere Hingabe und unsere Einwilligung in seine Absichten.

Jesus nahm die fünf Brote und zwei Fische, sah zum Himmel auf und dankte dafür und plötzlich dachte ich, wenn das Ganze heute geschehen wäre, dann hätte der eine oder andere Jünger sicher seinem Nachbarn zugeflüstert: „Warte nur ab, jetzt kommt sicher gleich eine Bäckerei vom Himmel, um diese Menschenmassen zu sättigen..." Ein anderer hätte vielleicht gesagt: „Ich habe ein „Bild"! Ich sehe einen Blauwal vom Himmel kommen, an dem sich alle satt essen können!"

Aber es kam nichts Dergleichen! Beim Lesen des Textes sagte Gottes Geist deutlich zu mir: **„Es werden keine Bäckereierweckungen und Blauwalerneuerungen vom Himmel kommen"**

Hier leben viele Christen in einer modernen religiösen Illusion! Stattdessen teilte Jesus Brot und Fische in kleine Stückchen und gab sie den Jüngern, damit diese sie weitergeben! Als ich das las, fragte mich Gottes

Geist: „Kannst du in einem Brocken Brot, das du von Jesus bekommst, das Potential für eine Erweckung erkennen?"

Bleibe da mal stehen und denke darüber nach, denn diese Frage ist entscheidend. Erinnerst du dich daran, was du schon alles von Jesus empfangen hast? Vergebung? Hilfe? Trost? Mut? Zeugnis? … Hast du es weiter gegeben? Oder für dich behalten?

Ich kann mir vorstellen, dass die Jünger Jesu ziemlich unschlüssig mit ihrer kleinen Ration und dem Auftrag dastanden. Wir müssen uns bewusst machen, dass sie selber sehr entkräftet und hungrig waren. Vielleicht hat der eine oder andere gedacht: „Das ist ja nicht mal genug, um meinen eigenen Hunger zu stillen…" Richtig! Es hätte für keinen einzigen gereicht! Und dies war das dritte, was Gottes Geist zu mir sagte:

> „WENN DU ETWAS VON JESUS BEKOMMST,
> DANN REICHT ES NIE FÜR DICH ALLEINE,
> ABER ES REICHT FÜR 5000 (!) UND FÜR DICH.
> ALSO GIB ES WEITER!"

Ich dachte zuerst: „So etwas darfst du nicht denken…" Was mir bei der Aussage zuerst Kopfzerbrechen bereitete war folgender Punkt: Ich glaube, dass wir in Jesus Christus die Fülle haben, dass alleine seine Gnade genügt! In Jesus haben wir alles! Und jetzt steht da im Raum, dass es nicht für mich reichen soll?! Während ich mir den Kopf zerbrach, lenkte Gottes Geist meine Aufmerksamkeit mehr auf den zweiten Teil der Aussage. Da wurde mir schlagartig deutlich, dass bei dieser Sache ja Gottes Wille ist, dass wir in Jesus die Fülle haben. Aber es geht nicht nur um mich! Sondern um die tausende anderen Hungrigen - und dann erst um mich! Gott hat einen Weg, wie er unseren Hunger stillen will - aber nicht nur meinen - nicht nur ich und wieder ich - sondern die anderen auch und dann ich! Gott will nicht, dass einer verloren geht! Gott will alle da draußen erreichen - durch dich! Nein, nicht durch deine Möglichkeiten und Fähigkeiten, sondern Jesus weiß bereits was er tun will! Er gibt dir eine „Kleinigkeit" und du gibst sie weiter! So einfach ist das! Kannst du in einer „Kleinigkeit", die du von Jesus empfangen hast das Potential für eine Erweckung sehen? Gib es weiter! Das ist eine Voraussetzung dafür, dass auch andere satt werden, und du auch!

Was wäre passiert, wenn der eine oder andere Jünger gedacht hätte: „Ich denke, dass dies wieder eine Prüfung ist. Diesmal will Jesus unseren Glauben prüfen… Sicher kommt gleich die Bäckerei und der Blauwal vom

Himmel, … bis dahin werde ich den Brocken Brot und das Stückchen Fisch selber essen, damit ich gestärkt bin, wenn Gottes Herrlichkeit anbricht!"

Was hätten diese „Glaubenshelden" damit erreicht, mit „unerschütterlichem Glauben" auf Bäckereien und Blauwale zu warten, während sie den Brotbrocken und das Fischstückchen selber essen? Nichts! Rein gar nichts hätten sie erreicht! Das Wunder der Vermehrung wäre in ihrem Magen verdaut und beendet worden, so wie das auch heute vielerorts passiert! Man kommt mit seiner eigenen „Hungersnot" in den Gottesdienst und holt sich einen Brocken ab, der nicht mal bis zum kommenden Tag reicht. Dann ist unser geistliches Leben wieder in „Hungersnot" - und warum? Weil wir nicht weitergeben! Andere stillen ihren geistlichen Hunger längst als Materialisten in der Welt und kommen nur zum Gottesdienst, um sich einen kleinen „Nachtisch" zu gönnen. Zum „Wohlfühlen". Oder um den Platz im Himmel „nicht zu verlieren", während man auf die Erweckung wartet.

Stellt euch vor, die Jünger hätten die kleine Portion selber gegessen und wären dann gestärkt los gezogen. Sie hätten den 5000 hungrigen Mäulern als moderne „Erweckungsprediger" gedient, indem sie ihnen auf „Erweckungskonferenzen" den Mund wässrig machen. Indem sie „Bäckereierweckungen" und „Blauwalerneuerungen" vom Himmel verheißen! Ist es nicht vielerorts so? Entschuldigt bitte, wenn ich mich etwas zu scharf ausdrücke, aber ich kann diesen ganzen inszenierten emotionalen Unfug nicht mehr hören und sehen! Überall werden heute Illusionen und Selbstinterpretationen dem „Glauben" der Hungrigen angeboten. Und der Leichtgläubige und Unwissende springt von einem größenwahnsinnigen Bäckereiprophet zum nächsten Blauwahlverkündiger und merkt nicht, dass dies nichts als moderne Religiosität ist. Nach der Täuschung kommt immer die Enttäuschung! In Nordnorwegen, wo wir regelmäßig Dienst tun, sind fast in allen Ortschaften die Gemeinden gespalten und eingegangen, weil aufgrund solcher Bäckereitäuschungen nur noch blanke Enttäuschung herrscht! Ich höre Jesus rufen:

> WANN WACHT MEIN VOLK ENDLICH AUF,
> WÄHREND ES VON ERWECKUNG TRÄUMT?!

Erweckung kommt nicht, bevor wir hier an diesem Punkt aufwachen und diese falschen Bäckereipropheten entlarven, die sich selber irren, ganze Gemeinden und ganze Generationen Gläubiger in die Irre führen. In ihrer Gier „fressen" viele von ihnen das auf, was sie bekommen können. Und machen anderen den Mund wässrig, indem sie ihnen Bäckerei-en und Blauwale vom Himmel prophezeien! Ich sage euch im Auftrag des Herrn: **„Es werden keine Erweckungsbäckereien und Erneuerungsblau-wale vom Himmel kommen!"**

Sie kamen noch nie - und sie werden auch nie kommen. Gott sei Dank ist in vielen Teilen der Welt Erweckung! Gott sei Dank gab es auch in der Vergangenheit gewaltige Erweckungen! Aber die kamen nie aus heiterem Himmel, sondern waren das Ergebnis von ernsthaftem und aufrichtigem Gebet und von klarer Verkündigung des Evangeliums. Mit allen Konse-quenzen wie Umkehr und Heiligung! UND: Weil Christen anfingen im Ge-ringen treu zu sein. Ein Erweckungsprediger Amerikas hat in fast jeder Gemeinde in der er verkündigte, eine Erweckung erlebt, die teilweise den ganzen Ort erreichte! Und das geschah ‚nicht indem „Erweckung prophe-zeit wurde," oder indem abgewartet wurde, sondern indem treu nach Gottes Wort vorgegangen und gehandelt wurde. Er fing immer in einem relativ kleinen Kreis an zu predigen. Er stärkte das Bewusstsein von Got-tes heiliger Gegenwart durch schlicht aber ergreifende Verkündigung. So führte er Menschen über Buße und Umkehr in ein Gebetsleben, und hielt die Gläubigen zu einem moralisch einwandfreien Leben in der Heiligung an. Das hieß auch, dass die Gläubigen ihre „Sachen" in Ordnung brach-ten. Streitigkeiten in der Familie, längst verdrängte Sünden wie verjährte Diebstähle, usw. und heimliche Sünden wurden daraufhin geklärt. Hier ist der Knackpunkt! Sie taten es wirklich und redeten nicht nur fromm da-her! Hier floss der Segen aus der Gemeinde zu den Ungläubigen! Das blieb nicht ohne Folgen. Die Menschen im Ort wollten wissen, was da los ist?! So kamen mehr und mehr neugierige Menschen, die mit der versöhnenden und heiligenden Liebe Gottes in Berührung kamen zu den Verkündigungs-abenden und langsam aber sicher wurde der ganze Ort erreicht! Fast un-glaublich wie schlicht und ergreifend sich die Erweckung Bahn brach - und das immer und immer wieder! Halb Amerika wurde damals erweckt! Wo-durch? Indem Gottes Wahrheit über Heiligkeit, Sünde und Buße verkündigt wurde, indem weiter gegeben wurde, indem in Ordnung gebracht wurde, indem im Geringen treu gehandelt wurde, indem bezeugt wurde… **Der Prediger ist nicht umhergereist und hat Erweckung prophezeit, sondern er hat an der Erweckung gearbeitet - das war der Unterschied!** Er hat Got-tes Wort so weitergegeben, dass Menschen aus ihrer Lauheit aufgewacht sind und Buße getan haben. Er hat aber da nicht aufgehört, sondern hat die Menschen konsequent angehalten, alles aber auch alles in Ordnung zu bringen! Erst da kam der glaubhafte Einfluss zu den Ungläubigen. Dieser

Prediger blieb manchmal ein halbes Jahr oder mehrere Monate an einem Ort und hatte jeden Tag Verkündigungsveranstaltungen, Gebetsstunden und persönliche Gespräche. Eine Erweckung ist ein Prozess, braucht Zeit, braucht Weisheit und Begleitung, braucht einen Umdenkungsprozess! Sie kommt nicht einfach vom Himmel geknallt! Womöglich an einem Wochenende, wo man sich emotional in die Lüfte schaukelt um die Bäckereien und Blauwale über den Wolken zu ergreifen und herunterzuziehen! Aber schon da scheitert es heute. Mehr als ein Wochenende ist meistens nicht drin. Viele Gemeinden sind so vollgepackt mit Programmen, dass oft nicht einmal die Hälfte zu den Vorträgen kommt, weil sie völlig überlastet sind. Zu den Gebetsstunden kommt fast keiner. Wenn ich Gemeinden ein Gebetswochenende oder eine Woche des Gebets vorschlage, dann sind sie selten begeistert. Aber wenn es um eine „Erweckungskonferenz" geht, dann sind sie Feuer und Flamme. Hallo?!

Wir haben mehrere Länder bereist und hunderten Gemeinden am Wort gedient, und ich kann euch sagen, dass fast jede Gemeinde, die solchen Bäckereipropheten Glauben geschenkt hat, in Spaltungen geendet ist und den guten Ruf im Ort ruiniert hat! Nach Täuschung kommt immer Enttäuschung. Nach einem Rausch wird man nüchtern und sieht die „Scherben" vom Saufgelage! Das gilt auch in geistlicher Hinsicht. Nach einer emotionalen Berauschung kehrt immer Ernüchterung ein. In diesem Prozess knallt es vielerorts gewaltig. Es gibt natürlich auch andere Gründe, weshalb Gemeinden sich spalten, es kommt oft leider das eine zum anderen.

Das Gegenteil von Erweckung ist an hunderten, wenn nicht tausenden Ortschaften Europas eingetreten. Aber davon redet man nicht auf den „Bäckereikonferenzen". Doch statt Erweckung haben wir tausende Spaltungen und enttäuschte Gläubige, die entweder abfallen oder sich verletzt zurückgezogen haben. Dazu tausende Orte, an denen der Name Jesu verspottet wird, weil Modern - Religiöse ihn für ihre eigene Illusionsreligion missbrauchen und sich und Jesus Christus mit ihrem desolaten Verhalten lächerlich gemacht haben. Wenn wir in Tschechien und der Slowakei auf den Straßen evangelisieren wollen, müssen wir von der Stadt eine Genehmigung einholen. Was meint ihr, wie oft wir da gegen eine Wand laufen, weil irgendwelche „Christen" dort auf den Straßen Chaos angerichtet haben? Ich habe es ja selber oft genug erlebt! Bei manchen Auftritten könnte man meinen, dass hier der Wahnsinn aus der Klapse ausgebrochen ist. Lautes Gebrüll und Geschrei, Provokationen und Belästigungen der Passanten. Und alles im Namen Jesu. Gott sei Dank hatten wir immer wieder die Weisheit mit den Verantwortlichen zu reden und dann doch die Genehmigung zu bekommen. Aber erst als wir versicherten, dass wir uns wie anständige Menschen benehmen.

Ich möchte nicht allen „Bäckereipropheten" böse Absicht unterstellen. Viele lassen sich verführen, wissen es nicht besser und Erweckung wünschen wir uns doch alle. Viele springen auf die moderne religiöse Welle auf, bei der man ein geistlicher Held ist, wenn man im Überschwang der Emotionen rufen kann: „So spricht der Herr - es kommt bald eine Erweckungsbäckerei!" Ich kenne sehr viele Leute, die sehr hingegeben dem Herrn Jesus dienen und die sich wirklich nach Erweckung sehnen, die alles dafür tun, dass ihre Gemeinde sich erwecken lässt. Sie ringen im Gebet darum, dass Menschen am Ort mit dem Evangelium erreicht werden. Ihr Anliegen ist nicht verkehrt, aber gerade bei solchen Menschen finden die Bäckereipropheten nicht selten offene Ohren und Kanzeln. Wer traut sich schon den „großen Mann Gottes" anzuzweifeln, wenn er eine gewaltige Erweckung vorhersagt? Bei einer großen Konferenz in Norwegen verkündigte solch ein „Prophet" im Überschwang seiner Emotionen, dass wir in den kommenden zwei Jahren 1 Million Biberbibeln verteilen würden, und dass eine gewaltige Ernte in Europas Bikerszene eingefahren werden würde.

Nach 4 Jahren hatten wir noch keine 300.000 Exemplare verteilt! Warum muss das sein? Sind 300.000 Exemplare keine hervorragende Aussaat? Von gewaltiger Ernte kann ich noch nichts sehen, aber ist nicht Freude im Himmel über jeden einzelnen, der zum Glauben gekommen ist? Aber diese Freude ist jetzt getrübt, weil viele zu Recht darüber enttäuscht sind, dass es nicht 1Million in zwei Jahren gewesen sind. Sie sind enttäuscht, dass nicht mehr zum Glauben gekommen sind, weil sie sich von einem falschen Propheten täuschen ließen! Sie fühlen sich getäuscht und das Vertrauen zu denen, die aufrichtig ihren Dienst tun, ist getrübt. Andere sind vielleicht enttäuscht, weil Gott sein Wort nicht gehalten hat, (auf die Idee, dass der selbsternannte Prophet seinen eigenen Willen mit Gottes Willen verwechselt hat, darauf kommen sie leider nicht). Andere wollen mit dem „falschen Propheten" nicht mehr zusammenarbeiten, was man auch verstehen kann, denn er sieht seine falsche Vorgehensweise nicht ein. Er sagt: „Es war Gottes Wille, dass 1 Million in 2 Jahren verteilt werden, aber weil die Menschen verhärtet blieben und nicht spendeten, wurde nichts daraus."

Schöne Verdrehung der Tatsachen. Wenn Gott sagt, dass es 1 Millionen sind, dann ist er nicht auf die verhärteten Spender angewiesen. Aber man kann sich alles hindrehen, nur um nicht seinen Status zu verlieren. So kann eine ganze segensreiche Arbeit kaputt gemacht werden: Durch Täuschung und Enttäuschung! Auf einer anderen Konferenz in Schweden, wo ich Gottes Evangelium verkündigte, sagte eine bekannte und anerkannte „Lobpreisleiterin" voraus, dass jetzt eine dreijährige Segenszeit in Schweden angebrochen sei, der Herr habe ihr aber gesagt, dass die Zeit nur drei Jahre andauern würde. Und Jesus in diesen drei Jahren persönlich Schweden besuchen würde. Dann haben alle wie wild gejubelt und die Show war im vollen Gange. Entschuldigt: Was für ein Schwachsinn! Wenn das stimmt, dann stimmt unsere Bibel nicht! Denn da steht, dass Jesus alle Tage bei uns ist, bis ans Ende der Welt! War er nicht auch all die Jahre davor mit all den Gläubigen in Schweden? Hat er nicht auch die Jahre davor wunderbar gehandelt und in seiner Gnade Menschen in Schweden zu sich gezogen? Bleibt er nicht bis ans Ende der Welt bei uns? Das wird einfach ignoriert! „Jesus kommt jetzt nach Schweden - aber nur drei Jahre" - als ob er nicht schon längst da ist! Was für eine erbärmliche Wichtigtuerei! Dann sind sie dort abgegangen wie im Irrenhaus. Die Showmaster der Konferenz haben dann den Veranstalter auf die Bühne geholt, haben ihn links und rechts festgehalten und ihm die Hand aufgedrückt. Sie wollten ihn im Geist umlegen. Das ist sicher einigen Lesern fremd (dankt Gott dafür). Manche „christlichen Kreise" haben die Mode Menschen die Hände aufzulegen bis sie bewusstlos werden, und sich am Boden lang machen. Sie sind der Meinung, dass während dieser Bewusstlosigkeit Gottes Geist an den Bewusstlosen wirkt (bleibt solchen Praktiken fern!). Dieser Veranstalter kannte das aber nicht. Er war ein kräftiger Bauarbeiter und noch nicht lange bekehrt und er war mit dieser Mode nicht bekannt. Andere lassen sich einfach die Hand auflegen und lassen sich fallen, aber nicht er! Sie schoben und zerrten und drückten an ihm herum, und ihm war das sichtlich unangenehm. Er drückte und zerrte und schob dagegen! Das sah aus wie beim Wrestling! Er gab nicht auf! Sie nahmen ihn an beiden Armen und wollten ihn hinlegen, aber er behauptete sich eins ums andere. Sie gaben dann auf, als es an Peinlichkeit nicht mehr zu überbieten war. Dann ließen sie von ihm ab und stürzten sich von der Bühne eben auf die vordersten Zuhörer und riefen „Feuer! Feuer! Feuer! Schandarassa! Und warfen einen nach dem anderen um. Ich ging weg und fragte mich nur, wer sich von den Anwesenden nach dem Chaos noch an meine Predigt erinnert? So nimmt Satan das ausgesäte Wort weg. Als ich nach einer halben Stunde wieder kam, um nachzusehen, lagen die meisten noch auf dem Boden verstreut, manche rollten, andere kicherten, die meisten waren bewusstlos. Der Veranstalter, der sich nicht „unter kriegen" ließ, sagte mir noch am Abend, dass er das so nicht gewollt habe, aber so laufen viele „Konferenzen" ab." Der Heilige Geist hat eben das Ruder übernommen" sagten die einen. Ich sage euch: Das ist nichts anderes als moderne Religiosität an der Satan seine wahre Freude hat. Wehe du machst nicht mit! Dann bist du unten durch und wirst als religiöser und gesetzlicher Miesmacher verurteilt. Die christliche Showbühne gehört heute vielerorts den Bäckereipropheten und ich warne die Gemeinden! **Satan ist der Engel des Lichts und es scheint immer so, als ob es richtig und gut ist, was er sagt, aber er führt uns als getäuschte Modernreligiöse „hinters Licht" - in die Finsternis!**

Jesus hat ganz klar gesagt: *„Nicht jeder, der zu mir sagt: Herr, Herr! wird in das Reich der Himmel eingehen, sondern wer den Willen meines Vaters im Himmel tut. Viele werden an jenem Tag zu mir sagen: Herr, Herr, haben wir nicht in deinem Namen geweissagt und in deinem Namen Dämonen ausgetrieben und in deinem Namen viele Wundertaten vollbracht? Und dann werde ich ihnen bezeugen: Ich habe euch nie gekannt; weicht von mir, ihr Gesetzlosen!"* Matthäus 7,21-23

Nicht jeder, der sich wichtig macht und als wichtig angesehen ist, gehört wirklich zu Jesus! Gott will nicht, dass wir in Illusionen und Täuschungen leben, sondern dass wir ordentlich und aufrichtig in der Wahrheit leben. Durch diese Bäckerei - Prophezeiungen werden falsche Erwartungen „geweckt", die nicht zu Erweckung, sondern zu Enttäuschung führen, weil das Erwartete nicht eintritt!

Wenn man sich Gefühlsberauschungen zum Gemeindeklima gemacht hat, dann muss man als Pastor dafür sorgen, dass keine Ernüchterung und Enttäuschung einkehrt. Man wird langsam aber sicher zum Showmaster und muss der „Erweckung" selber nachhelfen. Selbstdarstellerisch verkauft man seine eigenen Interpretationen als Gottes Wort, ersetzt den Heiligen Geist mit Klangwellen und dem Erzeugen von „geistlicher Atmosphäre" und alles endet im Chaos! Eines Tages rief mich ein Pastor einer Gemeinde an. Er wollte, dass ich einige Abende über das Thema Heiligung in seiner Gemeinde spreche, was wir sehr gerne tun. Gott hat mir besonders dieses Thema aufs Herz gesetzt und wir konnten damit schon vielen Geschwistern dienen. Auch darüber habe ich ein Buch geschrieben. Es heißt: Christus verkörpern - Gottes Willen verwirklichen. Über dieses Thema sollte ich also sprechen. Etwa 2 Wochen vor dem Termin rief mich der Pastor erneut an und wollte mir absagen, weil er keine Lobpreisband für den Zeitraum meiner Verkündigung auftreiben konnte. Ich meinte, dass Jesus auch nicht zuvor gesungen hat, wenn er vorhatte zu predigen. Auch dass es für mich kein Problem sei, wenn wir uns einfach auf die Verkündigung von Gottes Wort begrenzen. Aber der Pastor wollte keine Vorträge, wenn er keine Klangwellen im Hintergrund hat.

Da fragte ich ihn direkt, ob er denn auf den Heiligen Geist vertraut oder auf sein Keyboard?! Erst da ließ er sich darauf ein, und wir erlebten, dass jeden Abend mehr Leute kamen! Einige kamen zum Glauben, und viele wurden durch Gottes Wort bewegt und herausgefordert.

Als der letzte Abend vorbei war, kam der Pastor nach vorne und meinte, dass Gottes Geist wunderbar gewirkt habe, und dass diese Zeit nicht einfach so beendet sein dürfe. Dann gab er dem Mann an der Technik heimliche Zeichen, damit der eine CD einspielt. Augenscheinlich wollte der Pastor eine „geistliche" Atmosphäre „erzeugen" und als die Musik eingespielt wurde, fing er salbungsvoll an zu beten. Nun hatte der Mann an der Technik aber wohl die falsche CD erwischt und der Sound war vom Takt und den hüpfenden Tönen derart unpassend, so dass der Pastor aus dem gesalbten Tritt kam, sich beim Beten verhaspelte und dann laut rief: „Mach die Musik aus." Den Rest erspare ich uns, es war einfach erbärmlich. Er hatte die fünf Tage nichts gelernt. Wenn ich in dieser Gemeinde war, erlebte ich ihn immer als einen, der die gesalbte Stimmung oben halten musste, während es mit ihm persönlich immer weiter bergab ging. Er redete und prophezeite von Erweckung - bis der Scherbenhaufen komplett war, und er völlig ausgebrannt war. Er verließ die Gemeinde und auch noch seine Frau. Viele in der Gemeinde gingen enttäuscht zurück in die Welt oder verließen die Gemeinde. Direkt nachdem er gegangen war, bekam er eine Anfrage einer anderen „Gemeinde", die ihn auch unter diesen Umständen direkt als Pastor haben wollte. Unfassbar. Ich möchte gar nicht anfangen zu berichten, was wir alles an Manipulation und Heuchelei erlebt haben, bis hin zu Kriminalität - und alles im Namen Jesu! Jesus warnte vor den falschen Propheten! Den Wölfen im Schafspelz. Ich habe nichts gegen Konferenzen an sich und wir rechnen fest mit dem prophetischen Reden Gottes für unser Leben und Dienst! Wir haben auch nichts dagegen, wenn Gläubige ihre Freude und ihren Glauben auf emotionale Art und Weise zum Ausdruck bringen! Das sage ich, damit mich hier keiner missversteht! Mir geht es doch nicht um die kulturellen Unterschiede der Gemeinden - aber wir müssen endlich zwischen den modernen religiösen Illusionen und dem unterscheiden, was Jesus wirklich vorhat.

In unserem Text heißt es: Jesus wusste bereits was er tun wollte, also lasst uns mal alle davon lernen, egal wie es in unseren Gemeinden aussieht. Jesus dankte, teilte die Brotbrocken und Fischteile aus, damit die Jünger es weitergeben! Noch mal die Frage: **„Kannst du in einem „Brocken Brot", der von Jesus kommt, das Potential für eine Erweckung erkennen?"**

Wie denkst du über dein „kleines" Zeugnis, das du mit Gott erlebt hast? Nehmen wir zum Beispiel die Vergebung deiner Sünden?! Erkennst du das

Potential darin, dass Tausende andere Vergebung der Sünden bekommen, wenn du dieses Zeugnis anderen „mitteilst" und anderen ebenfalls vergibst? Oder einen kleinen Trost? Kannst du darin die Aufgabe entdecken viele andere damit zu trösten? Paulus lebte mit dieser Einstellung!

„Gelobt sei der Gott und Vater unseres Herrn Jesus Christus, der Vater der Barmherzigkeit und Gott allen Trostes, der uns tröstet in all unserer Bedrängnis, damit wir die trösten können, die in allerlei Bedrängnis sind, durch den Trost, mit dem wir selbst von Gott getröstet werden." 2 Kor. 1,3

Das was Gott mir hier gezeigt hat ist ja nichts Neues. Paulus lebte schon mit diesem Prinzip, und deshalb ist sein Leben und Dienst bis heute fruchtbar. Paulus reiste nicht umher und prophezeite Erweckungen, sondern er empfing von Gott, um es weiter zu geben. Und Paulus war da nicht auf der Sonnenseite des Lebens! Sondern er war in Bedrängnissen und dachte trotzdem nicht nur an sich, sondern er an alle anderen, die ebenfalls in Not waren. Paulus betete nicht um Trost für sich, das wäre viel zu wenig Trost. Paulus betete um Trost für alle anderen, die in Not sind und er wusste: „Der Trost in mir wächst, wenn ich ihn weiter gebe! Mit dieser Einstellung floss Trost im Überfluss durch Paulus zu den anderen Menschen und durch seine Schriften fließt der Trost und der Segen Gottes noch heute! Was denkst du über eine kleine Hilfe, die dir zuteil wurde? Brauchst du noch mehr Hilfe? Natürlich brauchst du noch mehr Hilfe! Ich brauche auch Hilfe! Alle brauchen Hilfe, aber willst du anderen helfen? Oder willst du immer noch mehr Hilfe? Und erneut Hilfe? Und bei der anderen Sache auch noch Hilfe? Aber du hilfst verhältnismäßig wenig? Du wirst dein Leben lang hilflos bleiben, so wie dein Stuhlnachbar im Gottesdienst trostlos bleiben wird, wenn wir nicht lernen, das Wenige, das wir bekommen haben weiter zu geben. Wir neigen dazu, die Auslöser für die große Erweckung zu übersehen! Hier liegt der Fehler! Gottes Geist fordert dich heraus...

> „WENN DU ETWAS VON JESUS BEKOMMST,
> DANN REICHT ES NIE FÜR DICH ALLEINE,
> ABER ES REICHT FÜR 5000 (!) UND FÜR DICH.
> ALSO GIB ES WEITER!"

Denk mal nach. Kannst du in deinem „kleinen" Zeugnis, das du mit Gott erlebt hast das Potential für eine Erweckung erkennen? Oder denkst du gering über das, was Gott dir anvertraut hat? Du meinst vielleicht: *„Ich habe so wenig von Gott bekommen, das reicht nicht mal richtig, um mich selber zu stärken. Zuerst muss ich mich mehr stärken, zuerst muss Gott mir* *tieferen Trost geben, eine neue Hoffnung, größere Erlebnisse, dann kann ich etwas mitteilen und weitergeben...* " Aber das stimmt nicht! **Erkenne das Potential für Erweckung in dem, was du von Gott bekommen hast und gib es weiter!** Teile es mit anderen - teile es mit! Ich bin mir sicher, dass das Potential für Erweckung unter uns ist, denn Jesus hat sich uns gegeben. Ihn dürfen wir anderen weitergeben!

Gott hat uns allen den einen oder anderen „Brocken" gegeben. Denk mal nach, was du von Gott empfangen hast. Geh doch einmal damit ins Gebet und erwecke diese Dinge aus der Bewusstlosigkeit zum Leben, dass du weitergeben kannst. Denn Gott schickt uns mit diesen Brocken los. Hast du das schon mal erlebt? Ich habe das immer wieder erlebt. Ein Beispiel: Wir waren auf einem Pfadfinderlager und abends am Lagerfeuer wärmten nicht nur wir uns auf, sondern alte Geschichten wurden aufgewärmt. Plötzlich sagt einer: „Erinnert ihr euch, wie wir am ersten Mai vor der Gärtnerei die Säcke mit Erde aufgerissen haben und alles auf der Straße verstreut haben?!" Noch bevor er fertig war, hatte Gottes Geist zu mir gesprochen: „Geh und bringe diese Sache in Ordnung." Damit hatte ich etwas zu „bringen". Ich sollte etwas in Ordnung bringen. Aber der alte Mensch sträubt sich, wenn es um „alte" Sachen geht! Ich dachte: „Das ist doch 10 Jahre her! Daran erinnert sich doch keiner! Ich lebe doch von Spenden - was soll ich jetzt das gute Geld für Erdsäcke ausgeben?!" Was hilft es, wenn Gottes Geist geredet hat? Dann ist es das Beste, wenn man gehorcht! Also brachte ich die Sache in Ordnung. Ich ging zu der Gärtnerei und teilte ihnen mit, dass ich vor 10 Jahren die Sauerei vor der Türe gemacht habe, und dass ich mittlerweile zum Glauben an Jesus Christus gekommen bin. Es tut mir Leid und ich will die Sache in Ordnung bringen. Ihr hättet die Augen der Verkäuferin sehen sollen! Aber hier geschieht es, es wird etwas „gebracht", ich hatte etwas zu „bringen", in Ordnung zu bringen! Hier ist das Potential für Erweckung! Aber wir wollen oft lieber Hörer des Wortes sein und keine Täter. Wir sträuben und weigern uns gegen die Stimme des Geistes. **Den Weg, den Gott für Erweckung vorgesehen hat, den wollen wir nicht gehen!** Es ist zuerst der Weg zu denen, denen wir geschadet haben, in deren Schuld wir noch stehen, da wo noch etwas gut zu machen ist, da wo wir uns entschuldigen sollten! Wenn Gott uns aufrichtet, dann macht er aufrichtige Leute aus uns! Das sind wir aber erst dann wirklich, wenn wir in der Lage sind, das in unserem Leben aufzurichten, was wir in der Vergangenheit kaputt gemacht haben! Gott will unser Leben in Ordnung bringen. Gott will aus jedem Minus deiner Vergangenheit ein Plus machen. In diese Richtung fließt die Erweckung auch!

Aber wir gehen lieber auf Bäckereikonferenzen und hören uns an, dass die Erweckungsbäckerei bald kommt. Dass wir lieber Hörer als Täter sind, habe ich einmal eindrücklich erlebt. Wir hatten eine Verkündigungswoche an einem Ort mit Geschwistern mehrerer Gemeinden. Abend für Abend arbeiteten wir darauf hin, dass aus trägen Hörern des Wortes überzeugte Täter des Wortes werden. Auch hier ging es um Heiligung und um Erweckung. Als wir die nötige Grundlage gelegt hatten, fragte ich die Leute, ob sie jetzt konsequent werden wollen, ob sie ihrem Bekenntnis auch Taten folgen lassen wollen. Alle gaben zu erkennen, dass sie das wollen. Daraufhin rief ich die Geschwister auf, doch ins Gebet zu gehen und Gott zu fragen, was denn alles nichts mehr in ihrem Leben zu suchen hat. Und dass sie das am folgenden Abend mitbringen sollen, damit wir es verbrennen können. Alle stimmten dem zu, und der nächste Abend kam. Der Haufen hätte nicht mal gereicht um eine Wurst zu braten. Jeder kam und war neugierig, was der andere wohl bringen würde, aber kaum einer brachte selber was mit! Augenscheinlich hatten sie nicht gebetet, und wenn sie es getan haben, dann haben sie nicht gehört, was der Geist zu ihnen sagt! Daraufhin machte ich ihnen klar, dass wir ein Problem haben.

Es gibt ein interessantes Kommunikationsprinzip, vom Reden bis zum Tun werden es immer weniger Leute!

- Du kannst predigen, manche hören gar nicht zu.
- Von denen die zuhören verstehen manche nicht was du meinst.
- Von denen, die es verstanden haben, stimmen dir nicht alle zu.
- Wenn dir einer zustimmt, dann heißt das nicht, dass er das dann auch tut.
- Und die Wenigen, die es tun, die tun es einmal oder zweimal und lassen es dann wieder, weil „keiner sonst es tut!"

Wenn man sich das bewusst macht, dann merkt man, wie schwer das Amt eines Verkündigers ist! Der wahre Erweckungsprediger hat den Auftrag, Gottes Gemeinde dahin zu bringen, dass so viele wie möglich beim „Tun" ankommen und es gemeinsam konsequent weiterhin tun! Wenn du das in einer Gemeinde schaffst, dann hast du sie erweckt! Wenn sie vom Tun zurück auf das „Zustimmen" fallen, dann ist die Gemeinde wieder eingeschlafen und braucht Erweckung.

> ERWECKUNG KOMMT NICHT VOM HIMMEL WENN WIR ALLE DER WAHRHEIT ZUSTIMMEN. SONDERN NUR WENN WIR SIE TUN UND NOCH MAL TUN UND WEITERHIN TUN, SIND WIR ERWECKT!

Ich machte den Versammelten also deutlich, dass sie mir zugestimmt hatten und es nicht getan haben. Das sahen sie betroffen ein. Ich sagte ihnen dann, dass ich deshalb abfahren werde, weil sie einen Abend vorher gelogen haben. Sie haben Gott belogen, die versammelte Gemeinde und ihren Prediger, indem sie gesagt haben, dass sie ins Gebet gehen würden und gegebenenfalls mitbringen würden, und sie haben es nicht getan, also was soll ich dann noch hier?! Betroffen wollten sie nachholen, was sie durch Leichtsinnigkeit und Oberflächlichkeit und Laxheit versäumt hatten - aber merkt ihr? Hier ist das Problem! Hier kann die aufkeimende Erweckung aufgehalten werden. Nicht, weil Gott nicht will, sondern weil wir einfach nicht das tun (wollen), wovon wir eigentlich überzeugt sind. Am kommenden Abend hatten wir einen anschaulichen Haufen mit Brennmaterial: Zeitschriften, unchristliche Musik, Raubkopien ohne Ende, ungeistliche Computerspiele, Zigaretten, Drogen und vieles mehr! Ein junger Mann kam z.B. auf mich zu und sagte, dass er in fünf Läden am Ort gestohlen hat und dass er das in Ordnung bringen will. So gingen wir von Laden zu Laden und er bekannte seine Diebstähle und dass er jetzt Christ sei. Merkt ihr was? Hier geht die Erweckung in den Ort! Stellt euch vor, der Ladenbesitzer geht abends nach Hause und würde seiner Frau erzählen, was er mit dem reuigen Dieb erlebt hat und nehmen wir einfach mal an, die Frau ist Lehrerin und sagt: „Gibt's ja nicht, bei mir waren heute einige Schüler, die zugegeben haben, dass sie abgeschrieben haben und das klären wollen, weil sie als Christen ein ordentliches Leben führen wollen…!" Was meint ihr was da los wäre? Gott kann aus jedem Minus ein Plus machen! Gott kann nicht nur, sondern er will! Die Frage ist, ob du einwilligst! Alle Bemühungen und Erwartungen auf Erweckung werden vergebens sein, wenn wir hier nicht anfangen auf Gott zu hören und das tun, was er uns sagt! Und es konsequent weiter tun! Hier geschieht das Wunder der Vermehrung! Hier ist die „Brotvermehrung" aktiv! Hier kehrt Freude die Fülle in das Leben der Gläubigen und in die Gemeinde ein! Wie viele Körbe mit Essen nach der wunderbaren Vermehrung blieben übrig! Es waren ganze 12 Körbe voll! Für jeden Jünger einen! Im Ausgangspunkt reichte es für keinen einzigen - aber es reichte für 5000 und es war die Fülle für die 12 Jünger! Gott will uns erfüllen! Und dies ist der Weg dahin! Du wirst vergeblich nach Erfüllung in dieser Welt suchen. Nur Gott kann dich erfüllen und dazu gehört auch das weiterzugeben, was wir von Gott empfangen!

Ich möchte euch nun eine Geschichte erzählen, die mich begeistert und fasziniert. Es ist ein Beispiel dafür, was passieren kann, wenn wir das bisher Gelesene beherzigen.

In einer Stadt gab es vor mehreren Jahren einen geistlichen Aufbruch in der Szene. Viele Rocker, Biker, Schläger, Drogenabhängige, Prostituierte und andere „Typen" kamen zum Glauben an Jesus Christus. Angefangen hatte alles mit ernsthaftem Gebet der wenigen alten Schwestern in der Gemeinde. Sie beteten aufrichtig für die Verlorenen der Stadt. Irgendwann hatte eine alte Frau auf dem Herzen einen Kuchen zu backen und ihn zu dem Motorradclub zu bringen. Sie tat es zum Erstaunen der Rocker. Als sie gefragt wurde, warum sie das macht, sagte sie: „Weil Jesus euch liebt." So kam sie jeden Freitag mit einem Kuchen und die Geschwister beteten weiterhin. Mit der Zeit dachten die Schwestern über viele Dinge nach und änderten einiges an ihrer Haltung und Einstellung, an ihren Zielen, Werten und Prioritäten,... und als die Zeit reif war ermutigte Gott diese Schwestern dazu diese Rocker zu einer Evangelisation einzuladen! Die alten Frauen trafen sich in einem alten Schulgebäude ohne moderne Technik usw. Hättest du mich damals gefragt, ich hätte nur mit dem Kopf geschüttelt. Um es kurz zu machen: Die Rocker kamen und heute sind 14 dieser Rocker Glieder von Gottes Gemeinde, nicht wenige von ihnen haben einen verantwortungsvollen Dienst im Reich Gottes! Du kannst dir kaum vorstellen, wie mich dieses Zeugnis traf. Bis dahin hatte ich oft von Pastoren gehört: „Ihr seid Gottes Spezialeinheit für eine spezielle Szene..." Und „demütig" haben wir uns das auch eingebildet, und dann so etwas. Dieses Zeugnis hat mich von meinem „hohen Motorradross" geholt. Ich habe deshalb nicht aufgehört in der Szene aktiv zu sein, aber eines war mir klar: Ich muss mich ändern und mein Dienst muss sich ändern. Die alte Frau hatte weder Gold noch Silber, aber sie ließ sich von Gott leiten. Und so wurde der weiter gegebene Kuchen mit dem Verweis auf Jesus zum Brot des Lebens! Einer dieser bekehrten Rocker sagte Jahre später auf einer großen „Erweckungskonferenz" vor ca. 1000 Zuhörern ungefähr folgendes: *„Wenn eure moderne Technik und Einrichtung in den Gemeinden alles ist was ihr habt, dann werdet ihr uns nicht erreichen. Aber die Liebe dieser alten Leute traf uns!"* Das traf die Zuhörer.

Ist das nicht herrlich? Liegt nicht hier die Chance für jede „kleine Gemeinde"? Ist nicht hier der Weg, den auch die großen Gemeinden einschlagen sollten?

Das Erweckungswunder geschieht fast immer unbemerkt, fast unsichtbar, heimlich still und leise geschah die Brotvermehrung! Das war bei Jesus so und das ist auch in anderen Ländern und Orten so. Bevor das große Wunder sichtbar wird, geschieht sehr viel an schlichtem, ergreifendem und treuen Weitergeben von „kleinen Dingen".

Im Geringen treu sein

Jesus sagte etwas, was für Erweckung sehr wichtig ist!

„Recht so, du guter und treuer Knecht! Du bist über wenigem treu gewesen, ich will dich über vieles setzen; geh ein zur Freude deines Herrn!" Matthäus 25,21 *„Recht so, du guter Knecht! Weil du im Geringsten treu gewesen bist, sollst du Vollmacht über zehn Städte haben!"* Lukas 19,17

In Tschechien erleben wir zur Zeit die Wahrheit dieser Aussagen. Vor mehreren Jahren waren wir das erste Mal in einer Gemeinde Tschechiens und verkündigten dort das Evangelium. Von dort wurden wir in drei weitere Gemeinden eingeladen. Zu einer dieser Gemeinden entwickelte sich ein intensiverer Kontakt und bald besuchten wir diese Gemeinde ein Mal im Monat. Wir lehrten biblische Themen, beteten gemeinsam und machten uns Gedanken darüber, wie wir die Menschen am Ort erreichen könnten. Wir hatten kein Geld, aber eines Tages kam der Jugendleiter auf mich zu, und sagte mir, dass sie als Jugendkreis etwas auf dem Herzen haben. Sie wollten Spiele für Kinder und Jugendliche am Ort organisieren. Es wurden Gabeln in die Haare geflochten, Pfeil und Bogen geschossen, gebastelt, usw. Ich war ehrlich gesagt skeptisch, weil das in Deutschland wohl kein Magnet ist. Aber in Tschechien hängen die Kinder auf den Straßen herum und es gibt kaum Freizeitangebote. Besonders in ländlichen Gegenden wo wir waren. Ein Ort z.B. mit 3000 Einwohnern. Der Park war voller Kinder und auch Ältere kamen! Bei der Gelegenheit verkündigten wir das Wort. Die Ortsgemeinschaft war derart begeistert, so dass wir im kommenden Jahr eine weitere derartige Evangelisation durchführten. Dann aber mit einem großen Zelt! Wir waren einfach im Geringen treu. Aber was passierte in der Zeit?

Unerwartet bekamen andere Geschwister an anderen Orten Wind von der Sache (Der Wind weht wo er will) und immer mehr Geschwister besuchten unsere monatlichen Treffen und wollten mitarbeiten. Die nächste Evangelisation war ein praller Erfolg. Beide Pastoren der Gemeinden am Ort sagten, dass sie so etwas die letzten 40 Jahre nicht erlebt haben! Kinderspiele ohne Ende - Das Evangelisationszelt war so voll besetzt, dass wir noch Parkbänke reinschleppen mussten. Nicht Wenige kamen zum Glauben an Jesus Christus. Und was passierte? Die Geschwister der anderen Städte waren so begeistert, dass sie in ihrer eigenen Ortschaft auch evangelisieren wollten! Für das kommende Jahr hatten wir schon 5 solcher Evangelisationen geplant, und das Wunderbare ist, dass alle Geschwister der verschiedenen Gemeinden sich gegenseitig unterstützten. Das ist nicht selbstverständlich, denn in der ersten Stadt hatten die beiden Pastoren und Gemeinden nichts miteinander zu tun. Noch bevor wir die Evangelisation hatten, wäre ein gemeinsames Abendmahl fast gescheitert. Heute sind die beiden Pastoren ein Herz und eine Seele. Sie haben gemeinsame Bibelstunden und Gebetsstunden und der eine Pastor sagte: „Den eisernen Vorhang der Kommunisten wegzubekommen war kein Problem im Gegensatz zu der Stahlwand zwischen unseren Gemeinden!" Im Geringen treu sein! Wir hatten nur Gabeln und Pfeil und Bogen! Steinzeitmethoden! Aber wir haben die beste Botschaft der Welt, und erkannten das Potential im Weitergeben. Und darin im Geringen treu zu sein. Mir war aber schon damals klar, dass wir nicht einfach dieses „Modell" in anderen Städten durchziehen konnten. Das Reich Gottes ist keine Kopiermaschine. Manche wollten diese Spiele in ihrem Dorf anbieten, und waren sich nicht einmal bewusst, dass dort kaum Kinder leben! Deshalb haben wir die Gruppen und Gemeinden gebeten, für die Evangelisation zu beten! An jedem Ort haben wir das dann anders gemacht.

Mittlerweile ist hier eine richtig kleine Erweckungsbewegung entstanden, für die ihr beten könnt. Denn es kommen immer weitere Anfragen! Mittlerweile sind daraus die Straßenevangelisationen mit dem Evangelisationsanhänger gewachsen. Wir haben mehr als 30 Städte je eine Woche lang evangelisiert, und unterstützen dort die Ortsgemeinde. Wir stehen mit dem Evangelisationsanhänger auf Marktplätzen. Wir haben das Zeugnisbuch „Kreuz und Quer in der Szene" und ich stelle es mit Lautsprechern den Bürgern vor und biete es ihnen kostenlos an. Wenn Menschen stehen bleiben und Interesse haben, kann ich ein Zeugnis geben. Haben sie immer noch Interesse, dann kann ich eine Kurzpredigt halten. Wir laden auch zu den Abendvorträgen ein, die sehr gut besucht werden. Wir haben jeden Abend zwischen 5 und 70 Fremde! Es wurden ca. 100.000 Zeugnisbücher auf den Straßen verteilt und nur an Menschen, die sie selber abholen. Also wirklich auch wollen und wir wissen von vielen, die dadurch zu Jesus fanden. Einmal stand ich auf der Bühne in einer Stadt und predigte, als eine Frau auf die Bühne sprang und direkt auf mich zukam. Ein Bruder wollte sie aufhalten, aber sie drängte sich vorbei, so dass ich unterbrechen musste. Sie schaute mich mit leuchtenden Augen an und sagte: „Danke für dieses Buch! Ich habe es in der anderen Stadt bekommen und dadurch zu Jesus und Frieden im Herzen gefunden!" Ein anderes Mal predigte ich in einem Park, als ein Mann kam, zuhörte und dann auf mich zukam. Er hatte das Buch im Gefängnis bekommen und dort zu Jesus gefunden und was für ein Wunder, dass er hier durch diesen Park kam!

Als ich 60 Jugendliche für Evangelisation schulen sollte, stellten sich die Teilnehmer vor, und ich war hocherfreut, als ich hörte, dass einer von den Jugendlichen im vergangenen Jahr Gott bat ihm zu zeigen, ob es Wahrheit gibt! Dann ging er auf die Straße und bekam dort das Zeugnisbuch und fand die Wahrheit. Jetzt war er dabei! Ist das nicht herrlich? Wir haben klein angefangen und mittlerweile wird Tschechien und die Slowakei mit dem Evangelium durchdrungen. Gott hat immer weitere Türen aufgemacht, immer weitere Menschen in dieses Werk integriert, und so geht es weiter. Für mich hat sich „im Prinzip" aber nichts geändert. Ich versuche nur nach bestem Wissen und Gewissen im Geringen treu zu sein. Alles andere muss Gott machen. Also haben wir zuerst das Zeugnisbuch übersetzt, dann das Buch über Gebet, und, und, und... Wir bekommen dankbare Rückmeldungen aus allen Denominationen und von Ungläubigen... Gott hat es gewirkt.

Einmal kamen die Landesleiter einer Kirche auf den Marktplatz, um zu prüfen, was wir da machen. Sie hatten von unserer Arbeit gehört und waren sich nicht ganz einig, ob das nun gut oder schlecht ist. Wir standen auf dem Podium und sprachen zu den Menschen. Ich brauche ja immer einen Übersetzer. Plötzlich geschah ein Wunder, mit dem keiner gerechnet hatte. Es war so, dass einige Geschwister einer Ortsgemeinde mithalfen die Tische aufzufüllen usw. Darunter war eine Frau, die einen schweren Autounfall hatte. Ihre Freundin starb damals und sie war lange im Koma. Sie hat heute noch sichtbare Schäden am Kopf und konnte nicht deutlich reden. Bei der Vorbesprechung der Evangelisation fragte sie stotternd und zitternd, was sie denn tun kann. Sie meinte irrtümlich, dass sie auch auf der Bühne sprechen solle, und das machte ihr derart Angst, dass sie zitterte. Ich beruhigte sie und ermutigte sie einfach beim Auffüllen der Tische mit den Büchern zu helfen, was sie dann auch fleißig tat. Irgendwann machte ich eine Pause vom vielen Stehen und Reden und setzte mich auf einen Stuhl. Ich streckte meine Füße hoch, die mir vom langen Stehen wehtaten. Die Kirchenleiter, Sekretäre und Pastoren besprachen sich, ob das nun vom Herrn ist oder nicht. Da geschah das Wunder. Diese sprachbehinderte Frau kam auf die Bühne ohne Vorwarnung und fing an den Menschen auf der Straße ihr Zeugnis zu erzählen – und sie redete fließend! Selbst ich, der ich kein Tschechisch kann, merkte sofort, dass hier ein Wunder geschieht.

Da kam auch schon der Pastor der Ortsgemeinde mit aufgerissenen Augen und sagte hektisch: „Das ist ein Wunder! Die kann doch nicht reden!"

Mein Übersetzer war auch in heller Aufregung und wollte mir gleich übersetzen was sie sagt, aber ich fand es wichtiger, dass diese Frau in

Ruhe ihr Zeugnis erzählen kann. Ich fragte mich dann, was eigentlich das größere Wunder war? Dass sie fließend reden konnte, oder dass sie ihre Angst verloren hatte? Vielleicht hing das ja auch zusammen? Keine Ahnung. Als das die Kirchenleiter erlebten, kamen sie zu einem schnellen Ergebnis ihrer Beurteilung. Und so öffnete sich die Türe in eine ganze Denomination. Früher habe ich versucht mit dem Kopf durch die Wand zu gehen, heute versuche ich lieber auf die offenen Türen zu warten. Ganz entspannt mit hochgelegten Füßen kann das Wunder geschehen. Wahrer Glaube ruht in der Wahrheit. Gott weiß schon, was er tut.

Wir sind ständig auf Gott angewiesen. Einmal stand ich auf der Bühne, als ein Rechtsradikaler von links auf die Bühne sprang. Er fühlte sich wohl von meiner Ansprache provoziert, in der es um „wahre und falsche Helden" ging. Er meinte vor seinen Kumpels beweisen zu müssen, was er für ein Kerl ist. Ich sah ihn nicht kommen, weil ich mit meinem linken Auge nicht gut sehe. Ich bemerkte ihn erst, als er von links an mich herantrat, abrupt stehen blieb, die Augen weit aufriss und davonrannte. Was war das? Alle Mitarbeiter, die das gesehen hatten, haben noch lange gerätselt, was der für eine Erscheinung gehabt hat, dass er auf der Stelle kehrt gemacht und abgehauen ist? Vielleicht hat er einen Engel gesehen, der ihm einen Knüppel gezeigt hat? Ich weiß es nicht. Aber wir haben Gottes Eingreifen immer wieder gerade in solchen „kleinen" Situationen erlebt, und so klein ist das nicht, wenn man bedenkt, was da alles passieren kann. Du kannst gerne für diese Dienste in Osteuropa beten, ich weiß nicht, wie lange diese Türe offen bleibt, oder wie lange ich in diesem Werk aktiv sein soll, bzw. kann. Denn das sind auch körperliche Strapazen und „ewig" geht das nicht. Aber noch geht es weiter und wächst. Noch gibt es Tausende, die nicht das Brot des Lebens haben! Früher dachte ich, dass die Motorradmission „mein Leben" ist. Ich hätte mir nie träumen lassen, dass ich einmal als Botschafter Gottes in Städten evangelisiere. Aber ich kann dir ehrlich und aufrichtig sagen, dass ich das ganze Thema Mission mittlerweile völlig anders sehe als am Anfang meines Dienstes. Es ist mir mittlerweile völlig gleich, ob Motorradszene oder Marktplatz, ob Altenheim oder Schule, ob Gefängnis oder Predigt im Gottesdienst. Gott hat Türen geöffnet und ich konnte in Bordellen, Diskos, Motorradclubs, und Bikerpartys predigen, überall gibt es Menschen, die Gott liebt! Manche Christen waren enttäuscht, als sie hörten, dass ich seit Jahren kein Motorrad mehr gefahren bin, aber ich bin kein Berufsurlauber! Selbst in der Motorradszene müssen wir ja viel Zeug für die Einsätze transportieren. Bibeltonne, Tausende Bikerbibeln und Szenenbücher, Zelte, Lautsprecher... Das ist

Mission und kein Abenteuerspielplatz. Überall sind Menschen, die Gott liebt! Bete für sie und lass dich selber in Gottes Werke integrieren.

Zurück zur Speisung der 5000... Alle 5000 wurden satt und es blieben 12 Körbe übrig, für jeden Jünger die Fülle! Aber warum waren es keine 13 Körbe? Jesus hatte doch auch Hunger?! Da können wir sehen, dass Jesus, das Brot des Lebens, sich selber hingegeben und nichts für sich behalten hat. Jesus ist das Brot des Lebens! *„Jesus aber sprach zu ihnen: Ich bin das Brot des Lebens. Wer zu mir kommt, den wird nicht hungern, und wer an mich glaubt, den wird niemals dürsten."* Johannes 6,35 *„Nehmt, esst! Das ist mein Leib, der für euch gebrochen wird."* 1Korinther 11,24

Jesus gab sich selber hin, deshalb blieb auch kein Korb für ihn übrig. Aber Jesus will die Körbe füllen! Er will unser Leben erfüllen! Beim Abendmahl geben wir ein Stückchen Brot andächtig weiter. Mache es ebenso mit allem anderen was du hast. *„Wer im Geringsten treu ist, der ist auch im Großen treu; und wer im Geringsten ungerecht ist, der ist auch im Großen ungerecht. Wenn ihr nun mit dem ungerechten Mammon nicht treu wart, wer wird euch das Wahre anvertrauen?"* Lukas 16,10-11

Kann Gott uns die wahre Erweckung anvertrauen? Sind wir im Geringen treu? Das „Große und Ganze" besteht immer aus vielen Kleinigkeiten - hier entscheidet es sich, ob was „Großes" entsteht! Für große Aufgaben braucht es große Charaktere - für kleine Aufgaben braucht es noch größere Charaktere! Denk mal darüber nach. Erweckung beginnt, wenn wir im Geringen treu sind und Segen fließt, wenn wir das Empfangene weitergeben. Ein Bruder in Norwegen sagt immer: Wir sollen nicht nur laut Halleluja rufen, sondern auch Halleluja tun! Seid Täter des Wortes nicht nur Hörer! Gib das „Kleine", das du empfangen hast weiter und du wirst früher oder später staunen was Gott Wunderbares tut.

Teil 2
Ein Wort an alle, die wirklich im Reich Gottes „aktiv" sein wollen

Wir wollen noch mal zu dem Punkt zurückkehren, wo Jesus seine Jünger auf die Probe stellte und ihr werdet ziemlich schnell merken, dass diese Verse so nicht in der Bibel stehen - aber in der Realität!

Da nun Jesus die Augen erhob und sah, dass eine große Volksmenge zu ihm kam, sprach er zu Philippus: Wo kaufen wir Brot, damit diese essen können? (Das sagte er aber, um ihn auf die Probe zu stellen, denn er selbst wusste wohl, was er tun wollte.) Philippus schaute in seinen Geldbeutel, stutze kurz, und lief mit den Worten davon: „Kein Problem!" Schon sah man ihn mit Geldsammeln, mit einem Klingelbeutel durch die Reihen der Menschen eilen und bald darauf war er mit den Worten verschwunden, eine Bäckerei suchen zu wollen. Einige der Jünger hatten die Zeit genutzt und bereits damit angefangen, ein evangelistisches Rockkonzert zu organisieren. Petrus hielt gar nichts davon. Er beschwor die verbliebenen Jünger, dass der Geist wirken muss und dass Gott einen Blauwal vom Himmel werfen wird, sie sollen nur fest daran glauben! Jesus hatte unterdessen Brot und Fisch an die restlichen Jünger verteilt und diese hörten auf den Rat des Petrus, der ihnen sagte: „Also, das ist sicher wieder so eine Prüfung, ob wir einen großen Glauben haben! Ich glaube sicher, dass Gott eine Bäckerei vom Himmel werfen wird - und einen Blauwal dazu! Kommt, wir stärken uns mit dem Wenigen selber, damit wir bei dem großen Wunder Gottes bereit zum Austeilen sind! So hatten die restlichen Jünger alles aufgegessen und zogen nun von Menschengruppe zu Menschengruppe und verkündigten ihnen: „Habt Glauben an Gott und daran, dass er eine Bäckerei vom Himmel werfen wird!" Das Rockkonzert begann. Einige Jünger boten den hungrigen Seelen Kochkurse an und Jesus stand fassungslos da, und sagte dann das, was er immer wieder sagen musste: „Wie lange soll ich euch noch ertragen?!"

> VIELE MACHEN ALLES WAS SIE KÖNNEN,
> ABER SIE MACHEN NICHT WAS SIE SOLLEN!
> VIELE MACHEN ALLES, WAS IN IHRER MACHT STEHT,
> ABER SIE MACHEN NICHTS AUS GOTTES MACHT!

Die christliche Szene ist mittlerweile voller Aktivitäten. Die meisten Leiter leben mit dem Selbstverständnis, dass man funktionierende Projekte bei anderen nachmacht und sie sehen ihre Aufgabe darin ihre „Schäfchen" beim Mitmachen zu motivieren. Aber wo wird gebetet? Wo wandeln Gemeinden wirklich in den vorbereiteten Werken?

Das echte Christenleben besteht nicht aus „Bekehrung" und dann Mitmachen und Nachmachen und bei anderen kopieren. Das echte Leben als Christ ist keine Kopiermaschine. Gottes Wort zeigt uns was ganz anderes.

Bevor wir uns an irgendein Werk machen, müssen wir zuerst erkennen, dass Christus in uns am Werk sein will, um uns so in seine vorbereiteten Werke zu integrieren.

„Denn wir sind sein Werk, geschaffen in Christus Jesus zu guten Werken, die Gott zuvor bereitet hat, dass wir darin wandeln sollen." Epheser 2,10

Hier ist die Rede von 2 Werken! Das erste Werk Gottes zielt darauf ab, das am Kreuz vollbrachte Heil durch die Heiligung in uns zu verwirklichen! Die Bekehrung führt direkt zum Leben in der Heiligung - und nur wer in der Heiligung lebt, kann von Gott in Gottes Werke integriert werden! Die Bekehrung hat keinen Wert in sich selbst, so wie es nichts bringt, wenn man ein Streichholz anzündet, und es geht sofort aus! Vielmehr soll durch den entzündeten Schwefel das Hölzchen in Brand gesteckt werden! Durch eine echte Bekehrung wird das „Heiligungshölzchen" in Brand gesteckt und das soll brennen! Wir sollen nicht einfach tun was wir können, sondern brennend im Geist sollen wir Gott dienen! Es ist deshalb extrem wichtig, dass jeder Christ versteht, was Gottes Wille wirklich ist.

„Denn das ist der Wille Gottes, eure Heiligung, dass ihr euch der Unzucht enthaltet." 1 Thessalonicher 4,3

Ich weiß, dass diese Antwort Gottes nicht das ist, was die meisten hören wollen. Als ich nach Gottes Willen für mein Leben fragte, da wollte ich konkrete Leitungen erfahren! Als ich dann las, dass Gottes Wille unsere Heiligung ist, dachte ich: „Klar, das ist so als Nebeneffekt immer dabei, aber ich brauche jetzt Gottes Leitung!" Es hat lange gedauert, bis ich das kapiert habe, deshalb wiederhole ich das hier. Wir müssen den Zusammenhang verstehen, denn Gott hat das nicht willkürlich so angeordnet! Es ist doch völlig vernünftig und logisch, dass wir uns nur über das erste Werk für das zweite Werk „qualifizieren". Ich mag diese Wort „qualifizieren" eigentlich in diesem Zusammenhang nicht, aber es ist doch gewissermaßen so. Es geht nicht darum, dass einer sich einbilden muss, dass er jetzt etwas Besseres ist, wenn er sich bewusst in Gottes Plan integriert. Er sollte sich auch nicht einbilden, dass er dann mit der Heiligung abgeschlossen hat, wenn er Gottes zweite Werke erlebt. All das wäre völlig verkehrt! Es geht schlicht um die Erkenntnis, dass Gott heilig ist, und dass er will, dass wir auch heilig leben. *„Sondern wie der, der euch berufen hat, heilig ist, sollt auch ihr heilig sein in eurem ganzen Wandel."* 1 Petrus 1,15

Gottes großes Ziel ist nicht nur sein ewiges Reich. Was wäre das für eine Atmosphäre dort, wenn nicht alle Anwesenden völlig in Harmonie mit Gott, seiner Liebe und seinem Gesetz leben würden? Es ist deshalb Gottes Ziel, dass so viele Menschen wie möglich in Harmonie mit ihm sind!

In vielen christlichen Kreisen gebraucht man oft das Wort „gerettet". Der ist gerettet, oder hoffentlich werden so viele wie möglich gerettet… Aber die Bekehrung, oder der Moment, wo einer zum Glauben kommt, den können wir doch nicht vom Rest seines Lebens trennen. Dieser Augenblick gibt dem Leben eine ganz neue Richtung! Diese Entscheidung führt in eine ganz neue Beziehung! Zu einem ganz neuen Einfluss! Ich habe eine theologische Ausarbeitung zum Thema Bekehrung schreiben müssen. In der „Theologie" trennt man gewisse Dinge, um sie gesondert zu untersuchen. Aber im echten Leben kann man die „Bekehrung" nicht von der „Heiligung" trennen! Eine Bekehrung, die nicht zur Heiligung führt, war keine echte! Und eine Heiligung, die nicht auf der Grundlage einer echten Bekehrung steht ist auch keine echte! Gott will so viele Menschen wie möglich in Harmonie mit sich bringen, und das wird nur gehen, wenn er seine Möglichkeiten und Fähigkeiten einsetzen kann! Das setzt aber voraus, dass wir uns in dieses Werk integrieren lassen.

Gott mag dich nachher dort einsetzen, einen anderen woanders, der eine wird nach Afrika geleitet, der andere nach Russland. Die meisten braucht Gott am dem Ort wo sie wohnen. Jedes Leben und jede Führung ist einzigartig, aber sein Wille gilt für alle grundsätzlich gleich: Die Heiligung! Unzucht ist ein aktuelles Thema, von dem Gott uns heiligen will und muss, damit wir segensreich leben und am Werk sein wollen. Aber Heiligung umfasst das ganze Spektrum unseres Lebens! Paulus sagt im gleichen Brief: *„Haltet euch fern von dem Bösen in jeglicher Gestalt! Er selbst aber, der Gott des Friedens, heilige euch durch und durch. Und euer ganzes Wesen, der Geist, die Seele und der Leib, möge untadelig bewahrt werden bei der Wiederkunft unseres Herrn Jesus Christus! Treu ist er, der euch beruft; er wird es auch tun."* 1 Thessalonicher 5,23ff

Gott will uns ganz aus dem Einflussbereich Satans heraus reißen und uns durch und durch heiligen - von innen nach außen - von unserem inneren Wesen angefangen bis zu unseren Worten und Taten. Heiligung umfasst unser ganzes Leben: Unsere Ziele, unsere Prioritäten, unsere Werte, unsere Motive - alles! Ohne Heiligung werden wir uns im Dienst immer falsch verhalten und deshalb fließt auch kein Segen. Oder wir machen Gottes Sache zum Gespött! Ein Bruder kam von einem großen Lobpreiskonzert zurück und berichtete ernüchtert, was er erlebt hatte. Mitten in der schönen enthusiastischen Atmosphäre zwischen Gefühlswallungen und schwebender Musik zischte plötzlich der Lobpreisleiter in einem aggressiven Ton einen Musiker an: „Du spielst schon wieder nicht so, wie ich das will!" Er hatte wohl vergessen, dass sein Mikrofon am Kopf befestigt war. Die Show war geplatzt. Ich sollte einmal auf einem „christlichen Konzert" predigen und während die Band spielte, suchte ich den verantwortlichen Gemeindeleiter, um noch einiges zu besprechen. Ich fand ihn hinten, wie er die Sängerin anstarrte und die Augen nicht mehr von ihr wegbekam. Er merkte gar nicht, dass ich da war, und sagte vor sich hin: „Mann ist die geil! Mann ist die geil!" Soll ich noch weitere Beispiele bringen? Damit es einleuchtet, was ich meine? Ein Mann meldete sich bei mir, und wollte in der Motorradmission mitarbeiten. Da er in einer anderen Stadt wohnte als ich, verwies ich ihn an meine dortigen Mitarbeiter. Ich warnte meine Geschwister, weil ich keinen guten Eindruck von ihm hatte. Er erzählte dauernd, was er schon alles gemacht hatte und wo er überall dabei gewesen war. Er kam mir angeberisch vor. Beim kommenden Einsatz nahmen ihn dann meine Mitarbeiter mit. Sie besuchten das Clubhaus eines kriminellen Motorradclubs. Irgendwann in der Nacht gab es dort eine Stripshow mit einer Domina. Wir tun uns das nie an, sondern verlassen immer den Raum. Draußen ist meist Lagerfeuer und es sind auch dort genügend Menschen, mit denen man reden kann. Meine Mitarbeiter suchten nach einer Weile ihren mitgebrachten Gast und staunten nicht schlecht! Er war plötzlich auf der Bühne und wurde vor den Augen aller von der Domina umgarnt! Sie hatte es geschafft ihn in ihr Werk zu integrieren! Als meine Mitarbeiter ihn danach fassungslos fragten, was das soll, gab er zur Antwort: „Ich wusste nicht, was ich machen soll, als sie auf mich zukam und mich mitnahm!" Merkst du was ich meine? Wir müssen lernen im Geringen konsequent zu sein, nein zu sagen und nein zu meinen. Ich könnte hier seitenweise weiterschreiben von einer Blamage nach der anderen, deshalb muss es jedem einleuchten, dass das erste Werk vor dem zweiten kommt!

Gott will nicht einfach, dass wir etwas für ihn tun, sondern dass wir uns heilig in den Werken verhalten, die er zuvor bereitet hat! Jesus hat sich auch nicht eine Sache nach der anderen ausgedacht und es irgendwie durchgezogen. Sondern er hat sich heilig verhalten, und zwar in allen Werken, die Gott zuvor bereitet hat. Und so wie Christus mit Gott dem Vater gelebt hat, so sollen wir Christen mit unserem himmlischen Vater leben! **Gott will sich in uns und durch uns verwirklichen und verherrlichen, wie er es durch Jesus Christus getan hat.**

Bei der Heiligung geht es darum, dass wir dahin kommen, dass wir mit der Einstellung leben, die Jesus hatte. Er sagte: *„Denn ich bin aus dem Himmel herabgekommen, nicht damit ich meinen Willen tue, sondern den Willen dessen, der mich gesandt hat."* Johannes 6,38

Das war die Einstellung von Jesus Christus und das muss unsere Einstellung werden! „Ein Christ muss von Herzen sagen können: *„Ich bin nicht von neuem geboren um weiterhin meinen Willen und meine Pläne zu verwirklichen, sondern um den Willen dessen zu tun, der für mich gestorben und auferstanden ist!"*

Geistlich betrachtet kommen wir wie Jesus aus dem Himmel zu den Menschen! Hört sich verrückt an, nicht? Doch Gottes Offenbarung ist klar und deutlich! Paulus sagt der Gemeinde: *„So seid ihr nun nicht mehr Gäste und Fremdlinge, sondern Mitbürger der Heiligen und Gottes Haus-*

genossen." Epheser 2,19 **„Er hat uns mit auferweckt und mit eingesetzt im Himmel in Christus Jesus, damit er in den kommenden Zeiten erzeige den überschwänglichen Reichtum seiner Gnade."** Epheser 2,6 **„Unser Bürgerrecht aber ist im Himmel."** Philipper 3,20

Als wiedergeborene Kinder Gottes sind wir bereits Mitbürger der Heiligen und Gottes Hausgenossen und haben alle Rechte des Himmels! Es ist Gott recht, dass du Vergebung der Sünden hast, es ist Gott recht, dass du sein Kind bist, es ist Gott recht dass du ewiges Leben hast, es ist Gott recht, dass du vor seinen Thron kommst und bittest... Paulus wusste, dass er auf der Erde nicht weniger Rechte hat, als Mose im Himmel! Aber was machen wir dann noch hier auf der Erde? Die Sache ist einfach! Paulus kannte seinen Auftrag als Bürger des Himmels hier auf der Erde! Er sagt: *„So sind wir nun Botschafter für Christus, und zwar so, dass Gott selbst durch uns ermahnt; so bitten wir nun stellvertretend für Christus: Lasst euch versöhnen mit Gott!"* 2 Korinther 5,19

Der Botschafter Amerikas ist amerikanischer Staatsbürger, er hat alle Rechte in Amerika, dort ist seine Heimat, und dort hat er einen Auftrag bekommen. Was ist sein Auftrag? Er repräsentiert im Ausland sein Land mit allen Zielen, Prioritäten und Werten - und genau das sollen wir tun! Gott will, dass seine Heiligkeit durch uns erkennbar wird! Im Speziellen präsentiert der Botschafter seinen Präsidenten! **Der Botschafter ist loyal seinem Präsidenten gegenüber und wird freiwillig und aus Überzeugung nichts anderes sagen und tun, als das, was ihm sein Präsident aufträgt.** Als ein weltbekannter amerikanischer Prediger vom Präsidenten Amerikas gefragt wurde, ob er die ehrenvolle Aufgabe des amerikanischen Botschafters übernehmen will, antwortete er in etwa: „Ich habe einen ehrenvolleren Auftrag - ich bin bereits Botschafter des Himmels!" Paulus sagt, dass wir als wiedergeborene Menschen **Botschafter für Christus sind! Gott selbst ermahnt durch uns!**

Paulus geht aber noch einen Schritt weiter: Er wusste, dass Christus in ihm wohnt! *„Ich lebe, doch nun nicht ich, sondern Christus lebt in mir."* Gal. 2,20

Echte Heiligung wird dazu führen, dass sich Christus in uns und durch uns verwirklichen kann. Das muss beachtet werden, bevor wir ans Werk gehen und aktiv werden! Damit sind wir wieder bei der Selbstverleugnung. Je mehr Christus sich in uns verwirklichen kann, desto besser kann Gott uns in seine Werke integrieren. Wenn wir aber in der Selbstverwirklichung bleiben, dann schließen wir uns von den Werken, die Gott zuvor bereitet hat aus. (Mehr dazu kannst du in meinem Buch „Heiligung: Christus verkörpern - Gottes Willen verwirklichen" lesen.

Hier sind wir bereits beim zweiten Werk, von dem Paulus sprach: *„Denn wir sind sein Werk, geschaffen in Christus Jesus zu guten Werken, die Gott zuvor bereitet hat, dass wir darin wandeln sollen."* Epheser 2,10

Paulus wusste, dass er keine eigenen Pläne für den Bau von Gottes Reich ausdenken muss und darf (!), denn er kannte die Heiligen Schriften! Den Punkt hatten wir schon: *„Wehe den widerspenstigen Kindern, spricht der HERR, welche Pläne ausführen, die nicht von mir stammen..."* Jesaja 30,1

Paulus wusste, dass er sich keine eigenen Pläne machen darf, und schon lange nicht bei anderen kopieren muss, die vielleicht sich und anderen was vormachen! Paulus kannte auch folgende Aussage des Propheten Jesaja: *„Wehe denen, die nach Ägypten hinabziehen, um Hilfe zu suchen, und sich auf Pferde verlassen und auf Streitwagen vertrauen, weil es so viele sind, und auf Reiter, weil sie sehr stark sind, aber auf den Heiligen Israels nicht schauen und den HERRN nicht suchen!"* Jesaja 31,1

Die Situation war die, dass die Israeliten darum bemüht waren, nicht nur das Überleben, sondern auch das weitere Wachstum des Volkes Gottes zu sichern! Aber womit? Sie wollten bei der Welt abgucken! Sie wollten auf weltliche Möglichkeiten vertrauen - statt auf Gott zu schauen und seine Absichten zu suchen. Und das Gleiche geschieht heute an vielen Orten! Wer die Verse in der Bibel weiter liest, der sieht deutlich, dass auf solch eine Vorgehensweise nichts als Niederlagen folgen werden - aber niemals Segen! Paulus wusste das! Er kannte die Heiligen Schriften und die Geschichte seines Volkes, auch die Geschichte der fatalen Niederlagen! Paulus wusste, wie sie zustande gekommen waren, und deshalb sagte er in aller Deutlichkeit, wenn es um den Bau von Gottes Reich ging:

„Denn ich würde nicht wagen, von irgend etwas zu reden, das nicht Christus durch mich gewirkt hat, um die Heiden zum Gehorsam zu bringen durch Wort und Werk, in der Kraft von Zeichen und Wundern, in der Kraft des Geistes Gottes, so dass ich von Jerusalem an und ringsumher bis nach Illyrien das Evangelium von Christus völlig verkündigt habe." Römer 15,16

Paulus würde es nicht wagen, irgendwo in der Welt was nachzumachen, oder sonst was zu tun, sondern er kannte die Wahrheit. Dass Gott uns durch das erste Werk der Heiligung in das zweite Werk der Aufgaben integriert! Das ist das echte Christenleben! Christus will in dir und durch dich am Werk sein. Das ist mehr als „christliche Lehren zur Kenntnis" zu nehmen und „christliche Aktivitäten" mit zu machen oder nach zu machen! Christus will sich in uns und durch uns „wunderbar" verherrlichen um sein Reich in der Kraft des Heiligen Geistes zu bauen! Das sehen wir doch in der ganzen Bibel - oder denkst du, dass Elia sich ausgedacht hat, zuerst eine Hungersnot über das Land zu bringen und dann Feuer vom Himmel?! Nein! Gott konnte ihn in seine Pläne integrieren! Elia hatte nicht die Macht in sich, Feuer vom Himmel zu lassen, aber weil Gott ihn in seine Pläne und Absichten einweihen konnte, deshalb konnte Elia vor dem König Ahab stehen. Und mit einem gewaltigen Gottesbewusstsein und Gottvertrauen sagen: *„So wahr der Herr, der Gott Israels lebt, vor dem ich stehe, es soll diese Tage weder Tau noch Regen kommen, ich sage es denn."* 1 Könige 17,1

Elia handelte nicht aus seinen eigenen Möglichkeiten und Fähigkeiten, sondern er stand vor Gott und hörte seine Pläne und seine Botschaft! Der König Ahab hatte die Macht, Elia umbringen zu lassen.

Der König war mächtig, aber Gott ist allmächtig und deshalb war Elia vollmächtig! Wer vor Gott kniet, der kniet nicht mehr vor Menschen!

Weil Gott Elia erfüllen konnte, deshalb hatte er Vollmacht - aber schau was passierte, als dieser vollmächtige Prophet Gott aus den Augen verlor. Und stattdessen auf das Drohen der Königin Isebel hörte und selber für seine Sicherheit sorgen wollte?! Da bekam er Panik und rannte um sein Leben und fiel erschöpft und ausgepowert unter einen Busch. Er wollte nicht mehr leben. Entweder ... oder. Entweder wir schauen auf Gott - horchen und gehorchen und erleben Gottes Handeln, oder wir nehmen die Sachen selber in die Hand, wie unzählige Aktivitätsmanager der christlichen Szene, und es wird nichts daraus. Wir müssen in jeder Situation in Harmonie mit Gottes Willen bleiben und im Geringen treu und gehorsam sein. Die Herausforderungen des Lebens werden uns in alle Richtungen zu zerren versuchen! Solange wir fleischliche Neigungen und Motivationen zulassen, werden sie uns in die Irre führen. Deshalb ist es so wichtig im Willen Gottes zu bleiben! Als Lazarus sterbenskrank wurde, wären wir alle zu ihm hingerannt und hätten ihm ein Aspirin gebracht oder für ihn gebetet. Aber Jesus blieb noch ein paar Tage im Gebet, bis er von Gott grünes Licht bekam. Obwohl Lazarus inzwischen starb. Gott wollte sich durch eine Totenauferweckung verherrlichen! Wir sind herausgefordert auf Gott zu sehen und nicht immer das Erstbeste zu tun. Wenn wir im Geringen treu sind, dann kann Gott Großes in uns und durch uns wirken, wenn er es so eingeplant hat. Was mich immer wieder an Elia erstaunt ist der Punkt, dass er drei Jahre „untätig" bei einer Witwe „herumsitzen" konnte, ohne sich vom Geist des Aktivismus herumtreiben zu lassen. Gott sagte ihm, dass er das tun soll, also tat er es. Was hätten wir in dieser Zeit nicht alles auf die Beine gestellt?! Evangelisationen, Termine, Konferenzen, Konzerte, Schulungen, Fortbildungen, Weiterbildungen... Elia tat nichts dergleichen, weil er in Gottes Pläne integriert war. Gott will nur das eine: Dass wir im Geringen treu sind! *„Recht so, du guter und treuer Knecht! Du bist über wenigem treu gewesen, ich will dich über vieles setzen; geh ein zur Freude deines Herrn!"* Matthäus 25,21

Wenn wir im ersten Werk der Heiligung inkonsequent sind, dann werden wir es nicht erleben, dass Gott uns in seine Werke integriert. Jesus sagte: *„Wer im Geringsten treu ist, der ist auch im Großen treu; und wer im Geringsten ungerecht ist, der ist auch im Großen ungerecht. Wenn ihr nun mit dem ungerechten Mammon nicht treu wart, wer wird euch das Wahre anvertrauen?"* Lukas 16,10

Wir müssen hier lernen, im Geringen treu zu sein. Bevor ich die Erfahrung machen durfte, dass Gott mir Spendengelder anvertraute, musste Gott meine Einstellung dahingehend heiligen. Ich erinnere mich an unzählige solcher „kleinen Erlebnisse". Einmal hatte ich auf dem Herzen Lukasevangelien zu kaufen, und in jedes einen Zehner reinzutun, um es dann einzupacken. Damit ging ich dann nach Stuttgart und verteilte sie an Obdachlose. Ein anderes Mal, da war ich schon auf der Bibelschule und erlebte es, dass Gott mich durch Spenden durchträgt. Da bekam ich eine größere Summe. Was habe ich mich gefreut! Damit konnte ich einen schönen Urlaub in den Ferien machen! Denkste! Ein Missionar kam auf unsere Schule und ich hatte plötzlich die Klarheit ihm 700 Mark zu geben. Etwas war noch übrig. Aber dann zeigte mir der Herr einem anderen Bruder 500 Mark zu geben. Damit war alles weg. Aber was war wichtiger, dass ich Urlaub mache, oder dass Menschen erreicht werden? Ich kann euch ehrlich sagen, dass ich so froh bin, wie Gott mich geführt hat. Ich will mittlerweile keinen Missionseinsatz den wir hatten gegen eine „Weltreise" eintauschen. Aber es leuchtet doch ein. Gott kann uns erst Dinge anvertrauen, wenn wir damit auch verantwortungsbewusst umgehen lernen. Wir wollen es gerne erleben, dass wir durch eine Gebetserhörung 10.000 Euro bekommen, aber wären wir genauso froh, wenn wir 10.000 Euro für Gottes Sache geben sollen? Wer das nicht kann, der beweist, dass er hier noch nicht ausgeglichen ist. **Es ist nämlich ein gleich großes „Wunder", wenn Gott uns sagt, dass wir etwas geben sollen, oder ob er uns sagt, dass wir etwas empfangen sollen, denn in beiden Fällen ist es für Gottes Reich! Was habe ich denn persönlich von dem Geld?!** Ich habe immer nur größere Summen bekommen, wenn ich sie konkret für Projekte gebraucht habe, die mir Gott zuvor aufs Herz gelegt hatte. Hier mal ein Test. Da war eines Tages eine Frage, die ich im Kopf hatte, und ich denke, dass Gott mir dadurch etwas beibringen wollte. Ich hatte plötzlich die Frage: „Ist es ein Segen wenn du einen großen Geldbetrag bekommst, oder ein Fluch?" Ich dachte: ein Segen! Dann wurde mir aber schlagartig bewusst, dass die richtige Antwort eine andere war. „Es ist weder Segen noch Fluch, sondern du entscheidest, ob es ein Segen oder Fluch wird." Es ist ja klar! Wenn ich das Geld nehme und verprasse, dann wird es mir und anderen zum Fluch! Wenn ich es in Harmonie mit Gottes Willen gebrauche, dann wird ein Segen! Du entscheidest.

Ein Bruder erzählte mir, wie schmerzhaft er diese Erfahrung mit „Geld" machen musste. Er war auf einer Bibelschule und hatte so wenig Geld, dass es ihm nicht einmal für eine Zahnpaste reichte. So bettelte er immer um Zahnpasta. Irgendwann fing er an dafür zu beten, bekam aber keine. Eines Tages kam sein Zimmernachbar und sagte ihm, dass er mit ihm beten soll, er bräuchte 20 DM. So beteten sie gemeinsam, aber mein Bekannter glaubte nicht, dass sich irgendetwas tun würde. Innerlich haderte er mit Gott und wollte die Bibelschule hinschmeißen um sein eigenes Geld verdienen zu können. Tags darauf kam sein Zimmernachbar freudestrahlend angelaufen und freute sich an den 20 DM, die in seinem Postfach waren. Dann sagte er meinem Bekannten, dass er schnell zum Postfach gehen soll, denn dort wäre ein dicker Umschlag! Im Umschlag waren ganze 10.000 DM!!! Ohne Absender! Mein Bekannter kam aus dem Staunen nicht mehr heraus - und hörte plötzlich deutlich Gottes Reden: „Nimm das Geld und verteile es auf die anderen Postfächer in der Bibelschule, oder nimm es und geh deinen eigenen Weg." Mein Bekannter erzählte, dass er nicht anders konnte, als an den Postfächern heulend auf die Knie zu gehen. Er tat Buße über seine rebellische Haltung Gott gegenüber und über seine falsche Haltung dem Geld gegenüber. Dann stand er verweint auf und verteilte das Geld auf die Postfächer. Er selbst blieb ohne einen Pfennig! Aber er ging seinen Weg weiter mit Gott und ich kann euch sagen, dass Gott sein Leben reich gesegnet hat! Auch ich durfte Jahre später unter seiner vollmächtigen und prophetischen Verkündigung zum Glauben kommen. Danke Herr Jesus! Aber er musste erst lernen im Geringen treu zu sein. Jeder von uns muss in der Heiligung reifen!

Aber das kann ich euch sagen, dass ich für jeden noch so kleinen Betrag dankbar bin, auch wenn es 5 € sind. Ich brauche auch Geld um zu leben, und ich bin froh und dankbar für alle treuen Spender und Spenden, die es mir ermöglichen, so zu leben und zu arbeiten, wie ich es momentan tue.

Wir wollen „das Wahre" erleben? So wie es in der Bibel steht? Wir wollen Gottes wunderbares Handeln erleben? Dann müssen wir anfangen im Geringen treu zu sein! In Ordnung bringen, wieder gut machen, das eine lassen und das andere tun, … was Gottes Geist uns sagt. Nur über das erste Werk der Heiligung werden wir in die vorbereiteten Werke integriert. Aber wir müssen ehrlich bekennen, dass zwischen den Berichten der Bibel über Gottes Handeln und unserem eigenen Erleben eine gewaltige Kluft ist - und diese Kluft wird nur durch das erste Werk überwunden.

Mache dir bewusst, was Jesus weiß: *„Da nun Jesus die Augen erhob und sah, dass eine große Volksmenge zu ihm kam, sprach er zu Philippus: Wo kaufen wir Brot, damit diese essen können? Das sagte er aber, um ihn auf die Probe zu stellen, denn er selbst wusste wohl, was er tun wollte."* Joh. 6,5-6

Jesus wusste damals bereits, was er tun wollte, und er weiß auch heute, was er tun will! Jesus braucht unsere Ideen und Vorschläge nicht! Jesus weiß, was er an dem einen Ort tun will und er weiß, was er an einem anderen Ort tun will! Deshalb ist es fatal, wenn eine Ortsgemeinde bei einer anderen kopiert! Hat Elia bei Noah abgeguckt? Nein, Gott hatte einen anderen Plan. Was hätte es gebracht, wenn die Israeliten vor Jericho gestanden wären und angefangen hätten eine Arche zu bauen? Gar nichts! Gottes Plan sah vor, dass die Israeliten trompetend um Jericho ziehen sollen und sieh da! Das Wunder geschah! Und heute? Heute reden alle davon, dass Gott unser Vater ist, aber kaum einer scheint mehr solch eine Beziehung zu Gott zu haben, in der Gott einen in seine Werke integrieren kann. Und ob ihr es glaubt oder nicht: Es gibt viele „Christen", die der Meinung sind, dass sie sieben Mal um das Gerichtsgebäude ziehen müssen um ihren Prozess zu gewinnen, oder siebenmal ums Arbeitsamt… Echt! An diesem Punkt muss ein Aufwachen kommen! Genauso gut kannst du abends sieben Mal um dein Haus gehen, damit du einen Vorsprung hast, wenn ein Einbrecher kommt. Schau was Gott sagt: *„Denn mein Volk hat eine zweifache Sünde begangen: Mich, die Quelle des lebendigen Wassers, haben sie verlassen, um sich Zisternen zu graben, löchrige Zisternen, die kein Wasser halten!"* Jeremia 2,13

Nur Gott ist die Quelle des Lebens! Nur bei ihm werden wir echtes geistliches Leben bekommen und nur wenn es in uns fließt, kann es auch durch uns zum Segen anderer fließen. Aber darin besteht unsere erste Sünde! Wir haben Gott verlassen, obwohl wir vielleicht die ganze Zeit von ihm reden. Die zweite Sünde besteht darin, dass wir uns löchrige „Zisternen" graben! Mit „löchrigen Zisternen" meint Gott Dinge, die auf den ersten Blick viel versprechend aussehen, um sein Reich zu bauen, aber sie halten nicht was wir uns von ihnen versprechen - sie halten kein Wasser! Sie erfrischen und beleben das geistliche Leben nicht wirklich und können auch kein neues Leben wirken, denn Gott selber ist die Quelle des lebendigen Wassers! Auf ihn müssen wir unser Vertrauen setzen, er weiß schon, was er tun will! Ein wunderbares Beispiel:

Eines Tages reifte der Wunsch in mir eine Verkündigungsreise durch Norwegen zu machen. Aber ich hatte keine finanziellen Mittel dazu und war mir nicht sicher, ob das wirklich Gottes Wille ist, also betete ich: „Herr, wenn es dein Wille ist, dass ich dein Wort in den norwegischen Gemeinden verkündigen soll … ich will es tun. Aber wir brauchen wahrscheinlich einen Bus für die Reise, wenn das dein Wille ist, dann gib uns einen Bus dafür." Das Wochenende drauf war ich als Redner zu Gast in einem Gottesdienst und traf einen altbekannten Bruder wieder, den ich lange nicht gesehen hatte. Er fragte, was wir zur Zeit machen und ich berichtete ihm von meinen Gedanken mit der Verkündigungsreise nach Norwegen. Er fragte, ob ich irgendetwas brauche und ich berichtete von dem Bus. Da schaute er seine Frau an - seine Frau schaute ihn an - der Herr hatte ihnen in der vorigen Woche aufs Herz gelegt ihren Bus in die Mission zu geben - so bekamen wir einen Bus! Ich ging wieder ins Gebet und suchte Gottes Absichten genauer, denn nun stellte sich die Frage, wo ich während der Verkündigungsreise übernachten soll?! Norwegen ist so extrem teuer, da kostet eine schlichte Holzhütte am Wegesrand pro Nacht ca. 50 €!

Deutlich kam ein Gedanke: „Wohnwagen" also bat ich um einen Wohnwagen. Ich fand einen Wohnwagenhändler über Internet in der Nähe, aber bei den billigsten Wohnwagen waren die Heizungen kaputt, was in Norwegen, bei den Temperaturen, nicht geht. Doch da stand ein kleiner schöner Wohnwagen, aber 2900€ teuer! Aber ich ahnte, dass wir den bekommen werden. Ich rief noch einmal bei dem Händler an, er ging mit dem Preis auf 2500€ runter, aber das waren immer noch 2500€ zu viel! Plötzlich musste ich im Gebet an den kommenden Montag denken. Da sollten wir eine Ältestensitzung verschiedener Gemeinden haben um eine Evangelisation zu besprechen. Während ich daran dachte, wurde ich den Eindruck nicht los, dass wir dort das Geld für den Wohnwagen bekommen würden. Also rief ich wieder bei dem Händler an und bat ihn den Wohnwagen bis Dienstag zu reservieren. Im Glauben sagte ich ihm, dass wir das Geld am Montag bekommen. Der Montag kam, die Sitzung ging vorbei und ich dachte. „Jetzt muss noch was passieren". Alle gingen, bis auf einen Leiter einer Gemeinde. Dieser ältere Bruder kam auf mich zu und gab mir einen Scheck über 2500€. Ich fragte ihn, wie er auf die Idee komme mir das Geld zu geben, denn er wusste nichts von dieser Sache - und das war eine dumme Frage! Er schaute mich an und sagte nur: „Wenn Gott mir sagt, dass ich dir das Geld geben soll, dann wird er schon wissen warum." So konnte ich die Verkündigungsreise angehen! Das ist nur ein Beispiel, wie Gott uns Menschen in seine Pläne integrieren kann. Ich hatte kein Geld, weder für den Bus, noch für den Wohnwagen, ich wäre noch nicht mal auf die Idee mit dem Wohnwagen gekommen! Aber Gott hat andere Möglichkeiten als wir.

Eine andere Geschichte: Jahre lang haben wir Bikerbibeln in der Motorradszene verteilt. Das ist ein Neues Testament mit vielen Zeugnissen von Menschen, die aus ihrem Leben berichten. Und darüber, wie Gott ihr Leben verändert hat. Eines Tages bekam ich eine Spende von 5000€ von einem mir unbekannten Spender überwiesen. Er hatte anonym gespendet. So viel Geld hatten wir noch nie bekommen und selbstverständlich wollte ich mich bedanken. Wir bekamen seine Telefonnummer heraus, aber jedes Mal, wenn ich ihn anrufen wollte, verbot es der Heilige Geist auf unerklärliche Art und Weise. Die Monate vergingen, wir hatten die Bikerbibeln längst verteilt und ich hatte ein neues Projekt auf dem Herzen, nämlich ein Zeugnisbuch für alle Szenen, nicht nur für die Bikerszene. Also fing ich an die Zeugnisse zu sammeln, den Text zu schreiben und wir begannen mit der Grafikarbeit. Wir ließen uns Zeit, weil wir kein Geld hatten, um die Bücher zu drucken. Ich hatte auf dem Herzen, dass wir eine Auflage mit 20.000 Exemplaren drucken sollen. Eines Tages spürte ich im Geist, dass wir in die Gänge kommen sollen und machte meinem Grafiker „Druck". Er sagte nur: „Was hast du es denn so eilig, du hast doch kein Geld?!" Ich sagte nur, dass irgendwas passieren wird, das spüre ich. In den Tagen machte ich abends, nach meiner Gewohnheit, mit meinem Hund eine Runde und nahm wie immer mein Handy mit. Mitten auf dem Feld sagte Gott „aus heiterem Himmel" zu mir, dass ich jetzt diesen Mann anrufen soll, der uns vor mehr als einem halben Jahr 5000€ überwiesen hatte, um sich zu bedanken. Ich dachte noch, dass ich bis zu Hause warten sollte, damit ich vom billigeren Festnetz anrufen kann. Aber Gottes Geist drängte! Also rief ich an. Als der Herr auf der anderen Seite abhob, sagte ich, dass ich wegen der Spende anrufe. Mein Gesprächspartner fragte hörbar verdutzt, woher ich davon weiß?! Ich sagte ihm: „Das ist ja schon ein halbes Jahr her... vielleicht ist ihnen das nicht recht, dass ich das herausbekommen habe und anrufe...?" Da kam ein: „Ach so!" Und er fügte hinzu: „Ich sitze nämlich am Computer und habe euch Geld überwiesen und fragte mich, wie du davon wissen kannst! Braucht ihr gerade

Geld für Schriften?" Ich war kurz etwas durch den Wind und fragte noch mal nach... Aber es war so! Er saß gerade am PC und tätigte eine Überweisung für Schriften an uns! Ich traute mich nicht mal zu fragen, welche Summe er überweist! Später sah ich es dann - es reichte genau für 20.000 dieser evangelistischen Verteilbücher „Kreuz & Quer in der Szene". Auch hier wurde mir wieder mehr als deutlich, dass Gott uns in seine Werke integrieren will. Wenn ich auf unsere Mittel vertraut hätte, dann hätte ich weder mit dem Projekt begonnen, noch es zu Ende gebracht. Aber Gott ist nicht auf unsere weltlichen Mittel und Fähigkeiten angewiesen. Er will uns in seine Werke integrieren.

Jesus weiß bereits, was er tun will. Wir müssen nicht kopieren. Philippus hatte kein Geld, andere Jünger haben heutzutage Geld. Die einen, die nichts haben, neigen zu folgendem Fehler: Sie schauen auf diejenigen, die menschlich gesehen „viel" haben und verlieren den Glauben daran, dass Gott einen Plan mit ihrem Leben und mit ihrer Gemeinde hat! Ich hörte mal einen Pastor einer kleinen Gemeinde sagen: „Ach, wenn wir die Leute und die Lobpreisgruppe der Nachbargemeinde hätten, dann..." Ich sagte ihm: „Ach, wenn du doch einen lebendigen Gott hättest, dann..." Er schaute mich mit großen Augen an... Ja was ist denn los?! Haben wir einen lebendigen Gott, der einen Plan für unser Leben und unseren Dienst hat, oder haben wir keinen?! Freue dich an dem, was Gott in und durch andere Gemeinden tut, aber schaue auf Gott und werde nicht neidisch! Du sollst nicht begehren, sagt Gott! Das gilt auch in dieser Sache!

„Denn die Augen des HERRN durchstreifen die ganze Erde, um sich mächtig zu erweisen an denen, deren Herz ungeteilt auf ihn gerichtet ist. Du hast hierin töricht gehandelt..." 2 Chronik 16,9 Hast du auch töricht gehandelt? Lasst uns das im Gebet vor dem Herrn prüfen!

Den kleinen Gemeinden möchte ich noch Mut zusprechen! Schaut nicht neidisch auf die „großen" Gemeinden mit ihren vielen Möglichkeiten, Mitarbeitern und schönen Veranstaltungen. Hört auf zu klagen, dass ihr das nicht habt! Ihr habt einen lebendigen und allmächtigen Herrn, der bereits weiß, was er in euch und durch euch wirken will! Jesus sagte nicht: Wo 200 oder 300 Leute zusammen sind... sondern: *„Denn wo zwei oder drei versammelt sind in meinem Namen, da bin ich mitten unter ihnen."* Matth. 18,20 *„Fürchte dich nicht, du kleine Herde! Denn es hat eurem Vater wohlgefallen, euch das Reich zu geben."* Lukas 12,32 Wacht auf, denn unser Herr will in uns und durch uns zur Verherrlichung Gottes am Werk sein!

Wir wollen uns nun am Schluss anschauen, was das Wichtigste im Leben eines Christen ist und wo manche sich in den Gemeinden täuschen.

RELIGIÖSE ILLUSION

& ECHTES LEBEN

IN DER NACHFOLGE

1.

DAS WISSEN VON GEISTLICHEN WAHRHEITEN

Wir denken, dass das Wissen der richtigen Theologie das Wichtigste ist, aber Vorsicht! Adam wusste alles über Gott und war auf dem Weg raus aus dem Paradies! Satan weiß viel mehr über Gott als wir, und keiner wird behaupten, dass er deshalb ein guter Christ ist, oder?

Das Wissen von geistlichen Wahrheiten ist wichtig! Aber es ist nur die Voraussetzung dafür, dass wir sie glauben und darin leben – indem wir mehr und mehr in Harmonie mit Gott kommen!

Im Paradies standen zwei Bäume. Der Baum des Lebens und der Baum der Erkenntnis zum Guten und Bösen. Beachte! Nicht nur Erkenntnis zum Bösen, sondern auch zum Guten! Mancher kennt die Bibel auswendig, mancher kennt vielleicht alle Glaubenspunkte der Kirche, aber er ist tot! Er lebt nicht! Er steht unter dem Baum der Erkenntnis des Guten und des Bösen und ist tot wie Stein!

Paulus hatte der Gemeinde in Ephesus den ganzen Ratschluss Gottes verkündigt, aber das Wissen alleine war nicht das Entscheidende! Später musste Jesus der Gemeinde in Ephesus sagen, dass er ihren Leuchter wegstoßen wird, wenn sie nicht umkehren, denn sie hatten die erste Liebe verlassen!

Der Schreiber des Hebräerbriefes sagt es deutlich, dass manche das Wort hörten, aber es ihnen nicht nutzte, weil sie nicht glaubten.

„Denn es ist auch uns verkündigt wie jenen. Aber das Wort der Predigt half jenen nichts, weil sie nicht glaubten, als sie es hörten." Hebräer 4,2

Wir sehen also, die Menge an richtigem Wissen ist nicht das Entscheidende. Gott schaut nicht darauf, ob wir einen Doktor in Theologie haben, wenn er uns beurteilt, sondern auf etwas anderes.

2.

Der Glaube

Manche würden sagen: Der Glaube ist das Entscheidende!

Ja, der Glaube ist wichtig! Wir sollen Gott und den Aussagen der Bibel glauben! Besonders sollen wir an Jesus glauben! Aber wir wollen mal genauer hinschauen, denn auch hier kann man sich täuschen.

„Als er aber am Passafest in Jerusalem war, glaubten viele an seinen Namen, da sie die Zeichen sahen, die er tat." Johannes 2,23

Diese Menschen erlebten echte Wunder Jesu! Sie glaubten an seinen Namen, aber Jesus wollte nichts mit ihnen zu tun haben! So einfach können wir es uns also nicht machen. Aber viele machen es sich so einfach. Ich war auf Veranstaltungen, wo Menschen als geheilt erklärt worden sind, und dann fragte der Redner: „Wer will gerettet werden! Ihr müsst nur an den Namen Jesu glauben!" Keine Verkündigung des Evangeliums, keine Rede von Umkehr, nichts! Aber solch ein „Glaube" rettet nicht! Jesus sah auch damals das Herz und die Einstellung der Menschen und hatte Grund auf Abstand zu bleiben. Viele „glauben" an Jesus, aber sie sehen in Jesus einen göttlichen Wohltäter, der ihre Selbstverwirklichung segnen soll. Sie kommen mit ihren Vorstellungen und Träumen zu Jesus und „glauben", dass Jesus sich auf das Geschäft einlässt. Aber Jesus verfolgt Gottes Ziele und nicht unsere! Jesus will uns in Gottes Ziele und Werke integrieren und nicht unser Leben in Selbstsucht unterstützen. Auch hier kann man sich also täuschen, wie die Menschen damals. Was heute weit verbreitet ist: Menschen sind Mitglieder in der Kirche, sie kennen die offizielle Theologie und „halten sie für wahr" und kommen Gottesdienst für Gottesdienst, ... aber trotzdem sind sie weit weg von einem echten Leben als Christ! Sie sind weit weg von dem was wirklicher lebendiger Glaube ist.

3.

Dienst für Gott

Mancher wird sagen: Das Wichtigste ist, dass wir Gott dienen. Und richtig! Der Dienst für Gott ist sehr wichtig! Aber seht, was Jesus sagt: *„Darum: an ihren Früchten sollt ihr sie erkennen."* Matthäus 7,20
Diese Menschen glauben an geistliche Tatsachen und Realitäten, sie glauben, dass Jesus der Herr ist, sie machen sich auch ans Werk und handeln entschlossen. Und dennoch jagt sie Jesus weg! Hier sind Menschen, die in einer gewaltigen religiösen Illusion leben! Jesus nennt sie Gesetzlose. Es kam in ihrem Leben nie zur Umkehr von Sünde und dem Leben in der Heiligung! Sie tun Dienst für Gott, aber sie leben nicht in Harmonie mit Gottes eigentlichen Zielen, Prioritäten, Werten und Motiven! Sie verfolgen ihre Selbstverwirklichung auf religiöse Art und Weise. Ich habe solche Gemeinden und Veranstaltungen besucht, wo diese Haltung deutlich zu Tage trat. Man redet von Gott und sucht eigene Ehre, Geld, Macht, Einfluss, ... und was hinter der Showbühne passiert, das verheimlicht man lieber.

Oder was ich vorher angesprochen habe: Man macht bei „christlichen Projekten" mit, bei denen „Christus" vielleicht schon lange nicht mehr dabei ist... Man macht etwas „für Gott" und ist vielleicht meilenweit von Gottes Willen entfernt! Mancher tut Dienst für Gott und will sich Gott und seinen Willen damit nur vom Leib halten. Der Mensch durchschaut sich oft selber nicht, weil er es nicht wahrhaben will – er will nur eines, seine Selbstverwirklichung aufrecht erhalten, selbst wenn er christliche Pflichten dafür tun muss. Aber Gott geht auf solche „Geschäfte" nicht ein.

4.

LIEBE ZU GOTT

Mancher wird sagen, dass es am wichtigsten ist Gott zu lieben, und das ist richtig! Das ist das Wichtigste! Aber auch hier kann man sich täuschen, wie die Bibel deutlich zeigt.

„Und siehe, du bist für sie wie einer, der Liebeslieder singt, der eine schöne Stimme hat und gut spielen kann. Sie hören wohl deine Worte, aber sie tun nicht danach." Hesekiel 33,32

Man singt Gott Liebeslieder und liebt Gott nur mit den Gefühlen, aber Gott macht die Ohren zu! Sie singen sich vielleicht in einen Rausch aus Liebesliedern, aber sie wollen Gott nicht gehorchen! Sie wollen nicht wirklich in Harmonie mit ihm leben! Solche Konferenzen habe ich ebenfalls oft erlebt, wo die Menschen sich in Trance singen mit ihren Liebesliedern, dann erleben sie (anscheinende) Heilungen. Dann sagt man ihnen, dass sie „glauben" sollen, damit sie gerettet werden, aber Kreuz und Umkehr verschwiegen sie! Vom Gesetz und Gottes Moral keine Rede! Hier haben wir eine hervorragende Kombination vom vorherigen und jetzigen Punkt. Aber es ist eine religiöse Illusion. Es hat nichts mit dem zu tun, was Gott wirklich will.

Petrus war auch in so einer Illusion. Jesus fragte ihn drei Mal, ob er ihn liebt und er meinte wirklich, dass er ihn liebt Johannes 21. Aber Jesus hatte Grund an seinem Bekenntnis zu zweifeln! Petrus war bereit Jesus zu dienen, vielleicht schwellte sich seine Brust, als Jesus ihm eine Aufgabe nach der anderen anvertraute. Aber die Frage in Jesus war: Ist Petrus für den Dienst überhaupt geeignet? Hat er die richtige Einstellung dazu? Ist da wirklich Liebe?

Jesus sagte Petrus dann, dass er ebenfalls gekreuzigt werden würde, um Gott damit die Ehre zu geben und da zeigte Petrus seine wahre Einstellung! Er fühlte sich ungerecht behandelt. Er drehte sich zu Johannes um und fragte: Und was wird mit dem?!

Ich kenne das gut. „Warum ich? Warum nicht die anderen?" Da ist immer noch eine selbstsüchtige Einstellung, die an Gottes Güte zweifelt und Gott misstraut und vielleicht bereit ist, dies und das zu tun, aber im Tiefsten geht es um die eigene „Karriere" um das eigene Ansehen... Man hat nicht wirklich die Überzeugung, dass Gott weiß, was er tut. Man vertraut Gott nicht wirklich! Man will weiterhin seine eigenen Pläne verwirklichen. Sicher! Man meint, dass man alles zur Ehre Gottes tut, aber man will es nicht so tun, wie Gott will! Petrus zeigte deutlich, dass er sich in seiner „Liebe" täuschte, aber Jesus konnte er nicht täuschen! Jesus musste ihn konsequent herausfordern: „Was geht es dich an, was mit ihm geschieht? Und wenn er bleibt, bis ich wiederkomme geht es dich nichts an! Du aber folge mir nach!"

Das waren deutliche Worte. Wir sehen also, dass man sich in der „Liebe" auch täuschen kann. Gott ist nicht zuerst an den Liedern und Lippenbekenntnissen interessiert, sondern an unserer Einstellung! Hier zeigt sich die Liebe!

Mancher denkt, dass das Wichtigste vielleicht das Streben nach der Geistesfülle ist!

5.

DAS STREBEN NACH DER KRAFT DES HEILIGEN GEISTES

Und richtig! Das ist wichtig! Jesus hat den Heiligen Geist verheißen und Paulus hat gesagt, dass wir mit der ganzen Geistesfülle erfüllt werden sollen! Aber auch darin kann man sich täuschen!

Schau einmal was da mit Simon, dem Zauberer los war. Es steht in der Bibel, dass er glaubte! Er wurde auf seinen Glauben hin sogar getauft! Und als er die Kraftwirkungen des Geistes sah, da wollte er das auch „um jeden Preis"! Ist das nicht vorbildlich? Nein! Petrus stellte ihm das übelste Zeugnis aus und sagte, dass er keinen Teil an Gottes Sache hat! Simon ging es nur um Macht und Ansehen! Da sehen wir also: Auch hier kann man sich täuschen. Dieser Mann hatte komplett falsche Motive und täuschte damit sogar einige der ersten Evangelisten und Apostel. Sein Einfluss war dafür verantwortlich, das Gott hier nicht so wirken konnte, wie er es wollte. Petrus musste kommen und in der Weisheit und Kraft des Heiligen Geistes aufdecken, was mit einem oberflächlichen Blick verborgen blieb. Das braucht es heute auch.

Ich habe viele solche Veranstaltungen erlebt, wo solche „Simons" auf der Showbühne vom Heiligen Geist redeten und andere „Simons" verführten, die sich „mehr" vom heiligen Geist wünschten. Und tatsächlich: Es ist schwer dies zu unterscheiden und zu beurteilen, denn ein echter Christ soll sich ja nach „mehr" ausstrecken! Das Entscheidende ist die Einstellung, die Herzenshaltung, die wahren Motive! Gott sieht sie, und wer sich hier die Augen öffnen lässt, der sieht das auch bei sich und anderen.

Wir sehen hier also, Dinge, die an sich sehr wichtig sind, können uns über die wahre Einstellung hinwegtäuschen! Deshalb wollen wir uns dem Wichtigsten zuwenden!

Was ist das Wichtigste im Leben eines Christen und woran man einen echten Christen erkennt

Jesus sagte, dass wir Gott lieben sollen und den Nächsten wie uns selbst. Das oberste Gebot ist Liebe. Aber was versteht Gott darunter? Manche wollen ihr geistliches Leben auf Gefühlen und Emotionen aufbauen. Andere verstehen unter Liebe eine tolerante Veränderung von Gottes Moral und Gesetz, womit sie total in die Irre gehen...

Paulus schreibt: *„Die Liebe Christi zwingt uns..."* 2Korinther 5,14

Wie bitte? Wir haben doch festgestellt, dass Liebe bedeutet, dass wir freiwillig und aus Überzeugung mit Gott in Harmonie leben wollen! Zwang passt da ja gar nicht hin, wie soll man das verstehen? Ich will erklären, was Paulus hier meint.

Lass uns mal über **Dankbarkeit** reden. Was ist das überhaupt? Ich möchte Dankbarkeit mit 2 anderen Worten wiedergeben: **„Positive Verpflichtung."** Denk mal nach. Wenn dir jemand etwas Tolles schenkt, oder dir bei etwas Wichtigem hilft, dann bist du dankbar. Manche sagen dann: „Du hast etwas gut bei mir!" Meine Nachbarin in Norwegen erlaubte mir, dass ich ihr Internetnetz benutze. Etwas Empfang hatte ich dann zu Hause. Ich war sehr dankbar darüber. Als sie mich eines Tages fragte, ob ich ihr kaputtes Handy zur Reparatur in die nächste Stadt mitnehmen kann, da war es mir eine Ehre! Ich war froh, dass ich ihr etwas Gutes zurückgeben konnte! Das ist Dankbarkeit! Man fühlt sich auf positive Art und Weise verpflichtet etwas Gutes zurückzugeben. Das ist völlig normal! Gott hat uns so erschaffen.

Eines ist wichtig: **Die Dankbarkeit steht immer im Verhältnis zur Gabe.** Wenn wir eine kleine Gabe bekommen, dann sind wir „wenig" dankbar. Wenn wir eine „große Gabe" bekommen, dann ist die Dankbarkeit größer. Es war nicht zu viel verlangt, dass ich das Handy mitnehme, aber wenn die Frau gefragt hätte, ob ich ihr Haus renovieren und ihr ein neues Auto kaufen kann, dann hätte ich mich nicht dazu verpflichtet gefühlt! Anders wäre es, wenn mir jemand 400 Millionen Euro schenken würde! Wenn diese Person mich dann fragen würde, ob ich bei der Renovierung des Hauses behilflich sein könnte, dann würde ich fragen, ob ich das Material und das Transportfahrzeug auch gleich kaufen soll! Wir sehen also: Die Dankbarkeit steht im Verhältnis zur Gabe. Wir fühlen uns auf positive Art und Weise verpflichtet, etwas Gutes zurückzugeben, wenn wir dankbar sind und freuen uns dabei!

Genau darüber spricht Paulus! Mache dir mal Folgendes bewusst. Jesus hat die Strafe auf sich genommen, die ich verdient habe. Er erspart mir die ewige Verdammnis und die harte Strafe, die mich erwartet hätte! Und nicht nur das! Er erkaufte mir das ewige Leben in der neuen Welt, in der Frieden und Gerechtigkeit herrschen wird! Durch Jesus sind mir alle Segnungen des Himmels zugänglich und ich werde in Ewigkeit in der wunderbaren Gemeinschaft mit Gott sein!

Wenn ich das glaube, wie dankbar müsste ich dann sein?

Verstehst du nun, was Paulus meint, wenn er sagt: Die Liebe Christi zwingt uns?

Es ist doch klar! Wenn Dankbarkeit im Verhältnis zur Gabe steht, wenn es wahr ist, dass Dankbarkeit eine positive Verpflichtung in uns ist, wie dankbar und verpflichtet müssten wir uns Gott fühlen?

Manche „wissen", dass es das ewige Reich Gottes gibt, aber ihr Lebensstil zeigt, dass sie weit davon entfernt sind, daran zu glauben! Der Glaube an Jesus Christus und die Wahrheiten des Evangeliums würden das Leben absolut und total verändern und zwar um 180 Grad. So dass die Bibel von einer Neugeburt redet, von einer neuen Schöpfung!

„Ist jemand in Christus, so ist er eine neue Schöpfung. Das Alte ist vergangen, siehe Neues ist geworden!" 2Korinther 5,17

Ich möchte das einmal an einem Beispiel veranschaulichen. Ich stelle mir vor, dass ich mit 500 Millionen Euro verschuldet bin. Absolut hoffnungslos. Genauso ist unsere Situation vor Gott. Wir sind in Sündenschuld verloren und würden auf ewig verloren gehen.

Stell dir vor, dass ein Mann mit einem Koffer voller Geld sagen würde: „Ich habe hier 800 Millionen Euro mit dem ich deine Schulden bezahle und dir einen Neuanfang ermögliche." Würde ich mich freuen?

Nein, denn ich würde ihm nicht glauben! Ich würde vielleicht sogar sauer werden, weil ich es nicht leiden kann, dass mich andere auf meine Schuld ansprechen, die ich am liebsten ignoriere!

Genauso ist es mit Jesus. Viele Menschen hören, dass er uns die Schuld vergeben will, und sie wissen es, aber sie glauben es nicht. Wissen alleine verändert nichts.

Stellen wir uns vor, dass dieser Mann den Geldkoffer aufmacht und mir damit zeigt, dass er es ernst meint! Würde ich mich dann freuen, wenn ich das Geld sehe oder sogar nachzähle?

Nein! Denn ich wäre skeptisch und würde mich fragen, was dieser Mann denn von mir will? Warum macht er das? Will er mich kaufen? Will er mich manipulieren? ...

Genauso ist es mit Jesus und dem Evangelium. Es gibt Menschen, die wirklich verstehen, dass Jesus den Preis am Kreuz bezahlt hat und sie wissen, dass Jesus ihnen alle Segnungen des Himmels schenken will, aber das Wissen alleine bringt nichts! Viele stehen vor dem Kreuz, wie vor dem Geldkoffer und misstrauen Gott. Sie merken, dass es ernst ist und sie fragen sich, was Gott wohl mit ihrem Leben machen wird, wenn sie das Geschenk annehmen?

Und hier sind wir an einem entscheidenden Punkt! Hier bleiben unzählige Menschen auf der ganzen Welt stehen! Sie kennen die biblische Botschaft, sie wissen, worum es geht, aber sie glauben es nicht! Deshalb ändert sich nichts in ihrem Leben!

Aber ich habe keine Wahl. Ich bin verschuldet und denke mir, dass ich es ja mal versuchen könnte. Ich gehe mit dem Mann zur Bank und „probiere" es mal aus. Die Bank akzeptiert das Geld, aber so recht kann ich der Sache nicht trauen... Was ist, wenn doch was faul ist? Was ist, wenn hier eine Täuschung vorliegt? Wer weiß, was da noch auf mich zukommt? ... Ich bleibe also skeptisch. Ich würde nach Hause gehen um meine letzten Cents zusammen zu kratzen. Dann gehe ich mit dem Geld in der Socke zur Bank, weil ich beweisen will, dass ich wirklich alles tue, und meine Schulden nicht auf die leichte Schulter nehme. Aber der Bankangestellte würde mir sagen, dass er das Geld nicht annehmen kann! Die Schuld ist bezahlt! Ich kann vielleicht etwas einzahlen, aber er würde mir freundlich sagen, dass er das etwas lächerlich findet, ich habe 300 Millionen im Plus! Ich könnte darüber gar nicht lachen! Aber warum nicht? Weil ich noch zweifle und nicht glaube.

So geht es vielen mit dem Geschenk der Erlösung. Alles was sie tun, gleicht dem „Kommen mit der Socke". Sie mögen es ernst meinen, sie strengen sich an, sie tun was sie können, aber sie tun es nicht aus Glauben, sondern aus Zweifel! Sie wollen ihre Rettung mit ihrer Socke „absichern", sie hoffen dadurch die richtige Einstellung zu zeigen, aber sie beweisen damit nur, dass sie nicht glauben! Vielleicht glauben sie, aber sie glauben etwas Falsches. Sie glauben, dass sie sich die Rettung mit ihren Sockenwerken verdienen müssen. Deshalb brechen sie auch nie zu dieser Freude durch, zu der Gewissheit, Sicherheit, Freiheit und Dankbarkeit!

Was passiert aber, wenn ich es glaube, dass der Mann es gut mit mir meint, und dass er aus Liebe zu mir handelt? Wenn ich das glaube, dann bricht in mir eine unbändige Freude durch! In würde wie ein Freudenvulkan ausbrechen! Dann springe ich auf den Tischen vor Freude, bis sie zusammenbrechen. Gewissheit darüber, dass meine Schuld bezahlt ist! Gewissheit, dass ich ein neues Leben anfange! Reale Hoffnung darauf, dass hier die Grundlage dafür ist, dass mein zukünftiges Leben gelingen wird! ... und ich wäre dankbar – und wie dankbar ich wäre!

Wenn das bei relativ unwichtigen 800 Millionen Euro stimmt, dann frage ich dich: Stimmt es nicht auch für die Wahrheit des Evangeliums? Was würde passieren, wenn ein Mensch vom Wissen oder Zweifeln über das Evangelium zum Glauben übergeht? Wenn er wirklich glaubt, dass Jesus die Strafe für ihn getragen hat, wenn er wirklich glaubt, dass ihm vergeben ist, wenn er wirklich glaubt, dass Gott ihn annimmt, wenn er wirklich glaubt, dass Gott einen wunderbaren Plan für sein Leben hat, wenn er wirklich glaubt, dass er durch Jesus Christus ewiges Leben hat, wenn er wirklich glaubt, dass er durch Jesus Christus in Gottes neue und ewige Welt kommen darf...! Was würde passieren, wenn Menschen den Wert dieser Tatsachen recht einschätzen und daran glauben würden? Ich sage dir was passieren würde!

Das wovon Paulus spricht. *„Die Liebe Christi zwingt uns."*

Wir wären so dankbar, dass es keine Steigerung geben könnte! Wir würden uns Gott freiwillig und aus Überzeugung verpflichtet fühlen und uns freuen, wenn wir ihm einen Dienst tun könnten! Wenn mir einer 8 Millionen Euro geben würde und ich höre, dass er im Ausland Hilfe braucht, dann würde ich dorthin fliegen, um ihm zu helfen! Es wäre mir eine Ehre! Denn Dankbarkeit steht im Verhältnis zur Gabe!

Jesus hat uns mehr erkauft, als uns ein Mensch geben könnte, auch wenn er uns die ganze Welt schenken würde. Wer das glaubt, für den ist es eine Ehre Gott zu dienen. Er tut dies mit einer vulkanischen Freude! Es ist kein „Opfer" mehr!

Wie anderes ist dagegen das Leben eines Menschen, der vor dem Koffer steht, aber an den guten Absichten des Gebers zweifelt und das Geschenk noch nicht annimmt. Wie anders ist das Leben eines Menschen, der das Evangelium kennt, aber noch nicht glaubt?! An diesem Punkt stehen heute unzählige Menschen in den Gemeinden. Viele von ihnen bleiben an diesem Punkt stehen und wollen mit Gott ein Geschäft machen. Sie haben Misstrauen, Gott ihr Leben voll und ganz anzuvertrauen. Sie wollen nicht ihre selbstsüchtigen Ziele aufgeben. Deshalb wollen sie mit Gott ein Geschäft machen. Sie bieten Gott an, diese biblischen Wahrheiten mit Respekt zu behandeln, sie bieten ihm an, regelmäßig in den Gottesdienst zu kommen und den Zehnten zu geben. Sie sind bereit dazu „Opfer" zu bringen, wenn sie nur ihr eigenes Leben weiterleben dürfen! Wenn sie nur diese eine kleine Sünde behalten dürfen! ... Nach außen hin scheinen sie ehrbare Gläubige zu sein, aber sie sind in Wahrheit ungläubige und selbstsüchtige Sünder. Vielleicht wissen sie es nicht besser, vielleicht sind sie aber auch stolz, sie versuchen sich den Himmel durch ihre „Werke" zu verdienen. Sie bilden sich in ihrer Selbstgerechtigkeit ein, dass dies reicht, um in den Himmel zu kommen! Was für ein erbärmliches Leben!

Der Gläubige dagegen hat durch den Glauben an Jesus Christus eine völlig verwandelte Einstellung. Er will freiwillig und aus Überzeugung in Harmonie mit Gott leben, weil er Gott absolut vertraut und ihm aus Überzeugung gehorchen will und versteht: Derjenige, der mein Leben geschaffen hat, der weiß auch, wie es gelingen kann! Derjenige, der am Kreuz für mich gelitten hat und für mich gestorben ist, der kann es ja nur gut mit mir meinen! Derjenige, der einen Plan mit dieser Welt bis an sein herrliches Ziel verfolgt, der wird wohl am Besten wissen, wozu er mich gebrauchen kann!" Ein solcher Mensch ist vom Zweifel zum Glauben durchgedrungen, vom Misstrauen zum Vertrauen, von „attraktivloser und toter Werkgerechtigkeit" zur Liebe! Er liebt Gott! Er will freiwillig und aus Überzeugung mehr! Aus Dankbarkeit ist er bereit alles für Gott zu tun, versuche ihn mal zu stoppen! Du kannst es nicht, denn die Liebe Christi zwingt ihn! Hier ist ein Brennen des Geistes! Hier ist die Kraft des Geistes! Hier ist die Einstellung, von der Paulus spricht!

Wenn ein Mensch so von Christus ergriffen ist, was macht es dann, wenn er das eine oder andere noch nicht weiß? Es macht erst einmal gar nichts! Denn mit dieser Einstellung wird er mehr suchen! Er wird sich mehr von Gott zeigen lassen, wie Apollos. Und so wie ich es auch erlebt habe. Seitdem ich Jesus nachfolge hat er mir immer mehr offenbart.

Ich habe den Eindruck, dass viele vor dem Geldkoffer stehen, und ihn noch nicht recht angenommen haben. Noch viel mehr aber bin ich über jene erschrocken, die getaufte Mitglieder sind und kaum etwas über Jesus, das Kreuz, Umkehr und Heiligung wissen. Ich bin erschrocken darüber, dass bei vielen Menschen etwas anderes auf dem Platz Nummer eins ist, als Jesus Christus und sein Reich. Es ist kaum zu fassen, dass kaum einer in der Lage ist zwischen einem echten Christen und einem Nichtchristen zu unterscheiden. Die meisten ziehen die Grenze bei der offiziellen Mitgliedschaft, am Kleidungsstil, oder an einer bestimmten „Erkenntnis". So einfach ist es und Punkt. Aber wie viele von den Mitgliedern auf der Liste haben denn wirklich den Glauben, von dem die Bibel spricht? Wissen rettet nicht! Dienst rettet nicht! Liebeslieder singen rettet nicht! Traditionelle Pflichterfüllung rettet nicht! Es ist der Glaube, echter Glaube, verwandelnder Glaube, der zur Harmonie mit Gott führt.

Jesus hatte es schwer. Die Menschen seiner Zeit hatten ihre Meinungen und damit kamen sie zu ihm. Wenn er ihre Meinung bestätigte, dann war er ihr bester Freund. Wenn er eine andere Meinung hatte, dann wurde er als Feind behandelt. Genau diese Einstellung erlebe ich bei vielen „Geschwistern". Sie wollen meine Meinung zu „ihrem Hauptthema" hören und wenn ich ihre Position habe, dann bin ich ihr Freund. Wenn ich eine andere Position habe, dann bin ich „Babylon". Wir sollten lernen einen wichtigen Punkt zu beachten. Lasst uns festhalten, dass Paulus es deutlich sagt, dass wir in der Gemeinde ohne Probleme zu verschiedenen Dingen eine unterschiedliche Auffassung haben können. Manche Dinge haben absolut keine Priorität und darin müssen wir nie eine Einheit erreichen. Es gibt andere Dinge, da sollten wir im Prozess des Lernens und Erkennens zu einer Einheit kommen. Aber mancher ist erst am Anfang! Er kann nicht alles wissen und alles verstanden haben! Deshalb ist das Entscheidende nicht das Wissensniveau, sondern die Einstellung! Einmal hat mich eine Gemeindeleitung eingeladen und wollte mit mir reden. Sie hatten gehört, dass ich nicht in allen Punkten des Glaubens mit meinem Vater übereinstimme. Ich fragte sie, warum sie sich wundern? Mein Vater ist doppelt so alt wie ich! Er hat doppelt so viel Zeit gehabt nachzudenken, zu studieren und zu lernen! Er hat doppelt so viel Lebenserfahrung als ich! Ich erklärte ihnen, etwas nachsichtig mit mir zu sein und noch mal so lange zu warten, bis ich so alt bin wie mein Vater. Vor dem ich, nur nebenher gesagt, einen großen Respekt habe! Keiner hat das gleiche Wissensniveau wie ein anderer, aber die Einstellung sollte bei uns allen gleich sein!

Wir sollen und können nur an den Dingen festhalten, die wir bereits erreicht und erkannt haben, oder um es mit meinen Worten zu sagen: Wir sollen nach bestem Wissen und Gewissen leben. Die Bibel ist hier ganz einfach und vernünftig! Was ist ein echter Christ?

Er hat diese Einstellung von der Paulus spricht! Er ist also vom Unglauben zum Glauben durchgebrochen und von Jesus Christus ergriffen. Und dann streckt er sich nach mehr aus und lebt nach bestem Wissen und Gewissen!

Die Bibel akzeptiert keine anderen Kriterien. Wenn es um die Frage geht, ob jemand wirklich ein Christ ist und zu Gottes Reich gehört, dann kann man das nicht dadurch feststellen, ob er ein gewisses Wissensniveau hat (siehe Apollos), man kann auch nicht darauf sehen, ob jemand getauftes Mitglied in der Gemeinde ist (siehe Simon). Man kann das auch nicht nur an „Bekenntnissen" festmachen („glauben an den Namen Jesu, Liebesbekundungen") und auch nicht am Dienst! Schon lange nicht an der Kleidung, die einer trägt (Jakobus) und als Allerletztes daran, ob einer Kaffee trinkt oder nicht!

Für Paulus und damit auch für mich, ist dieser eine Punkt entscheidend: Die Einstellung. Ist diese Dankbarkeit zu Jesus da? Dann ist da auch Glaube, denn die Dankbarkeit kann nur aus echtem Glauben an Jesus und dem Evangelium kommen! Wer diese Einstellung hat, der streckt sich auch nach mehr aus! Wenn die Einstellung da ist, dann ist alles möglich! Denn dann kann Gott mehr offenbaren, weiter leiten, integrieren, Segen wirken! Wenn diese Einstellung nicht da ist, dann ist alles nur tote Religion und Täuschung. Diese Einstellung ist das Zentrum von echtem Leben in Harmonie mit Gott.

Hier stehen wir an dem wichtigsten Punkt in unserem persönlichen Leben und dem der Kirche. Wird es zu einer Erweckung kommen, oder wird die Masse sich auf ein religiöses totes Leben reduzieren? Werden mehr und mehr zum „echten Glauben" kommen und in Harmonie mit Gott leben und sich nach mehr ausstrecken? Oder werden sich mehr und mehr mit Wissen und traditioneller Pflichterfüllung begnügen? Werden wir lernen echte Christen richtig zu beurteilen und geistlich zu behandeln? Oder werden wir Menschen weiterhin mit falschen Kriterien beurteilen und mit „guten Dingen" misshandeln, weil wir sie falsch anwenden? Manche behandeln Wölfe im Schafspelz als Geschwister und einen Apollos da draußen als babylonischen Teufel!

6.

VON CHRISTUS ERGRIFFEN

In Phil 3,12–16 finden wir einen extrem wichtigen Teil der Bibel.

Hier schreibt Paulus, dass er sich nicht so einschätzt, dass er das absolute Wissensniveau erreicht habe, auch nicht das absolute Heiligungsniveau! Paulus wusste, dass er nicht *„vollkommen"* ist! Und dennoch schreibt er plötzlich von Vollkommenheit. Was meint er?

Ganz einfach. Er spricht von der Einstellung! Schaut euch diese Einstellung an, denn sie ist das Wichtigste für Gott und einem Leben in Harmonie mit Gott. Paulus war von Jesus Christus ergriffen, was sich darin zeigte, dass er alles andere als „Kot" ansah (das steht da im Griechischen!) Gottes Reich und Jesus Christus sind so wichtig, dass alles andere daneben absolut an Bedeutung verliert.

Zu dieser Einstellung gehört der Glaube an den stellvertretenden Opfertod Jesu am Kreuz und die moralische Umkehr von den Sünden zu einem Leben in Harmonie mit Gott – auch wenn man in der Tiefe und Breite noch nicht weiß, wohin das noch führt, oder wie tief das geht – doch die Einstellung muss da sein, Jesus konsequent nachfolgen und gehorchen zu wollen!

Das Ergriffensein von Jesus Christus zeigte sich auch und gerade darin, dass er sich nach „mehr" ausstreckte! Auf jedem Gebiet! Paulus wusste, dass er noch mehr biblische Wahrheiten und Zusammenhänge erkennen muss! Er wusste, dass er noch mehr in der Heiligung wachsen muss! Paulus wusste, dass er immer wieder neu Weisheit in der Begegnung mit Menschen braucht, weitere Leitung und Bewahrung, Gottes Pläne und Werke, damit er in ihnen wandeln konnte. Paulus lebte nicht mit der Illusion, dass theologisches Wissen und das Fortsetzen von Traditionen alles ist, sondern er brauchte täglich MEHR und weil Paulus mit dieser Einstellung lebte hatte Gott auch täglich mehr für ihn!

Und jetzt Achtung! Für Paulus war es auch nicht das Entscheidende, dass alle in der Gemeinde in allem übereinstimmen! Das erwähnt er hier extra (Vers 15) und darüber sollten wir als Kirche einmal nachdenken! Das Wissensniveau war für Paulus nicht das Kriterium, an dem er entschied, ob einer wirklich Christ ist und zum Reich Gottes und zur Gemeinde der Gläubigen gehört. Sondern diese Einstellung! Für Paulus war es zweitrangig, ob Geschwister an manchen Punkten anderes dachten als er. Wenn sie nur diese vollkommene Einstellung haben, nämlich von Jesus Christus ergriffen zu sein und sich nach mehr auszustrecken! Denn damit konnte Gott sie weiterführen! Er konnte sie weiter und tiefer von falschen Vorstellungen befreien, sie in die Wahrheit führen und ihnen Neues offenbaren. Aber ohne diese Einstellung geht gar nichts! Hast du diese Einstellung? Bist du von Christus ergriffen?

SCHLUSSWORT

Es ist mein Gebet, dass dieses Buch ein Beitrag ist, dass Menschen in unserer Zeit wieder das Beten lernen. Es ist meine Hoffnung, dass Gemeinden aufwachen und dass ihre Gebetsstunden zu lebendigen und kraftvollen Stunden werden. Ich bin felsenfest davon überzeugt, dass Gott einen Plan mit jeder Gemeinde und mit jedem Einzelnen hat. Ich hoffe und bete, dass sich so viele wie möglich in Gottes Werke integrieren lassen und es selber erfahren, was es heißt, in den Werken zu wandeln, die Gott zuvor bereitet hat. Ich würde mich freuen, dass wir dahin kommen, Gottes allmächtiges Handeln zu erleben. Ohne dabei zu vergessen, dass es „größere und wichtigere Wunder" gibt. Du weißt nun, was ich meine. Ich wünsche dir Gottes Segen beim Umsetzen dieser Prinzipien des Gebets.

Denkt als Gemeinde doch einmal darüber nach, ob es nicht hilfreich wäre, diese Gebetsprinzipien als Gemeinde durchzunehmen. Ich kenne Gemeinden, die das getan haben, und mehrere Gebetsgruppen wurden gegründet.

Bei Anfragen könnt ihr euch per E-Mail melden: **novak.kor@gmail.com**

Falls ihr weitere Bücher braucht, meldet euch einfach. Nur zur Info: Ich gebe die Bücher kostenlos weiter. Das hat verschiedene Gründe. Der Hauptgrund ist, dass ich möchte, dass jeder die Möglichkeit hat, diese Bücher zu lesen. Jesus sagt: „Umsonst habt ihr es empfangen umsonst gebt es weiter." Auch du kannst das Buch weitergeben! Dazu: Beim Verkauf bräuchte ich einen Lagerplatz, die Bücher gehen vielleicht im Winter kaputt, und die Mäuse fressen sie an. Es bleibt dabei. Wenn eine Auflage fertig ist, dann sollen die Bücher so schnell wie möglich an den Mann!

Ihr könnt aber diese Dienste gerne finanziell unterstützen. Ich lebe von Spenden und alle Dienste und Bücher in den verschiedenen Ländern, Szenen und Sprachen werden durch Spenden finanziert. Das Geld wird nach bestem Wissen und Gewissen eingesetzt.

Die Kontaktmission verwaltet die Spenden. Bei Bedarf gibt es Spendenbescheinigungen.

Spendenkonto:

Empfänger: Kontaktmission e.V.
Bank: Volksbank Schwäbisch Hall – Crailsheim e.G.
IBAN: DE34622901100513823000
BIC: GENODES1SHA
Verwendungszweck: K. Novak / Randgruppenmission